(사례로 보는) 변호사를 위한 가족관계등록실무 개설서

변호사 임신영

법률&출판

머 리 말

이 책을 쓰게 된 동기는 다음과 같다.

첫째, 필자의 의뢰인과 사실혼 관계에 있던 여성이 의뢰인의 아이를 낳은 채 일방적으로 사실혼 관계를 파기하고 다른 남성과 결혼을 하겠다며 가출해버린 황당한 사건이 있었는데, 필자의 의뢰인은 갓 태어난 아이의 의료보험 문제 등으로 아이의 출생신고가 다급하여 관할 구청을 방문하였다가 '아이 생모의 본적을 알지 못한다'는 이유로 출생신고가 불수리된 채로 9개월가량 지난 상태에서 필자를 찾아온 것이었다. 아이의 생모는 '자신을 아이의 생모로 신고하기만 하면 가만있지 않겠다' 고 으름장을 놓고 있고, 의뢰인은 내용증명을 보내 사정을 하고 있는 상황이었는데, 필자는 생모의 주민등록번호를 알고 있고, 출생증명서도 있는 상황에서 왜 생모의 본적을 알아야만 출생신고가 가능한 것인지, 도대체 그 법적 근거가 무엇인지 의문이 아닐 수 없었다. 물론 생모를 상대로 인지청구의 소를 제기할 수 있지만, 적지 않은 시간이 걸리는 인지청구의 소를 진행하지 않고 곧바로 출생신고를 할 수 있는 방법을 찾을 필요가 있었다. 결국 필자는 관할관청과 감독법원에 필자의 의문점을 밝혔던바, 이 과정에서 필자는 변호사들이 가사소송에만 매달릴 것이 아니라 가족관계등록 절차나 실무에도 많은 관심을 갖고 있을 필요가 있다는 생각이 들었다.

둘째, 필자가 처음 수임한 이혼사건에서 소장을 접수하면서 원고의 등록사항별 증명서를 다 제출하였는데, 재판부로부터 피고의 등록사항별 증명서를 제출하라는 보정명령을 받고, '어차피 똑같은데 왜 두 개를 요구하나'라는 의문이 들었었다. 증명서에 대한 기본적인 이해를 하지 못하고 있었던 것이다. 그런데 얼마 후 다른 변호사님으로부터 똑같은 질문을 들었고, 어떤 동료 변호사님은 자신과 남편에게 하나의 혼인관계증명서만 존재한다고 알고 계셨을 뿐만 아니라 자신이 입양된 적이 없으므로 자신의 입양관계증명서가 아예 존재하지 않는다고 알고 있기도 하여 변호사들이 등록사항별 증명서에 대하여 잘 알지 못하고 있다는 생각이 들었다.

셋째, 필자가 40대 여성분의 친생자관계부존재확인소송을 진행한 적이 있었는데, 이분은 자신의 호적상의 부모를 상대로 위 부존재확인판결을 받은 후 자신의 생부가 인지하기로 되어 있었고, 필자가 해야 할 일은 별로 없을 것이라고 생각하였다. 그런데 막상 위 부존재확인판결 후 임의인지하려고 하니 이분의 생모의 인적사항을 전혀 알 수 없어 임의인지가 불가하다는 것을 알게 되었고, 필자는 강제인지절차를 진행해 주기로 하였는데, 인지청구의 소 진행 중 이분의 가족관계등록부가 폐쇄되어 등록부창설허가도 받아야만 하였다. 필자가 인지판결을 기다리면서 등록부창설허가 신청절차를 알아보니 관할 관청과 감독법원에서는 반드시 성본창설허가결정을 받아야 한다고 안내하였고, 필자는 '민법에 분명히 부모를 알 수 없는 자의 경우 성, 본 창설허가를 받는다'고 되어 있고 이분은 인지판결을 통해 친부를 알 수 있는 경우이니, 인지판결을 받은 후에 등록부창설허가신청을 할 경우라면 성본창설허가신청은 불필요한 것이 아닌가 하는 생각이 들어 의문을 제기하였으나, 실무상 반드시 필요하다는 답변만을 들어 결국 성본허가 신청절차를 진행한 적이 있다.

이러한 일들을 경험하면서, 변호사들이 송무에만 매달리느라 가사비송 내지 가족관계등록비송에는 거의 관심을 기울이지 않다보니, 새로운 신분공시제도인 가족관계등록제도가 시행된 지 5년이 지났어도 이에 관한 기본적인 이해를 하지 못하고, 결과적으로 집행불능의 판결이 양산되는 것과 유사하게, 등록관서에서 등록부에 기재할 수 없는 불능의 판결을 받을 위험이 있다는 것을 알게 되었고, 의뢰인들 또한 적지 않은 변호사 수임료를 지불하고서도 이후 정정절차 등을 어떻게 마무리해야 할 지 몰라 허둥대는 경우가 많은 바, 이는 올바른 법률서비스가 아니라는 생각을 하게 되면서 관련 연구의 필요성을 절실히 느끼게 되었다.

그런데, 필자가 이러한 의문점을 갖고 시중에 나와 있는 관련 책들을 찾아보니, 대부분 일선 등록관서 공무원들에게 필요한 세부 절차적인 내용일색의 책들이거나, 법무사시험을 위한 책들이어서, 변호사들이 관련 용어나 절차를 이해하기 쉽지 않다는 생각을 하게 되었고, 변호사들이 소송과 비송절차에서 직접 활용할 수 있는 내용이 담긴 호적 내지 가족관계등록 사례집이 있으면 좋을 것 같다는 생각에 이르렀다.

이 책은 현재 가족관계등록실무에 관한 가장 정확한 지침서라고 할 수 있는 법원공무원교재 및 2012. 법원행정처 발행의 가족관계등록실무를 주로 참고하였고, 필자나 동료 변호사들이 경험한 사례들이나 대법원 선례 사안을 사례로 구성하였다.

가족관계등록실무는 민법, 많은 민법 부속법령, 국적법, 국제사법 등에 대한 폭넓은 이해가 필요한 분야이다. 따라서 필자가 가족관계등록 실무를 전부 이해하고 이 책을 쓴 것은 아니다. 다만, 이 사례집을 한번 보고 난다면 변호사들이 관련 사건을 상담하거나, 진행하는데 있어 자신감을 갖게 될 것이라고 확신한다.

끝으로, 바쁘신 와중에도 변호사들이 가족관계등록실무에 대하여 정확한 이해를 하기를 바라는 마음으로 많은 조언을 해 주신 전 법원공무원교육원 가족관계등록법 전임 강사이신 이창우 사무관님께 감사의 말씀을 올리고, 기꺼이 책의 출간에 응해주신 출판사 사장님께도 깊은 감사의 말씀을 드린다.

2013년 7월

변호사 임 신 영

-참고문헌-

2012 가족관계등록실무1, 2 법원행정처 발행

2012 가족관계등록실무 법원공무원교육원 발행

2012 국제가족관계등록 법원공무원교육원 발행

2012 가족관계등록관서 공무원실무 법원공무원교육원 발행

2012 가족관계등록실무자료집 기재편 법원행정처 발행

2011 문답식 국적법 해설 법무부출입국외국인정책본부 발행

2011 축조식 국적법 해설 법무부출입국외국인정책본부 발행

2010 법원실무제요 가사 1, 2 법원행정처 발행

2010 국적실무편람 법무부출입국외국인정책본부 발행

2009 친족상속법 박동섭 박영사 발행

2009 가사소송실무 1. 2. 박동섭 법률문화원 발행

2009 국제가족관계등록 사례집 법원행정처 발행

2008 국제신분관계법령집 법원행정처 발행

2007 가족관계의 등록 등에 관한 법률 해설 법원행정처 발행

2007 가족관계의 등록 등에 관한 규칙 해설 법원행정처 발행

2003 호적실무편람 법원행정처 발행

2001 국제사법 해설 법무부 발행

2000 호적실무자료집 기재편 법원행정처 발행

호적선례요지집 1,2,3,4,5,6 법원행정처 발행

-참고논문-

2012 가족관계등록부와 제적부의 정정 이창우 (법조통권 664호)

※.일러두기

1. 법령명은 그대로 기술하되 다음의 경우에만 약어를 사용하였다.

2. 가족관계의 등록 등에 관한 법률 --법

3. 가족관계의 등록 등에 관한 규칙 --규칙

4. 가족관계등록예규 --예규

5. 가족관계등록선례 --선례

[목 차]

제1편 가족관계등록제도 개관

제3편 가족관계등록 신고

제5장 친양자 입양신고 ………… 173

제4편 가족관계등록부 기록

제5편 가족관계등록부 정정

제6편 가족관계등록비송

제7편 불복절차

부록 2012년 법원행정처 발간 '가족관계등록실무'에 수록된 선례 모음)

제1편 가족관계등록제도 개관

제1편 가족관계등록제도 개관

제1장 가족관계등록제도의 의의 등

제1절 가족관계등록제도의 의의

사례1: 변호사 나성실의 의뢰인 갑은 2011.경 중국 국적의 여성과의 사이에서 혼인 외 자를 얻은 후(출생지는 한국), 생부로서 인지하고 싶어 나성실에게 가장 간편한 방법을 물어보았고, 나성실의 조언대로 등록관서에 가서 출생신고를 하였다. 그런데 등록관서 공무원은 갑의 출생신고는 수리하였으나, 아이의 가족관계등록부를 작성해 달라는 요청은 거부하였다. 가족관계등록부를 작성하지 아니한 등록관서 공무원의 처분이 정당한가.

사례2: 변호사 나성실의 의뢰인은 1971. 5. 15.에 출생하였다. 그런데, 가족관계등록부에 기재된 주민등록번호의 앞자리는 실제 생년월일과 일치하는 "710515"로 되어 있으나 의뢰인의 주민등록표에 기재된 주민등록번호의 앞자리는 실제 생년월일과 다르게 "720516"으로 기재되어 있다. 주민등록번호를 정정할 수 있는 방법을 알려달라고 하는데 나성실은 정확히 어떠한 절차를 거쳐서 바로 잡아주어야 할지 정확한 상담이 어려웠다. 어떻게 하면 될까.

1. 가족관계등록제도의 의의

가족관계등록제도는 출생, 혼인, 입양 등과 같은 국민의 신분에 관한 사항 중 법규가 정하는 것을 가족관계등록부에 등록하여 이를 공시·공증하는 신분등록제도이다[1]. 주민등록제도는 주민의 거주이동 실태를 거주지에서 기록 관리하는 제도라는 점에서, 국민의 신분관계를 등록하는 가족관계등록제도와 차이가 있다.

2. 가족관계등록부의 추정력문제

종전 호적시대에 대법원은 '국민의 신분관계를 공증하는 유일한 공문서인 호적에 등록된 사항은 진실에 부합하는 것으로 추정되고 또한 강한 증명력을 갖게 되지만, 그 기록이 진실이 아니라고 볼만한 명백한 반증이 있는 경우에는 그 추정은 번복될 수 있는 것이므로 호적의 기록에 공신력까지 인정되는 것은 아니다' 라고 설시한바 있고(대법원 1995. 7. 5.자 94스26 결정, 1997. 11. 27.자 97스4 결정[2]), 위 대법원결정은 호적을 대체하는 가족관계등록부에도 적용된다 할 것이다.

답변1: 가족관계등록부는 대한민국 국민을 대상으로 작성된다[3]. 대한

---

1) 법 제1조(목적) 이 법은 국민의 출생 · 혼인 · 사망 등 가족관계의 발생 및 변동사항에 관한 등록과 그 증명에 관한 사항을 규정함을 목적으로 한다.

2) 대법원 1995.7.5. 자 94스26 결정 【호적정정】
호적부의 기재사항은 이를 번복할 만한 명백한 반증이 없는 한 진실에 부합되는 것으로 추정이 되며, 특히 호적부의 사망기재는 쉽게 번복할 수 있게 해서는 안되고, 그 기재내용을 뒤집기 위해서는 사망신고 당시에 첨부된 서류들이 위조 또는 허위조작된 문서임이 증명되거나 신고인이 공정증서원본불실기재죄로 처단되었거나 또는 사망으로 기재된 본인이 현재 생존해 있다는 사실이 증명되고 있을 때 또는 이에 준하는 사유가 있을 때 등에 한해서 호적상의 사망기재의 추정력을 뒤집을 수 있을 뿐이고, 그러한 정도에 미치지 못한 경우에는 그 추정력을 깰 수 없다.

3) 물론 위 사안의 경우 인지에 의한 국적취득절차를 거칠 수는 있으므로(국적법 3조), 한국인 남성이 혼인 외 자를 인지한 후 법무부장관에게 인지에 의한 국적취득신고를 하고 법무부장관의 국적취득통보가 있으면 등록관서가 혼인 외 자의 가족관계등록부를 작성하게 된다. 이 점에 대하여는 해당부분에 구체적으

민국 남성과 외국인 여성과의 사이에 출생한 혼인외 자는 국적법상 모의 국적을 따르게 되므로(국적법 제2조) 그 자녀에 대한 가족관계등록부는 작성될 수 없다. 따라서 외국인인 자녀에 대하여 가족관계등록부를 작성하지 아니한 등록관서의 처분은 정당하다.

답변2: 가족관계등록부의 내용이 진실에 부합한다면 가족관계등록부를 기준으로 주민등록표의 내용을 정정한다(주민등록법 시행령 제8조[4]). 참고로, 친생자관계부존재확인판결을 받아 가족관계등록부를 폐쇄한 후 새롭게 출생신고를 하는 경우, 생년월일이 달라지는 경우라면 주민등록번호는 신규 생성된다.

로 설명하였다.

4) 주민등록법 시행령 제23825호 2012.06.01 일부개정
제8조(주민등록번호의 정정)
① 주민등록이 되어 있는 거주지의 시장·군수 또는 구청장(이하 "주민등록지의 시장·군수 또는 구청장"이라 한다)은 다음 각 호의 어느 하나에 해당하는 사유가 발생하면 주민등록번호를 부여한 시장·군수 또는 구청장(이하 "번호부여지의 시장·군수 또는 구청장"이라 한다)에게 별지 제7호서식에 따라 주민등록번호의 정정을 요구하여야 한다.
1. 법 제14조에 따라 주민등록사항을 정정한 결과 주민등록번호를 정정하여야 하는 경우
2. 주민으로부터 주민등록번호 오류의 정정신청을 받은 경우
3. 주민등록번호에 오류가 있음을 발견한 경우
② 번호부여지의 시장·군수 또는 구청장은 제1항에 따른 주민등록번호 정정의 요구를 받으면 지체 없이 이를 정정하여야 하고, 그 정정사항을 주민등록지의 시장·군수 또는 구청장에게 별지 제8호서식에 따라 알려야 한다. 다만, 주민등록번호에 오류가 있음을 발견하지 못하였거나 주민등록번호 부여사실을 확인하지 못하면 그 반송사유를 주민등록지의 시장·군수 또는 구청장에게 별지 제8호서식에 따라 알려야 한다.
③ 제2항 본문에 따른 통보를 받은 주민등록지의 시장·군수 또는 구청장은 정정통보서에 따라 개인별 및 세대별 주민등록표(이하 "주민등록표"라 한다)를 정정하여야 하며, 제2항 단서에 따라 반송통보서를 받으면 주민등록번호를 직접 새로 부여하여 주민등록표를 정정할 수 있다.
④ 주민등록지의 시장·군수 또는 구청장은 제3항에 따라 주민등록번호가 정정된 사람이 주민등록증을 이미 발급받은 사람이면 종전의 주민등록증을 회수한 후 주민등록증을 재발급하여야 한다.

제2절 신분등록제도의 연혁 및 현 가족관계등록제도의 특징

1. 우리나라 신분등록법규의 연혁

우리나라 신분등록에 관한 법규의 연혁은 다음과 같다.

①1896년 호구조사규칙, 동년 호구조사세칙 ⇒ ②1909년 민적법 ⇒ ③1912년 조선민사령 ⇒ ④1923년 조선호적령 ⇒ ⑤1960년 호적법⇒ ⑥2008년 가족관계의 등록 등에 관한 법률

2. 호적제도를 대체하는 가족관계등록제도의 시행

2008. 1. 1. 가족관계등록제도의 시행으로 50여 년 동안 우리나라의 신분관계를 공시하던 호적법과 호적제도는 폐지되었다[5]. 그러나 호적시대의 호적부(현행 가족관계등록제도하에서는 거의 제적부의 형태로 존재함)는 여전히 가족관계등록부와 함께 국민의 신분관계를 공시하는 역할을 하고 있고, 재판과정에서도 여전히 큰 의의를 지니고 있다.

3. 가족관계등록제도의 특징

(1) 개인별 편제방식

가족관계등록부는 전산정보처리조직에 의하여 입력·처리된 가족관

5) 2005. 2. 3. 헌법재판소는 호주제를 규정한 민법조항이 개인의 존엄과 양성평등이라는 헌법이념에 합치되지 않는다는 이유로 헌법불합치결정을 선고하였고(헌법재판소 2005. 2. 3. 선고 2001헌가9,10 등 결정), 이에 2005. 3. 31. 호주제 폐지 규정을 포함한 민법 일부개정법률(법률 제7427호)이 공포되었다.

계 등록사항에 관한 전산정보자료를 등록기준지에 따라 개인별로 구분하여 작성한다는 점에서 가(家)별 편제방식의 호적과는 다르다(법 제9조).

(2) 신분사항별로 증명하는 '등록사항별 증명서'제도

개인정보보호를 위해서 기본관계, 가족관계[6], 혼인관계, 입양관계, 친양자입양관계와 같이 증명하고자 하는 신분관계만을 증명하는 '등록사항별 증명서제도'를 마련하였고(법 제15조), 이러한 증명서의 기록사항 중 일부사항을 증명하는 증명서를 발급할 수 있도록 하고 있다(법 제15조 제2항, 본 항은 2011. 12. 30. 시행).

(3) 개인정보보호차원에서 발급대상증명서의 범위 제한

현행 가족관계등록제도에서는 원칙적으로 '본인·배우자·직계혈족· 형제자매의 등록사항별 증명서' 만을 발급 청구할 수 있도록 발급대상증명서의 범위를 제한하여 개인정보보호를 강화하였다.

(4) 국적통보에 의한 가족관계등록부 작성제도

종전 호적법에서는 귀화자와 같은 국적취득자가 호적관서에 국적

---

6) 특히 가족의 신분정보사항을 포함하고 있는 가족관계증명서는 기본적인 신분정보사항(성명, 출생연월일, 주민등록번호, 성별, 본)만 기재되고, 가족관계는 본인과 그 배우자, 부모, 자녀만 기재된다는 점에서 민법 제779조 가족의 범위와 다르다.

민법 제779조(가족의 범위)
① 다음의 자는 가족으로 한다.
1. 배우자, 직계혈족 및 형제자매
2. 직계혈족의 배우자, 배우자의 직계혈족 및 배우자의 형제자매
② 제1항제2호의 경우에는 생계를 같이 하는 경우에 한한다.

취득신고를 하여 호적이 편제되었으나(호적법 제109조의2 등), 법은 법무부장관이 해당 등록관서에 귀화허가 등을 이유로 국적통보를 하면 등록관서가 귀화자와 같은 국적취득자의 가족관계등록부를 작성하도록 하고 있다(법 제94조 등).

제2장 가족관계등록제도의 근거법규

사례3: 변호사 나성실의 의뢰인은 알바니아 국적의 부부로서 2012. 2. 2. 한국에서 아이를 출산한 후 아이의 출생신고를 위해서 2012. 4. 2. 등록관서를 방문하였으나 등록관서 공무원은 알바니아 국적의 부부 사이에 태어난 아이의 국적이 알바니아임을 이유로 출생신고를 불수리하였다. 이러한 처분이 정당한가? 그리고 가족관계등록법규상 출생신고기간을 해태할 경우 과태료부과대상으로 규정하고 있는데, 알바니아 부부가 위 아이에 대한 출생신고를 해태한 경우라면 과태료부과대상이 되는 것인가?

1. 가족관계등록제도의 근거법규

가. 가족관계등록법규의 성격

민법이 국민의 친자관계, 혼인관계, 입양관계 등과 같은 실체적 신분관계의 발생·변경·소멸을 규율하는 실체법이라면, 가족관계등록법은 이러한 국민의 실체적 신분관계를 공시하는 방법에 관한 절차법이라고 할 수 있다.

나. 가족관계등록법규의 분류

1) 형식적 가족관계등록법이란 2007. 5. 17. 법률 제8435호로서 제정·공포된 「가족관계의 등록 등에 관한 법률」을 말한다.
2) 실질적 가족관계등록법이란 개인의 신분관계를 공시·공증하는 등록사무에 관하여 규정하고 있는 모든 법률을 의미한다. 민법, 재외국민의 가족관계등록창설·가족관계등록부정정 및 가족관계

등록부정리에 관한 특례법, 입양특례법, 혼인신고특례법 등이 이에 포함된다.

3) 가족관계등록예규라 함은 통첩·질의회답 기타 명칭 여하를 불문하고 동종의 사항에 관하여 일반적·계속적으로 적용될 수 있는 성질의 가족관계등록에 관한 사무처리지침을 말한다.

4) 가족관계등록선례라 함은 그 밖에 구체적인 사안에서 참고할 수 있는 처리 례를 의미한다. 가족관계등록실무는 예규와 선례에 의해서 처리되고 있다고 보아도 무방할 정도로 가족관계등록제도에서 예규와 선례의 중요성은 크다.

다. 종전 호적법규 등

호적제도가 폐지되었음에도 불구하고, 「가족관계의 등록 등에 관한 법률」 부칙 제4조 (제적부등에 관한 경과조치)는 종전의 「호적법」 규정에 따른 제적부 또는 부칙 제3조에 따라 제적된 전산호적부 및 이미지 전산호적부에 관한 등록사무의 처리는 종전의 「호적법」 규정에 따르는 것으로 규정하고 있다. 종전 호적법규 중에서 특히 호적예규와 호적선례는 현행 가족관계등록예규와 가족관계등록선례의 근간이 되고 있는 점, 현행 가족관계등록예규와 가족관계등록선례가 마련되지 아니한 영역은 호적예규와 호적선례에서 그 해결의 실마리를 찾을 수 밖에 없다는 점에서 특히 관심이 필요한 부분이다.

2. 가족관계등록법규의 적용범위

가. 속지적 효력

가족관계등록법규는 대한민국의 주권이 미치는 전 지역, 즉 대한민국 영토 내에 있는 모든 자에게 적용된다[7].

나. 속인적 효력

대한민국의 국민이라면 국내거주를 불문하고 가족관계등록법규의 적용을 받는다[8].

다. 시간적 효력

가족관계등록법규는 법규에서 소급효를 규정하고 있는 경우가 아니라면 원칙적으로 장래효를 가진다.

답변3: 외국인이 대한민국에서 출생하거나 혼인신고를 하는 것과 같이 외국인에 대한 신분관계의 사실 또는 신분행위에 한국적 요소가 있는 경우는 국제신분관계등록사무의 대상이 된다. 즉 우리나라 등록관서에서 해당 외국인에 대한 신고를 수리할 수 있다는 의미이다. 또한 '속지주의'라는 법령의 장소적 효력의 원칙상 대한민국에 있는 자는 국적을 불문하고 가족관계등록법규가

7) 외국인 부와 한국인 모가 미국에서 혼인 중의 자를 출생한 경우, 부모가 출생신고의무자이므로(법 제46조), 외국인 부도 출생신고의무자인지 의문이 생길 수 있다. 가족관계등록예규 제107호는 '모 그 밖의 출생 신고의무자(국내에 거주하는 외국인 부를 포함한다)가 출생신고를 할 수 있음은 당연하나, 외국인 부가 외국에서 행한 출생신고도 신고적격자에 준하여 이를 수리한다.'라고 규정하고 있다. 법규의 효력범위상 외국에 거주하는 외국인에게 가족관계등록법규상의 출생신고의무를 부과할 수 없으므로 외국인 부가 외국에서 행한 출생신고를 신고적격자에 준하여 수리하도록 규정한 것으로 보인다.

8) 즉, 법은 부모를 혼인 중의 자의 출생신고의무자로 규정하고 있으므로 미국에서 아이를 출산한 한국인 부부는 미국의 출생등록기관에 아이의 출생신고를 하여도 여전히 한국의 등록관서에 출생신고 하여야 하는 의무를 부담하게 되는 것이다.

적용된다. 따라서 알바니아 국적의 부부가 한국에서 자녀를 출산한 경우는 이들도 출생신고의무를 부담하며 등록관서의 직원은 이를 수리하여야만 하고, 출생신고기간을 해태할 경우 과태료부과대상이 된다. 다만 가족관계등록부는 대한민국 국민에게만 작성이 되므로, 등록관서에서는 알바니아 자녀의 출생신고를 수리하여야 하지만 알바니아 자녀에 대한 가족관계등록부를 작성할 수는 없고, 해당 출생신고서류를 특종신고서류편철장[9]에 편철하여 보존하게 된다.

9) 특종신고서류편철장은 신고서류가 접수·수리되었으나 등록기준지 불명 또는 등록되어 있지 아니하거나 등록할 수 없는 사람 등으로 인하여 아직 가족관계등록부의 기록을 할 수 없는 신고서류나 가족관계등록기록을 요하지 않는 신고서류 등을 편철하여 보존하는 장부이다(예규 22호).

제3장 가족관계등록사무의 의의

사례4: 변호사 나성실은 상속재산분할에 관한 사건을 수임하게 되었다. 나성실은 우선적으로 상속인을 파악하고자 공동상속인 중 한명인 의뢰인에게 피상속인(의뢰인의 아버지)의 제적등본을 발급받아 올 것을 부탁하였다. 의뢰인은 등록관서에 가서 피상속인인 아버지의 성명과 본적을 기재하여 제적등본의 교부청구를 하였는데 등록관서 공무원은 가족관계등록시스템상 피상속인의 제적부가 존재하지 아니하여 피상속인의 제적등본을 발급할 수 없다고 답변하는 것이었다. 의뢰인은 아버지의 제적부에 관한 자료가 보관되어 있지 않다는 사실 자체가 이해되지가 않는다고 하면서 아버지의 제적부를 찾을 수 있는 방법은 없는지 궁금해 하는데 변호사 나성실은 어떻게 답변을 해야 할까.

사례5: 변호사 나성실의 의뢰인은 가족관계등록부상 갑과 을의 친생자로 기재되어 있으나 사실은 집 앞에 버려진 의뢰인을 갑과 을이 출생신고하고 양육해온 것이고 그 사실을 의뢰인에게는 철저히 숨겨왔다. 최근 의뢰인이 결혼한 후 의뢰인의 처와 을 사이에 고부간의 갈등이 심해지자, 갑과 을은 의뢰인에게 출생의 비밀을 알린 후 관계를 단절해 버렸다. 의뢰인은 고민 끝에 자신과 갑·을사이에 친생자관계가 부존재한다는 소를 제기하여 확인판결을 받은 후 동 판결문을 첨부하여 등록관서에 등록부정정신청을 하였고, 의뢰인의 가족관계등록부상 부모란에서 갑과 을은 말소되었으며 의뢰인의 가족관계등록부는 폐쇄되었다. 그런데 의뢰인이 위 친생자관계부존재확인소송 도중에 생모에 대한 이름을 알게 되었고 변호사 나성실은 생모의 출생신고를 통해 의뢰인의 가족관계등록부를 새롭게 작성할 수 있을 것이라고 기대하면서 생모의 행방을 찾았으나 결국 찾지 못하였다. 나성실은 혹시 대법원이나 등록관서의 도움을 받으면 생모의 행방을 찾게 되지 않을까 하는 생각을 하게 되었는데, 가능할까.

1. 가족관계등록사무의 의의

가족관계등록사무는 가족관계등록신고를 수리하여 가족관계등록부에 기록하는 사무, 등록사항별 증명서를 발급하는 사무, 가족관계등록에 관한 장부를 보존하는 사무, 가족관계등록비송에 관한 사무 등 가족관계등록과 관련된 모든 사무를 의미한다.

2. 가족관계등록사무를 처리하는 자들

가족관계등록사무를 처리하는 '가족관계등록사무처리자'는, 가족관계등록사무와 관련하여 등록관서의 처분을 다투거나 손해배상을 청구하는 경우 상대방을 누구로 하는가 하는 문제와 연결되므로 그에 대한 이해가 필요하다. 소송 진행 중 증명서와 관련한 사실조회(또는 문서송부촉탁)를 하는 경우 어느 곳으로 조회하여야 하는지 정확히 알지 못하는 경우가 많은 것도 가족관계등록사무처리자가 누구인지에 대한 지식이 부족하기 때문이다.

가. 협의의 가족관계등록사무처리자

가족관계의 발생 및 변동사항에 관한 등록과 그 증명에 관한 사무(이하 "등록사무"라고만 한다)는 대법원이 관장하고, 대법원장은 등록사무의 처리에 관한 권한을 시(구)·읍·면의 장에게 위임하고 있으므로(법 제2조, 제3조제1항), 협의의 가족관계등록사무처리자는 시(구)·읍·면의 장을 의미한다.

나. 가족관계등록사무대행자

등록사무대행자는 등록사무를 자기의 권한과 책임 아래 자기 이름으로 처리하지만 등록사무처리자의 업무 중에서 법규가 정하고 있는 일부 업무만을 대행하고 있는 자로서 동장, 재외공관의 장이 여기에 해당된다.

(1) 동장(洞長)

시에 있어서 출생 · 사망의 신고는 그 신고의 장소가 신고사건 본인의 주민등록지 또는 주민등록을 할 지역과 같은 경우에는 신고사건 본인의 주민등록지 또는 주민등록을 할 지역을 관할하는 동을 거쳐 할 수 있고, 이 경우 동장은 소속 시장을 대행하여 신고서를 수리하고, 동이 속하는 시의 장에게 신고서를 송부하며, 그 밖에 대법원규칙으로 정하는 등록사무를 처리한다(법 제21조). 동에서 처리할 수 있는 등록사건은 출생 및 사망신고에 한한다. 따라서 가족관계등록 비송결정을 받아 그 정정신청을 하려면 동사무소가 아닌 시(구)·읍·면의 사무소로 해야 한다.

(2) 재외공관의 장

외국에 있는 대한민국 국민은 그 지역을 관할하는 대한민국 재외공관(이하 "재외공관"이라 한다)의 장에게 신고하거나 신청을 할 수 있다. 특히 외국에 있는 대한민국 국민이 그 나라의 방식에 따라 창설적 신분행위를 하여 해당 신분행위가 성립한 후 증서를 작성한 경우에는 3개월 이내에 그 지역을 관할하는 재외공관의 장에게 그 증서의 등본을 제출하여야 한다. 재외공관의 장이 법 제34조 및 제35조에 따라 서류를 수리한 때에는 1개월 이내에 외교통상부장관을 경유하여 본인의 등록기준지 시(구) · 읍 · 면의 장에게 송부하여야 한다(법 제34조, 제35조, 제36조).

3. 가족관계등록사무담임자

시(구) · 읍 · 면의 장이 소속 공무원 중에서 등록사무를 담당하는 사람을 임명할 수 있다(규칙 제8조). 등록사무담임자는 시(구)·읍·면의 장의 보조기관에 불과하여 시(구)·읍·면의 장의 명의로 등록사무를 처리하여야 한다는 점에서 등록사무처리자의 직무대리자와 구별된다.

답변4: 종전 호적시대의 종이 제적과 전산호적부는 대부분이 현행 가족관계등록부로 그 내용이 이기되었고, 종이 제적과 전산호적부는 전산 데이터로 현재도 관리되고 있다. 따라서 등록관서에 제적등본 발급을 청구하여 제적부가 존재하지 아니하여 제적등본을 발급받을 수 없다는 답을 들었다면, 현행 가족관계등록시스템하에서는 해당 제적부의 데이터가 존재하지 아니하는 것으로 보아야 할 경우가 대부분이다. 다만 종전 호적시대에는 호적부 및 제적부를 호적관서에 보관하였고, 감독법원에 호적부본을 송부하던 방식을 취하고 있었으므로, 이렇게 종이형식으로 보관하던 제적부와 호적부본이 등록관서나 감독법원에서 폐기되지 아니하고 보관되어 있을 가능성은 있다. 따라서 등록관서나 감독법원에 제적부에 대한 열람신청을 해서 확인해 볼 여지는 있어 보인다[호적용지로 작성된 호적(제적)부본부의 보존기간은 그 연도의 다음해부터 80년이다]. 호적예규 제475호는 법원에 보관되어 있는 호적(제적)부본에 대한 열람절차를 규정하고 있으므로 이 규정에 따라 열람을 요청할 수 있다.

답변5: 가족관계등록부는 국민의 출생, 혼인 등의 신분관계를 등록·공시하는 제도이다. 따라서 가족관계등록부는 사건본인인 국민의 행방과 같이 그 거주지와 관련된 사항을 기재사항으로 하지 않으므로 가족관계등록부를 누군가의 행방을 찾을 수 있는 자료로 보기 어렵다[10].

10) 그럼에도 불구하고 변호사들조차도 제적부나 족보에 인적사항이 나오지 않는 경우 가정법원 가족관계등록과 또는 대법원 가족관계등록과로 문의하면 도움을 받을 수 있을 것이라고 오해하고 있는 경우가 많다고 한다.

제 2 편

가족관계등록부와 등록사항별 증명서

제1장 가족관계등록부

제2장 등록사항별 증명서 교부 등

제3장 각종 부책 등의 보존기관 및 보존기간

제2편 가족관계등록부와 등록사항별 증명서

제1장 가족관계등록부

제1절 가족관계등록부의 작성, 폐쇄 및 재작성

사례6: 변호사 나성실은 일요일 오후 낮잠을 즐기는 중에 의뢰인의 전화벨소리에 잠을 깼다. 전화벨소리의 주인공은 평소 자문료 없이 시도 때도 없이 전화로 변호사 나성실을 괴롭히는 악성 의뢰인 무수임이었다. 의뢰인의 질의요지는 상속등기와 관련하여 등기관이 '기류부'라는 것을 발급받아서 제출하라는 보정을 명했다는 것이다. 의뢰인은 '기류부'라는 것이 무엇에 쓰는 장부인지, '기류부'를 발급하는 기관이 어디인지를 알려달라는 것인데 변호사 나성실 역시도 처음 듣는 용어였다. 기류부가 과연 무엇인가.

사례7: 변호사 나성실은 최근 소가 수십억 원대에 이르는 부동산이전등기사건을 수임하게 되었다. 변호사 나성실은 상대방 변호사가 제출한 서면을 검토하던 중에 '민적부(民籍簿)'라는 것을 발견하게 되었다. 호적부와 비슷한 용도로 추측은 되지만, 변호사 나성실의 입장에서는 그것이 현재에는 유효하지 않다고 주장해야 유리한 입장인데 그렇게 주장할 법적 근거가 있는 것인지 고민에 빠졌다.

사례8: 부친이 남겨주신 수십억 대 상속재산분할문제로 송사가 끊이지 않는 의뢰인 나송사는 재판 때마다 '가족관계증명서, 혼인관계증명서등'을 제출하라는 재판부의 요구가 있자 동사무소를 방문하여 '가족관계증명서, 혼인관계증명서, 입양관계증명서 등'의 내용을 모두 담고 있다는 가족관계등록부 자체를 열람해 보아야 하겠다고 생각하고 가족관계등록부 열람신청을 하였으나, 등록관서 공무원은 가족관계등록부에 등록된 사항은 가족관계, 혼인관계, 입양관계, 친양자입양관계 등의 등록사항별 증명서로 확인할 수 있을 뿐이고 가족관계등록부 자체를 열람할 수 없다며 열람자체를 거부하는 것이다. 호적시대에는 호적부를 열람할 수 있었던 것으로 기억하는 나송사는 등록관서 공무원이 거짓말을 하는 것이 아닌가 하는 의심하고 있다. 과연 그러한가.

사례9: 변호사 나성실은 신림동 고시촌에서 아직도 시험 준비 중인 친구를 만나러 갔다. 저녁식사는 변호사 나성실이 고시생시절 자주 애용하였던 '아빠손맛'이라는 고시식당에서 간단히 먹기로 하였는데, 아빠손맛 사장님께서 심각한 표정으로 다가오더니 은밀히 상담을 해달라는 것이다. 내용인즉, 사장님이 최근에 중국인 여성과의 위장혼인이 발각되어 공정증서원본불실기재의 확정판결을 받았는데 대한민국 국민인 사장님은 중국국적 여성의 위법한 국적 취득을 도울 목적으로 위장혼인을 하였다는 것이다. 로스쿨 도입으로 신림동 고시촌 경제가 반토막난 상황에서 사장님은 중국 국적 여성의 위법한 국적 취득을 돕고 그 사례비로 생계비를 충당할 목적이었다고 한다. 어쨌든 공정증서원본불실기재의 확정판결 이후에 사장님은 위장혼인에 대한 혼인무효판결을 받아서 가족관계등록부상 혼인사유를 정정하였으나, 새장가에 대한 희망을 버리지 않고 있는 사장님은 가족관계등록부에 혼인무효에 의한 정정내역을 남기고 싶지 않아 혼인무효에 대한 정정내역을 제외하고 가족관계등록부를 새로 작성하고자 한다. 나이는 50세이지만 중국 여성과의 위장혼인 외에는 혼인사실이 없는 총각이었기 때문이다. 현행법상 가족관계등록부를 재작성하는 제도가 존재한다고는 하는데, 범죄행위에 가담한 사장님이 자신의 본인의 가족관계등록부를 재작성할 수 있는지에 대해서 변호사 나성실은 고민에 빠졌다.

1. 가족관계등록부의 의의

가. 가족관계등록부는 전산정보처리조직에 의하여 입력·처리된 가족관계 등록사항에 관한 전산정보자료를 등록기준지에 따라 개인별로 구분 편제한 전산데이터의 조합을 의미한다.

나. '가족관계등록부'라는 용어는 종래의 종이 호적부나 전산호적부처럼 원부라는 형식을 떠올리게 하지만 그 실질은 그러한 장부나 원부가 아니라 전산시스템에 보존된 전산데이터이다. 현행 가족관계등록제도에서 '가족관계등록부 열람제도'를 규정하고 있지 아니한 이유도 육안으로 확인할 수 없는 전산데이터이기 때문이다.

2. 가족관계등록부(이하 '등록부'라고 한다)의 기록사항

가. 등록부의 기록사항[11)]

11) 종전 호적부에서의 '본적, 호적사항, 특정신분사항, 일반신분사항'에 대응하는 것이 현행 가족관계등록부의 '등록기준지, 가족관계등록부사항, 특정등록사항, 일반등록사항'이다.

등록부에 기록할 사항은 등록기준지[12], 가족관계등록부사항, 특정등록사항, 일반등록사항으로 구분되며, 특히 가족관계등록부사항, 특정등록사항, 일반등록사항에 기재되는 내용은 다음과 같다.

① "가족관계등록부사항"이란 등록기준지의 지정 또는 변경, 정정에 관한 사항, 가족관계등록부 작성 또는 폐쇄에 관한 기록사항(규칙 제2조3호)이다.

② "특정등록사항"이란 본인·부모(양부모 포함)·배우자·자녀(양자 포함)란에 기록되는 성명, 출생연월일, 주민등록번호, 성별, 본, 다만, 가족으로 기록할 자가 외국인인 경우에는 성명, 출생연월일, 국적, 외국인등록번호에 관한 기록사항(규칙 제2조4호)이다.

③ "일반등록사항"이란 출생에서부터 사망에 이르기까지 법과 이 규칙에 따라 본인의 등록부에 기록하는 가족관계등록부사항·특정등록사항 이외의 모든 신분변동에 관한 기록사항(규칙 제2조5호)이다.

---

12) 등록기준지는 재외국민 등록사무의 처리지 기준, 등록부의 검색조건, 구 호적과의 연결역할, 비송사건의 관할법원 결정기준 등의 기능을 갖는다. 다만, 가족들 사이의 등록기준지가 같을 필요가 없고 또 가족의 구성원 개개인이 자유롭게 변경할 수 있다는 점 등에서 종전의 본적과는 그 본질을 달리하는 면도 있으나 실무상 '등록기준지'는 증명서발급을 위한 검색조건, 등록비송사건의 관할기준으로 이용되는 경우가 대부분이어서, 사실상 같은 의미로 이해해도 큰 문제는 없다.

기 본 증 명 서

등록기준지	서울특별시 영등포구 여의도동 1번지의 1234

①구분	상 세 내 용
작성	[가족관계등록부 작성일] 2008년 01월 01일 [사유] 가족관계등록법시행규칙 부칙00호 [처리관서] 서울특별시 영등포구
변경	[변경일] 2008년 01월 03일 [전 등록기준지] 서울특별시 관악구 봉천동 100번지의 3 [처리관서] 서울특별시 영등포구

②구분	성 명	출생년월일	주민등록번호	성별	본
본인	김본인(金本人)	1965년 1월 1일	650101-1234567	남	金海

일반등록사항

③구분	상 세 내 용
출생	[출생장소] 서울특별시 중구 명동 1234번지 [신고일] 1965년 2월 15일 [신고인] 부
국적 회복	[국적회복허가일] 1975년 1월 2일 [국적회복전국적] 미국 [신고일] 1975년 1월 3일 [신고인] 김일남 [송부일] 1975년 1월 3일 [송부자] 서울특별시 관악구청장
개명	[개명허가일] 1976년 2월 2일 [허가법원] 서울가정법원 [신고일] 1976년 2월 5일 [신고인] 김일남 [개명전이름] 철수 [개명후이름] 본인
정정	[직권정정서작성일] 2008년 3월 1일 [정정일] 2008년 3월 1일 [정정전 주민등록번호] 650101-1234578 [정정후 주민등록번호] 650101-1234567으로 직권정정 [처리관서] 서울특별시 영등포구

나. 가족관계등록부의 작성 및 폐쇄[13)]

(1) 가족관계등록부는 출생신고, 등록부창설신고, 국적취득통보 등에 의해 작성된다.

(2) 본인이 사망하거나 실종선고·부재선고를 받은 때, 국적을 이탈하거나 상실한 때[14)] 등록부가 이중으로 작성된 경우 등에는 가족관계등록부는 폐쇄된다(법 제11조제2항, 규칙 제17조제2항).

3. 가족관계등록부의 재작성(예규 제41호)

가. 의 의

등록부의 멸실고시사유의 경우 뿐 아니라, 잘못된 등록부의 기록내용이 올바르게 정정된 경우라도 그 정정사유 등이 기록되어 있는 등록부를 그대로 존치하여 공시하는 것은 사회통념상 이해관계인에게 현저하게 부당하다고 인정되는 등의 경우에는 당해 가족관계등록부를 재작성할 수 있도록 규정하고 있다. 이는 종전 호적제도의 재제[15)]에

---

13) 종전 호적상 '제적, 말소'와 현행 가족관계등록제도상 '폐쇄'의 구별
종전 호적제도에서는 적법한 호적을 정리하는 경우는 '제적'으로, '위법한 호적을 정리하는 경우는 '말소'로 표현하였다. 가령 사망신고에 의해서 사망한 사람의 호적을 정리하는 경우는 '제적'으로, 외국인은 호적을 편제할 수 없음에도 외국인에 대한 호적이 편제된 것을 발견하여 정리하는 경우는 '말소'로 처리하였다. 그러나 가족관계등록제도에서는 종전 호적제도에서의 제적과 말소라는 개념에 해당하는 경우를 모두 '폐쇄 '라는 용어로 통일하였다. 가령 사망신고에 의해서 사망한 사람의 가족관계등록부를 정리하는 경우도 '폐쇄'로, 외국인에게 가족관계등록부가 작성된 것을 발견하여 정리하는 경우도 '폐쇄'로 처리한다.

14) 국적이탈, 상실한 때 등록부를 폐쇄하도록 규정하고 있는 점은 가족관계등록부가 대한민국 국민에게만 작성되기 때문이다. 가족관계등록부를 가진 사람이 대한민국 국민으로 추정된다는 의미도 여기에 있는 것이다.

해당하는 개념이다. 실제 가장혼인을 혼인무효판결에 의해서 말소한 경우 당사자로서는 그 말소사유를 남기고 싶지 않아 재작성신청을 하는 사례가 종종 발생한다는 점에서 실무상 이해가 필요한 제도이다. 등록부 재작성에 관한 사무처리지침인 예규 제41호에 규정된 재작성 사유는 다음과 같다.

나. 재작성의 사유

등록부는 다음 각 호의 어느 하나에 해당하는 때에 한하여 재작성 하여야 한다.

(1) 당사자 사이에 혼인(입양)의사의 합의가 없음을 원인(민법 제815조제1호, 제883조제1호)으로 하는 혼인(입양)무효판결에 의한 등록부정정신청으로 해당 등록부가 정정된 때

(2) 시(구)·읍·면의 장이 등록부에 잘못 기록하였으나 그 기록내용이 후에 올바르게 정정된 경우 등에 있어서 이해관계인의 신청이 있는 다음 각 목의 어느 하나에 해당하는 등록부

(가) 갑남이 을녀와 혼인한 것으로 신고된 것을 잘못하여 다른 사람인 병녀와 혼인한 것으로 기록하였다가 후에 이를 정정회복한

15) 호적(제적)의 재제·보완이라 함은 호적 또는 제적의 전부 또는 일부가 멸실되었거나 또는 멸실의 우려가 있는 때에 호적사무관장자인 시(구)·읍·면의 장이 법규가 정하는 소정의 절차에 따라 멸실 또는 멸실 우려가 있는 호적을 멸실 전의 상태로 회복하거나 완전하게 보충하는 절차를 말한다(호적법 제13조, 제14조). 호적의 원본 전부가 멸실되었거나 멸실의 우려가 있는 때에 호적을 다시 조제하는 것은 재제의 방법에 의하고, 일부가 멸실 되었거나 멸실의 우려가 있는 때에 호적의 원본 중 해당 부분만을 다시 작성하는 것은 보완의 방법에 의하도록 하고 있다(호적예규 제429호). 시(구)·읍·면의 장의 과오 또는 당사자의 일방이나 제3자의 범법행위로 인하여 호적의 기재가 잘못된 경우에는 후에 그 기재내용이 올바르게 정정되었다 하더라도 그 정정사유 등이 기재되어 있는 호적을 그대로 존치하여 공시하는 것은 사회통념상 이해관계인에게 현저하게 부당하다고 인정되므로, 이러한 경우에는 이해관계인의 신청에 의하여 당해 호적을 호적의 재제 또는 보완절차에 준하여 재제할 수 있도록 하는 호적예규를 마련한 것이다(호적실무편람 참조).

등록부

(나) 갑 · 을 부부가 이혼한 것으로 신고된 것을 잘못하여 병 · 정 부부가 이혼한 것으로 기록하였다가 후에 이를 정정회복한 등록부

(다) 갑에 대한 사망신고를 잘못하여 다른 생존자인 을에 대하여 사망기록을 하였다가 후에 이를 정정회복한 등록부

(3) 등록부정정이 이루어진 등록부로서 위 (1)호, (2)호에 해당되지 아니하는 등록부 중 관할 가정법원장(지방법원장)이 그 정정사유 등이 기록되어 있는 해당 등록부를 그대로 존치하여 공시하는 것이 사회통념상 이해관계인에게 현저하게 부당하다고 인정하는 때

(4) 가족관계등록전산정보처리조직 자료구축과 관련, 구 호적전산정보처리조직상의 호적기재사항에 의하여 등록부를 작성하는 과정에서 잘못 이기한 등록부의 기록사항에 대하여 이해관계인의 신청에 의한 간이직권정정이 이루어졌거나 시(구) · 읍 · 면의 장에 의한 직권정정이 완료된 후 이해관계인의 재작성신청 또는 직권재작성의 필요가 있는 때

(5) 규칙 제20조에 의한 멸실고시의 사유가 발생한 때

(6) 등록사항별 증명서 중 가족관계증명서와 관련하여 호적부 전산화 이전에 분가한 후, 분가 전 호적이 전적 등의 사유로 새로이 편제된 경우와 같이 전산호적부상의 가족이 아니어서 가족관계증명서에 가족으로 구성되지 않은 경우, 등록부의 기록사항에 대하여 이해관계인의 신청에 의한 간이직권정정이 이루어졌거나 시(구) · 읍 · 면의 장에 의한 직권정정이 완료된 후 이해관계인의 재작성신청 또는 직권재작성의 필요가 있는 때

다. 재작성의 절차

(1) 이해관계인의 등록부 재작성신청

위 나.의 (1)부터 (4)까지 및 (6)의 사유로 등록부를 재작성하고자 하는 해당 등록부상의 이해관계인은 시(구)·읍·면의 장에게 별지 서식에 의한 등록부 재작성신청을 하여야 한다. 다만, 위 나.의 사유 중 시(구)·읍·면의 장의 잘못으로 인한 경우를 제외하고는 등록부정정신청과 동시에 이를 신청할 수 있다[16].

(2) 등록부 재작성의 승인신청

등록부상의 이해관계인으로부터 등록부 재작성신청(위 나.의 (4) 직권에 의한 재작성을 포함한다)을 받은 시(구)·읍·면의 장은 관할 가정법원장(지방법원장)에게 등록부 재작성 승인신청을 하여야 한다. 다만 이해관계인이 등록부정정신청과 동시에 등록부 재작성을 신청한 경우에는 등록부정정절차를 완료한 후에 그 승인신청을 하여야 한다.

(3) 등록부 재작성의 승인 등 절차

위 나.의 (1)부터 (4)까지 및 (6)의 사유로(직권에 의한 재작성을 포함한다) 인한 등록부 재작성의 경우에 시(구)·읍·면의 장은 감독법원에 재작성의 방법에 관한 품신을 하여야 하며, 품신을 받은 감독법원은 즉시 필요한 조사를 하여야 하고, 가정법원장(지방법원장)은 재작성에 관한 승인을 한 후, 승인신청을 한 시(구)·읍·면의 장에게 승인통지를 하여야 한다.

---

16) 위 나.의 (1)의 사유로 인한 등록부 재작성신청서에는 혼인(입양)무효판결과 그 확정증명 및 그 혼인(입양)무효가 한쪽 당사자나 제3자의 범죄행위를 원인으로 하여 이루어진 경우에는 이를 소명하는 서면(예컨데, 형사판결문 또는 검사의 기소유예처분 결정문 등)을 첨부하여야 하고, 위 나.의 (3)의 사유로 인한 등록부 재작성신청서에도 그 등록부정정이 한쪽 당사자나 제3자의 범죄행위를 원인으로 하여 이루어진 경우에는 이를 소명하는 위와 같은 서면을 첨부하여야 한다.

라. 재작성의 방법

① 등록부 재작성시 이기범위는 위 나.의 (5)를 제외하고는 정정이 된 해당 등록부 기록사항과 그 정정에 관한 기록은 이를 이기하지 아니하되, 나머지 기록사항은 모두 그대로 이기한다.

② 등록부를 재작성한 경우에는 가족관계등록부사항란에 재작성사유를 기록하여야 한다.

③ 위 나.의 (1)부터 (4)까지 및 (6)의 사유로(직권에 의한 재작성을 포함한다) 등록부 재작성의 절차를 완료한 때에는 기존의 등록부에 폐쇄의 표시를 한 후 폐쇄등록부로서 관리한다.

마. 재작성 절차를 완료한 기존의 가족관계등록부에 대한 증명서 청구의 가부

위 나.의 (1)부터 (3)(직권에 의한 재작성을 포함한다)까지의 사유로 재작성 절차가 완료되어 폐쇄등록부로 관리하게 된 기존의 등록부에 대하여는 증명서는 발급할 수 없으며, 재작성 절차의 완료로 폐쇄등록부로 관리하게 된 등록부에는 그 가족관계등록부사항란에 '「대법원 가족관계등록예규」 제41호에 따른 폐쇄로 인하여 증명서 발급불가' 라는 문구를 기록한다[17].

바. 보론 : 정정된 제적부의 재제 가부

종전 호적제도에서는 '멸실을 이유로 한 호적(제적 포함)의 재제' 와 '이해관계인의 신청에 의해 정정된 호적(제적 제외)의 재제'

---

17) 개인의 프라이버시를 위해서 정정된 등록부를 폐쇄하고 등록부를 재작성한 것인데 폐쇄등록부를 발급하게 되면 그러한 취지에 반하므로 폐쇄등록부는 발급을 불가하는 것이다.

를 허용하였다. 멸실을 이유로 하는 경우에는 호적과 제적 모두를 재제대상으로 하였으나, 이해관계인의 신청에 의하는 경우에는 호적만을 재제대상으로 한 것이다.

현행 가족관계등록제도에서도 제적부의 정정은 이루어지고 있고, 제적부를 정정한 이후에 종전 호적법규에 따라서 재제를 신청하는 경우가 있다. 그러나, 종전 호적법규에서 이해관계인의 신청에 의한 재제대상에서 '제적' 은 제외하고 있기 때문에 정정된 제적부를 재제할 수는 없다. 다만, 개인의 인격권이 침해된다는 비판이 있을 수 있고, 향후 논의가 필요한 분야라는 생각은 든다.

답변6: 대한민국정부 수립 이전에 조선기류령 및 기류수속규칙이 제정 시행되었다. 이는 본적지 외에서 90일 이상 거주할 목적으로 일정한 주소 또는 거소를 정한 사람을 부·읍·면에 비치된 기류부에 등재하도록 하는 기류부에 대한 규정으로서, 정부수립(1948년) 이후에도 조선기류령이 거주자 등록에 관한 제도로 운영되었고 이후 기류법이 공포·시행(1962. 1. 15.)되었으나 주민등록법 제정(1962. 6. 20.시행)으로 대체되었다(주민등록사무편람, 행안부 발행 참조). 기류법상 기류업무관장은 시장 또는 군수가, 감독업무는 법원이 각 관장하였다. 당시 기류부의 보관기간은 1년이었으므로 보관기간 경과로 대부분 폐기되었을 가능성이 크지만, 기류부를 폐기하지 아니하고 보관하는 시청 또는 군청이 있을 수 있을 수 있으므로 해당 시청 또는 군청으로 기류부 존부에 대하여 조회해 볼 수는 있다.

답변7: 상속관련 소송에서 종종 민적부가 증거로 제출되기도 하므로 민적부에 대한 이해는 필요하다. 민적부는 민적법(1909년)에 근거하여 출생, 사망, 혼인 등의 신분관계를 기재하던 장부였다. 이후 조선호적령(1922년)에서는 '종전의 규정에 의한 민적은 본령에 의한 호적으로 하여 그 효력이 있다'는 규정을 두었고(조선호적령 제132조), 호적법(1960년)은 '구법에 의한 호적 및 가호적을 본법의 규정에 의한 호적 또는 가호적으로 보는 규정'을 두고 있었으므로(호적법 부칙 제137조) 민적부는 호적의 전신으로서 현재도 그 효력이 인정된다. 참고로 호적선례에서도 민적부가 호적관서에 보관되어 있다면 호적부처럼 열람 등초본 발급이 가능하다고 한 것이 있다[18].

답변8: 현재 가족관계등록부열람은 불가능하다. 그러나, 제적부와 제적부본의 열람은 가능하다.

답변9: 혼인무효판결로 등록부를 정정한 후 그 사유를 이유로 등록부 재작성신청을 할 경우에는 혼인무효판결과 그 확정증명 및 그 혼인무효가 한쪽 당사자나 제3자의 범죄행위로 인한 것임을 소명하는 서면(예컨데, 형사판결문 또는 검사의 기소유예처분 결정문 등)을 첨부하여야 하는 것으로 예규가 규정하고 있다(가족관계등록예규 제289-7호). 이는 범죄행위의 피해자가 범죄행위로 인해 누더기가 된 등록부를 보유하게 하는 것이 부당하다는 차원에서 재작성을 허용하는 것이므로, 사례와 같이 범죄행위 당사자는 등록부 재작성을 신청할 수 없을 것이다(선례201202-1[19]).

---

18) 호적선례2-5
민적부가 시(구)·읍·면에 비치되어 있는 경우에는 그 민적부(제적)도 호적부와 같이 등·초본 발급 및 열람이 가능하다(1989.12.07 제정).

19) 혼인무효판결에 의한 등록부정정신청으로 해당 가족관계등록부가 정정된 때 재작성신청을 할 수 있는 것은 그 혼인무효가 당사자 사이에 혼인의사의 합의가 없음을 원인으로 하는 경우에 한하고, 아울러 그 혼인무효가 한쪽 당사자나 제3자의 범죄행위를 원인으로 하여 이루어짐으로써 그러한 정정사유 등이 기재되어 있는 가족관계등록부를 그대로 존치하여 공시하는 것이 사회통념상 이해관계인에게 현저하게 부당한 경우에 한정되는 것이므로, 이러한 가족관계등록부의 재작성신청을 함에 있어서는 혼인무효판결문과 그 확정증명서 및 그 혼인무효가 한쪽 당사자나 제3자의 범죄행위로 인한 것임을 소명하는 서면을 첨부하여야 할 것이다. 그 중 '혼인무효가 한쪽 당사자나 제3자의

범죄행위로 인한 것임을 소명하는 서면'으로는 형사판결문이나 검사의 기소유예처분결정문 등을 들 수 있을 것이고, 그 밖에 형사고소 또는 고발을 하였으나 기소중지 상태에 있거나 공소권이 없다는 사실을 증명하는 서면을 제출할 수도 있을 것이지만 당사자 간의 사유서의 제출만으로는 불가하고, 형사고소 또는 고발을 하지 아니한 경우에는 이러한 제도를 이용할 수 없다(2012. 2. 1. 가족관계등록과-503 질의회답).

[양식]

가족관계등록부재작성신청서

「대법원 가족관계등록예규」 제41호에 따라 가족관계등록부 재작성신청을 하오니 아래의 가족관계등록부를 재작성하여 주시기 바랍니다.

사건본인	등록기준지			
	주 소			
	성 명		출생연월일	
신분에 관한 사항				
기타 사항				
재작성 사유				
신청인과 사건본인과의 관계				

20 . . .

신청인(이해관계인) ○ ○ ○ 서명 또는 날인

○ ○ 시(구)·읍·면장 귀하

(주) 1. 신청인이 사건본인 또는 그 가족이 아닌 경우는 이해관계인임을 소명하는 가족관계등록부의 등록사항별 증명서를 첨부합니다.

2. 혼인(입양)무효판결과 그 확정증명 및 그 혼인(입양)무효가 당사자 일방이나 제3자의 범죄행위를 원인으로 하여 이루어진 경우에는 이를 소명하는 서면(예: 형사판결문 또는 검사의 기소유예처분 결정문 등)을 첨부합니다.

제2장 등록사항별 증명서 교부 등

제1절 등록사항별 증명서의 종류와 기록사항

사례10: 변호사 나성실은 명절에 고향에 계신 아버지를 찾아뵈었다. 그런데, 최근 할아버지가 돌아가셔서 상속문제로 큰아버지와 큰 송사를 벌이다가 패소한 아버지께서 당시 서면에 첨부했던 제적등본에 대해서 물어보시는 것이다. 내용인즉, 제적등본에는 할아버지, 형제자매도 나타나는데 가족관계증명서에는 할아버지와 형제자매가 누락되어 있다면, 가족관계증명서에 할아버지와 형제자매를 기재하기 위해서는 등록부정정절차를 거쳐야 하는게 아니냐는 질문이다. 가족관계증명서에 기록되는 가족의 범위가 어떻게 되는지에 대해서 아버지가 물어보시는데 변호사 나성실은 솔직히 자신도 정확히 모르고 있다.

사례11: 변호사 나성실은 최근 등록부정정허가신청사건(등록비송사건)을 수임하여 정정허가신청서와 기타 소명자료를 첨부해서 재판부에 제출한 후 정정허가결정이 나오기만을 기다리고 있는데, 재판부에서 사건본인의 제적등본을 제출하라는 연락을 받게 되었다. 사실 나성실도 사건본인의 제적등본을 제출하려고 하였으나, 등록관서에서 사변으로 제적부가 멸실된 후에 재제되지 아니한 상태여서 제적등본을 발급할 수 없다는 답변을 들은 상태였다. 변호사 나성실은 그런 사정을 재판부에 알렸다. 그런데, 재판부에서는 그렇다면 사변으로 제적부가 멸실된 후 재제되지 아니하여 현재 제적부가 존재하지 아니한다는 증명서라도 발급받아 제출하라고 하였다. 변호사 나성실은 순간 "세상에 그런 증명서가 있을 수 있나!"라는 고민에 빠졌다.

사례12: 변호사 나성실은 최근 종중이 종중원에게 명의신탁한 부동산을 반환 청구하는 사건을 수임하게 되었다. 재판 도중 의뢰인이 종중원이냐는 문제가 새로운 쟁점으로 불거지면서 의뢰인의 조부의 제적등본까지 확인해야 할 상황이 발생하였다. 그러나 등록관서에서 확인해 준 바에 의하면 사변으로 의뢰인 조부의 제적부가 멸실되었고, 다만 조부의 제적부부본만이 보존되어 있다는 것이다. 변호사 나성실은 제적부부본의 등·초본이라도 발급받아서 소송에 증거로 제출하고자 하는데, 제적부부본의 등·초본발급이 가능한 것인가.

사례13: 부부인 갑남과 을녀는 병남을 출산 후 갑남이 병남을 혼인중의 자녀로 출생신고를 하여 자신의 호적에 병남이 자녀로 입적되었고, 이후 1977.경 갑남과 을녀는 이혼하였다. 이혼 후 을녀는 병남을 양육하던 중 병남을 자신의 호적에 입적시키고자 병남을 입양하였고, 병남은 을녀의 호적에 입적되었다. 2012.경 병남은 생모인 을녀의 가족관계증명서를 제출할 일이 있어서 을녀의 가족관계증명서를 발급받아 보았는데, 을녀의 가족관계증명서상 자녀란에 '병남'이 두 번 기재되어 있는 것을 발견하였다. 등록관서에 문의한바, 병남은 을녀의 친생자이므로 기재되어야 하고, 또한 병남이 을녀의 양자이기도 하므로 병남이 두 번 기재될 수 밖에 없다는 답변을 들었다. 이를 바로잡을 수 있는가.

1. 개설

종전 호적제도상 호적등본은 하나의 등본에 가족의 신분사항이 모두 담겨있는 방식이었으므로 개인정보 보호에 취약하였다. 이러한 개인정보 보호에 대한 문제를 강화하기 위해서 현행 가족관계등록제도에서는 가족관계, 혼인관계, 입양관계 등과 같이 증명하고자 하는 신분등록사항별로 증명서를 발급하는 '등록사항별 증명서제도' 를 채택하고 있다.

2. 등록사항별 증명서의 종류 및 그 기록사항

가. 증명서의 종류와 그 기록사항(법 제15조 제1항).

*** 가족관계증명서**

① 본인의 등록기준지·성명·성별·본·출생연월일 및 주민등록번호

② 부모의 성명·성별·본·출생연월일 및 주민등록번호(입양의 경우 양부모를 부모로 기록한다. 다만 단독입양한 양부가 친생모와 혼인관계에 있는 때에는 양부와 친생모를, 단독입양한 양모가 친생부와 혼인관계에 있는 때에는 양모와 친생부를 각각 부모로 기록한다[20]).

③ 배우자, 자녀의 성명·성별·본·출생연월일 및 주민등록번호

*** 혼인관계증명서**

20) 입양된 자녀의 경우 입양으로 친생부모와의 친자관계가 단절되지 않으므로, 친생부모와 양부모 모두 입양된 자녀의 법률상 부모이다. 따라서 입양된 자녀의 가족관계증명서상 부모란에 친생부모와 양부모 모두를 기재하는 것에 법리적 문제는 없으나, 가족관계증명서에 친부모와 양부모가 함께 기록될 경우 입양사실이 쉽게 드러나 입양가정의 사생활 보호에 문제가 있으므로 입양관계가 있는 경우 가족관계증명서에는 양부모만을 부모로 기록하는 것으로 2009. 12. 29. 가족관계의 등록 등에 관한 법률을 개정하였다(법률 개정이유 참조).

① 본인의 등록기준지·성명·성별·본·출생연월일 및 주민등록번호
② 배우자의 성명·성별·본·출생연월일 및 주민등록번호
③ 혼인 및 이혼에 관한 사항

*** 입양관계증명서**

① 본인의 등록기준지·성명·성별·본·출생연월일 및 주민등록번호
② 친생부모·양부모 또는 양자의 성명·성별·본·출생연월일 및 주민등록번호
③ 입양 및 파양에 관한 사항

*** 친양자입양관계증명서**

① 본인의 등록기준지·성명·성별·본·출생연월일 및 주민등록번호
② 친생부모·양부모 또는 친양자의 성명·성별·본·출생연월일 및 주민등록번호
③ 입양 및 파양에 관한 사항

*** 기본증명서**

① 본인의 등록기준지·성명·성별·본·출생연월일 및 주민등록번호
② 본인의 출생, 사망, 국적상실·취득 및 회복 등에 관한 사항

나. 일부사항을 증명하는 증명서(법 제15조제3항, 별지 6호 서식).

종전 호적시대에는 이혼경력의 기재를 숨기기 위해 본적을 변경하는 전적제도가 이용되기도 하였다. 이렇듯 개인의 신분관계를 공시함에 있어서는 '공시' 라는 공익과 '개인의 사생활'이라는 사익과의 충돌은 불가피한 측면이 있을 수밖에 없고, 최근에는 이러한 점을 고려하여 이혼, 인지, 혼인 외 자녀 등과 같이 개인이 숨기고 싶은 사생활보호를 위하여 등록사항별 증명서의 기록사항 중 일부사항만을 현출하는 '일부증명 형식의 증명서'를 신설하였다(개정법률 제15조제2항[21]). 다만 일부사항증명서제도

는 가족관계등록부상 기록사항을 삭제하는 방식이 아니라 가족관계등록부상 기록사항을 증명하는 '등록사항별 증명서'의 법정 기재사항 중 일부를 증명서에서 보여주지 않는 방식이다. 따라서 일부사항증명서에는 일부사항에 대한 증명임을 알리는 문구가 기재되므로 개인이 숨기고 싶은 사생활을 완전히 감추지 못하는 면이 있다.

답변10: 종전 호적의 호적등본에는 호적에 입적된 구성원의 모든 정보가 그대로 노출되는 문제가 있었기 때문에, 현행 가족관계등록제도에서는 가족관계등록부상 가족 구성원의 범위를 '본인, 배우자, 부모, 자녀'로만 한정하고 있다. 따라서 가족관계등록부에 기재된 가족관계를 증명하는 '가족관계증명서'에는 '본인, 배우자, 부모, 자녀'만이 기재될 뿐이다. 따라서 종전 호적시대의 호적등본에 본인의 할아버지와 본인의 형제자매가 기재되었던 것에 반해서, 현행 가족관계등록부에는 본인의 할아버지와 본인의 형제자매가 기록되지 않으며, 가족관계등록부의 가족관계만을 증명하는 '가족관계증명서'상에도 '본인의 할아버지와 본인의 형제자매'는 현출되지 아니한다. 한편, 등록부정정의 대상은 '등록부에 누락된 사항 또는 위법하게 기재된 사항 등'을 의미하다는 점에서, 현행 가족관계등록제도하에서 '본인의 할아버지, 본인의 형제자매'는 가족관계등록부의 기재대상이 아니므로 현행 가족관계등록부의 '가족관계증명서'에 '본인의 할아버지, 본인의 형제자매'가 기재되지 않은 것은 '등록부 정정의 대상'이 아니다.

답변11: 6·25사변으로 제적원본과 감독법원에 보관되어 있던 제적부본이 모두 멸실되었으나 현재까지 재제가 되어 있지 않은 제적에 대하여, 이해관계인은 시(구)·읍·면의 장에게 호적법에 의한 제적등본의 발급 또는 그 기재사항 증명의 발급을

21) 동 개정규정은 2011. 12. 30.부터 시행한다.

청구할 수 있고, 제적이 6·25사변으로 멸실된 채 재제가 되지 않아 현재 청구한 제적이 존재하지 않는다는 사실을 증명하여달라는 뜻의 사실증명서의 교부를 청구할 수 있다. 다만 그러한 사실증명은 호적법규에 근거가 있는 호적기재사항에 관한 증명이 아니고, 일반 행정증명으로밖에 볼 수 없으므로, 그 발급여부나 수수료 징수여부에 관하여는 우리 처로서는 회답할 사안이 아니다(호적선례3-8 1993. 7. 31 법정 제1521호)'라는 호적선례의 내용은 현행 가족관계등록제도에서도 유효하다.

답변12: 제적부부본이 보존되어 있다고 하더라도 멸실된 호적이 재제되기 전에는 호적(제적)의 등·초본 발급이 불가능하다(등·초본은 원본을 전제한 개념이다. 따라서 제적부 부본에 대한 등초본은 발급할 수가 없는 것이다). 다만 호적(제적) 또는 신고서류의 기재사항 증명제도가 존재한다. 즉 호적원본이 멸실된 후 그 재제 전에 호적등·초본의 청구가 있는 경우에는 당해 시(구)·읍·면의 장은 호적기재사항 증명원 2통을 제출케 하고, 1통을 감독법원에 송부하여 호적부본 및 신고서류와 대조하여 상위 없다는 부기를 하면 이에 의거하여 다른 호적기재사항증명원 1통에 증명문을 기재하여 교부하도록 하였다(호적예규 제152호[22]). 가족관계의 등록 등에 관한 법률 부칙 제4조에 의해서 종전 호적법규의 적용을 허용하고 있으므로 호적예규 제152호에 의해서 재제 전에 제적부부본이 존재한다

---

22) 호적예규제152호
호적원본이 멸실된 후 그 재제전에 호적등·초본의 청구가 있는 경우에는 당해 시(구)·읍·면의 장은 호적기재사항 증명원 2통을 제출케 하고 1통을 감독법원에 송부하여 호적부본 및 신고서류와 대조하여 상위없다는 부기를 한 때에는 이에 의거하여 다른 호적기재사항증명원 1통에 증명문을 기재하여 교부하도록 할 것이다.

면 그 제적의 기재사항에 대한 증명은 가능하다고 보인다.

답변13: 입양은 혈연에 의한 친자관계가 없는 자 사이에 법정 친자관계를 형성하는 신분행위이지만, 민법 제772조(양자와의 친계와 촌수)는 '입양한 때로부터 혼인 중의 출생자와 동일한 것으로 본다.'고 규정하고 있으므로 종전 호적실무에서는 입양은 '혼인 중의 자'의 신분을 창설하는 행위로 정의하여 실무처리를 하여왔다{하지만 2013. 7. 시행되는 민법은 제882조의2(입양의 효력)를 신설하여 '양자는 양부모의 친생자와 같은 지위를 가진다'고 명시적으로 규정하고 있으므로 '양자는 혼인중의 친생자와 같은 지위를 가진다'는 종전 실무부분은 수정을 요하는 것으로 생각된다[23]}. 즉 입양은 혼인중의 출생자라는 신분행위를 창설하는 신분행위임을 전제로, 혼인 외 자녀를 생모가 자신의 호적에 입적하고자 하는 경우 입양을 허용하였던 것이고, 나아가 부부가 이혼한 경우에 모가 자신의 호적에 자녀를 입적시키는 수단으로 입양을 허용하기도 하였다. 그러나 현재는 부부가 이혼한 경우에 입양하는 것은 불허하고 있다(예규 제130호[24]). 위 사안은 이혼한 모와 자

23) 민법 제11300호 2012.02.10 일부개정(2013. 7. 시행)
제772조(양자와의 친계와 촌수)
① 양자와 양부모 및 그 혈족, 인척사이의 친계와 촌수는 입양한 때로부터 혼인중의 출생자와 동일한 것으로 본다.

제882조의2(입양의 효력)
① 양자는 입양된 때부터 양부모의 친생자와 같은 지위를 가진다.
② 양자의 입양 전의 친족관계는 존속한다.

24) 대법원1989년판 대법원예규 호적편 제308항
갑남과 을녀 사이에 출생한 혼인외의 자가 호주인 갑남의 호적에 갑남의 출생신고에 의하여 갑남을 부, 을녀를 모로 하여 혼인외의 자로 입적되어 있는 경우, 또는 갑남과 을녀가 혼인하여 자녀를 출산하고 이혼한 경우에, 친생자를 양자로 하는 것을 제한하는 법률상 규정이 없으므로, 생모인 을녀는 다른 입양요건을 갖추고 있다면 갑남의 장남자가 아닌 자녀를 양자로 입양할 수 있다 (85. 10. 29. 법정 제1110호 개인 대 법원행정처자 회답 및 89. 12. 7. 법정 제

녀 사이에 입양을 허용하던 시기에 이루어진 입양이므로 현재 법리를 내세워 입양무효를 주장할 수는 없다. 따라서 친생자관계와 양자관계를 근거로 두 번 기재되었으므로, 기재내용을 말소하기 위해서는 친생자관계를 배제하는 판결을 통하여 친생자관계를 말소하거나 입양관계를 배제하는 파양(협의파양, 강제파양) 또는 입양취소판결을 통하여 양자관계를 말소하여야 할 것이다. 그러나 친생자관계를 배제하는 판결이든 파양, 입양취소판결이든 가족관계등록부에 이러한 사유가 기록됨에 주의를 요한다. 동일인에 대하여 친생자관계와 양자관계를 모두 인정하여 동일인을 두 번 기재하는 것에 대하여 의문을 가질 수는 있으나, 종전 호적이나 현행 가족관계등록

1920호 통첩).

호적예규 제678호 친생자 입양에 관한 사무처리지침
개정 2004.08.03 호적예규 제678호

1. 입양은 혼인중의 출생자와 같은 신분을 취득하게 하고자 하는 창설적 신분행위이므로 자신의 친생자라도 혼인중의 출생자가 아닌 자는 입양할 수 있을 것이나 혼인중의 출생자에 대해서는 이러한 신분관계를 창설할 필요가 없으므로 이혼한 모가 전혼중에 출생한 혼인중의 자를 입양할 수는 없다.
2. 1995. 3. 22. 전의 예규 규정에 의하여 이혼한 생모가 혼인중 출생한 자를 단독으로 입양한 경우, 그 입양해소가 되지 아니한 경우에도 생모와 재혼한 부(부)가 그 양자를 입양할 수 있다.
3. 제2항 전단의 규정에 따라 생모가 혼인중 출생한 자를 입양한 후 사망한 경우에도, 그 입양의 해소없이 제3자가 그 양자를 입양할 수 있다

친생자 입양에 관한 사무처리지침 예규 제130호 2007.12.10 제정

1. 입양은 혼인중의 출생자와 같은 신분을 취득하게 하는 창설적 신분행위이므로 자신의 친생자녀라도 혼인중의 출생자가 아닌 사람은 입양할 수 있을 것이나 혼인중의 출생자에 대해서는 이러한 가족관계를 창설할 필요가 없으므로 이혼한 모가 전혼중에 출생한 혼인중의 자를 입양할 수는 없다.
2. 1995. 3. 22. 이전의 종전「대법원 호적예규」에 따라 이혼한 생모가 혼인중 출생한 자를 단독으로 입양한 경우, 그 입양해소가 되지 아니한 경우에도 생모와 재혼한 부(부)가 그 양자를 입양할 수 있다.
3. 제2항 전단에 따라 생모가 혼인중 출생자를 입양한 후 사망한 경우에도, 그 입양의 해소 없이 제3자가 그 양자를 입양할 수 있다.

부 모두 민법이 규율하고 있는 실체적 신분관계를 기록하는 공부로서, 실체적 신분관계의 발생·변동·소멸시 기록할 수 밖에 없으므로, 출생신고에 의해서 친생자관계를, 입양신고에 의해서 양자관계를 기록하게 되었던 것이다.

[양식]

가 족 관 계 증 명 서

등록기준지	서울특별시영등포구 여의도동 의사당로1 1234

구 분	성 명	출생연월일	주민등록번호	성별	본
본 인	김본인(金本人)	1965년01월01일	650101-1234567	남	金海

가족사항

구 분	성 명	출생연월일	주민등록번호	성별	본
부	김양부(金陽父)	1940년04월01일	400401-100000 37	남	金海
모	김양모(金養母)	1942년04월05일	420405-200000 22	여	全州
배우자	박여인박(朴女人)	1968년02월02일	680202-20000022	여	密楊
자 녀	정일군(鄭一君)	1973년11월20일	731120-1234567	남	全州
자 녀	김일순(金一順)	1990년01월01일	900101-2612345	여	金海
자 녀	김순희(金巡喜) 사망	1995년11월11일	951111-2333339	여	金海
자 녀	김상준(金相俊)	1999년05월08일	990508-2111117	여	金海

위 가족관계증명서는 가족관계등록부의 기록사항과 틀림없음을 증명합니다.

년 월 일

○○시(읍.면)장 ○ ○ ○ 직 인

[양식]

혼 인 관 계 증 명 서

등록기준지	서울특별시 영등포구 여의도동 1번지의 1234

구분	성 명	출생연월일	주민등록번호	성별	본
본인	김본인(金本人)	1965년 01월 01일	650101-1234567	남	金海

혼인사항

구분	성 명	출생연월일	주민등록번호	성별	본
배우자	박여인(朴女人)	1968년 02월 02일	680202-2345678	여	密陽

구분	상 세 내 용
혼인	[신고일] 1986년 01월 01일 [배우자] 전여인
이혼	[협의이혼신고일] 1987년 04월 04일 [배우자] 전여인
혼인	[신고일] 2008년 02월 01일 [배우자] 박여인 [배우자의 주민등록번호] 680202-2345678 [처리관서] 서울특별시 중구

위 혼인관계증명서는 가족관계등록부의 기록사항과 틀림없음을 증명합니다.

년 월 일

○○시(읍·면)장 ○ ○ ○ **직인**

[양식]

입 양 관 계 증 명 서

등록기준지	서울특별시영등포구 여의도동 의사당로1 1234

구 분	성 명	출생연월일	주민등록번호	성별	본
본 인	김본인(金本人)	1965년01월01일	650101-1234567	남	金海

가족사항

구 분	성 명	출생연월일	주민등록번호	성별	본
친생부	김일남(金一男)	1941년02월01일	650101-1234567	남	金海
친생모	이일녀(李一女)	1938년02월01일	380201-2156874	여	全州
양부	김양부金陽父	1940년03월01일	400301-1311116	남	金海
양모	김양모金養母	1942년04월01일	420401-2134567	여	全州
양자	정이군(鄭二君)	1973년11월20일	731120-1311456	남	全州
양자	김상준(金上俊)	1999년05월08일	990508-1234567	남	金海

구 분	상세내용
입양	[신고일] 1995년01월03일 [양자] 정이군
입양	[신고일] 1997년03월10일 [양부] 김양부 [양모] 김양모
입양	[신고일] 2008년 01월 3일 [양자] 김상준 [양자의주민등록번호] 990508-1234567 처리관서 서울특별시 중구

위 입양관계증명서는 가족관계등록부의 기록사항과 틀림없음을 증명합니다. 단,친양자입양관계는 친양자입양관계증명서에만 표시합니다.

년 월 일

○○ 시 (읍.면) 장 ○ ○ ○ 직 인

[양식]

친 양 자 입 양 관 계 증 명 서

등록기준지	서울특별시 영등포구 여의도동 1번지의 1234

구분	성 명	출생연월일	주민등록번호	성별	본
본인	김본인(金本人)	1965년 01월 01일	650101-1234567	남	金海

친양자입양사항

구분	성 명	출생연월일	주민등록번호	성별	본
친양자	김순희(金順喜) 사망	1995년 11월 11일	951111-2888888	여	金海

구분	상 세 내 용
입양	[친양자입양재판확정일] 2008년 03월 02일 [결정법원] 서울가정법원 [친양자] 정순희 [친양자의 주민등록번호] 951111-2888888 [신고일] 2008년 04월 03일 [신고인] 김본인 [처리관서] 서울특별시 영등포구

위 친양자입양관계증명서는 가족관계등록부의 기록사항과 틀림없음을 증명합니다.

년 월 일

○○시(읍·면)장 ○ ○ ○ **직인**

[양식]

기 본 증 명 서

등록기준지	서울특별시 영등포구 여의도동 1번지의 1234

구분	상 세 내 용
작성	[가족관계등록부 작성일] 2008년 01월 01일 [작성사유] 가족관계의 등록 등에 관한 법률 부칙 제3조제1항
변경	[변경일] 2008년 01월 03일 [전 등록기준지] 서울특별시 관악구 봉천동 100번지의 3 [처리관서] 서울특별시 영등포구

구분	성 명	출생연월일	주민등록번호	성별	본
본인	김본인(金本人)	1965년 01월 01일	650101-1234567	남	金海

일반등록사항

구분	상 세 내 용
출생	[출생장소] 서울특별시 중구 명동 1234번지 [신고일] 1968년 02월 15일 [신고인] 부
국적회복	[국적회복허가일] 1975년 01월 02일 [국적회복전국적] 미국 [신고일] 1975년 01월 03일 [신고인] 김일남 [송부일] 1975년 01월 03일 [송부자] 서울특별시 관악구청장
개명	[개명허가일] 1976년 02월 02일 [허가법원] 서울가정법원 [신고일] 1976년 02월 05일 [신고인] 김일남 [개명전이름] 철수 [개명후이름] 본인
정정	[직권정정서작성일] 2008년 03월 01일 [정정일] 2008년 03월 01일 [정정전 주민등록번호] 650101-1234578 [정정후 주민등록번호] 650101-1234567 [처리관서] 서울특별시 영등포구

위 기본증명서는 가족관계등록부의 기록사항과 틀림없음을 증명합니다.

년 월 일

○○시(읍·면)장 ○ ○ ○ 직인

[양식]

가 족 관 계 증 명 서(일 부 사 항)

등록기준지	서울특별시 영등포구 여의도동 1번지의 1234

가족사항

구분	성 명	출생연월일	주민등록번호	성별	본
본인	김본인(金本人)	1965년 01월 01일	650101-1234567	남	金海

구분	성명	출생연월일	주민등록번호	성별	본
부	김양부(金養父)	1940년 04월 01일	400401-1333333	남	金海
모	이양모(李養母)	1942년 04월 02일	420402-2222222	여	全州
배우자	박여인(朴女人)	1968년 02월 02일	680202-2345678	여	密陽
자녀	정이군(鄭二君)	1973년 11월 20일	731120-1234566	남	全州
자녀	김일순(金一順)	1990년 01월 01일	900101-2777777	여	金海
자녀	김상준(金上樽)	1999년 05월 08일	990508-1111111	남	金海

위 가족관계증명서(일부사항)는 가족관계등록부의 기록사항과 틀림 없음을 증명합니다.

○○시(읍·면)장 ○ ○ ○ 직 인

년 월 일

※ 위 증명서는 가족관계등록부의 가족관계 기록사항 중 일부사항에 대한 증명서이므로, 기록사항 전부에 대하여는 그 전부가 반영된 가족관계증명서를 발급받으시기 바랍니다.

제2절 등록사항별 증명서 등의 교부청구 등

사례14: 변호사 나성실은 소유권이전등기소송 중에 당사자의 가족관계증명서가 필요하여 재판부에 사실조회 신청을 하고자 한다. 그런데 변호사 나성실은 당사자의 가족관계증명서 발급을 구하는 사실조회신청서를 작성하면서 대체 조회기관을 어디로 해야 하는지 고민에 빠졌다. 가족관계등록사무를 관장하는 곳은 대법원이지만, 그러한 등록사무처리권한이 시(구)·읍·면에 위임된 사무라는 것을 배운 적이 있기 때문에 조회기관을 대법원으로 할 것인지, 등록관서로 할 것인지 선뜻 판단이 안 섰기 때문이다.

사례15: 대부업에 종사하는 변호사 나성실의 의뢰인 갑은 최근 일본의 금융회사를 상대로 일본에서 소송을 진행 중이다. 일본 재판소의 담당재판부는 소송상 필요를 이유로 대한민국의 등록관서에 재일교포인 갑의 가족관계증명서 등의 발급을 요구하는 사실조회를 하였다. 갑은 가급적 자신의 가족관계증명서가 대한민국 등록관서에서 발급되지 않기를 바라면서 나성실에게 '일본 법원의 사실조회로 재일교포의 가족관계증명서가 발급되는가요?"라고 묻고 있는데 나성실은 정확히 모르는 상황이다.

사례16: 변호사 나성실의 친구 중 친일문제연구소에 근무하는 나반일이 어느날 변호사 나성실의 사무실로 찾아왔다. 이유인즉, 나반일의 장인어른이 아무래도 친일로 유명한 000인 것 같다는 것이다. 그런데 이름이 다른 것을 봐서는 아마도 개명을 한 것 같은데 장인의 기본증명서를 확인해 보려고 해도 등록관

서에서 장인의 기본증명서를 발급해주지 않는다는 것이다. 사위가 장인의 기본증명서를 발급받을 수 없는 것인가

사례17: 변호사 나성실의 의뢰인인 갑의 아버지가 최근에 사망하였다. 그런데, 의뢰인의 큰 형님이 그 이전에 사망하였고, 의뢰인의 큰 형수가 현재 생존해 있는 상태이다. 아버지의 재산상속과 관련하여 의뢰인 갑이 큰 형수의 가족관계증명서를 발급받을 수 있는가?

사례18: 25세의 미혼 여성이 변호사 나성실의 사무실로 찾아서 다짜고짜 부모와 인연을 끊고 싶다면서 제적등본과 가족관계증명서상에 부모자녀로 기재된 것을 말소하는 방법에 대해 알고 싶다고 한다. 부모자녀관계를 단절하는 방법이 있는지 그런 단절방법이 없다면 제적등본과 가족관계증명서상 부모 자녀로 기재되지 않는 방법이라도 있는 것인지에 대해서 변호사 나성실도 궁금해지기 시작했다.

1. 등록사항별 증명서의 교부청구[25)]

가. 등록사항별 증명서 교부 청구권자

(1) 원칙

누구나 '본인, 배우자, 직계혈족, 형제자매'의 등록사항별 증명서를 교부 청구할 수 있다. 즉, 모든 사람의 등록사항별 증명서를 교부 청

25) 증명서교부에 대한 규정은 폐쇄등록부에 관한 증명서 교부의 경우에도 준용된다(법 제14조).

구 할 수 있는 것은 아니다[26]. 따라서 본인, 배우자, 직계혈족, 형제자매 이외의 사람에 대한 등록사항별 증명서를 교부 청구하기 위해서는 원칙적으로 그 사람으로부터 교부 청구의 위임을 받아야 한다.

(2) 예외

다음 각 호에 해당하는 경우는 본인, 배우자, 직계혈족, 형제자매 이외의 사람에 대한 등록사항별 증명서를 교부청구하는 경우에도 그 사람의 위임을 받을 필요가 없다(예규 제354호제2조제5항). 실무상으로는 다음 각 호 중 2호, 5호에 의해서 등록사항별 증명서 발급을 해야 할 경우가 대부분이다.

1. 국가, 지방자치단체 또는 공공기관이 직무상 필요에 따라 문서로 신청하는 경우로서 근거법령과 사유를 기재한 신청기관의 공문 및 관계공무원의 공무원증(공공기관의 경우는 사원증)을 첨부한 때
2. 소송, 비송, 민사집행·보전의 각 절차에서 필요한 경우로서 소명자료를 첨부하여 신청하는 경우[27]
3. 다른 법령에서 본인등에 관한 등록사항별 증명서를 제출하도록 요구하는 경우로서 이를 소명하는 자료 및 관계 법령에 따른 정당한 권한이 있는 사람임을 확인할 수 있는 자료를 첨부한 때
4. 「민법」상의 법정대리인(후견인, 유언집행자, 상속재산관리인, 부재자재산관리인 등)이 이를 소명하는 자료와 신청인의 신분증명서를 첨부한 때

---

26) 법문상은 '본인 또는 배우자, 직계혈족, 형제자매(이하 "본인 등"이라 한다)는 등록부등의 기록사항에 관하여 발급할 수 있는 증명서의 교부를 청구할 수 있다'라고 규정하고 있다. 이는 누구든지 본인의 등록사항별 증명서를 당연히 교부 청구 가능하고, 위임 없이도 배우자, 직계혈족, 형제자매의 등록사항별 증명서를 교부 청구할 수 있다는 의미이다.

27) 소명자료는 '신청대상자의 등록사항별 증명서를 제출할 것을 요구하는 법원(등기관 등 포함)의 보정명령서, 재판서, 촉탁서 등' 이다.

5. 채권·채무 등 재산권의 상속과 관련하여 상속인의 범위를 확인하기 위해서 등록사항별 증명서가 필요한 경우로서 이를 소명하는 자료와 신청인의 신분증명서를 첨부한 때
6. 보험금 또는 연금의 수급권자를 결정하기 위하여 신청대상자에 대한 등록사항별 증명서가 필요한 때
7. 「공익사업을 위한 토지 등의 취득 및 보상에 관한 법률」에 따른 공익사업을 수행하는 때에 토지 등의 소유자의 상속인을 확인할 필요가 있는 때

(3) 친양자입양관계증명서의 교부제한[28)]

변호사들에게 가장 낯선 증명서가 아마도 친양자입양관계증명서라고 생각되는데 본인이 양자나 양친이 아니라면 친양자입양관계증명서 자체가 존재하지 않는다고 오해하고 있는 변호사들도 많은 것 같다. 그러나, 대한민국 국민이라면 누구든지 친양자입양관계증명서가 존재하는 것이고, 친양자입양사실이 없다면 친양자입양관계증명서상에 친양자입양사실이 기재되지 않을 뿐이다.

다른 등록사항별 증명서와 달리 친양자입양관계증명서는 아래의 경우와 같은 엄격한 제한 하에서 교부가 가능하다(예규 제354호제3조제1항). 그리고 이러한 친양자입양관계증명서의 교부제한은 교부청구 대상 본인의 친양자입양 여부와 관계없이 적용된다(규칙 제23조제2항). 즉, 만일 친양자입양이 된 사람에게만 발급제한을 한다면 그 제한 사

28) 친양자입양관계증명서의 경우에는 본인이라도 그 증명서의 교부청구권을 성년이 되기까지 제한하여 다른 증명서보다도 더 엄격한 제한을 가함으로써 친양자의 복리를 우선시 하도록 하였다.

실 자체로 교부대상자가 친양자임을 드러내는 것이 되기 때문이다.

1. 성년자가 본인의 친양자 입양관계증명서를 신청하는 경우로서 성년자임을 신분증명서에 의하여 소명하는 경우
2. 친양자의 친생부모·양부모가 본인의 친양자입양관계증명서를 신청하는 경우에는 친양자가 성년자임을 소명하는 경우
3. 혼인당사자가 「민법」 제809조의 친족관계를 파악하고자 하는 경우로서 출석한 양당사자 및 그 신분증명서에 의하여 가족관계등록사무담당 공무원이 혼인의사 및 혼인적령임을 확인한 경우
4. 법원의 사실조회촉탁이 있거나 수사기관이 규칙 제23조제5항에 따라 문서로 신청하는 경우
5. 「민법」 제908조의4 및 제908조의5에 따라 입양취소 또는 파양을 할 경우로서 이에 관한 법원의 접수증명원이 첨부된 경우

5의2. 「입양특례법」 제16조에 따라 입양취소를 하거나 같은 법 제17조에 따라 파양을 할 경우로서 이에 관한 법원의 접수증명원이 첨부된 경우

6. 친양자의 복리를 위하여 필요함을 친양자의 양부모가 구체적으로 소명자료를 첨부하여 신청하는 경우
7. 친양자입양관계증명서가 소송, 비송, 민사집행·보전의 각 절차에서 필요한 경우로서 소명자료를 첨부하여 신청하는 경우
8. 채권·채무 등 재산권의 상속과 관련하여 상속인의 범위를 확인하기 위해서 사망한 사람의 친양자입양관계증명서가 필요한 경우로서 소명자료를 첨부하여 신청하는 경우
9. 가족관계등록부가 작성되지 않은 채로 사망한 사람의 상속인의 친양자입양관계증명서가 필요한 경우로서 법률상의 이해관계에 대한 소명자료를 첨부하여 신청하는 경우
10. 법률상의 이해관계를 소명하기 위하여 친양자의 친생부모·양부모의

친양자입양관계증명서를 신청하는 경우로서 그 해당 법령과 그에 따른 구체적인 소명자료 및 필요이유를 제시하여 신청하는 경우

(4) 제적부등의 등 · 초본 발급요건에의 준용

위 예규 354호 제14조에서는 등록사항별 증명서교부에 관한 규정을 제적부의 등·초본발급에도 준용하고 있다. 과거와 달리 등록사항별 증명서가 아닌 제적등본을 발급받는 경우에도 교부청구가 가능한 대상에 제한이 있는 것은 이 때문이다.

(5) 외국인이 등록사항별 증명서를 교부청구할 수 있는 경우

다문화가정의 증가와 해체로 인하여 외국인이 등록사항별 증명서를 교부청구하는 경우가 많아지고 있다. 그에 따라 위 예규는 제4조에서 외국인이 교부 청구하는 경우를 다음과 같이 정하고 있다.

(가) 외국인은 그 배우자, 직계혈족, 형제자매의 등록사항별 증명서의 교부를 청구할 수 있다.

(나) 한국인과의 신분관계가 해소되더라도 외국인 본인 또는 배우자, 직계혈족은 외국인 본인의 기록사항이 기재된 등록사항별 증명서의 교부를 청구할 수 있다[29].

(다) 현재 외국 국적을 취득하여 한국 국적을 상실하였으나 과거에 출생 등을 원인으로 한국의 제적 또는 가족관계등록부에

29) '한국인과의 신분관계가 해소되더라도 외국인은 본인의 기록사항이 기재된 전 배우자의 등록사항별 증명서의 교부를 청구할 수 있다'는 의미인데, 대한민국 국민의 경우 이혼한 전 배우자의 증명서의 교부 청구가 자유롭지 못하다는 것과 비교하면 이는 외국인에게 허용되는 특례라고 볼 수 있다. 이는 외국인의 귀화절차 또는 비자발급절차에서 등록사항별 증명서가 필요하다는 현실적 이유에 기인한다.

기록된 외국인 본인 또는 배우자, 직계혈족도 등록사항별 증명서의 교부를 청구할 수 있다.

(라) 제1항 또는 제2항에 해당하는 외국인이 해외에서 우편으로 등록사항별 증명서의 교부를 청구한 때에는 대상자의 등록기준지를 기재하여야 하고, 신청인이 신분증명서 사본을 첨부하지 아니하거나, 등록기준지를 기재하지 않거나, 청구사유를 기재하여야 할 사람이 기재하지 아니한 경우 또는 청구사유가 부당한 목적임이 분명한 경우에, 시(구)・읍・면의 장은 신청서에 그 거부사유를 기재하여 반송하여야 한다.

(마) 외국인이 가의 (2)'예외'에 따라 등록사항별 증명서의 교부를 청구하는 때에는 직접 시(구)·읍·면사무소에 출석하여 외국인등록증이나 국내거소신고증으로 국내 거주를 소명한 후에 신청서를 작성·제출하여야 하며, 우편으로 등록사항별 증명서의 교부를 청구할 수 없다.

나. 등록사항별 증명서 교부 청구 방식 및 발급요건

> 친생자관계부존재확인소송 내지 가족관계등록비송사건의 경우 결국 가족관계등록부 내지 제적부 정정까지 완료되어야 하는 경우가 많고, 실제 필자는 정정절차까지 진행해주고 있는데 이 경우 증명서가 추가로 필요할 수 있으므로 사건을 수임할 때 당사자의 신분증 사본과 교부 청구 위임장을 미리 받아두는 것이 수월하다.

(1) 신청서(별지 서식) 작성 및 제출

(가) 원칙적으로 본인, 배우자, 직계혈족의 등록사항별 증명서를

교부 청구하는 경우 외에는 신청대상자의 성명과 등록기준지를 반드시 기재하여야 하지만(규칙 제19조제3항[30]), 신청대상자의 성명과 주민등록번호를 기재하여 교부 청구할 수 있는 특례도 있다(예규 제354호제15조제1항[31]).

(나) 대리인이 본인 등의 위임을 받아 이를 청구하는 때에는 본인 등의 위임장과 주민등록증·운전면허증·여권 등의 신분증명서 사본을 제출하여야 한다(규칙 제19조제1항, 2010. 1. 1.부터 시행하는 개정규칙은 인감증명서 제출을 요구하지 않음).

(2) 부당한 목적으로 증명서교부를 청구한 경우

시(구)·읍·면의 장은 증명서의 교부청구가 등록부에 기록된 사람에 대한 사생활의 비밀을 침해하는 등 부당한 목적에 의한 것이 분명하다고 인정되는 때에는 증명서의 교부를 거부할 수 있다(법 제14조제4항).

(3) 신청요건을 구비하지 못한 경우

신청인이 제적부의 열람 및 등 · 초본, 등록사항별 증명서의 교부청

---

30) 가령 본인이 직계혈족인 아버지의 등록사항별 증명서를 교부 청구하는 경우에는 신청대상자인 아버지의 성명과 주민등록번호를 교부신청서에 기재하여도 무방하지만, 본인이 방계혈족인 형제자매의 등록사항별 증명서를 교부 청구하는 경우에는 신청대상자인 형제자매의 성명과 주민등록번호를 기재하여서는 아니되고 반드시 성명과 등록기준지를 교부신청서에 반드시 기재하도록 하여 조금 더 제한을 가하겠다는 의미이다.

31) 예규 제354호
제15조(신청의 특례)
① 제2조제5항 제1호, 제2호, 제3호, 제4호, 제6호, 제7호, 제3조제1항제7호에 따라 교부를 청구하는 경우 신청인이 직접 시(구) · 읍 · 면 · 동사무소에 출석하여 신청대상자의 성명과 주민등록번호를 기재하여 신청서를 작성 · 제출하고 청구사유를 소명하는 자료 및 신청인의 신분증명서 사본을 첨부하면, 제적부의 열람 및 등 · 초본, 등록사항별 증명서의 교부를 청구할 수 있다. 상속인이 상속관계의 확인을 위하여 교부를 청구하는 경우에도 같다.

구요건을 갖추지 못한 경우에는 등록관서는 그 제적부의 열람 및 등·초본, 등록사항별 증명서의 발급을 거부하여야 하는 것으로 규정되어 있다(예규 제354호제15조제3항).

[양식]

<table>
<tr><th colspan="5">가족관계등록부 등의 증명서 교부 등 신청서</th></tr>
<tr><td rowspan="4">신청 대상</td><td rowspan="4">□대상자</td><td>성 명</td><td colspan="2">(한자 :)</td></tr>
<tr><td>등록기준지</td><td colspan="2"></td></tr>
<tr><td rowspan="2">주민등록 번 호</td><td colspan="2">-</td></tr>
<tr><td colspan="2">※ 뒷면 작성방법 5.에 해당하는 경우 등록기준지의 기재 없이 주민등록번호로도 신청할 수 있습니다.</td></tr>
<tr><td>신청내용</td><td colspan="4">1. 등록사항별 증명서 ①가족관계증명서…( )통 ②기본증명서…( )통
③혼인관계증명서…( )통 ④입양관계증명서…( )통
⑤친양자입양관계증명서…( )통
2. 일부사항증명서 ①가족관계증명서…( )통 ②기본증명서…( )통
③혼인관계증명서…( )통 ④입양관계증명서…( )통
⑤친양자입양관계증명서…( )통
3. 신고서류기재사항증명…( )건
4. 수리 · 불수리 증명……( )건
5. 열람(신고서류) ____년___월___일 접수 ____________신고
6. 종전「호적법」에 따른 제적 : 본적____________
호주: ________ 대상자 : 의
제적등본…( )통, 제적초본…( )통, 제적부열람…( )건</td></tr>
<tr><td>주민등록번호(뒷부분6자리숫자의) 공개신청 여부</td><td>□공개신청</td><td>공개 신청 사유</td><td colspan="2">□ 1. 신청대상자의 주민등록번호를 정확하게 기재한 경우
□ 2. 신청인이 신청대상자 본인 또는 본인의 부모, 양부모, 배우자, 자녀 및 그 대리인인 경우
□ 3. 가족관계등록관서 출석 신청인이 재판상 필요를 소명
□ 4. 공무원 등이 공용목적임을 소명한 경우</td></tr>
<tr><td>※ 수수료</td><td colspan="4">① 등록사항별 증명서(일부사항증명서 포함) 또는 제적 등본 1통당 1,000원, 제적초본 1통당 500원
② 신고서류 열람 · 증명(신고서류기재사항증명, 수리 · 불수리 증명 등), 제적부 열람 1건당 200원</td></tr>
<tr><td>청구사유</td><td colspan="4"></td></tr>
<tr><td>소명자료</td><td colspan="4"></td></tr>
<tr><td rowspan="3">신 청 인</td><td>성명</td><td>㊞(서명)</td><td>주민등록번호 -</td><td>신청인자격 의</td></tr>
<tr><td rowspan="2">주소</td><td colspan="2" rowspan="2"></td><td>휴대전화번호</td></tr>
<tr><td>전화번호</td></tr>
<tr><td>접수번호</td><td colspan="4">20 년 월 일</td></tr>
<tr><td></td><td colspan="4">○○시(구) · 읍 · 면장 귀하</td></tr>
</table>

……………… ……………… ……………… ………절…취…선…… ……………… ……………… ………………

접 수 증

접수일자: 20 . . . 신청인 성명:

접수번호: 납부수수료액:

열람·교부예정시간: ○○시(구) · 읍 · 면장 ㊞

※ 법 제117조 3호 : 제14조 제1항 · 제2항 및 제42조를 위반하여 거짓이나, 그밖의 부정한 방법으로 다른 사람의 신고서류를 열람하거나 신고서류에 기재되어 있는 사항 또는 등록부등의 기록사항에 관한 증명서를 교부받은 사람은 3년 이하의 징역 또는 1천만원 이하의 벌금에 처하게 됩니다. 법 제11조제6항을 위반하여 발급대상이 아닌 사람에게 고의로 발급한 사람도 같은 처벌을 받습니다.

※ 발급관서가 "시"인 경우에는 "구"가 설치되지 않은 시를 말합니다.

작 성 방 법

※ 공동상속처럼 신청대상이 수인일 때 신청대상자란에 "별지와 같음"이라고 기재한 후 별지서식을 이용하여 기재할 수 있으며, 이 경우 신청서와 별지를 간인(서명)을 하여야 합니다.

※ 신청서를 작성하는 경우에는 대상자의 성명과 등록기준지를 정확히 기재하여야 합니다. 다만, 본인, 배우자, 직계혈족과 그 대리인의 경우와 아래 5.의 경우에는 대상자의 성명과 주민등록번호로도 청구할 수 있으나, 우편으로 청구할 때에는 등록기준지를 반드시 기재하여야 합니다.

※ 가족관계등록부의 기록사항 전부를 확인하고자 할 경우에는 '등록사항별 증명서', 그 일부만을 확인하고자 할 경우에는 '일부사항증명서' 교부를 신청하여야 합니다.

1. 본인이 청구하는 경우에 신청서를 작성하지 아니할 수 있으나, 본인 등의 대리인이 위임을 받아 청구하는 경우에는 신청서에 본인 등이 서명 또는 날인한 위임장과 신분증명서(주민등록증, 운전면허증, 여권, 공무원증, 외국인등록증, 국내거소신고증, 국제운전면허증, 외국국가기관 명의의 신분증, 주민등록번호 및 주소가 기재된 장애인등록증 등)사본을 제출하여야 합니다. 다만, 다음 각 항에 해당하여 소명자료를 제출하는 경우에는 본인 등이 아닌 경우에도 본인 등의 위임 없이 증명서의 교부를 신청할 수 있습니다.

① 국가, 지방자치단체 또는 공공기관이 직무상 필요 및 법령상 근거에 따라 문서로 신청하는 경우
② 소송, 비송, 민사집행, 보전 등의 각 절차에서 필요한 경우
③ 다른 법령에서 본인 등에 관한 증명서를 제출하도록 요구하는 경우
④ 민법상의 법정대리인(후견인, 유언집행자, 상속재산관리인, 부재자재산관리인)
⑤ 채권·채무 등 재산권의 상속과 관련하여 상속인의 범위를 확인하기 위한 경우
⑥ 보험금 또는 연금의 수급권자를 결정하기 위하여 필요한 때
⑦ 「공익사업을 위한 토지 등의 취득 및 보상에 관한 법률」에 따라 토지 등의 소유자의 상속인을 확인할 필요가 있는 경우

※청구사유란 및 신청인의 자격란은 구체적으로 **아래 예**와 같이 기재하며, 신청인란의 기재를 하지 않거나, 청구사유를 기재하여야 할 사람이 청구사유를 기재하지 않은 경우 또는 신청인이나 청구사유를 허위로 기재한 경우에는 등록사항별 증명서 또는 제적부의 열람 및 등·초본을 발급받을 수 없습니다.

예) **청구사유** : 가사소송관련(○○○의 ○○사건)법원제출용
신청인의 자격 : 본인의 부, ○○○의 대리인.

2. 친양자입양관계증명서(신고서류의 열람을 포함한다)는 다음 각 호의 어느 하나에 해당하는 경우 에 한하여 발급을 청 구 할 수 있습니다.

① 성년자가 본인의 친양자입양관계증명서를 신청하는 경우
② 친양자의 친생부모·양부모가 본인의 친양자입양관계증명서를 신청하는 경우에는 친양자가 성년자임을 소명한 때
③ 혼인당사자가 「민법」 제809조의 친족관계를 파악하고자 하는 경우
④ 법원의 사실조회촉탁이 있거나 수사기관이 규칙 제23조제5항에 따라 문서로 신청하는 경우
⑤ 「민법」 제908조의4에 따라 입양취소를 하거나 같은 법 제908조의5에 따라 파양을 할 경우
⑥ 「입양특례법」 제16조에 따라 입양취소를 하거나 같은 법 제17조에 따라 파양을 할 경우
⑦ 친양자의 복리를 위하여 필요함을 친양자의 양부모가 구체적으로 소명할 때
⑧ 친양자입양관계증명서가 소송, 비송, 민사집행·보전의 각 절차에서 필요한 경우
⑨ 채권·채무 등 재산권의 상속과 관련하여 상속인의 범위를 확인하기 위한 경우
⑩ 가족관계등록부가 작성되지 않은 채로 사망한 사람의 상속인의 친양자입양관계증명서가 필요한 경우
⑪ 법률상의 이해관계를 소명하기 위하여 친양자의 친생부모·양부모의 친양자입양관계증명서를 신청하는 경우 그 해당법령과 구체적인 소명자료 및 필요 이유를 제시하는 경우

3. **주민등록번호 공개신청여부란**은 다음 각 호의 어느 하나에 해당하는 경우에 한하여 공개 신청여부와 그 사유를 선택하며, 그 밖의 경우에는 기재하지 않습니다.

① 시(구)·읍·면·동의 사무소에 출석한 신청인이 신청대상자의 주민등록번호를 정확하게 기재하여 해당 증명서의 교부를 청구하는 경우
② 신청서의 신청인란에 기재된 신청인이 본인 또는 그 부모, 양부모, 배우자, 자녀인 경우
③ 시(구)·읍·면 및 동의 사무소에 출석한 신청인이 소송, 비송, 민사집행, 보전 등의 각 절차에서 필요함을 소명하는 자료(예 : 법원의 재판서, 보정명령서 등)를 첨부하여 증명서의 교부를 청구하는 경우
④ 국가·지방자치단체의 공무원(「공익사업을 위한 토지 등의 취득 및 보상에 관한 법률」 제8조에 따른 사업시행자의 직원을 포함한다)이, 공용 목적임을 소명하는 자료(예: 공문서, 재결서 등)를 첨부하여 증명서의 교부를 청구하는 경우

4. 위 3.의 규정에도 불구하고 다음 각 호의 어느 하나에 해당하는 경우에는 주민등록번호 뒷부분 6자리 숫자의 공개를 제한하지 아니합니다.

① 종전 「호적법 시행규칙」 부칙(2004. 10. 18) 제3조에 규정된 이미지 전산 제적부 등
② 종전 「호적법」에 따른 호적용지로 작성된 제적부

5. 아래의 경우 시(구)읍면동의 사무소에 직접 출석하여 신청대상자의 성명과 주민등록번호를 기재하고 신청인의 신분증사본을 첨부하면 **제적 등의 열람 및 등·초본, 등록사항별 증명서의 발급**을 청구할 수 있습니다.

– 위 제1.의 ①,②,③,④,⑥,⑦ 및 제2의 ⑦,⑧에 따라 청구하는 경우 법원의 보정명령 등 법령으로 정한 소명자료를 제출한 때 및 상속인이 상속관계의 확인을 위하여 청구하는 때

[양식]

<table>
<tr><td rowspan="3">신청 대상</td><td rowspan="3">□대상자</td><td>성 명</td><td>(한자 :)</td></tr>
<tr><td>등록기준지</td><td></td></tr>
<tr><td>주민등록
번 호</td><td>–</td></tr>
<tr><td>신청내용</td><td colspan="3">1. 등록사항별 증명서 ①가족관계증명서…( )통 ②기본증명서…( )통
③혼인관계증명서…( )통 ④입양관계증명서…( )통
⑤친양자입양관계증명서…( )통
2. 일부사항증명서 ①가족관계증명서…( )통 ②기본증명서…( )통
③혼인관계증명서…( )통 ④입양관계증명서…( )통
⑤친양자입양관계증명서…( )통
3. 신고서류기재사항증명…( )건
4. 수리·불수리 증명……..( )건
5. 열람(신고서류) ____년__월__일 접수 ____________신고
6. 종전 「호적법」 에 따른 제적 : 본적____________
호주: ________ 대상자 : 의
제적등본…( )통, 제적초본…( )통, 제적부열람…( )건</td></tr>
<tr><td rowspan="3">신청 대상</td><td rowspan="3">□대상자</td><td>성 명</td><td>(한자 :)</td></tr>
<tr><td>등록기준지</td><td></td></tr>
<tr><td>주민등록
번 호</td><td>–</td></tr>
<tr><td>신청내용</td><td colspan="3">1. 등록사항별 증명서 ①가족관계증명서…( )통 ②기본증명서…( )통
③혼인관계증명서…( )통 ④입양관계증명서…( )통
⑤친양자입양관계증명서…( )통
2. 일부사항증명서 ①가족관계증명서…( )통 ②기본증명서…( )통
③혼인관계증명서…( )통 ④입양관계증명서…( )통
⑤친양자입양관계증명서…( )통
3. 신고서류기재사항증명…( )건
4. 수리·불수리 증명……..( )건
5. 열람(신고서류) ____년__월__일 접수 ____________신고
6. 종전 「호적법」 에 따른 제적 : 본적____________
호주: ________ 대상자 : 의
제적등본…( )통, 제적초본…( )통, 제적부열람…( )건</td></tr>
<tr><td rowspan="3">신청 대상</td><td rowspan="3">□대상자</td><td>성 명</td><td>(한자 :)</td></tr>
<tr><td>등록기준지</td><td></td></tr>
<tr><td>주민등록
번 호</td><td>–</td></tr>
<tr><td>신청내용</td><td colspan="3">1. 등록사항별 증명서 ①가족관계증명서…( )통 ②기본증명서…( )통
③혼인관계증명서…( )통 ④입양관계증명서…( )통
⑤친양자입양관계증명서…( )통
2. 일부사항증명서 ①가족관계증명서…( )통 ②기본증명서…( )통
③혼인관계증명서…( )통 ④입양관계증명서…( )통
⑤친양자입양관계증명서…( )통
3. 신고서류기재사항증명…( )건
4. 수리·불수리 증명……..( )건
5. 열람(신고서류) ____년__월__일 접수 ____________신고
6. 종전 「호적법」 에 따른 제적 : 본적____________
호주: ________ 대상자 : 의
제적등본…( )통, 제적초본…( )통, 제적부열람…( )건</td></tr>
</table>

[양식]

접수공무원의 수임인 신분확인			⑩
성명		주민등록번호	

위 임 장

위임받은 사람

성 명 :

주민등록번호 :

주 소 :

위임인 ______는(은) 아래행위에 관한 권한을 위 ______에게 위임합니다.

- 아 래 -

「가족관계의 등록 등에 관한 법률」 제14조 및 「가족관계의 등록 등에 관한 규칙」 제19조에 따라 등록부 등의 기록사항 등에 관한 증명신청서 제출 및 수령 등에 관한 일체의 행위

○ 첨부서류

1. 위임인의 신분증명서 사본 1부.

20 년 월 일

위임인 성 명: 서명 또는 ⑩

주 소:

주민등록번호:

전 화 번 호:

※ 유의사항

타인의 서명 또는 인장의 도용 등으로 허위의 위임장을 작성하여 증명서의 신청 또는 수령한 경우에는 「형법」 제231조 등에 따라 5년 이하의 징역 또는 1천만원 이하의 벌금형에 처해집니다.

2. 무인증명서발급기에 의한 등록사항별 증명서 발급

이 경우 본인에게만 발급이 되며 그 본인임을 확인하는 절차를 거쳐야 한다(규칙 제25조제2항).

3. 신고서류[32]의 열람 및 기재사항 증명

외국인의 경우는 본인의 가족관계등록부가 작성되지 않기 때문에 가령 한국에서 혼인신고 등이 이루어진 경우(이는 결국, 한국에서 외국인끼리 혼인신고한 경우를 의미하는 것이다. 만일 한국에서 한국인과 외국인이 혼인신고하는 경우에는 한국인 당사자의 가족관계등록부에 기재가 되기 때문이다) 신고 서류의 기재사항에 관한 증명서, 수리증명서 등으로 해당 신분행위의 성립을 증명할 수밖에 없고, 그러한 증명을 위해서 신고서류의 열람이나 기재사항증명서 등이 이용되고 있다.

가. 등록관서에 신고서류가 있는 경우

이해관계인은 시·읍·면의 장에게 신고서나 그 밖에 수리한 서류의 열람 또는 그 서류에 기재한 사항에 관하여 증명서를 청구할 수 있다(법 제42조 제2항).

나. 법원에 신고서류가 있는 경우

---

32) '신고서류'란 신고서와 신청서뿐만 아니라 기아발견조서(「가족관계의 등록 등에 관한 법률」 제52조제2항), 사망통보서(같은 법 제87조, 제88조, 제90조), 국적상실통보서(같은 법 제98조. 다만, 부칙칙 제1조에 따라 2008. 8. 31.까지는 종전「호적법」 제112조의2규정을 적용하고 동년 9. 1.부터는 「가족관계등록 등에 관한 법률」 제98조를 적용한다), 증서의 등본(같은 법 제35조, 제49조), 직권기록(정정)허가서(같은 법 제18조, 제38조), 직권기록(정정)서(「가족관계의 등록 등에 관한 규칙」 제61조), 가정법원의 가족관계등록부기록촉탁서(「가사소송법」 제9조및 「가사소송규칙」 제5조, 제6조) 그 밖의 가족관계등록부기록의 원인이 되는 모든 서류를 말한다(예규 제280호 제1조).

이해관계인은 법원에 보관되어 있는 신고서류에 대한 열람을 청구할 수 있다(법 제42조제4항). 그러나 등록관서에 신고서류가 있는 경우와는 달리 증명서발급을 청구할 수는 없다. 그 이유는 감독법원은 그 신고서류의 수리기관이 아니기 때문이다. 다만, 법원에 보관되어 있는 신고서류에 대하여는 인증 있는 사본을 교부할 수는 없으나 이해관계인 등의 청구가 있으면 열람의 연장선에서 인증 없는 단순한 사본을 교부할 수는 있다(규칙 제72조제1항).

4. 신고서류의 수리·불수리 증명서

신고인은 신고의 수리 또는 불수리의 증명서를 청구할 수 있다. 증명서를 청구할 때에는 수수료를 납부하여야 한다(법 제42조제1항,제3항).

외국인이 한국에서 한국방식으로 혼인, 입양 등의 신분행위를 한 경우, 외국인이 본국의 신분등록기관에 이를 소명하고자 하는 때 수리증명서를 필요로 한다. 대한민국 국민이 아닌 외국인은 가족관계등록부가 존재하지 아니하므로 등록사항별 증명서로 해당 신분행위를 소명할 수 없고 '해당 신분행위의 신고가 한국의 등록관서에서 유효,적법하게 수리되었다' 는 수리증명서로써 증명하게 된다.

[양식]

증　　　명　　　원

1. 증명을 구하는 신고서류 :
2. 증명을 구하는 사항 :

위 사항이 위 신고서류에 기재되어 있음을 증명하여 주시기 바랍니다.

20　　.　　.　　.

신청인　　○　　○　　○　(인)

○○시(읍·면)장　귀하

위 증명합니다.

20　　.　　.

○○시(읍·면)장　○ ○ ○　직인

5. 법원의 가족관계등록부기록사항확인서

해외에 거주하는 우리나라 국민이 거주지법에 따른 신분관계의 정리신청에 대하여 관계국이 우리나라 가족관계등록부등록사항별 증명서의 기재사항이 틀림없다는 상부 관청의 확인서를 첨부하도록 요청하는 경우, 증명서를 교부한 시(구)·읍·면의 관할 가정법원장(지원장)은 별지 가족관계등록부기록사항확인서를 교부하도록 한다(예규 제16호).

[양식]

가족관계등록부기록사항확인서

등록기준지:

본 인: 성 명 ○ ○ ○

생년월일 . . .

덧붙임 년 월 일 시(구)·읍·면의 장이 교부한 ○○○증명서 기록 사항은 가족관계등록부 기록사항과 동일함을 확인합니다.

년 월 일

대한민국 ○○ 법원장(지원장)

○ ○ ○ **직 인**

※ 주의: 본 확인서와 등록사항별증명서 사이에는 간인이 필요합니다.

답변14: 등록사항별 증명서를 발급하는 기관은 등록관서이다. 대법원이 등록사무를 관장하고 있으나, 증명서발급기관이 아니므로 사실조회를 대법원으로 하여도 등록사항별 증명서를 발급 받을 수는 없다. 그럼에도 불구하고 많은 변호사들이 사실조회할 기관을 대법원으로 하여 사실조회신청을 하고 재판부에서도 왕왕 이를 받아주는 경우도 있는 듯하다. 결국 대법원에서는 해당 재판부로 다시 반송하게 되어 결국 소송지연으로 이어지는 경우가 많으니 주의가 필요한 부분이다.

답변15: 사례 2번의 경우 아래의 선례로 그 답을 갈음한다.

가족관계등록선례 200907-8: 일본국에 있는 일본인이 재일교포에 대한 채권회수를 위하여 일본국 재판소에 사해행위취소의 소를 제기하고 채무자와 수익자 사이의 관계를 입증하기 위한 소송상의 필요에 의하여 일본국 재판소의 명령 등(보정명령, 사실조회서, 문서송부촉탁서 등)을 소명자료로 하여 등록사항별 증명서(제적등본 포함, 이하 같음)를 발급받을 수 있는지 여부

가. 등록사항별 증명서는 본인, 배우자, 직계혈족, 형제자매(이하 "본인등"이라 함)에 한하여 교부 청구가 가능하고 본인 등이 아닌 경우에는 원칙적으로 본인 등의 위임을 받아야 하지만, 소송절차에서 필요한 경우로서 신청서에 청구사유를 기재하고 소명자료로 신청대상자의 등록사항별 증명서를 제출할 것을 요구하는 법원의 보정명령서, 사실조회서, 촉탁서 등을 제출하는 경우에는 본인등의 위임이 없더라도 교부청구할 수 있다. 다만, 외국인인 경우에는 직접 발급관서에 출석하여 외국인등록증이나 국내거소 신고증으로 국내거주를 소명한 후 신청서를 작성·제출하여야 하며, 외국에서 우편으로 교부 청구를 할 수 없다.

나. 한편, 법령의 장소적 적용범위에 관하여 국제법 질서상 일반적으로 승인된 속지주의의 법리에 따라 한 국가의 법령은 그 영역 내의 모든 사람에게 적용될 뿐이고 다른 국가의 영역까지 적용되거나 집행될 수 없다는 점, 각국의 재판권은 영토고권에 따라 자국에만 미칠 뿐이고 그 국가의 주권이 미치지 아니하는 외국에 대하여까지 미치는 것은 아니므로 각국의 법원은 외국과의 사법공조협정 등이 없는 한 자국의 영토 밖에서는 어떠한 형태의 직무행위도 할 수 없고 각국 법원의 명령 등 역시 그 국가 내에서만 효력을 가질 뿐 외국에도 당연히 그 효력이 미치는 것은 아니라는 점 등에 비추어 등록사항별 증명서 발급의 정당한 청구사유로서 "소송절차에서 필요한 경우"라 함은 대한민국의 영토고권에 따라 국가의 배타적 지배력이 미치는 대한민국의 영토 내에서 진행되는 소송절차에서 필요한 경우만을 의미한다고 할 것이다. 따라서 사안의 경우에는 「가족관계의 등록 등에 관한 법률」 등이 규정한 등록사항별 증명서 발급의 정당한 청구사유에 해당한다고 볼 수 없으므로 동 법률 등이 정한 절차와 방법에 따라 증명서를 발급받을 수는 없다(2009. 7. 23. 가족관계등록과-2555 질의회답).

답변16: 본인은 자기, 배우자, 직계혈족, 형제자매의 등록사항별 증명서를 교부 청구할 수 있다. 사위와 장인은 인척관계이므로 사위는 장인의 위임 없이는 장인의 가족관계증명서를 교부 청구 할 수 없다. 한편 '가족관계등록부, 가족관계증명서'라고 하여 '가족'이라는 표현을 사용하고 있기는 하나, 가족관계등록부에 기록되는 '가족'의 범위는 '본인, 부모, 배우자, 자녀'이므로 민법상의 '가족' 범위와는 다름에 주의를 요한다(민법 참조[33]).

33) 민법 제11300호 2012.02.10 일부개정
제767조(친족의 정의)

답변17: 피상속인이 사망하기 전에 그의 직계비속이나 형제자매(피대습상속인)가 사망한 때에는 피대습상속인의 직계비속이나 배우자가 대습상속인이 되기 때문에 그러한 대습상속의 확인을 위해서 등록사항별 증명서를 발급받을 필요성이 있다(민법 참조[34]). 따라서 대습상속인인 큰 형수의 기본증명서와 혼인관계증명서에 대한 교부 청구가 가능하다.

답변18: 부모자관계를 단절할 수 있는 법률상 방법은 친양자입양이 유일하다. 그러나 26세라면 친양자입양제도를 이용할 수도 없다 할 것이다. 그리고 제적등본과 가족관계등록부상 가족은 민법

배우자, 혈족 및 인척을 친족으로 한다.

제770조(혈족의 촌수의 계산)
① 직계혈족은 자기로부터 직계존속에 이르고 자기로부터 직계비속에 이르러 그 세수를 정한다.

제779조(가족의 범위)
① 다음의 자는 가족으로 한다.
1. 배우자, 직계혈족 및 형제자매
2. 직계혈족의 배우자, 배우자의 직계혈족 및 배우자의 형제자매
② 제1항제2호의 경우에는 생계를 같이 하는 경우에 한한다.

34) 민법 제11300호 2012.02.10 일부개정)
제1000조(상속의 순위)
① 상속에 있어서는 다음 순위로 상속인이 된다(개정 1990.1.13).
1. 피상속인의 직계비속
2. 피상속인의 직계존속
3. 피상속인의 형제자매
4. 피상속인의 4촌이내의 방계혈족
② 전항의 경우에 동순위의 상속인이 수인인 때에는 최근친을 선순위로 하고 동친 등의 상속인이 수인인 때에는 공동상속인이 된다.
③ 태아는 상속순위에 관하여는 이미 출생한 것으로 본다. <개정 1990.1.13>

제1001조(대습상속)
전조 제1항 제1호와 제3호의 규정에 의하여 상속인이 될 직계비속 또는 형제자매가 상속개시전에 사망하거나 결격자가 된 경우에 그 직계비속이 있는 때에는 그 직계비속이 사망하거나 결격된 자의 순위에 갈음하여 상속인이 된다.

상 가족의 개념에 근거하고 있으므로, 민법상 친자관계가 단절되지 아니하였다면 제적등본과 가족관계등록부상 친자관계가 단절된 것처럼 부모자 관계를 기재하지 아니할 방법은 없다. 한편, 현행 민법규정상 친양자가 될 자는 15세미만인 자이어야 하나, 2013. 7. 1. 부터는 미성년자이면 가능하다(2013. 7. 1.부터 미성년자는 19세 미만으로 변경된다, 민법 참조[35]).

---

35) 민법 제11300호 2012.02.10 일부개정(2013. 7. 1. 시행)
제908조의2(친양자 입양의 요건 등)
① 친양자(친양자)를 입양하려는 사람은 다음 각 호의 요건을 갖추어 가정법원에 친양자 입양을 청구하여야 한다.
1. 3년 이상 혼인 중인 부부로서 공동으로 입양할 것. 다만, 1년 이상 혼인 중인 부부의 한쪽이 그 배우자의 친생자를 친양자로 하는 경우에는 그러하지 아니하다.
2. 친양자가 될 사람이 미성년자일 것
3. 친양자가 될 사람의 친생부모가 친양자 입양에 동의할 것. 다만, 부모가 친권상실의 선고를 받거나 소재를 알 수 없거나 그 밖의 사유로 동의할 수 없는 경우에는 그러하지 아니하다.
4. 친양자가 될 사람이 13세 이상인 경우에는 법정대리인의 동의를 받아 입양을 승낙할 것
5. 친양자가 될 사람이 13세 미만인 경우에는 법정대리인이 그를 갈음하여 입양을 승낙할 것
② 가정법원은 다음 각 호의 어느 하나에 해당하는 경우에는 제1항제3호·제4호에 따른 동의 또는 같은 항 제5호에 따른 승낙이 없어도 제1항의 청구를 인용할 수 있다. 이 경우 가정법원은 동의권자 또는 승낙권자를 심문하여야 한다.
1. 법정대리인이 정당한 이유 없이 동의 또는 승낙을 거부하는 경우. 다만, 법정대리인이 친권자인 경우에는 제2호 또는 제3호의 사유가 있어야 한다.
2. 친생부모가 자신에게 책임이 있는 사유로 3년 이상 자녀에 대한 부양의무를 이행하지 아니하고 면접교섭을 하지 아니한 경우
3. 친생부모가 자녀를 학대 또는 유기하거나 그 밖에 자녀의 복리를 현저히 해친 경우
③ 가정법원은 친양자가 될 사람의 복리를 위하여 그 양육상황, 친양자 입양의 동기, 양부모의 양육능력, 그 밖의 사정을 고려하여 친양자 입양이 적당하지 아니하다고 인정하는 경우에는 제1항의 청구를 기각할 수 있다.

부칙 <제11300호,2012.2.10>
제1조 (시행일) 이 법은 2013년 7월 1일부터 시행한다. 다만, 제818조, 제828조, 제843조 및 제925조의 개정규정은 공포한 날부터 시행한다.
제2조 (이 법의 효력의 불소급) 이 법은 종전의 규정에 따라 생긴 효력에 영향을

제3장 각종 부책 등의 보존기관 및 보존기간

실무상 가족관계등록사무와 호적사무에 관한 자료를 필요로 하는 경우가 발생하므로 이들 자료의 보존기관과 그 보존기간에 대한 이해가 필요하여 보존기관, 보존자료 및 그 보존기간에 대해 중요하다고 생각되는 것 위주로 정리를 해 보았다. 실제로 필자가 최근에 수임한 등록부정정사건에서도 해당 등록관서에 영구 보존되어 있어야 할 특종신고 신고편철장이 보관되어 있지 않았고, 해당 관서에서는 '직원의 실수로 감독법원에 서류를 송부한 것 같다'는 의견을 받은 바 있어 감독법원에의 사실조회를 고려해본 적이 있었는데, 특히 제적부와 관련한 정정신청절차의 진행을 위해서는 자료들의 보존기관, 기간을 숙지해둘 필요가 있다.

사례19: 변호사 나성실의 의뢰인 갑은 자신의 옛 애인인 을이 자신에게 악의를 품고 자신과 을 사이에서 자녀를 출산한 것처럼 허위 출생신고를 한 사실을 최근에 알게 되어 을을 형사 고소하고자 한다. 나성실은 우선 을이 제출한 허위의 출생신고서 사본을 받아 고소장을 접수하려고 하는데, 출생신고서 사

미치지 아니한다.

제3조 (종전의 규정에 따른 입양 및 파양에 관한 경과조치) 이 법 시행 전에 제878조 또는 제904조에 따라 입양 또는 파양의 신고가 접수된 입양 또는 파양에 관하여는 종전의 규정에 따른다.

제4조 (재판상 파양 원인에 관한 경과조치) 제905조의 개정규정에도 불구하고 이 법 시행 전에 종전의 규정에 따라 가정법원에 파양을 청구한 경우에 재판상 파양 원인에 관하여는 종전의 규정에 따른다. 제5조(친양자 입양의 요건에 관한 경과조치) 제908조의2제1항 및 제2항의 개정규정에도 불구하고 이 법 시행 전에 종전의 규정에 따라 가정법원에 친양자 입양을 청구한 경우에 친양자 입양의 요건에 관하여는 종전의 규정에 따른다.

본을 어디에서 구해야 하는지 궁금한 상황이다.

사례20: 변호사 나성실의 의뢰인인 중국인 부부가 한국에서 아이를 출산한 후 일단 한국의 등록관서에 출생신고를 하였다. 그런데, 등록관서 공무원은 아이가 중국인이므로 가족관계등록부를 작성할 수는 없고, 아이의 출생신고서류는 특종신고서류편철장에 보관한다고 설명을 하였다. 이후, 의뢰인 중국인 부부는 출생신고서에 첨부한 출생증명서의 사본이 필요하였고, 그것이 특종신고서류편철장에 있다는 것을 알게 되었는데 어느 곳에서 그것을 보관하고 있는지 궁금해 하고 있다.

제1절 중앙관리소의 가족관계등록전산정보

1. 영구

(1) 가족관계등록부

(2) 폐쇄등록부

2. 80년

가족관계등록공무원명부

3. 27년

(1) 가족관계등록사건접수장

(2) 특종신고서류 등 접수장

4. 2년

열람 및 증명청구접수부

제2절 감독법원에 비치할 부책과 서류

1. 80년

가족관계등록공무원공부는 관내 등록공무원 현황파악과 등록공무원의 전·후임자간의 책임소재파악의 자료가 된다.

2. 27년

가족관계등록신고서류편철부는 등록관서로부터 그 송부 받은 신고서류를 편철하여 보존하는 장부로서, 이 장부에 편철된 신고서류는 등록부 기록의 진부파악의 자료가 된다.

3. 10년

이혼의사확인 사건부

4. 5년

(1) 직권정정, 기록허가에 관한 서류편철장

(2) 등록부 재작성에 관한 기록

제3절 시(구)·읍·면의 사무소에 비치할 부책과 서류

1. 영구

(1) 호적용지로 작성된 제적부

(2) 호적용지로 작성된 제적 색출장

(3) 특종신고서류편철장

가족관계등록신고서류가 접수·수리되었으나 등록기준지 불명 등으로 인하여 아직 등록부의 기록을 할 수 없는 신고서류나 등록부 기록을 요하지 않는 신고서류 등을 편철하여 보존하는 장부를 말한다.

2. 27년

(1) 가족관계등록사건접수장

가족관계등록사건접수장은 시(구)·읍·면에서 가족관계등록에 관한 신고서 등을 접수 또는 송부받은 순서대로 기재하는 장부를 말한다.

(2) 신고서류송부목록편철장

(3) 특종신고서류 등 접수장

3. 10년

불수리신고서류편철장은 접수된 가족관계등록에 관한 각종 신고, 신청 또는 기타 송부서류 중 민법 및 등록법규상의 요건을 충족하지 못하여 수리할 수 없는 신고서류를 편철하여 두는 장부를 말한다.

4. 5년

(1) 고지부

등록부상의 기록이 착오, 무효이거나 또는 그 기록에 누락이 있다는 사실을 신고인 또는 신고사건본인에게 통지하거나 신고의무자에게 신고를 최고하거나 불수리의 통지 등을 할 경우에 그러한 최고 및 통지의 사실을 등록하는 장부를 말한다.

(2) 과태료징수부

시(구)·읍·면에서 가족관계등록에 관한 신고, 신청 또는 추완을 게을리한 자에 대해 과태료를 부과한 사건을 기록한 장부를 말한다.

(3) 가정법원으로부터의 통지서편철장

가정법원으로부터 판결 또는 심판이 효력을 발생하게 되어 가족관계등록신고 또는 정정신청이 필요한 사항을 통지해 준 서면을 편철하는 장부를 말한다.

제4절 재외공관 및 동(洞)사무소에 비치할 장부

재외공관 및 동사무소에는 다음과 같은 장부를 비치하여야 하고, 그 보존기간에 관하여는 시(구)·읍·면에 비치할 장부의 보존기간 준용한다. 다만, 제10호 장부의 보존기간은 2년으로 하고, 제8호의 장부는 동사무소에는 비치하지 아니한다(규칙 제82조제4항).

1. 가족관계등록사건접수장
2. 고지부
3. 가족관계등록문서건명부
4. 왕복문서편철장
5. 불수리신고서류편철장

6. 가족관계등록민원청구서편철장
7. 가족관계등록부책보존부
8. 가족관계등록예규집관리대장
9. 열람 및 증명청구접수부
10. 가족관계등록신고서류편철장

답변19: 과거 호적관서에서 수리한 신고서류는 한 달에 한 번씩 감독 법원으로 송부하고, 감독법원에서는 수리된 신고서류를 27년간 보존하였다. 따라서 보존 기간내라면 출생신고서류를 감독 법원에서 확인할 수 있을 것이다(호적법 참조[36]). 현행 가족관계등록제도에서도 신고서류의 보존기간을 27년으로 규정하고 있다.

답변20: 특종신고서류편철장은 신고서류를 수리한 등록관서에서 보관한다. 특종신고서류는 이후 대한민국 국적을 정상적으로 취득하여 가족관계등록부를 작성하거나 가족관계등록부에 기록이 가능하게 될 때까지 특종신고서류편철장에 영구 보존하게 된다.

---

36) 호적법시행규칙 제2069호 2007.2.15 일부개정
제94조 (법원의 부책과 서류)
① 법원에 비치할 부책, 서류 및 그 보존기간은 다음과 같다. <개정 1992.5.13, 1995.6.5, 2003.9.17>
1. 80년
가. 호적공무원명부
나. 호적용지로 작성된 호적부본부
다. 호적용지로 작성된 제적부본부
2. 27년
본적지신고서류편철부

제3편 가족관계등록신고

제1장 총 칙
제2장 출생신고
제3장 인지신고
제4장 입양신고
제5장 친양자 입양신고
제6장 혼인신고
제7장 이혼신고
제9장 후견에 관한 신고
제10장 국적 취득 및 상실에 관한 신고

제3편 가족관계등록신고

제1장 총 칙

제1절 가족관계등록신고의 의의

가족관계등록신고는 등록관서에 개인의 가족관계등록에 관한 신분사항을 알리는 행위이며 이러한 신고가 적법·유효한지를 판단하여 인용하는 것이 등록관서의 '수리처분'이다. 등록부의 기록은 대부분 신고에 의하므로 등록부 기록이 위법하여 정정대상인지 여부는 사실상 신고에 대한 이해에 달려있다고 보아도 무방하다. 예컨대, 출생신고를 하기 위해서는 출생신고의무자가 출생증명서를 첨부하여 신고하여야 하는데, 출생신고의무가 아닌 자가 출생신고를 하거나, 출생신고의무자가 출생증명서를 첨부하지 아니한 경우라면 등록관서에서는 그 신고를 수리하지 아니한다.

제2절 가족관계등록신고의 종류

사례21: 변호사 나성실은 와이프와 함께 떠날 일본 주말여행을 대비해서 강남의 어학원에서 일본어 회화수업을 수강 중이다. 그러던 어느 날 일본인 강사가 변호사 나성실에게 수업 후에 잠시 시간을 내 줄 수 있겠냐고 묻더니 다음과 같은 질문을 하는 것이었다. 자신의 한국인 부인이 최근에 서울가정법원에서 개명허가결정을 받아서 강남구청에 개명신고를 하였는데 등록담당공무원이 개명신고기간의 도과를 이유로 과태료를 부과하였다는 것이다. 일본인 강사도 총각 시절 일본에서 개명허가를 받아 개명신고를 한 적이 있지만, 일본에서는 개명신고에 대한 과태료문제는 없었던 것으로 기억한다는 것이다. 개명절차와 관련하여 일본과 다른 점이 있는가.

1. 보고적 신고와 창설적 신고

가. 보고적 신고

예를 들어 출생신고나 사망신고의 경우, 그 신고 전에 출생 및 사망이라는 법률효과는 발생하는 것으로 보고, 이후 그에 대한 공시차원에서 법률상 신고의무를 부과하여 등록부에 출생 및 사망사실을 기재하고 있다. 이처럼 출생, 사망과 같이 이미 발생한 사실, 재판상 이혼과 같이 이미 성립된 법률관계에 관한 신고가 보고적 신고이다. 즉, 보고적 신고의 경우 신고의무자와 신고기간을 규정하여 신고의무자가 신고기간을 도과하면 과태료를 부과하여 등록부상 해당 사실과 법률관계가 공시되도록 강제하는 것이며 출생신고, 사망신고, 후견개시신고, 후견종료신고, 국적상실신고, 귀화신고 등이 있다.

또한, 재판상 이혼의 경우처럼 원래 창설적 신고에 의해 효력이 발생하는 행위가 재판행위라는 특별한 사정에 의하여 효력이 발생하는 경우 이후 신고를 요구할 수 밖에 없게 되는바, 이러한 신고를 전래적 보고적 신고라고 부른다. 재판상 인지신고, 유언에 의한 인지신고, 재판상 파양신고 등이 이에 해당한다[37].

37) 법은 실종선고신고, 개명신고, 가족관계등록창설신고도 보고적 신고로 규정하

나. 창설적 신고

신고가 수리됨으로써 신분관계의 발생·변경·소멸의 효력이 발생하는 신고를 말한다. 당사자의 의사를 최대한 존중해야 하는 혼인, 입양, 인지 등과 같은 창설적 신분행위에 대한 신고이다.

(1) 실체적인 창설적 신고

등록신고를 함으로써 실체법상 신분변동의 효력이 발생하는 등록신고이다. 혼인신고, 협의이혼신고, 입양신고, 임의인지신고, 협의파양신고 등이 이에 속한다.

(2) 절차적인 창설적 신고

절차법상의 신분변동 효과를 발생하는 창설적 신고로서, 등록기준지 변경신고 등이 이에 속한다.

2. 특종신고

가. 특종신고라 함은 사건본인의 가족관계등록이 되어 있지 않거나 또는 가족관계등록의 여부가 분명하지 아니하다는 등의 이유로 등록부의 기록을 할 수 없거나 등록부의 기록을 요하지 아니하여 특종신고서류편철장에 편철하여 보존하는 등록신고를 말한다. 쉽게 설명한다면, 외국인과 한국인이 혼인신고를 하는 경우에는 한국인의 가족관계증명서상에 기재가 가능하므로 굳이 특종신고서류편철장에 편철할 필요가 없으나, 한국 내에서 외국인끼리 혼인을 하는 경우에는 이를 기재할 곳이

고 있다. 반면 일본 호적실무는 개명신고를 창설적 신고로 처리하고 있다.

없으므로 결국 이들의 혼인신고는 수리하되, 특종신고서류편철장에 편철하게 되는 것이다[38].

나. 특종신고의 내용은 가족관계등록부에 기록할 수 없으므로 특종신고서류 그 자체로서 당해 신분사항을 공시·공증하게 된다. 특종신고는 다음과 같다.

① 가족관계등록이 되어 있지 않거나 또는 분명하지 아니한 자에 대한 등록신고
② 외국인에 대한 등록신고
③ 태아인지신고
④ 인지된 태아의 사산신고
⑤ 부 미정의 출생신고[39]

답변21: 신고는 신고의무자와 신고기간이 정해져 있는 보고적 신고와 그러한 제한이 없는 창설적 신고로 분류된다. 보고적 신고는 신고의무자와 신고기간이 법정화되어 있어서 신고 해태시에는 과태료를 부과하고 있다. 우리 가족관계의 등록 등에 관한 법률은 개명신고를 1개월 내에 하도록 법정화하고 있다. 따라서 개명신고는 보고적 신고이므로 신고해태시에 과태료부과가 가능하다. 다만 일본의 경우 구법시대에는 개명신고를 보고적 신고로 규정하고 있었으나, 현행 일본법에서는 창설적 신고로 규정하고 있다[40].

---

38) 예규 제303호
제2조 (신고서류의 관리)
한국인과 외국인 사이의 가족관계등록신고 중 혼인, 입양, 인지신고는 한국인의 가족관계등록부에 기록한 후 신고서류의 원본을 감독법원에 송부하고, 그 등본을 별도로 「특종신고서류편철장」에 편철하여 보존하지 아니한다. 다만, 외국인 사이의 신고서류 등본은 「특종신고서류편철장」에 보존한다.

39) 부(父) 미정의 출생신고란, 부(父)를 알 수 없는 경우가 아니고 친생추정이 경합되는 경우의 출생신고를 말한다.

제3절 가족관계등록신고인

사례22: 변호사 나성실의 의뢰인은 15억 원의 채권이 있었는데 최근에 채무자가 고속도로에서 차량사고로 사망하였다. 의뢰인은 평소에도 채무자의 자녀들이 채무자의 채무를 변제하길 희망하고 있던 터라 채무자의 사망으로 자녀들이 채무자의 채무를 상속한 것으로 알고서 그 자녀들을 방문했다. 그러나 채무자의 자녀들이 채무자에 대한 사망신고를 하지 않고 있어서 가족관계등록부상으로는 채무자의 자녀들이 상속인임을 나타낼 방도가 없는 것이다. 미등기 부동산에 대한 보존등기를 대위형식으로 하듯이 채권자인 나성실의 의뢰인이 채무자의 사망증명서를 첨부해서 직접 사망신고를 할 수 있을까?

사례23: 20살의 갑녀는 최근 혼인외 자녀를 출산하였다. 혼인외 자녀에 대한 출생신고를 등록관서에 하여야 하나, 미혼모라는 사실 때문에 변호사 나성실에게 출생신고를 위임하였고, 나성실은 출생증명서를 첨부한 출생신고서를 등록관서에 대리인으로서 제출하였다. 이와 같은 위임에 의한 출생신고는 적법한가?

사례24: 17살의 갑녀는 최근 혼인외 자녀를 출산하였다. 미성년자인 미혼모 갑녀는 혼인외 자녀를 자신이 양육하겠다는 결심을

---

40) 법 제99조(개명신고)
① 개명하고자 하는 사람은 주소지(재외국민의 경우 등록기준지)를 관할하는 가정법원의 허가를 받고 그 허가서의 등본을 받은 날부터 1개월 이내에 신고를 하여야 한다.

현행 일본호적법 제107조의2
'정당한 사유에 의해 이름을 변경하고자 하는 자는 가정재판소의 허가를 얻어 그 취지를 신고하여야 한다'.

하고서 등록관서에 혼인외 자녀에 대한 출생신고서를 제출하였다. 미성년자인 갑녀는 출생신고를 할 신고능력이 있는가, 아니면 미성년자인 갑녀의 법정대리인(친권자)이 출생신고를 하여야 하는가?

사례25: 성년자인 갑녀와 을녀는 혼인신고를 변호사 나성실에게 위임하였다. 나성실은 혼인신고서를 가지고 등록관서에 대리인으로서 신고하였다. 적법한 혼인신고인가?

사례26: 각각 18세인 갑남과 을녀가 혼인신고를 하고자 한다. 미성년자인 갑녀 또는 을녀는 부모의 동의를 얻어서 직접 등록관서에 혼인신고를 할 수 있는가? 아니면 갑녀 또는 을녀의 법정대리인이 혼인신고를 하여야만 하는가?

1. 신고의무자와 신고적격자의 의미

① 신고의무자는 등록신고를 하여야 할 법률상의 의무가 있는 자를 말하며, 보고적 신고에서 인정되는 개념이다.

② 신고적격자란 신고의무는 없으나 유효한 등록신고를 할 수 있는 자로서 창설적 신고는 물론 보고적 신고에도 해당되는 개념이다.

③ 우리 법제는 보고적 신고에서의 '신고의무자와 신고적격자'는 명확히 규정하고 있으나, 창설적 신고에서의 '신고적격자'는 협의이혼, 인지효력있는 출생신고 등[41] 외에는 명확히 규정하고

---

41) 제57조(친생자출생의 신고에 의한 인지)
부가 혼인 외의 자녀에 대하여 친생자출생의 신고를 한 때에는 그 신고는 인지의 효력이 있다.

제75조(협의상 이혼의 확인)
① 협의상 이혼을 하고자 하는 사람은 등록기준지 또는 주소지를 관할하는 가

있지 않다.

(1) 보고적 신고의 경우

(가) 신고의무자와 신고적격자

신고의무자와 신고적격자는 법에 의하여 정해진다. 가령 출생신고 의무자의 경우는 복수의 신고의무자의 순위까지 규정하고 있다(법제46조[42]등). 이는 신고 해태시 과태료가 부과되므로, 보다 명확히 신고의무자를 규정한 것이다.

(나) 신고의무자(또는 신고적격자)가 아닌 자가 신고한 경우의 수리여부

신고의무자(또는 신고적격자)가 아닌 자가 신고를 한 경우 이를 수리해서는 안 된다. 그러나 보고적 신고의 경우는 기 발생한 사실이나 기 성립한 법률관계를 등록부에 신속히 구현함에 있으므로, 기 발생한 사실이나 기 성립한 법률관계를 증명할만한 자료가 있다면 감독법원의 허가를 얻어 직권으로 기록하도록 규정하고 있다[43].

정법원의 확인을 받아 신고하여야 한다. 다만, 국내에 거주하지 아니하는 경우에 그 확인은 서울가정법원의 관할로 한다.

② 제1항의 신고는 협의상 이혼을 하고자 하는 사람이 가정법원으로부터 확인서등본을 교부 또는 송달받은 날부터 3개월 이내에 그 등본을 첨부하여 행하여야 한다.

③ 제2항의 기간이 경과한 때에는 그 가정법원의 확인은 효력을 상실한다.

④ 가정법원의 확인 절차와 신고에 관하여 필요한 사항은 대법원규칙으로 정한다.

42) 제46조(신고의무자)

① 혼인 중 출생자의 출생의 신고는 부 또는 모가 하여야 한다.

② 혼인 외 출생자의 신고는 모가 하여야 한다.

③ 제1항 및 제2항에 따라 신고를 하여야 할 사람이 신고를 할 수 없는 경우에는 음 각 호의 어느 하나에 해당하는 사람이 각 호의 순위에 따라 신고를 하여야 한다.

1. 동거하는 친족
2. 분만에 관여한 의사·조산사 또는 그 밖의 사람

(2) 창설적 신고의 경우

(가) 신고적격자

앞서 설명과 같이 신고적격자는 법에 의하여 정해지는 것이 바람직하다 할 것이나 우리 법제상 협의이혼, 인지 효력있는 출생신고 외에는 명확히 규정하고 있지 아니하다. 단지 민법상 혼인, 입양, 인지 등의 창설적 신분행위는 당사자의 의사를 존중해야 하는 특성상 당사자가 신고하여야 하고 대리인에 의한 신고가 허용되지 아니한다고 보므로 해당 신분행위의 당사자를 신고적격자로 보고 있다.

(나) 신고적격자가 아닌 자가 신고한 경우 수리여부

신고적격자가 아닌 자가 신고를 하면 불수리를 하여야 한다. 당사자의 의사를 최대한 존중해야 하는 창설적 신고의 성질을 고려할 때 당연하다 할 것이다. 참고로 일본민법이 혼인신고당사자가 아닌 자가 혼인 신고하는 경우를 혼인무효사유로 규정하고 있는 점도 창설적 신고는 당사자의 의사 존중이 최우선임을 상징적으로 보여주는 예라 할 것이다[44]. 물론 우리 민법의 경우에도 혼인의사가 없는 경우에는 혼인 무효사유로 규정하고 있으나, 일본 민법은 명시적으로 혼인의 당사

---

43) 예컨대 사망신고에 있어서 신고인이 법 제85조에 규정된 신고의무자 또는 신고적격자에 해당되지 않는 경우 이러한 사망신고는 수리할 수 없으나(예규제188호), 그 신고서에 사망진단서 기타 사망의 사실을 증명하는 서면이 첨부되어 있는 때에는 이를 문서건명부에 접수하고 그 첨부서면을 자료로 하여 시(구)·읍·면의 장이 법 제38조 및 제18조제2항에 의하여 감독법원의 직권기록허가를 얻어 직권으로 사망의 기록을 하여야 한다(예규 제52호).

44) 일본민법
제742조(혼인의 무효)
1. 혼인은 다음의 경우에 한하여 무효로 한다.
2. 당사자가 혼인의 신고를 하지 아니한 때. 그러나 그 신고가 제739조 제2항(혼인신고의 방법)에 정한 방식을 결할 뿐인 때에는 혼인은 이로 인하여 그 효력을 방해받지 아니한다.

자가 아닌 자가 신고한 경우라고 규정하고 있는 것이다.

2. 가족관계등록신고의 대리

가. 위임대리에 의한 등록신고

(1) 보고적 신고의 경우

말로 신고하려 할 때 신고인이 질병 또는 그 밖의 사고로 출석할 수 없는 때에는 대리인으로 하여금 신고하게 할 수 있다(법 제31조).

(2) 창설적 신고의 경우

말로 신고하는 경우에 한하여 대리에 의한 신고가 허용된다(법 제31조제3항본문). 그러나 창설적 신고 중에서 본인의사를 절대로 존중하여야 할 인지신고(태아인지신고 포함), 입양신고, 파양신고, 혼인신고, 이혼신고 등은 대리와 친하지 않다(법 제31조제3항단서).

나. 법정대리에 의한 등록신고

(1) 보고적 신고의 경우

말로 하는 신고와 서면으로 하는 신고 모두 대리가 가능하다.

(2) 창설적 신고의 경우

(가) 원　칙

미성년자나 금치산자라도 의사능력이 있는 한 직접 신고하여야 하고, 법정대리인에 의한 대리신고는 원칙적으로 허용되지 않는다.

(나) 예 외

① 15세미만자의 입양승낙(민법 제869조[45])

② 15세미만자의 협의파양(민법 제899조)

답변22: 사망신고에 있어서 신고인이 법 제85조에 규정된 신고의무자 또는 신고적격자에 해당되지 않는 경우[46] 이러한 사망신고는 수리할 수 없음이 원칙이다(예규 제188호[47]), 따라서 의뢰인인 채권자는 채무자의 사망진단서를 확보하였다고 하더라도 신고할 방법은 없는 것이다. 다만, 채권자가 사망신고하는 경우에 그 신고서에 사망진단서 기타 사망의 사실을 증명하는 서면이 첨부되어 있는 때에는 이를 문서건명부에 접수하고 그 첨부서면을 자료로 하여 시(구)·읍·면의 장이 법 제38조 및 제18조제2항에 의하여 감독법원의 직권기록허가를 얻어 직권으로 사망의 기록을 하여야 한다는 예규가 있으므로 결국 채권자가 의도하는 목적은 달성할 여지가 있어 보인다(예규 제52호[48]). 실무상 이러한 의문을 갖는 채권자들이 종

45) 2013. 7. 1. 시행되는 민법에서는 입양대락연령을 15세미만에서 13세미만으로 하향하여 규정하고 있다.

46) 사망신고는 사망자와 동거하는 친족이 사망사실을 안 날로부터 1월 이내에 하여야 한다(법 제85조제1항). 그리고 사망신고는 사망자의 친족, 동거자 또는 사망 장소를 관리하는 사람, 사망장소의 동장 또는 통·이장도 할 수 있다(법 제85조제2항),

47) 예규 제188호 신고의무자 또는 신고적격자가 아닌 자의 사망 신고
제정 2007.12.10
「가족관계의 등록 등에 관한 법률」 제85조의 신고의무자나 신고적격자도 없는 경우에 인우인이 제출한 사망신고는 이를 수리하지 못한다.

48) 예규 제52호 신고의무자 또는 신고적격자가 아닌 사람의 신고가 있는 경우의 직권기록 제정

종 있다.

답변23: 위임에 의한 출생신고로서는 부적법하지만, 사자에 의한 출생신고서 제출로서는 적법한 출생신고라 할 것이다. 출생신고와 같은 보고적 신고는 말로 하는 신고의 경우에만 위임대리가 가능하고 서면으로 하는 경우에는 위임대리가 허용되지 아니한다(법 제31조제1항[49]). 즉 대리인이 등록관서에 출석해서 말로 신고내용을 진술하면 시(구)·읍·면의 장이 이를 신고서에 기재하는 방식의 구술에 의한 신고에만 위임이 가능하다는 것이다. 위 사안의 경우는 변호사 나성실이 대리인으로 출생신고서를 제출한 것이므로 이는 법률 제31조 제1항이 규정한 위임대리에 의한 보고적 신고로서는 부적법하다. 다만 서면에 의한 보고적 신고의 경우 사자에 의한 제출이 가능하므로 사자에 의한 신고서 제출로 인정할 수 있을 것이다.

답변24: 신고하여야 할 사람이 미성년자 또는 금치산자인 때에는 친

사망사건의 신고인이 「가족관계의 등록 등에 관한 법률」 제85조에 규정된 신고의무자 또는 신고적격자에 해당되지 않는 경우에는 사망신고를 수리할 수 없다.

그러나 사망신고서에 사망진단서 그 밖의 사망의 사실을 증명하는 서면이 첨부되어 있는 때에는 문서건명부에 접수하고 그 첨부서면을 자료로 하여 시(구)·읍·면의 장이 「가족관계의 등록 등에 관한 법률」 제38조와 같은 법 제18조제2항에 따라 감독법원의 기록허가를 받아 직권으로 기록한다.

49) 법

제31조(말로 하는 신고 등)

① 말로 신고하려 할 때에는 신고인은 시·읍·면의 사무소에 출석하여 신고서에 기재하여야 할 사항을 진술하여야 한다.

② 시·읍·면의 장은 신고인의 진술 및 신고연월일을 기록하여 신고인에게 읽어 들려주고 신고인으로 하여금 그 서면에 서명하거나 기명날인하게 하여야 한다.

③ 제1항 및 제2항의 경우에 신고인이 질병 또는 그 밖의 사고로 출석할 수 없는 때에는 대리인으로 하여금 신고하게 할 수 있다. 다만, 제55조, 제56조, 제61조, 제63조, 제71조 및 제74조의 신고는 그러하지 아니하다.

권자 또는 후견인을 신고의무자로 한다. 다만, 미성년자 또는 금치산자가 신고를 하여도 된다(법 제26조제1항). 신고능력은 유효한 신고를 할 수 있는 능력으로서 '의사능력이 있는 자'는 원칙적으로 신고능력이 인정되기 때문이다(가족관계등록실무 125면). 따라서 17살의 갑녀는 의사능력만 있다면 출생신고를 할 수 있다.

답변25: 변호사 나성실은 혼인당사자인 갑녀와 을녀를 대리하여 창설적 신고인 혼인신고를 할 수 없다. 창설적 신고의 경우도 보고적 신고와 마찬가지로 구술로 하는 신고시에 위임대리가 가능하지만 혼인, 이혼, 인지, 입양, 파양 등의 창설적 신고는 위임대리를 불허하고 있기 때문이다(법 제31조단서).

답변26: 갑녀 또는 을녀가 직접 등록관서에 혼인신고를 할 수 있다. 신고능력은 유효한 신고를 할 수 있는 능력으로서 '의사능력이 있는 자'는 원칙적으로 신고능력이 인정되기 때문이다.

제4절 가족관계등록신고기간

사례27: 대한민국 국민인 갑은 미국 유학 중인 2009. 11. 11. 미국인 남편과의 사이에서 아이를 출산하였다. 이들은 우선 미국 출생등록기관에 아이의 출생신고를 한 후 유학을 마치고 한국에 귀국해서 아이의 출생문제에 대해 동사무소에 문의를 했고 동사무소에서는, 미국 출생등록기관에 출생신고를 하였어도 한국 등록관서에 출생신고의무가 면제되는 것이 아니라고 하였다. 그에 따라 이들은 2010. 6. 6. 다시 아이의 출생신고를 하였는데 등록관서에서 출생신고기간해태를 이유로 과태료를 부과하였다. 한국에서 아이가 태어난 것도 아니고 미국에서 태어난 특수한 사정이 있는데도 야박하게 과태료가 부과되어야만 하는 것인가.

사례28: 변호사 나성실은 갑의 부탁으로 갑의 등록부상 부모를 상대로 친자관계부존재확인을 구하는 소송을 진행하였는데, 최근에서야 확인확정판결을 받았다(확정일은 2012. 1. 1.). 그런데 변호사 나성실은 2012. 5. 5.이 되어서야 자신이 수임당시 친자관계부존재확인판결을 받은 다음 등록관서에 등록부정정신청절차까지도 해주겠다고 호언장담한 사실을 기억하게 되었다. 등록관서에서는 판결에 의한 정정신청은 소를 제기한 사람이 판결확정일로부터 1개월 내에 하여야 한다며 갑에게 과태료를 부과하였다. 과태료를 면제받을 방법은 없는 것인가.

1. 의의

가. 신고기간이라 함은 보고적 신고에서 신고의무를 이행하여야 하는 기간을 말한다.

나. 신고기간은 과태료와 관련되어 있다. 특히, 국제신분관계등록사무, 즉 외국에서 아이를 출산하거나, 외국에서 사망한 경우 및 외국에서 한국인이 외국방식으로 혼인하는 경우에서 신고기간 도과로 과태료를 부과당하는 사례가 종종 있다. 보고적 신고대상인 신분변동사실에 대하여 대한민국 국민이 거주지 나라의 법에 따라 그 나라 관공서 등에 가족관계등록신고를 한 경우라도 동일한 신고사항에 대한「가족관계의 등록 등에 관한 법률」상의 신고의무가 면제되는 것은 아니다.

2. 신고기간의 기산일 및 신고기간

가. 기산일(초일 산입의 원칙)

① 신고기간은 신고의무자의 인식여부를 불문하고 신고사건 발생일부터 기산한다(법 제37조). 이는 초일을 불산입하는 민법(민법 제157조)과 다르다. 즉, 초일산입이 원칙인 것이다.

② 재판의 확정일부터 기간을 기산하여야 할 경우에 재판이 판결문 등의 송달 또는 교부 전에 확정된 때에는 그 송달 또는 교부된 날부터 기산한다(법 제37조제2항[50]).

나. 신고기간

(1) 신고기간은 과태료와 관련되므로 법률에서 규정하고 있다.

(2) 가령 출생신고는 출생 후 1개월 내(법 제44조), 사망신고는 사망사실을 안 날로 1개월 내(법 제84조)에 각 신고하여야 한다. 또한 외국에 있는 대한민국 국민이 그 나라의 방식에 따라 창설적 신분행위를 하여 해당 신분행위가 성립한 후 증서를 작성한 경우에는 3개월 이내에 그 지역을 관할하는 재외공관의 장에게 그 증서의 등본을 제출하여야 한다(법 제35조제1항). 대한민국의 국민이 있는 지역이 재외공관의 관할에 속하지 아니하는 경우에는 3개월 이내에 등록기준지의 시(구)·읍·면의 장에게 증서의 등본을 발송하여야 한다(법제35조제2항)[51]. 주의할 점은 외국에서 대한민국 국민사이의 혼인신고

---

50) 다만 갑이 을의 자로 출생신고 되었다가 갑, 을 간의 친생자관계부존재확인판결이 확정되어 갑의 등록부가 폐쇄됨으로 인하여 갑에 대한 출생신고의무자가 다시 출생신고를 하는 경우에는 출생신고기간은 위 판결이 확정된 때로부터 기산할 것이 아니고 출생 시부터 기산하여야 함을 유의하여야 한다(호적선례2-470호 참조).

51) 재외국민이 외국방식에 의한 창설적 신분행위를 하고 이를 신고하는 경우에 그 나라 방식에 따른 증서를 관할 재외공관의 장 또는 등록기준지의 시(구)·읍·면의 장에게 제출 또는 발송하도록 하되, 외국에서 한 신분행위임을 고려하여 신고기간을 3개월로 연장한 것이다. 일본 호적법도 '증서등본제출'의 경

를 하는 경우라면 재외공관에 혼인신고가 가능하나, 일방 또는 쌍방이 외국인인 경우에는 재외공관에서 혼인신고를 수리할 수 없다는 점이다(민법 제814조 참조[52]).

3. 신고의무 해태에 대한 최고

시(구)·읍·면의 장은 신고의무를 불이행한 자를 안 때에는 상당한 기간을 정하여 그 기간 내에 신고할 것을 최고하여야 하고, 만일 위 기간 내에 신고를 하지 아니한 때에는 다시 상당한 기간을 정하여 최고를 할 수 있다(법 제38조제1항,제2항). 국가 또는 지방자치단체의 공무원이 신고를 해태한 자가 있음을 안 때에는 사건본인의 등록기준지의 시(구)·읍·면의 장에게 통지하여야 한다(법 제18조제3항).

4. 신고의무 해태에 대한 과태료처분

가. 과태료를 부과하는 경우

법에 따른 신고의무가 있는 사람이 정당한 사유 없이 기간 내에 하여야 할 신고 또는 신청을 하지 아니한 때에는 5만 원 이하의 과태료를 부과한다(법 제122조). 시(구)·읍·면의 장이 신고의무자에게 법

우 3개월의 기간에 제출하도록 규정하고 있다.

52) 제814조(외국에서의 혼인신고)
① 외국에 있는 본국민사이의 혼인은 그 외국에 주재하는 대사, 공사 또는 영사에게 신고할 수 있다.
② 제1항의 신고를 수리한 대사, 공사 또는 영사는 지체없이 그 신고서류를 본국의 등록기준지를 관할하는 가족관계등록관서에 송부하여야 한다. <개정 2005.3.31, 2007.5.17>

제38조 또는 제108조에 의하여 최고를 한 경우에 정당한 사유 없이 그 기간 내에 신고 또는 신청을 하지 아니한 때에는 10만원 이하의 과태료를 부과한다(법 제121조).

나. 과태료부과

시(구) · 읍 · 면의 장은 별표의 과태료 부과기준에 의하여 과태료의 금액을 정하여야 한다(규칙 제50조제5항). 시(구) · 읍 · 면의 장은 과태료처분 대상자의 위반행위의 동기와 결과를 참작하여 별표에 따른 과태료의 2분의 1에 해당하는 금액을 경감할 수 있다. 다만, 이 경우에는 과태료처분 대상자가 작성한 위반행위에 대한 사유서를 첨부하여야 한다.

[별표]

< 과태료 부과기준 >

게을리한 기간	과 태 료	
	제122조 위반	제121조 위반
7일 미만	10,000원	20,000원
7일 이상 1월 미만	20,000원	40,000원
1월 이상 3월 미만	30,000원	60,000원
3월 이상 6월 미만	40,000원	80,000원
6월 이상	50,000원	100,000원

답변27: 한국인 부부가 외국에서 자녀를 출산하여 해당 외국의 신분등록기관에 자녀의 출생신고를 하였어도 대한민국 등록관서에 자녀에 대한 출생신고의무가 면제되는 것은 아니다(예규 제30호 참조). 따라서 출생신고기간 도과시 과태료부과대상이 되며, 외국에서 자녀가 태어난 사정만으로 출생신고기간인

1개월이 연장되는 것은 아니다. 다만, 외국에 거주하는 대한민국 국민이 외국방식으로 창설적 신분행위를 하고 이를 '증서등본제출방식'으로 신고하는 경우 종전 호적법[53)]은 신고기간이 1개월이었으나, 현재 법[54)]은 3개월로 규정하고 있다. 참고로 일본 호적법은 국내출생자의 출생신고기간은 14일이지만, 국외출생자의 출생신고기간은 3개월로 연장하고 있고, 외국에서 외국방식으로 이루어진 '증서등본제출방식 신고'의 경우 신고기간을 3개월로 규정하고 있다(일본 호적법 제41조제1항, 제49조제1항 참조).

답변28: 호적선례는 다음과 같이 설시한 바 있다.

"시(구)·읍·면의 장은 아래의 경우에 그 신고기간 도과에 '정당한 이유'가 있다고 보아 신고의무자에게 과태료를 부과하지 아니할 수 있다. ① 재판상 이혼사건에서 피고가 외국에 주소를 두고 있는 때, 외국송달을 촉탁하는 방식에 의하여 판결정본을 송달받은 피고인이 상소를 제기하지 아니하여 그 인용판결이 확정되었으나, 송달보고서가 이혼신고 기간 내에 도착하지 아니함으로써, 이혼신고의무자가 이혼신고기간 내에 신고할 수 없었

---

53) 호적법 제08027호 2006.10.4 일부개정
제40조 (외국에 있어서의 신고)
① 외국에 있는 대한민국 국민이 그 나라의 방식에 의하여 신고사건에 관한 증서를 작성한 경우에는 1월이내에 그 지역을 관할하는 재외공관의 장에게 그 증서의 등본을 제출하여야 한다.
② 대한민국의 국민이 있는 지역이 재외공관의 관할에 속하지 아니하는 경우에는 1월 이내에 본적지의 시, 읍, 면의 장에게 증서의 등본을 발송하여야 한다.

54) 법 제35조(외국의 방식에 따른 증서의 등본)
① 외국에 있는 대한민국 국민이 그 나라의 방식에 따라 신고사건에 관한 증서를 작성한 경우에는 3개월 이내에 그 지역을 관할하는 재외공관의 장에게 그 증서의 등본을 제출하여야 한다.
② 대한민국의 국민이 있는 지역이 재외공관의 관할에 속하지 아니하는 경우에는 3개월 이내에 등록기준지의 시·읍·면의 장에게 증서의 등본을 발송하여야 한다.

던 경우 ② 재판상 이혼의 인용판결에 대하여, 상소를 제기하였다가 그 상소의 취하로 상소기간이 만료할 때 소급하여 그 판결이 확정됨으로써, 이혼신고의무자가 이혼신고기간 내에 신고할 수 없었던 경우 ③ 이혼조정 또는 화해권고결정에 대한 이의를 제기하였다가 그 이의의 취하로 이의제기기간이 만료할 때 소급하여 이혼조정 또는 화해권고결정이 확정됨으로써, 이혼신고의무자가 이혼신고기간 내에 신고할 수 없었던 경우 ④ 북한이탈주민인 여성이 북한이탈주민의 보호 및 정착지원에 관한 법률 제19조의 규정에 의하여 취적한 이후에 북한이탈 후 취적 전 출생한 혼인외 출생자에 대한 출생신고를 하였으나, 그 출생신고기간을 경과한 경우 ⑤ 기타, 천재지변이나 전쟁 또는 원양어선이나 외항선 승선 등의 사유로 재외공관에 접근하기가 극히 곤란한 경우와 같이, 신고의무자가 신고기간을 준수하는 것이 객관적으로 불가능하여 신고의무자에게 귀책사유가 없다고 판단되는 경우 (2006. 11. 24. 호적과-4142)"

제5절 가족관계등록 신고장소

1. 일반 원칙

등록신고는 신고사건의 본인의 등록기준지 또는 신고인의 주소지나 현재지의 시(구)·읍·면의 사무소에 이를 하여야 한다(법 제20조제1항). 구 호적법은 신고 장소에 관하여 현주지를 규정하고 있었으나, '현재지'는 현주지보다 더 넓은 개념에 해당한다.

다만 외국인은 대한민국 국민이 아니어서 등록기준지를 가질 수 없으므로 외국인의 거주지 또는 신고인의 주소지나 현재지에서 할 수 있도록 규정하고 있다(법 제20조제2항).

2. 예외

출생신고와 사망신고의 경우는 등록부의 신속한 기재를 위하여, 그리고 재외국민의 경우는 장소적 편의를 위하여 원칙적인 신고장소 외에 아래와 같이 신고할 수 있는 장소를 추가하고 있다.

가. 출생신고와 사망신고의 경우

① 출생신고는 출생지에서 신고할 수 있다(법 제45조제1항). 기차나 그 밖의 교통기관 안에서 출생한 때에는 모가 교통기관에서 내린 곳에서, 항해일지의 비치가 없는 선박 안에서 출생한 때에는 그 선박이 최초로 입항한 곳에서 신고할 수 있다(법 제45조제2항).

② 사망신고는 사망지, 매장지, 화장지에서도 신고할 수 있다. 다만, 사망지가 분명하지 아니한 때에는 사체가 처음 발견된 곳에서, 기차나 그 밖의 교통기관 안에서 사망하였을 때에는 그 사체를 교통기관에서 내린 곳에서, 항해일지를 비치하지 아니한 선박 안에서 사망이 있었을 때에는 그 선박이 최초로 입항한 곳에서 각 신고할 수 있다(법 제86조).

③ 시(구)에 있어서 출생 또는 사망의 신고는 법 제21조의 규정에 의하여, 그 신고의 장소가 신고사건 본인의 주민등록지 또는 주민등록을 할 지역과 같은 경우에는 신고사건 본인의 주민등록지 또는 주민등록을 할 지역을 관할하는 동을 거쳐 신고할 수 있다(법 제21조제1항). 이와 같이 동사무소에서 할 수 있는 등록신고는 출생 또는 사망신고뿐임을 주의하여야 한다.

나. 재외국민의 경우

① 외국에 있는 한국인은 외국에서 발생한 보고적 신고사항에 대해 법 제34조의 규정에 따라 그 지역을 관할하는 재외공관의 장에게 신고할 수 있다.
② 창설적 신고인 혼인신고와 입양신고는 양 신고당사자가 한국인인 경우에는 그 지역을 관할하는 재외공관의 장에게 신고할 수 있다(민법 제814조,제882조 참조).
③ 외국에 있는 대한민국 국민이 그 나라의 방식에 의하여 창설적 신분행위를 하여 해당 신분행위가 성립한 후 증서를 작성한 경우에는 3월 이내에 그 지역을 관할하는 재외공관의 장에게 그 증서의 등본을 제출하여야 한다(법 제35조제1항).

외국에 거주하는 재외국민은 사건본인의 등록기준지 등록관서에 우편의 방법으로 신고할 수도 있고, 귀국하여 직접 신고할 수도 있다.

3. 보론: 특별한 신고와 신고장소

가. 가족관계등록부 존재신고

등록되어 있는지가 분명하지 아니한 사람 또는 등록되어 있지 아니하거나 등록할 수 없는 사람에 관한 신고가 수리된 후 그 사람에 관하여 등록되어 있음이 판명된 때 또는 등록할 수 있게 된 때에는, 신고인 또는 신고사건의 본인은 그 사실을 안 날부터 1개월 이내에 수리된 신고사건을 표시하여 처음 그 신고를 수리한 시(구)·읍·면의 장에게 그 사실을 신고(가족관계등록부 존재신고)하여야 한다(법 제22조).

나. 등록기준지 변경신고

(1) 등록기준지 변경신고는 등록기준지를 변경하는 신고로서, 새롭게 변경하고자 하는 등록기준지 시(구)·읍·면의 장에게 하여야 한다(규칙 제4조제3항). 등록기준지를 변경함에 있어서 별다른 제한은 없다.

(2) 이렇듯 등록기준지변경신고에 별다른 제한사유가 없음을 기화로 최근에는 동 신고가 다음과 같은 두 가지 목적으로 이용되기도 한다. 첫째, 국민들이 자신의 의사를 표현하는 방식으로 활용하기도 한다. 예를 들어 일본과의 사이에 독도문제가 불거질 때마다 국민들이 독도로 등록기준지변경신고를 하는 경우 등이다. 둘째, 실무상 비송사건의 관할법원을 변경하기 위해서 등록기준지변경신고를 이용하기도 한다. 등록부정정허가신청은 등록기준지를 관할하는 가정법원에 하여야 하는데, 가령 해당 가정법원이 당사자의 주거지로부터 멀리 떨어진 지역에 위치한 때에 등록기준지변경신고를 하는 경우이다(다만 관할변경의 경우 주의할 점은, 가족관계등록부정정 사건을 진행하면서 신청인의 등록지를 비송신청하려는 법원 근처로 변경하는 경우가 종종 있는데, 가족관계등록정정 사건의 관할은 신청인의 등록기준지가 아니라 사건본인의 등록기준지이다).

제6절 가족관계등록신고방법

신고는 서면이나 말로 할 수 있다(법 제23조제1항).

1. 서면에 의한 가족관계등록신고

가. 신고서의 제출

(1) 신고서 제출 방식

신고인 본인의 직접 제출 외에 우편에 의한 제출이나 사자(使者)에 의한 제출이 허용된다.

(2) 창설적 신고에서의 신분확인방법

혼인, 입양 등과 같이 신고로 인하여 효력이 발생하는 창설적 신고의 경우는 당사자의 의사가 중요하다. 따라서 당사자의 진정한 의사에 기한 신고인지를 확인하는 차원에서 신고사건 본인이 시(구)·읍·면에 출석하지 아니하는 경우에는 신고사건 본인의 주민등록증·운전면허증·여권, 그 밖에 대법원규칙이 정하는 신분증명서(이하 이 항에서 "신분증명서"라 한다)를 제시하거나 신고서에 신고사건 본인의 인감증명서를 첨부하여야 한다. 이 경우 본인의 신분증명서를 제시하지 아니하거나 본인의 인감증명서를 첨부하지 아니한 때에는 신고서를 수리하여서는 아니 된다(법 제23조제2항).

필자가 상담한 사건 중에 의뢰인의 아버지를 간병하던 간병인이 의뢰인의 아버지와 혼인신고를 한 사실을 아버지의 사망 후에 발견하여 상속재산분쟁이 발생한 사건이 있었다. 이 경우 위 혼인신고가 아버지의 진정한 의사에 기한 것인지가 쟁점이 되는데, 만일 간병인 혼자서 혼인신고를 한 경우라면 아버지의 신분증명서 원본이 제시되거나 인감증명서가 제출되어야 혼인신고가 수리될 것이므로 아버지의 신분증명서 원본이 제시되거나 인감증명서가 제출되었는지, 그리고 인감증명서가 제출되었다면 그 발급경위에 문제가 없는지에 대해 알아볼 필요가 있을 것이다.

(3) 우편에 의한 신고에서의 신분확인방법

우편접수의 경우 신고인의 신분증명서 사본이 첨부된 때에는 이에 의하여 신분확인을 할 수 있다. 다만, 당사자의 진의확인차원에서 신고로 인하여 효력이 발생하는 등록사건에 있어서는 신고사건 본인의 인감증명서 또는 신고서의 서명에 대한 공증서가 첨부되거나 법정대리인등의 인감증명서가 첨부된 때에 이에 의하여 신분확인을 할 수 있다. 신분증명서 사본이나 인감증명서가 첨부되지 않은 경우에는 신고를 수리하여서는 아니 된다(규칙 제40조제4항, 제5항).

※. 참 고 : 등록신고 접수 시 신고인 등 확인방법(예규 제23호)

시(구)·읍·면·동 및 재외공관의 장이 가족관계등록신고서를 접수할 때의 신고사건별 신고인 등 신분확인방법에 관한 대비표는 별지와 같다.

[양식]

신고사건별 신고인 등 확인방법에 관한 대비표

<table>
<tr><th>구분</th><th>신고서 제출 방법</th><th>본인출석 여부</th><th>서명 또는 날인 방법</th><th>신분증명서 제시 및 첨부서면</th><th>비고</th></tr>
<tr><td rowspan="2">보고적신고</td><td>출 석</td><td></td><td>서 명,
날 인</td><td>출석자 신분증명서(출생·사망신고서를 제출인이 접수하는 경우 신고인의 신분증명서 사본 첨부)</td><td></td></tr>
<tr><td>우 편</td><td></td><td>서 명,
날 인</td><td>신분증명서 사본</td><td></td></tr>
<tr><td rowspan="8">창설적신고</td><td rowspan="6">출 석</td><td rowspan="2">양 쪽
출 석</td><td>서 명</td><td>출석자 신분증명서</td><td></td></tr>
<tr><td>날 인</td><td>출석자 신분증명서</td><td></td></tr>
<tr><td rowspan="2">한 쪽
출 석</td><td>서 명</td><td>불출석자 신분증명서 또는 서명공증서
출석자 신분증명서
(단, 사실혼관계존재확인의 판결에 의한 혼인신고와 협의이혼 신고시 불출석자 신분증명서 또는 서명공증서 불요)</td><td></td></tr>
<tr><td>날 인</td><td>불출석자 신분증명서 또는 인감증명서,
출석자 신분증명서
(단, 사실혼관계존재확인의 판결에 의한 혼인신고와 협의이혼 신고시 불출석자 신분증명서 또는 인감증명서 불요)</td><td></td></tr>
<tr><td rowspan="2">양 쪽
불출석,

제출인
출 석</td><td>서 명</td><td>불출석자 신분증명서 또는 서명공증서
제출자 신분증명서</td><td></td></tr>
<tr><td>날 인</td><td>불출석자 신분증명서 또는 인감증명서,
제출자 신분증명서</td><td></td></tr>
<tr><td rowspan="2">우 편</td><td></td><td>서 명</td><td>서명공증서</td><td></td></tr>
<tr><td></td><td>날 인</td><td>인감증명서</td><td></td></tr>
</table>

나. 신고서의 법정 기재사항에 대한 기재 정도

(1) 신고서의 법정 기재사항 중 존재하지 아니하거나 알지 못하는 것이 있을 때에는 그 취지를 기재하고 생략할 수 있다(법 제29조 본문).

(2) 그러나 법률상 기재하여야 할 사항으로서 특히 중요하다고 인정되는 사항을 기재하지 아니한 경우에는 수리해서는 안 된다(법 제29조단서). '특히 중요하다고 인정되는 사항'이란 '그 사항을 기재하지 아니하면 해당 신고사실의 유무 또는 해당 신분행위의 적부여부를 판단할 수 없는 사항'을 의미한다. 보고적 신고의 경우 신고대상, 신고인이나 신고사건 본인의 성명, 창설적 신고의 경우 형성되는 신분관계에 관한 사항, 특히 출생신고에 있어서의 생년월일, 모의 특정등록사항 등이 중요한 사항에 해당된다고 한다[55].

다. 신고인이 신고의 수리 이전에 사망한 경우

신고인의 생존 중에 우송한 신고서는 그 사망 후라도 시・읍・면

---

55) 선례201106-2 : 「가족관계의 등록 등에 관한 법률」 제46조는 '혼인 외 출생자의 신고는 모가 하여야 한다'고 규정하고 있는바, 혼인 외의 자에 대한 출생신고는 모가 하고 부는 인지신고를 하는 것이 원칙이다. 「가족관계의 등록 등에 관한 법률」 제44조가 출생신고서의 기재사항으로 '부모의 성명・본・등록기준지 및 주민등록번호'를, 「가족관계의 등록 등에 관한 규칙」 제38조가 출생증명서의 기재사항으로 '모의 성명 및 출생연월일'을, 「가족관계의 등록 등에 관한 법률」 제55조가 인지신고서의 기재사항으로 '부가 인지할 때에는 모의 성명・등록기준지 및 주민등록번호'를 각각 기재하도록 규정하고 있으므로, '모'는 출생사실의 유무 뿐 아니라 부자관계를 형성하는 인지라는 신분행위의 적부 판단에서도 필요불가결한 사항이라 할 것이어서, 부가 혼인 외의 자에 대하여 모를 불상으로 출생신고하는 것은 「가족관계의 등록 등에 관한 법률」 제29조 단서의 '법률상 기재하여야 할 사항으로서 특히 중요하다고 인정되는 사항을 기재하지 아니한 경우'에 해당하므로 수리하여서는 아니된다.

의 장은 수리하여야 하고, 신고서가 수리되었을 때에는 신고인의 사망 시에 신고한 것으로 본다(법 제41조).

2. 말로 하는 가족관계등록신고

(가) 말로 신고하려 할 때에는 신고인은 시(구)·읍·면의 사무소에 출석하여 신고서에 기재하여야 할 사항을 진술하여야 한다. 시(구)·읍·면의 장은 신고인의 진술 및 신고연월일을 기록하여 신고인에게 읽어 들려주고 신고인으로 하여금 그 서면에 서명하거나 기명날인하게 하여야 한다(법 제31조제1항,제2항).

(나) 말로 신고할 수 있도록 규정한 이유는 과거 글을 모르는 사람이 많던 시대에 글을 모르는 신고인에게 신고서 작성의 편의를 제공하기 위한 목적이었던 것으로 생각된다. 다만 말로 신고하게 되면 문맹자에게는 유용할 수 있으나, 직접 출석해서 진술하여야 하므로, 증인을 필요로 하는 혼인신고, 입양신고 등의 경우 증인 2인을 대동하여야 하는 불편을 감수하여야 한다.

제7절 신고의 심사, 수리 및 효력

사례29: 한국인 갑녀는 1995. 한국에서 전 배우자 을과 협의이혼의사확인을 받았으나 이혼신고를 하지 아니하고 미국이민을 갔다. 미국에서 뻐다귀해장국집으로 큰 돈을 벌어 비버리힐즈로 이사를 간 갑녀는 이웃집 미국인 총각과 눈이 맞아 2001. 미국에서 혼인을 하였다(한국인 갑녀는 한국에서 이혼신고를 하지 않았지만 협의이혼의사확인을 받은 것만으로도 이혼이 성립한 것으로 오해하였고, 미국 관련기관에서는 대한민국 법원발급의 '협의이혼의사확인서'와 '번역문'만으로 이혼이 성립한 것으로 오해하고 한국인 갑녀와 미국인 총각의 혼인을 등록해 줌).

그러나 미국 대부분의 주에서는(우리나라가 중혼을 취소사유로 규정하고 있는 것과 달리)중혼은 무효로 규정하고 있다. 최근에 한국에 잠시 들른 한국인 갑녀는 이혼이 정상적으로 마무리되지 아니한 것을 뒤늦게 알고서 부랴부랴 조정신청을 하여 다시 재판상이혼을 한 후 2001. 미국에서 미국인 총각과 혼인한 것을 증명하는 '혼인증서'를 제출하여 자신의 가족관계등록부에 미국인 총각과의 혼인사유를 기재하고자 하였으나, 등록담당공무원은 준거법인 미국법에 의할 때 한국인 갑녀의 미국에서의 혼인시 한국에서의 혼인으로 인하여 중혼이 성립하여 미국에서의 혼인은 무효라고 하면서 수리를 거부하고 있다. 이러한 불수리처분이 정당한가?

1. 신고서류의 심사

가. 가족관계등록사무처리자의 심사권

시(구)·읍·면의 장은 등록에 관한 신고서가 접수되면 그 적법여부를 판단한 후 수리 또는 불수리의 처분을 하게 된다. 이 때 그 신고서가 관련법규의 요건을 구비하고 있는지에 대한 심사가 중요한 것이고, 이 심사권은 시(구)·읍·면의 장이 행사한다[56].

나. 원칙: 형식적 심사주의 채택

시(구)·읍·면의 장이 등록신고를 심사함에 있어 그 심사방법에 관하여는 명문규정은 없으나 형식적 심사주의를 채택한 것으로 보고 있다[57].

---

56) 신고서류를 접수한 때에는 원칙적으로 지체 없이 심사하여 접수한 당일에 수리여부를 결정하여야 한다(예규 제35호).

57) 호적선례200412-2 : 현행 호적법상 호적신고에 대한 호적공무원의 심사권은 신고인이 제출한 자료 등에 의하여 그 신고서가 민법 및 호적법 등이 규정한 요건을 구비하고 있는가를 심사하여 신고서의 적법·유효여부를 판단한 후 수

다. 예외: 신고서류 심사에 필요한 경우 제출요구권

시(구)·읍·면·동의 장이나 재외공관의 장은 신고서류를 심사하기 위하여 필요한 때에는 등록부의 등록사항별 증명서나 그 밖의 서류를 제출하게 할 수 있다. 신고서류에 첨부하여야 할 제적 등·초본이나 등록사항별 증명서를 시(구)·읍·면·동·재외공관에서 전산정보처리조직에 의하여 확인할 수 있는 경우에는 첨부하지 아니한다(규칙 제44조제1항제2항).

라. 심사권의 범위에 법령심사권이 포함되는지 여부

(1) 최종적인 법령해석은 법원에 속하기 때문에 등록신고의 전제가 되는 판결에 대해 시(구)·읍·면의 장이 위법함을 이유로 신고를 불수리할 수 있는지 여부가 문제된다{가령 친할아버지가 친손자를 친양자로 입양하고자 가정법원의 친양자입양허가를 얻어서 친양자입양신고를 한 때 민법 제103조(공서양속규정)에 위반하여 무효임을 이유로 등록관서에서 친양자입양신고를 불수리할 수 있는지 여부등}. 일본에는 다음과 같은 판례가 있다. "재판소가 판결을 통하여 내린 법령해석에 관하여 호적공무원은 그 적부를 판단할 수 없지만 재판소의 당해 재판이 형식적인 면에서 무효이고 위법한 것이라면 호적공무원은 당해 재판의 무효의 판정을 할 수 있다" (소화35.10.12.후쿠시마가심).

리 또는 불수리 처분을 하는 형식적심사권만 주어져 있는바, 출생신고서의 신고인은 사건본인의 외삼촌으로 친족동거자의 자격으로 신고서에 기재된 경우 호적공무원이 그 동거여부를 알 수 없어 신고인의 자격여부를 판단할 수 없는 때에는 호적법시행규칙제46조에 의하여 그에 대한 심사자료로서 필요한 서류의 제출을 요구할 수 있다. 이때 '동거'사실에 대한 소명은 제한이 없으므로 이에 관한 소명은 공적자료 또는 사건본인의 출생시 신고인이 동거한 사실이 있었음을 잘 알고 있는 사람이 그러한 취지의 사실를 기재하여 작성한 보증서 등으로 할 수 있을 것이나, 그 서류가 동거 사실을 소명하는데 충분한지 여부는 구체적인 신고서를 심사한 호적공무원이 판단할 사항이다.

(2) 가족관계등록선례는 '제척기간 도과로 인지청구의 소를 제소할 수 없게 되자, 생부와 자 사이에 친생자관계존재확인판결을 받아 이를 증거방법으로 하여 자의 가족관계등록부상 부란에 부를 기재하라는 허가결정을 첨부하여 등록부정정신청을 한 경우, 부자관계는 인지에 의해서 형성됨을 이유로 등록관서는 그러한 등록부정정신청을 불수리하여야 한다'고 설시한 바 있다 (선례201111-1[58]).

2. 신고서류의 수리·불수리

가. 의의

신고의 수리라 함은 시(구)·읍·면의 장이 신고를 적법·유효한 것으로 인정하여 그 처리를 인용하는 행정처분을 말하고, 불수리라 함은 신고가 위법하거나 무효를 이유로 그 처리를 거부하는 행정처분을 말한다.

---

58) 선례 201111-1 : 혼인 외 출생자가 제척기간의 도과로 사망한 친생부와 인지판결을 받을 수 없는 상황에서 친생자관계존재확인판결을 받은 후, 친생자관계존재확인판결을 근거로 관할 가정법원의 '친생부를 기록하라'는 등록부정정허가결정이 있었다면 인지절차없이 친생부를 등록부에 기록하는 것이 가능한지(소극)

혼인 외 출생자가 사망한 부의 친생자 신분을 취득하려면 사망한 부가 생전에 혼인 외 출생자를 인지하였거나 그 사망을 안 날로부터 2년 이내에 검사를 상대로 인지청구의 소를 제기하여야 하고 이와 같은 인지가 없는 한 비록 혼인 외 출생자와 사망한 부 사이에 친생자관계존재확인판결이 확정되었다고 하여도 그들 사이에 친생자관계가 형성될 수는 없으므로, 혼인 외 출생자가 자신과 사망한 부의 사이에 친생자관계존재확인판결의 등본과 그 확정증명원을 첨부하여 자신의 가족관계등록부상 부란에 사망한 부의 성명을 기재하여 달라는 취지의 등록부정정신청을 하거나, 나아가 친생자관계존재확인판결의 등본과 그 확정증명원에 기하여 「가족관계의 등록 등에 관한 법률」 제104조의 절차에 따른 등록부정정허가결정을 받아 그 허가결정의 등본을 첨부하여 자신의 가족관계등록부상 부란에 사망한 부의 성명을 기재하여 달라는 취지의 등록부정정신청을 하더라도 시(구)·읍·면의 장이 이를 수리할 수는 없다 (2011.11. 23. 가족관계등록과-3393 질의회답).

나. 신고의 수리절차

신고서류를 심사하여 무효사유 등이 없을 때에는 등록관서는 등록신고를 수리하여야 한다[59]. 하지만 일단 신고서가 수리된 이후에 신고의 흠결을 발견한 경우에는 그 흠결이 무효사유가 아니라면 등록관서는 등록부에 기록을 하여야 한다.

다. 불수리처분에 대한 불복 활성화

규칙 제43조 제2항에서는 무효 또는 중대한 위법의 하자가 있는 때에는 불수리처분을 하고 접수장의 수리사항란에 불수리의 취지와 일자를 기재하여야 한다고 규정하고 있음에도 실무상 등록관서 직원의 불수리처분을 다투는 경우는 별로 없는 것 같다.

하지만, 등록사건에 관하여 이해관계인은 시(구)·읍·면의 장의 위법 또는 부당한 처분에 대하여 관할 가정법원에 불복의 신청을 할 수 있고(법 제109조 내지 제113조), 불복신청의 대상은 등록사건에 관한 시(구)·읍·면의 장의 위법·부당한 처분으로서, 등록신고 등의 수리, 등록사항별 증명서의 교부 등의 적극적 처분 뿐만 아니라 등록신고 등의 불수리, 등록사항별 증명서의 교부거부 등의 소극적 처분도 포함되므로 등록관서의 불수리처분에 대한 불복절차를 활용할 필요가 있다.

답변29: '국제혼인'이란 한국에서 한국인과 외국인 사이에 이루어지는 혼인, 한국에서 외국인 사이에 이루어지는 혼인, 외국에서 한국인과 외국인 사이에 이루어지는 혼인, 외국에서 한국

---

59) 민법은 혼인신고 등의 불수리사유를 규정하고 있고, 그 불수리사유는 무효사유와 취소사유이다(민법 제813조).

제813조(혼인신고의 심사)
혼인의 신고는 그 혼인이 제807조 내지 제810조 및 제812조제2항의 규정 기타 법령에 위반함이 없는 때에는 이를 수리하여야 한다. <개정 2005.3.31>
제807조(혼인적령), 제808조(동의가 필요한 혼인), 제809조(근친혼 등의 금지), 제810조(중혼의 금지), 제812조(혼인의 성립)

인 사이에 이루어지는 혼인 등과 같이 외국적 요소가 있는 혼인을 말한다. 이와 같은 국제혼인에 적용할 준거법에 대해서 국제사법 제36조제1항은 "혼인의 성립요건은 각 당사자에 관하여 그 본국법에 의한다."라고 규정하고 있다. 사안과 같이 미국에서 미국방식으로 혼인이 성립되었음을 증명하는 '혼인증서의 등본'을 제출받은 등록관서의 장은 그 혼인증서가 거주지 방식에 의하여 적법하게 작성되었는지 여부를 심사하여야 하고, 흠결사항이 취소사유에 불과한 때에는 수리하여 등록부에 기록하여야 하지만, 무효사유임이 명백한 때는 불수리하여야 한다(국제가족관계등록실무 2011, 86면 참조. 법원공무원교육원 발행). 사안의 경우 준거법인 미국법에 의할 때 혼인 당시 무효인 중혼에 해당하므로 불수리하여야 할 것이므로 등록관서의 불수리 처분은 정당하다.

※.참고: 미국의 모든 주에서도 중혼은 금지되어 있다. 중혼의 경우 미국에서는 후혼이 무효일 뿐 아니라, 사정을 알고 있던 당사자는 중혼에 따른 형사 처분을 받는다. 중혼이 인정되는 국가에서 유효하게 성립한 혼인이어도 공서양속을 위반한 혼인으로서 인정되지 않는다. 또한 이혼의 종국판결을 기다리지 않고 재혼한 경우에도 그 혼인을 무효로 하는 주가 많다(국제신분관계법령집 제543면 법원행정처 발행).

제8절 가족관계등록신고의 추후보완

1. 가족관계등록신고의 추후보완

가. 추후보완신고의 의의

시(구)·읍·면의 장은 신고를 수리한 경우에 흠이 있어 등록부에 기록을 할 수 없을 때에는 신고인 또는 신고의무자로 하여금 보완하게 하여야 한다(법 제39조).

나. 구별 개념: 등록부 정정

원칙적으로 추후보완은 등록부 기록 전의 시정조치이고 등록부 정정은 등록부 기록 후의 시정조치이다.

다. 추후보완신고의 대상 및 시기

추후보완신고의 대상은 원칙적으로 '등록신고 수리 후 등록부 기록 전에 발견된 흠결사항'이다. 다만, 등록부 기록 후 추후보완신고가 허용되는 경우가 있는데 이 경우에도 당해 신고당시를 기준으로 신고서 기재의 흠결이 있다는 것이 인정되어야 하고 추후보완신고 당시를 기준으로 해서는 안 된다.

라. 추후보완이 허용되지 않는 경우

추후보완신고는 유효인 등록신고의 하자를 치유하는 것이므로, 무효인 등록신고를 유효로 전환시키는 것은 아니다.

(1) 재판 또는 관청의 허가를 요하는 경우

등록신고의 절대적 요건인 재판 또는 허가를 유루한 경우에는 추후보완신고로 치유할 수 없다[60].

(2) 재판확정으로 효력이 생기는 경우

예컨대, 재판상 이혼신고의 경우 신고 시에 확정증명서를 첨부하지 않아 사후에 보완하였는데 그 확정일자가 신고일 이후인 때는 재판상 이혼신고자체가 무효이므로 추후보완신고에 의하여 치유할 수 없다.

(3) 창설적 신고의 본질적 사항에 흠결이 있는 경우

창설적 신고의 흠결사항이 중요하고, 그 흠결로 인하여 효력이 발생하지 않는 때에는 추후보완신고로 치유할 수 없다.

마. 추후보완이 허용되는 경우

(1) 등록부 기록 전의 경우

등록되어 있는지가 분명하지 아니한 사람 또는 등록되어 있지 아니하거나 등록할 수 없는 사람에 관한 신고가 수리된 후 그 사람에 관하여 등록되어 있음이 판명된 때 또는 등록할 수 있게 된 때에는, 신고인 또는 신고사건의 본인은 그 사실을 안 날부터 1개월 이내에 수리된 신고사건을 표시하여 처음 그 신고를 수리한 시(구)·읍·면의 장

---

60) ① 친권자의 법률행위 대리권과 재산관리권 사퇴(민법 제927조) ② 후견인의 사퇴(민법 제939조) ③ 개명 (법 제99조) ④ 가족관계등록창설(법 제101조) ⑤ 귀화허가(국적법 제5조) ⑥ 국적회복(국적법 제9조) 등이다.

에게 그 사실을 신고하여야 한다(법 제22조).

(2) 등록부 기록 후의 경우

(가) 신고에 의하여 등록부에 기록을 한 후에는 원칙적으로 추후보완은 인정되지 아니하고 등록부 정정만이 가능하며 다만 예외적으로 등록부 기록의 일부 유루가 있는 경우에만 추후보완이 인정된다.

(나) 예를 들어 1991. 4. 1. 이후에 출생신고된 자녀의 이름이 출생신고시에는 인명용 한자가 아닌 한자로 신고된 관계로 가족관계등록부의 성명란에 출생자의 이름이 한글로 기록되었으나 그 신고된 한자가 종전「호적법 시행규칙」및「가족관계의 등록 등에 관한 규칙」의 개정으로 추가된 인명용 한자에 포함된 경우에는 출생신고인(신고인에게 사고가 있을 때에는 다른 출생신고의무자)의 추후보완신고에 의해 종전에 한글로 기록된 이름을 한글과 한자로 함께 기록한다(예규 제322호).

바. 추후보완신고인 적격

원칙적으로 흠이 있는 신고를 한 자가 추후보완신고인이 될 수 있다.

사. 추후보완 신고지

추후보완신고는 처음 그 신고(본신고)를 수리한 등록관서에 하는 것이 원칙이다(법 제22조[61]).

---

61) 법 제22조(신고 후 등록되어 있음이 판명된 때 등)
등록되어 있는지가 분명하지 아니한 사람 또는 등록되어 있지 아니하거나 등록할 수 없는 사람에 관한 신고가 수리된 후 그 사람에 관하여 등록되어 있음이 판명된 때 또는 등록할 수 있게 된 때에는 신고인 또는 신고사건의 본인은

제2장 출생신고

사례30: 변호사 나성실의 의뢰인인 미혼의 갑녀는 유부남과 사통하여 혼인 외 자를 출산하였으나 출생신고를 하지 못하고 지내던 중 아이의 취학연령에 이르러서야 아이의 출생신고를 하려 한다. 다만 출생신고서에 첨부할 '출생을 증명할만한 서면'인 의사 작성의 출생증명서를 첨부할 수가 없는 상황이어서, 유전자검사서를 대신 첨부하고자 하는데 출생신고서에 모자관계가 일치한다는 내용의 사설감정기관의 유전자검사서를 첨부하여 출생신고를 할 수 있는가.

사례31: 변호사 나성실은 최근 간통사건을 수임하게 되었다. 간통사건은 벌금형으로 마무리되었으나, 피의자인 의뢰인이 상간자인 유부녀와 사이에서 아이를 갖게 되는 바람에, 그 아이에 대한 출생신고문제로 의뢰인이 고민 중이다. 미혼남성인 의뢰인은 혼자서라도 그 아이를 키울 마음을 먹고 있으나, 아이의 어머니는 아이를 키울 생각이 없다는 것이다. 의뢰인은 아이 어머니의 프라이버시보호를 위해서 아이의 모에 대한 인적사항을 숨기고 출생신고(소위 '모 불상의 출생신고')를 하고 싶어 하면서 나성실에게 가능하냐고 묻는데 나성실은 잘 모르고 있다.

사례32: 미국인 부와 한국인 모 사이에서 2010.경 혼외자가 출생하여 미국인 부가 미국에서 출생등록을 하였다. 이후에 한국인 모가 한국 등록관서에 2011.경 혼인신고를 하였다면 미국인 부도 한국에서 위 자녀의 출생신고를 할 수 있는가.

그 사실을 안 날부터 1개월 이내에 수리된 신고사건을 표시하여 처음 그 신고를 수리한 시·읍·면의 장에게 그 사실을 신고하여야 한다.

사례33: 변호사 나성실은 미국에 거주하는 한국인 유학생 부부로부터 전화 한통을 받았다. 한국인 유학생 부부는 미국에서 최근 자녀를 출산하였고, 텍사스주 통계국에서 발급받은 출생증명서 원본을 첨부하여 주미 대한민국 재외공관에 출생신고를 한 후 해당 출생신고서가 등록관서에 송부되었다고 한다. 한국인 유학생 부부는 자녀의 국적을 '복수국적'으로 기재하고 싶어 주위 유학생 부부에게 문의한바, 미국관련기관에서 발급받은 출생증명서원본을 출생신고서에 첨부해서 제출하면 미국시민권자임이 증명되므로 복수국적으로 자녀의 가족관계등록부에 기재될 것이란 설명을 듣게 되었다. 그런데 등록관서에서는 복수국적으로 기재하기 위해서는 국적을 증명하는 서면인 '여권사본'을 첨부하여야 하고 위 '출생증명서'는 국적을 증명하는 서면이 아니라고 하고 있다. 과연 미국에서 출생한 자녀에 대한 미국 인구동태기관 발행의 출생증명서는 '국적을 증명하는 서면'이 되지 아니하는 것인가?

사례34: 갑남은 최근에 태어난 아들 을남의 출생신고를 등록관서에 하였으나, 등록관서에서는 을남의 이름한자가 가족관계의 등록 등에 관한 규칙 별표의 '인명용 한자'에 포함되어 있지 아니하다는 이유로 을남의 이름한자를 기재할 수 없고, 다만 해당 이름한자로 출생신고를 하겠다면 일단 한글로만 기재한 후 해당 한자를 감독법원에 보고하여 해당 이름한자가 인명용한자에 포함된다면 사용이 가능할 것이란 설명을 들었다고 한다. 그렇다면 한글이름으로 기재한 이후 인명용 한자에 해당 한자가 포함된다는 판단을 받게 될 경우에 '정정절차'를 거쳐서 한자이름을 기재해야 하는 번거로움이 있지 않은지, 그럴 경우라면 출생신고 불수리 자체를 다퉈야 하는 것은 아닌지 갑은 궁금해 하고 있다.

1. 출생신고의 의의

가. 출생신고는 출생신고의무자가 출생사실, 즉 '모가 자를 출산한 사실'을 신고하는 것으로서, 등록부는 대체적으로 출생신고에 의해서 작성된다[62].

나. 그리고 혼인 중의 자녀로 출생신고를 한 경우 자녀의 등록부상 부모란에 부와 모의 이름이 기재되고, 부와 모의 등록부와 자녀의 등록부가 부모자녀관계로 연결된다는 점에서 출생신고는 '친자관계' 를 등록부에 기록케 하는 의미가 있다[63].

2. 출생신고의 성질

가. 출생신고는 '출생'이라는 이미 발생한 사실을 대상으로 하는 보고적 신고이다.

나. 그러나 법 제57조[64]에 의한 혼인 외의 출생자에 대한 부(父)의 출생신고는 인지의 효력이 있으므로 이 경우의 출생신고는 창설적 신고의 성질도 있다.

3. 출생신고의 대상자: 친생자

가. 민법에서는 친생자를 ①혼인관계가 있는 부모 사이에 출생한 혼인 중의 출생자와 ②혼인관계가 없는 부모 사이에 출생한

---

62) '출생신고에 의한 등록부 창설'이라고 하지 않고 작성이라고 한다.

63) 모가 혼인외 자를 출생신고하는 경우 자의 등록부상 모란에 모가 기재되고 모의 등록부와 자녀의 등록부는 연결된다.

64) 법 제57조(친생자출생의 신고에 의한 인지)
부가 혼인 외의 자녀에 대하여 친생자출생의 신고를 한 때에는 그 신고는 인지의 효력이 있다.

혼인 외의 출생자로 구분하고 있다.

나. 주의할 점은 통상 부 또는 모를 알 수 있는 출생자는 출생신고의 대상자가 될 수 있으나, 부모를 알 수 없는 기아(또는 고아)는 출생신고의 대상자가 될 수 없다는 점이다.

(1) 혼인 중의 출생자

혼인 중의 출생자는 ①일반적으로 친생자 추정을 받는 자, ②친생자 추정이 미치지 않은 자, ③친생자 추정을 받지 않은 자로 구분된다.

(가) 친생자 추정을 받는 자

대부분의 나라는 친생자 여부에 대한 혼란 방지를 위해서 혼인 중의 자는 모의 법률상 배우자인 남편의 자로 추정하는 '친생추정'규정을 갖고 있고, 그 '친생추정방식'에 있어서 '출생주의'와 '포태주의'로 나뉜다[65]. 우리민법은 포태주의를 채택하고 있다. 즉 처가 혼인 중에 포태한 자는 부의 자로 추정되고, 처가 혼인 성립의 날로부터 200일 후 또는 혼인관계 종료의 날로부터 300일 이내에 출생한 자는 혼인 중에 포태한 것으로 추정한다(민법 제844조).

(나) 친생자추정이 미치지 않은 자

1) 처가 혼인성립한 날로부터 200일 후 또는 혼인관계 종료한 날로부터 300일 이내에 자를 출산한 경우에는 민법 제844조에 따라 혼인중의 자로 추정되지만, 법률상 남편이 행방불명되거나, 사실상 별거 중이거나, 교도소에 수감되는 등 법률상 남편의 자를 포태할 수 없음이 외관상 명백한 경우에는 친생자 추정이 미치지 않는다.
2) 이렇게 친생추정기간에 해당하지만 외관상 친생추정이 미치지 않음이 명백한 경우에는 친생자관계부존재확인의 소에 의해서

65) 즉 혼인 중에 출생하면 부의 자로 추정하는 '출생주의'와 혼인 중에 포태한 자는 부의 자로 추정하는 '포태주의'가 그것이다.

부자관계를 다툴 수 있다는 점이 '친생추정이 미치지 않는 자'의 특징이라 할 것이다(대법원 1983.7.12. 82므59 판결).

(다) 친생자 추정을 받지 않는 자

법률상 부부 사이에 혼인성립한 날로부터 200일 이내에 출생한 자는 혼인 중의 자이지만, 친생추정이 되지 않으므로 친생자관계부존재확인의 소를 통해 부자관계를 다투는 것이 가능하다. 그런데, 실무상 이러한 경우 법률상 부부 사이의 혼인 중의 자로서 일단 출생신고를 수리하고 있다[66].

◭

갑이 자신의 혼외 자를 자신과 본처의 자식으로 출생신고를 한 후 갑과 갑의 본처가 사망한 지 수십 년이 지난 상황에서 위 본처와 혼외 자 사이의 신분관계를 바로 잡으려면 어떻게 하면 될까. 실무상은 이러한 경우가 상당히 많은데 예컨대, A가 자신의 생모가 아닌 아버지 B의 본처의 호적에 등재된 지 수십 년이 지나 B와 B의 본처가 모두 사망한 경우라면 A의 배우자가 원고가 되어 A를 상대로 친생자관계부존재확인의 소를 제기하면 되고, 이 경우 청구취지는 "망 B와 A사이의 친생자관계가 존재하지 아니함을 구한다"로 하면 된다. 그런데 이러한 경우 과연 어떠한 유전자검사 결과서를 제출하면 될지 초보변호사로서는 고민이 되는 경우가 많은데, B의 본처의 나머지 자녀가 생존해 있다면 그 자녀와 A 사이의 모계가 일치하지 않는다는 내용의 유전자 검사 결과서를 제출하면 된다. 또한, 위 청구취지의 판결만 받는다면 A의 가족관계증명서상의

---

66) 이 경우는 친생자 추정이 되지 않으므로 부의 자로 출생신고를 수리할 수 없는 것이 아닌가 하는 의문이 들지만 현재 실무는 이러한 출생신고도 수리하고 있는 것이다. 그러나 민법이 출생주의가 아닌 포태주의에 기반한 친생추정 요건을 규정하고 있음을 고려할 때 이러한 경우는, 모가 혼인외의 자로 출생신고를 한 다음 부가 인지를 하거나, 아니면 부가 제57조에 의해서 혼인중의 자로 출생신고를 하는 것이 진정한 신분관계의 공시·공증이라는 가족관계등록부의 기능에 더 부합한 것이 아닌가 하는 생각이 든다.

모란에서 B의 본처가 말소될 뿐이므로, A의 생모를 기재하려면 A와 생모 사이에 모자관계를 소명하는 서면(출생증명서, 친생자관계존재확인판결 등)을 첨부하여 추후보완신고를 하거나, 판결에 의한 정정절차를 거쳐야 한다. 그런데 친생자관계부존재확인판결만을 가지고서 생모까지 기재하여 달라는 요구를 등록관서에 요구하는 경우가 비일비재하다고 한다. 종전 호적시대에는 친생자관계부존재확인판결의 이유에 생모의 인적사항이 기재된 경우 친생자관계부존재확인 판결만으로 생모까지 기재해 주기도 하였으나 현행 가족관계등록제도에서는 그러하지 않다는 점을 알고 있을 필요가 있다.

◭

실무상 의뢰인의 등록부를 보면 자녀의 출생신고일과 부부의 혼인신고일이 동일한 경우가 종종 있다. 대부분 어린 나이에 아이를 갖게 된 부부가 급히 혼인신고와 출생신고를 하는 경우인데 이 경우 민법 제844조에 의할 때 혼인중의 자로 친생추정이 미치지 않는다. 따라서 만일 위 아이가 부의 자녀가 아닌 것으로 판단된다면 친생부인의 소가 아니라 친생자관계부존재확인의 소로 다투면 된다. 그런데도 순서적으로 혼인신고가 먼저 된 후 출생신고가 되었으므로 혼생자 신분이 되었다는 점에만 집중하여 친생추정이 미친다고 생각하고 친생부인의 소를 제기하는 경우가 종종 있는 것 같다.

(라) 친생추정이 경합되는 자

여자가 재혼을 하였는데 재혼 성립의 날로부터 200일 후, 전혼관계종료의 날로부터 300일 내의 기간에 자(子)를 출산하면 전남편의 자와 재혼한 남편의 자의 추정이 경합된다. 이 때 위 여자는 부 미정의 신고를 하여야 하고 부를 정하는 소를 제기하여 부 결정을 받아야 한다. 이와 관련하여 대법원 예규는 '부(父)가 확정될 때까지 등록부에 기록을 할 수 없는 출생신고이므로 이를 특종신고서류편철장에 편철하여 두었다가, 부(父)를 정하는 판결이 확정되면 추후보완신고에 의하여 부(父) 또는 모(母)의 성과 본을 따라 등록부를 작성하는 것'으로 규정하고 있다(예규 제90호).

(2) 혼인 외의 출생자

(가) 혼인 외의 출생자란 법률상 혼인관계가 없는 남녀사이에서 출생한 자를 말한다.

(나) 다만 혼인 외의 출생자라도 부모가 혼인한 때에는 그때로부터 혼인 중의 출생자로 보며 이를 준정이라 한다(민법 제855조 제2항[67]). 즉 준정에는 부모의 혼인신고와 인지가 전제되어야 한다.

#보론: 현행 민법상의 '준정'

(1) 일본민법 제789조[68]는 '준정'이라는 제목으로 '혼인에 의한 준정, 혼인 중의 준정, 사망자에 대한 준정'을 규정하고 있으며 준정에는 인지가 필요함을 명확히 규정하고 있다. 일본민법은 혼인 외 자와 혼인 중의 자는 상속분에 차이가 있으므로 일본법제상 준정제도는 의미가 있는 것이다[69].

---

67) 제855조(인지)
① 혼인 외의 출생자는 그 생부나 생모가 이를 인지할 수 있다. 부모의 혼인이 무효인 때에는 출생자는 혼인외의 출생자로 본다.
② 혼인외의 출생자는 그 부모가 혼인한 때에는 그때로부터 혼인중의 출생자로 본다.

68) 일본민법 제789조(준정)
① 부가 인지한 자는 그 부모의 혼인에 의하여 적출자인 신분을 취득한다.
② 혼인 중 부모가 인지한 자는 그 인지한 때부터 적출자인 신분을 취득한다.
③ 제1항과 제2항의 규정은 자가 이미 사망한 경우에 이를 준용한다.

69) 일본민법 제900조(법정상속분) 동순위의 상속인이 수인 있는 때에는 그 상속분은 다음의 규정에 따른다.
4. 자, 직계존속 또는 형제자매가 수인 있는 때에는 각자의 상속분은 서로 같은 것으로 한다. 그러나 비적출자의 상속분은 적출자인 자의 상속분의 2분의 1로 하며 부모의 일방만을 함께 하는 형제자매의 상속분은 부모의 쌍

(2) 그러나 우리 민법상 혼인 외 자와 혼인 중의 자의 구별실익은 종래 호주제하 호주승계순위에서 찾을 수 있을 뿐이고, 호주제가 폐지된 현재 이들의 구별실익을 찾기는 어렵다고 생각한다.
(3) 특히, 우리 민법은 '준정'이라는 표현을 사용하고 있지 아니하고(민법 제정 이후 단 한번도 '준정'이란 표현이 민법조문에 규정된 바는 없음), 일본민법처럼 준정에 인지를 요하는 것으로 규정하고 있지 아니하며, 준정의 태양을 구체적으로 규정하고 있지 아니함에도 불구하고 민법 교과서의 대부분은 일본의 준정과 같이 설명을 하고 있는 것이 현실이다.
(4) 따라서 우리 법제상 준정은 실익이 없으므로 민법 제855조 제2항은 개정·삭제하는 것이 바람직하다고 생각한다.

4. 출생신고의무자

대한민국 국민은 통상 출생신고에 의해서 자신의 가족관계등록부를 갖게 되고, 출생신고를 할 수 없는 경우에 보충적으로 법원의 등록부창설허가를 받아서 가족관계등록부를 창설하게 된다. 출생사실을 증명할 수 없는 경우에도 출생신고가 불가하지만, 출생사실을 증명할 수 있더라도 출생신고의무자인 부 또는 모, 그 밖에 후순위 출생신고의무자가 존재하지 아니하는 경우 역시 출생신고는 불가하므로 등록부창설이 필요한 범위와 관련하여 출생신고의무자에 대한 이해가 필요하다.

가. 혼인 중의 출생자의 경우

혼인 중 출생자의 출생신고는 부(父) 또는 모(母)가 하여야 하고, 부 또는 모가 출생신고를 할 수 없는 경우에는 ① 동거하는 친족[70)]

방을 함께 하는 형제자매의 상속분의 2분의 1로 한다..

70) 예규 제96호 : 동거하는 친족이라 함은 출생 당시에 출생자와 동거하는 친족을 말한다. 여기에서 "동거"라 함은 일상생활 관계에 있어서 가족적인 상태에 이르렀음을 요하며, 단순히 일시적으로 동일 가옥 내에서 거주하는 것에 불과

② 분만에 관여한 의사, 조산사 또는 그 밖의 사람이 순위에 따라 출생신고를 하여야 한다(법 제46조제1항,제3항[71]).

나. 혼인 외의 출생자의 경우

혼인 외의 출생자의 출생신고는 모가 하여야 하고, 모가 출생신고를 할 수 없는 경우에는 ① 동거하는 친족 ② 분만에 관여한 의사, 조산사 또는 그 밖의 사람이 순위에 따라 출생신고를 하여야 한다(법 제46조제2항,제3항).

다. 부 미정(父 未定)의 자의 경우

한 자는 동거자라 할 수 없다.

호적선례200412-2 : 현행 호적법상 호적신고에 대한 호적공무원의 심사권은 신고인이 제출한 자료에 의하여 그 신고서가 민법 및 호적법 등이 규정한 요건을 구비하고 있는가를 심사하여 신고서의 적법·유효여부를 판단한 후 수리 또는 불수리 처분을 하는 형식적심사권만 주어져 있는바, 출생신고서에 신고인이 사건본인의 외삼촌으로 친족동거자의 자격으로서 신고서에 기재된 경우 호적공무원이 그 동거여부를 알 수 없어 신고인의 자격여부를 판단할 수 없는 때에는 호적법시행규칙 제46조에 의하여 그에 대한 심사자료로서 필요한 서류의 제출을 요구할 수 있다. 이때 '동거'사실에 대한 소명은 제한이 없으므로 이에 관한 소명은 공적자료 또는 사건본인의 출생시 신고인이 동거한 사실이 있었음을 잘 알고 있는 사람이 그러한 취지의 사실를 기재하여 작성한 보증서 등으로 할 수 있을 것이나, 그 서류가 동거 사실을 소명하는데 충분한지 여부는 구체적인 신고서를 심사한 호적공무원이 판단할 사항이다.

71) 예규 제94호 : 자녀의 출생 당시에 대한민국 국민인 부(父) 또는 모(母)가 등록부에 등록이 되어 있지 않거나 등록이 되어 있는지가 분명하지 아니한 사람인 경우 우리나라의 관공서가 발행한 공문서(예: 여권, 주민등록등본, 그 밖의 증명서 등)에 의하여 부(父) 또는 모(母)에 대한 성명, 출생연월일 등 인적사항을 소명하고 부모가 혼인관계에 있다면 그 사실을 증명하는 서류(혼인증서)를 첨부하여 출생자에 대한 출생신고를 하면 그 자녀에 대한 등록부를 작성하여야 한다. 다만, 한국인 부와 외국인 모 사이의 혼인외 자인 경우에는 부가 태아인지신고를 한 경우에만 그 자녀에 대한 등록부를 작성한다. 부모를 알 수없는 때에만 법원의 허가를 받아 성과 본을 창설하되(민법제781조 참조), 부모를 알 수 없어 성과 본을 창설하는 허가심판청구사건을 처리함에 있어서 청구인(본인)의 나이가 만15세 이상인 경우는 가급적 가족관계등록창설의 경우에 준하여 신원조사를 하도록 한다.

친생자의 추정이 경합되어 민법 제845조의 규정에 의하여 법원이 부를 정하여야 할 때에는 출생의 신고는 모가 하여야 한다. 모가 출생신고를 할 수 없는 경우에는 ① 동거하는 친족 ② 분만에 관여한 의사, 조산사 또는 그 밖의 사람이 순위에 따라 출생신고를 하여야 한다(법 제48조).

라. 직권에 의한 출생기록

출생신고의무자가 출생신고를 하지 아니하는 경우, 법 제38조제3항에 따라 시(구)·읍·면의 장이 감독법원의 허가를 얻어 직권으로 출생의 기록을 할 수 있다(예규 제117호[72]).

5. 신고기간

부 또는 모는 출생한 날 또는 기아를 찾은 날로 1개월 이내에 출생신고를 하여야 한다(법 제44조제1항, 제53조제1항).

6. 신고장소

출생자의 등록기준지 또는 신고인의 주소지나 현재지 시(구)·읍·면의 사무소에 출생신고를 하여야 하나, 출생자의 출생지에서도 할 수 있다. 시(市)에 있어서는 신고장소가 출생자의 주민등록을 할 지역과 같은 경우에는 출생자의 주민등록을 할 지역을 관할하는 동(洞)의 사무소에서도 할 수 있다

7. 출생신고서의 작성방법(출생신고서 양식 참조)

72) 그러나 혼인 외 자의 경우는 출생신고의무자가 출생신고를 하지 아니하는 경우라도 감독법원은 출생에 대한 직권기록허가를 할 수 없다. 이는 국민의 신분등록이라는 공익보다 혼인 외 자와 모의 프라이버시를 우선적으로 배려한 것으로 생각된다.

[양 식]

출 생 신 고 서 (년 월 일)	※ 뒷면의 작성방법을 읽고 기재하시되, 선택항목은 해당번호에 "○"으로 표시하여 주시기 바랍니다.

①출생자	성명	한글	(성) / (명)	본(한자)		성별	1남 2여 / 1혼인중의 출생자 2혼인외의 출생자
		한자	(성) / (명)				
	출생일시	년 월 일 시 분(출생지 시각: 24시각제)					
	출생장소	1자택2병원3기타					
	부모가 정한 등록기준지						
	주소			세대주 및 관계		의	
	자녀가 복수국적자인 경우 그 사실 및 취득한 외국 국적						
②부모	부 성명	(한자:)	본(한자)		주민등록번호	–	
	모 성명	(한자:)	본(한자)		주민등록번호	–	
	부의 등록기준지						
	모의 등록기준지						
혼인신고시 자녀의 성•본을 모의 성•본으로 하는 협의서를 제출하였습니까? 예□아니오□							
③친생자관계 부존재확인판결 등에 따른 가족관계등록부 폐쇄후 다시 출생신고하는 경우							
폐쇄등록부상 특정사항	성 명		주민등록번호	–			
	등록기준지						
④기타사항							
⑤신고인	성명	㊞ 또는 서명	주민등록번호	–			
	자격	1부 2모 3동거친족 4기타(자격:)					
	주소						
	전화		이메일				
⑥ 제출인	성 명		주민등록번호	–			

	출생자에 관한 사항	
⑦임신주(週)수	임신 □□주 □일	⑧신생아체중 □.□□□kg
⑨다태아 여부 및 출생순위	1단태아 2쌍태아(쌍둥이) → 쌍둥이 중 1첫번째 2두번째 3삼태아(세쌍둥이) 이상 → □ 쌍둥이 중 □ 번째	
	출생자의 부(父)에 관한 사항	출생자의 모(母)에 관한 사항
⑩국적	1대한민국(출생 시 국적취득) 2대한민국[귀화(수반포함)·인지 국적취득, 이전국적 :] 3외국(국적)	1대한민국(출생 시 국적취득) 2대한민국[귀화(수반포함)·인지 국적취득, 이전국적 :] 3외국(국적)
⑪실제생년월일	양력 / 음력 년 월 일	양력 / 음력 년 월 일
⑫최종졸업학교	1무학 2초등학교3중학교 4고등학교 5대학(교) 6대학원 이상	1무학 2초등학교3중학교 4고등학교 5대학(교) 6대학원 이상
⑬ 직 업	1 관리자 2 전문가 및 관련종사자 3 사무종사자 4 서비스종사자 5 판매종사자 6 농림어업 숙련 종사자 7 기능원 및 관련 기능 종사자 8 장치·기계 조작 및 조립 종사자 9 단순노무 종사자 10 학생 11 가사 12 군인 13 무직	1 관리자 2 전문가 및 관련종사자 3 사무종사자 4 서비스종사자 5 판매종사자 6 농림어업 숙련 종사자 7 기능원 및 관련 기능 종사자 8 장치·기계 조작 및 조립 종사자 9 단순노무 종사자 10 학생 11 가사 12 군인 13 무직
⑭실제결혼생활시작일	년 월 일 부터	
⑮모의 총출산아 수	이 아이까지 총 □□명 출산 (□□명 생존, □명 사망)	

읍면동접수	가족관계등록관서 송부		가족관계등록관서 접수 및 처리
	주민등록번호		
	년 월 일(인)		

작 성 방 법

※ 등록기준지 : 각 란의 해당자가 외국인인 경우에는 그 국적을 기재합니다.
※ 주민등록번호 : 각 란의 해당자가 외국인인 경우에는 외국인등록번호(국내거소신고번호 또는 출생연월일)를 기재합니다.

①란 : 출생자의 이름에 사용하는 한자는 대법원규칙이 정하는 범위내의 것(인명용 한자)으로, 이름자는 5자(성은 포함하지 않는다)를 초과하지 않아야 합니다. 사용가능한 인명용한자는 대법원 전자민원센터(www.scourt.go.kr/minwon)에서 확인할 수 있습니다.
: 출생일시는 24시각제로 기재합니다. (예: 오후 2시 30분 → 14시 30분)
: 우리나라 국민이 외국에서 출생한 경우에는 그 현지 출생시각을 서기 및 태양력으로 기재하되, 서머타임 실시기간 중 출생하였다면 그 출생지 시각 옆에 "(서머타임 적용)"이라고 표시합니다.
: 자녀가 복수국적자인 경우 그 사실 및 취득한 외국 국적을 기재합니다.
: 출생장소의 기재는 최소 행정구역의 명칭(시·구의 '동', 읍·면의 '리') 또는 도로명주소의 '도로명'까지만 기재하여도 됩니다.

②란 : 부(父)에 관한 사항 - 혼인외 출생자를 모(母)가 신고하는 경우에는 기재하지 않으며, 전혼 해소 후 100일 이내에 재혼한 여자가 재혼성립 후 200일 이후, 직전 혼인의 종료 후 300일 이내에 출산하여 모가 출생신고를 하는 경우에는 부의 성명란에 "부미정"으로 기재합니다.

③란 : 친생자관계 부존재확인판결, 친생부인판결 등으로 가족관계등록부 폐쇄후 다시 출생신고하는 경우에만 기재합니다.

④란 : 아래의 사항 및 가족관계등록부에 기록을 분명하게 하는 데 특히 필요한 사항을 기재합니다.
- 후순위 신고의무자가 출생신고를 하는 경우 : 선순위자(부모)가 신고를 못하는 이유
- 출생전에 태아인지 한 사실 및 태아인지신고한 관서
- 외국에서 출생한 경우: 현지 출생시각을 한국시각으로 환산하여 정하여지는 출생일시를 기재합니다. 그 현지 출생시각이 서머타임이 적용된 시각인 경우에는 그에 관한 사실을 기재합니다.
- 외국인인 부(父)의 성을 따라 외국식 이름으로 외국의 등록관서에 등재되어 있으나 한국식 이름으로 출생신고 하는 경우: 외국에서 신고된 성명
- 「민법」 제781조제1항 단서에 따라 혼인신고시 모의 성·본을 따르기로 협의한 경우 그 취지

⑥란 : 제출자(신고인 여부 불문)의 성명 및 주민등록번호 기재[접수담당공무원은 신분증과 대조]

⑦~⑨ 출생자란 : 출생자에 관한 사항입니다.

⑨란 : 다태아(쌍둥이 이상)여부는 실제로 출생한 아이의 수와 관계없이 임신하고 있던 당시의 태아수에 "○"표시하며, 다태아 중 출생신고 대상 아이마다 출생순위가 몇 번째인지를 표시합니다.

⑩~⑮ 부모란 : 출생당시 출생자 부모에 관한 사항입니다.

⑫란 : 교육과학기술부장관이 인정하는 모든 정규교육기관을 기준으로 기재하되, 각급 학교의 재학 또는 중퇴자는 최종 졸업한 학교의 해당번호에 "○"으로 표시합니다.
<예시> 대학교 3학년 재학(중퇴) : 고등학교에 "○"표시

⑬란 : 아이가 출생할 당시의 부모의 주된 직업을 기준으로 기재합니다.

1 관리자 : 정부, 기업, 단체 또는 그 내부 부서의 정책과 활동을 기획, 지휘 및 조정(공공 및 기업고위직 등)
2 전문가 및 관련종사자 : 전문지식을 활용한 기술적 업무(과학, 의료, 교육, 종교, 법률, 금융, 예술, 스포츠 등)
3 사무종사자 : 관리자, 전문가 및 관련 종사자를 보조하여 업무 추진(경영, 보험, 감사, 상담·안내·통계 등)
4 서비스종사자 : 공공안전, 신변보호, 의료보조, 이·미용, 혼례 및 장례, 운송, 여가, 조리와 관련된 업무
5 판매종사자 : 영업활동을 통해 상품이나 서비스판매(인터넷, 상점, 공공장소 등), 상품의 광고·홍보 등
6 농림어업 숙련 종사자 : 작물의 재배·수확, 동물의 번식·사육, 산림의 경작 및 개발, 수생 동·식물 번식 및 양식 등
7 기능원 및 관련 기능 종사자 : 광업, 제조업, 건설업에서 손과 수공구를 사용하여 기계 설치 및 정비, 제품 가공
8 장치·기계 조작 및 조립 종사자 : 기계를 조작하여 제품 생산·조립, 컴퓨터에 의한 기계제어, 운송장비의 운전 등
9 단순노무 종사자 : 주로 간단한 수공구의 사용과 단순하고 일상적이며 육체적 노력이 요구되는 업무
11 가사 : 전업주부 등 12 군인 : 의무복무 중인 장교 및 사병 제외, 직업군인 해당 13 무직 : 특정한 직업이 없음

⑮란 : 모의 총 출산아수 - 신고서상 아이를 포함하여 모두 몇 명의 아이를 출산했고 그 중 생존아와 사망아 수를 기재하며, 모가 재혼인 경우에는 이전의 혼인에서 낳은 자녀까지 포함합니다.

첨 부 서 류

1. 출생증명서 1통(다음 중 하나).
   - 의사나 조산사가 작성한 것.
   - 출생자가 병원 등 의료기관에서 출생하지 않은 경우에는 출생사실을 알고 있는 자가 작성한 것 (이 출생증명서 양식은 가족관계등록예규 제283호에 따로 정함).
   - 외국의 관공서가 작성한 출생신고수리증명서(또는 출생증명서)와 번역문.

※ 아래 2항 및 3항은 가족관계등록관서에서 전산으로 그 내용을 확인할 수 있는 경우에는 등록사항별 증명서의 첨부를 생략합니다.

2. 출생자의 부(父) 또는 모(母)의 혼인관계증명서 1통.
   - 부(父)가 혼인외의 자를 출생신고하는 경우에는 반드시 모(母)의 혼인관계증명서 첨부.
   - 출생자의 모의 가족관계등록부가 없거나 등록이 되어 있는지가 분명하지 아니한 사람인 경우에는 그 모가 유부녀(有夫女)가 아님을 공증하는 서면 또는 2명 이상의 인우인 보증서.
3. 자녀의 출생당시 모(母)가 한국인임을 증명하는 서면(예: 모의 기본증명서) 1통(1998. 6. 14. 이후에 외국인 부와 한국인 모 사이에 출생한 자녀의 출생신고를 하는 경우).
4. 자녀의 출생당시에 대한민국 국민인 부(父) 또는 모(母)의 가족관계등록부가 없거나 분명하지 아니한 사람인 경우 부(父) 또는 모(母)에 대한 성명, 출생연월일 등 인적사항을 밝힌 우리나라의 관공서가 발행한 공문서 사본 1부(예: 여권, 주민등록등본, 그 밖의 증명서).
5. 자녀가 복수국적자인 경우 취득한 국적을 소명하는 자료 1부.
6. 신분확인[가족관계등록예규 제23호에 의함]
   - 신고인이 출석한 경우 : 신분증명서
   - 제출인이 출석한 경우 : 신고인의 신분증명서 사본 및 제출인의 신분증명서
   - 우편제출의 경우 : 신고인의 신분증명서 사본

 # 출생신고서상 출생자의 이름 작성시 주의사항

① **인명용 한자의 사용**[73)]

출생자의 이름을 한자로 기록하는 경우에는 법 제44조제3항에 의하여 규칙 제37조제1항이 규정하는 한자를 사용하여야 한다.

② **동일한 이름 사용 금지**[74)]

출생자에 대한 부와 모의 가족관계증명서에 드러나는 사람과 동일한 이름을 기록한 출생신고는 이름을 특정하기 곤란한 것이므로 이를 수리하지 아니한다(예규 제109호).

③ **5자 초과 이름자 금지**

5자(성은 포함되지 아니함)를 초과하는 이름을 기록한 출생신고는 이를 수리하지 아니한다(예규 제109호[75)]).

④ **한글 한자 혼합사용 금지**

이름에 한글과 한자(인명용 한자의 제한 범위 내의 것)를 혼합하여 사용한 출생신고 등은 이를 수리하지 아니한다(예규 제109호).

---

73) 인명용으로 사용할 수 있는 한자의 수를 제한하는 제도가 '인명용 한자제도'이다. 이는 우리나라 뿐 아니라, 중국, 일본에도 존재하는 제도이다.

74) 가족관계증명서상 기록되는 '가족'은 본인을 중심으로 '부모, 배우자, 자녀'에 한한다. 따라서 부의 가족관계증명서와 모의 가족관계증명서에 나타나는 가족은 본인을 기준으로 '친조부모, 외조부모, 부모, 형제자매'이므로, 본인은 '친조부모, 외조부모, 부모, 형제자매'와 같은 이름을 쓸 수가 없다. 아마도 이러한 가족과 동일한 이름을 사용하도록 한다면 가족뿐 아니라 주위 사람들에게도 혼동을 야기할 우려가 지극히 크기 때문일 것이다. 참고로 친형제의 이름으로 개명하여 범죄행위를 한 사례가 최근에 보도된 바도 있다. 가족과 동일한 이름을 사용하고자 하는 목적이 범죄와 같은 나쁜 의도에 기한 것일 수도 있으므로 이를 차단하고자 하는 취지도 있을 것으로 생각된다.

75) 그러나 외국인 부와 한국인 모 사이에 출생한 혼인중의 자에 대하여 부의 성을 따라 외국식 이름으로 부의 나라의 신분등록부에 기재된 외국식 이름을 기재하여 출생신고를 하는 경우와 이미 등록부에 기록되어 있는 이름이나 외국인이 귀화, 국적취득 또는 국적회복으로 등록신고를 함에 있어 외국에서 종전에 사용하던 이름을 그대로 사용하고자 하는 경우에는 그러한 제한을 받지 아니한다(예규 제109호).

8. 출생신고서의 첨부서류

가. 출생증명서

출생신고서에는 의사, 조산사, 그 밖에 분만에 관여한 사람이 작성한 출생증명서를 첨부하여야 한다. 다만 부득이한 사유가 있는 경우에는 그러하지 아니하다(법 제44조제4항).

나. 등록사항별 증명서 또는 인우인 보증서

(1) 생부(生父)가 혼인 외 자에 대하여 법 제57조의 인지효력이 있는 출생신고를 하는 경우 자녀의 출생 당시 모에게 법률상 남편이 있고 민법 친생추정규정의 요건에 해당한다면 자녀의 부(父)는 모의 법률상 남편으로 추정되므로 생부(生父)의 인지효력이 있는 출생신고를 수리하지 아니한다.

(2) 따라서 위와 같은 출생신고시에 모가 유부녀가 아님을 증명하기 위한 공증서면으로 모의 등록사항별 증명서 중 혼인관계증명서를 제출하여야 한다. 다만, 시(구)・읍・면・동・재외공관의 장이 전산정보처리조직에 의하여 그 내용을 확인할 수 있는 경우에는 그러하지 아니하다(예규 제89호).

답변30: 가족관계등록부 존재신고사안과 관련하여 대법원 선례는 유전자검사서는 모자관계를 소명하는 자료가 될 수 없다는 입장이다. 따라서 출생신고 역시도 이에 준하여 판단될 것으로 보인다(선례 200910-1 참조[76]). 이는 출생증명서는 통상

76) 선례 200910-1 : 구 「국적법」(1997. 12. 13. 법률 제5431호로 전문개정되어 1998. 6. 14.부터 시행되기 전의 것) 시행 당시 중화인민공화국 국적의 갑녀가 한국인 을남과 혼인(1998. 4. 22.)함으로써 대한민국의 국적을 취득하여 을남의 호적에 입적되었고, 그 후 중화인민공화국 국적의 병녀가 일반귀화절차를 통해 대한민국의 국적을 취득하여(2005. 6. 21.) 귀화신고로 병녀를 호주로 한 신호적이 편제되면서 모란에 갑녀의 성명만 기재되어 있는 상태에서 2008. 1.

분만에 관여한 자가 작성한 것이어서 그 신뢰성을 높이 평가받는 반면 사설기관의 유전자검사결과서의 경우는 드물기는 하지만 잘못된 데이터가 도출될 가능성 등이 있기 때문인 것으로 보인다.

답변31: 종전 호적선례에서는 모불상의 출생신고를 허용하였으나 최근 가족관계등록선례에서는 불허하는 것으로 기존 선례를 변경하였다(선례201106-2[77]).

1.부로 가족관계등록부가 작성되어 가족관계등록부상 갑녀와 병녀가 모와 자로 연결되지 아니한 경우, 가족관계등록부 연결을 위한 가족관계등록부 존재신고시 모자관계를 소명하는 자료로 국내의 사설기관에서 발행한 유전자검사서를 첨부할 수 있는지 여부

가. 비록 모와 자의 관계는 포태와 분만이라는 자연적 사실로써 당연히 성립하는 것이지만 갑녀와 병녀의 가족관계등록부상 갑녀와 병녀를 모자관계로 기록하기 위해서는 모자관계를 소명하는 자료를 첨부하여 가족관계등록부 존재신고를 하여야 하는바, 그 신고서에 첨부할 소명자료는 출생증명서나 중화인민공화국의 공적인 문서(친족관계공증서, 호구부 등) 또는 법원의 친생자관계존재확인의 확정판결과 같이 모자관계를 소명하는 객관적인 자료이어야 하며, 이때의 가족관계등록부 존재신고는 특종사건 종결이 아닌 가족관계등록부 연결을 위한 것이므로 연결대상자들의 등록기준지 중 어느 한 곳에 신고를 하더라도 무방하다고 할 것이다.

나. 한편, 국내의 사설기관에서 발행한 유전자검사서나 법원의 감정절차 또는 감정촉탁절차에 의한 유전자감정서는 그 유전자검사가 전제로 하는 사실이 모두 진실임이 증명되고 그 추론의 방법이 과학적으로 정당하여 오류의 가능성이 전무하거나 무시할 정도로 극소한 것으로 인정되는 경우에 한하여 혈연상의 친자관계와 같이 특정인과 다른 특정인과의 관계를 입증할 유력한 간접증명의 방법이 될 뿐 그 자체로 특정인과 다른 특정인과의 관계를 단정할 수 있는 것은 아니므로 가족관계등록부 존재신고시 첨부할 모자관계를 소명하는 자료가 될 수 없다고 할 것이다. (2009. 10. 6. 가족관계등록과-3432 질의회답) 주 : '가족관계등록선례 200803-2' 중 출생신고서에 첨부할 출생증명서나 인우인보증서를 얻을 수 없는 경우에 유전자감정서를 첨부할 수 있다는 부분은 본 선례에 배치되므로 일부 변경함.

77) 선례201106-2
「가족관계의 등록 등에 관한 법률」 제46조는 '혼인 외 출생자의 신고는 모가 하여야 한다'고 규정하고 있는바, 혼인 외의 자에 대한 출생신고는 모가 하고 부는 인지신고를 하는 것이 원칙이다. 「가족관계의 등록 등에 관한 법률」 제44조가 출생신고서의 기재사항으로 '부모의 성명·본·등록기준지 및 주민등록번호'

답변32: 혼인 중의 자에 대한 출생신고의 경우, 부 또는 모가 출생신고의무자이다. 그리고 혼인 외의 자의 경우는 모가 출생의무자이며, 부는 법 제57조에 따라 출생신고적격자에 불과하다. 사안의 경우 혼인 외의 자에 대한 출생신고이므로 위 제57조에 의거하여 외국인 부가 출생신고적격자가 될 수 있을 것으로 오해할 수 있으나, 외국인 부는 위 제57조에 따라서 출생신고를 할 수 없는 것으로 가족관계등록예규가 규정하고 있다[78]. 따라서 본건의 경우 외국인 부는 출생신고를 할 수 없고, 모가 출생신고를 하여야 한다. 참고로 혼인 외의 자는 부모가 혼인신고를 한때 혼인중의 자로 간주하는 '준정'규정을 민법이 규정하고 있고 준정은 항상 인지를 전제하는 것으로 처리한다(우리 민법상 준정에 관한 규정에 '인지'에 관한 언급은 없으나, 일본 민법상 준정에 관한 규정은 '인지'를 하여야 하는 것으로 규정하고 있다). 따라서 본건의 경우는 부모의 혼인신고만 있으므로 혼인 외의 자에 불과한

를, 「가족관계의 등록 등에 관한 규칙」 제38조가 출생증명서의 기재사항으로 '모의 성명 및 출생연월일'을, 「가족관계의 등록 등에 관한 법률」 제55조가 인지신고서의 기재사항으로 '부가 인지할 때에는 모의 성명·등록기준지 및 주민등록번호'를 각각 기재하도록 규정하고 있으므로, '모'는 출생사실의 유무 뿐 아니라 부자관계를 형성하는 인지라는 신분행위의 적부 판단에서도 필요불가결한 사항이라 할 것이어서, 부가 혼인 외의 자에 대하여 모를 불상으로 출생신고하는 것은 「가족관계의 등록 등에 관한 법률」 제29조 단서의 '법률상 기재하여야 할 사항으로서 특히 중요하다고 인정되는 사항을 기재하지 아니한 경우'에 해당하므로 수리하여서는 아니된다.

주 : 모 불상 출생신고를 허용하는 호적선례2-77, 2-78, 2-80은 본 선례에 배치되므로 변경함

78) 한국인 모와 외국인 부 사이에 출생한 혼인 외 자에 대한 인지 및 부모의 혼인에 따른 가족관계등록사무 처리지침 예규 제289-13호

4. 유의사항

외국인인 부가 「가족관계의 등록 등에 관한 법률」 제57조에 따른 친생자녀로서 출생신고를 할 수 없음은 물론, 혼인외 자의 생모와 외국인 부가 후에 혼인을 하더라도 그것만으로는 외국인 부와 혼인외 자 사이에 친자관계가 발생하는 것은 아니다.

것이다.

답변33: 미국은 출생기재가 곧 국적기재이다(국제가족관계등록실무 55면 이하 인용). 따라서 인구동태기관에 아이의 출생이 기재되고 해당 기관에서 아이에 대한 출생증명서를 발급했다면 아이에 대한 국적증명서면으로 충분하다 할 것이므로 복수국적자가 된다.

답변34: 출생신고시 자녀의 이름한자는 규칙에서 규정하고 있는 '인명용 한자'만을 사용할 수 있다. 이러한 이름한자에 대한 제한은 일본과 중국에서도 존재한다. 다만 1991. 4. 1. 이후에 출생신고된 자녀의 이름이 출생신고시에는 인명용 한자가 아닌 한자로 신고된 관계로 가족관계등록부의 성명란에 출생자의 이름이 한글로 기록되었으나 그 신고된 한자가 종전「호적법 시행규칙」및 「가족관계의 등록 등에 관한 규칙」의 개정으로 추가된 인명용 한자에 포함된 경우에는 출생신고인(신고인에게 사고가 있을 때에는 다른 출생신고의무자)의 추후보완신고에 의해 종전에 한글로 기록된 이름을 한글과 한자로 함께 기록할 수 있다(예규 제322호).

9. 기 아

사례35: 미혼의 갑남과 유부녀 을녀 사이에서 병남이 출생하였다. 갑남은 유부녀 을녀를 보호하기 위해서 모의 인적사항을 숨기고 병남에 대한 출생신고(모 불상 출생신고)를 하려고 하였으나, 등록관서에서는 최근 선례 변경으로 모 불상 출생신고는 수리할 수 없다며 불수리처분을 하였다. 병남의 가족관계등록부는 의료보험등과도 관련이 되어 있으므로 갑남은 지인의 소개로 알게 된 변호사 나성실에게 병남의 가족관계등록부를 작성하는 방법을 문의하였다. 변호사는 가족관계등록부를 작성하는 방법에는 출생신고, 기아발견조서, 등록부창설이 있다고 갑남에게 설명하였다. 갑남은 기아가 발견된 것으로 하여 병남의 가족관계등록부를 작성할 수 있을까.

가. 의의

(1) 기아(棄兒)라 함은 부모를 알 수 없는 유아(幼兒)로서 출생신고의무자가 없거나 불명한 자(者)를 말한다.

(2) 고아는 기아와 마찬가지로 부모를 알 수 없는 자이지만, 기아는 유아라는 점에서 고아와 구별된다. 실무상 기아와 고아는 가족관계등록부를 작성하는 방식에서도 차이가 있다[79].

나. 기아발견조서에 의한 등록부 작성절차

기아를 발견한 사람 또는 기아발견의 통지를 받은 국가경찰공무원

---

79) 한편 예규는 보호시설에 수용된 어린이가 부모를 알 수 없고 또한 수용의 동기가 기아였던 경우에는 발견의 시기와 어린이의 나이에도 불구하고 보호시설의 장의 시(구)·읍·면의 장에 대한 기아발견통보가 있는 때에는 시(구)·읍·면의 장은 법 제52조에 따라 처리하여야 한다고 규정하고 있으므로(예규 제118호) 기아발견조서에 의해서 등록부를 작성하는 대상자가 반드시 유아만은 아니라고 볼 수 있다.
위 등록예규 제118호의 내용은 종전 대법원 89년판 호적예규제287호의 내용과 동일하다.

*1989년판 대법원예규 제287호
'갑'설: 수용된 아동이 부모를 알 수 없고 또한 수용의 동기가 기아였던 경우에는 발견의 시기와 아동의 연령에 불구하고 보호시설의 장의 기아발견보고가 있는 때에는 시,읍,면의 장은 호적법 제57조의 규정에 의하여 처리하여야 한다."
'을'설: 기아의 표준은 발견시기에 있어 5,6세(의사능력없는 자) 정도에 달하는 연령에 치중하여 기아 취급의 여부를 논하고, 이에 해당하지 아니한 자는 기아가 아니므로 취적의 절차를 취하여야 한다
'결의': 갑설이 가하다'(60. 3. 11. 법행법 제220호 전국법원 호적과장회 등 결의)

은 24시간 이내에 그 사실을 시(구)·읍·면의 장에게 통보하여야 하고(법 제52조제1항), 통보를 받은 시(구)·읍·면의 장은 기아에 대한 기아발견조서(별지 서식)를 작성한 후 기아 발견조서의 등본을 첨부하여 가정법원에 성 · 본의 창설허가재판청구를 하게 된다(법 제52조제3항, 예규 제289-11호). 주의할 점은 발견된 기아의 소지품에 그 성명과 본의 표지(標識)가 있어서 그 성과 본을 따르게 하려고 할 경우에도 반드시 성 · 본창설 허가를 받아야 한다는 점이다(예규 제104호). 가정법원으로부터 성 및 본의 창설허가 재판서등본을 송부 받으면 시(구)·읍·면의 장은 보관 중인 기아발견조서를 신고서로 보아 이에 근거하여 등록부를 작성한다(법 제52조제2항, 예규 제289-11호).

다. 부모가 기아를 찾은 때의 가족관계등록부 정정절차

부 또는 모가 기아를 찾은 때에는 1월 이내에 출생신고를 하여 기아의 등록부를 작성하고 종전 기아발견조서에 기하여 작성한 기아의 등록부를 폐쇄하기 위하여 부 또는 모는 시(구)·읍·면의 장에게 등록부 정정을 신청하여야 한다(법 제53조제1항).

주의할 점은 이때 기아발견조서에 의해 작성된 등록부를 폐쇄하는 정정의 경우 등록부정정허가를 받을 필요가 없는데(예규 제119호), 이는 기아발견조서에 의해서 등록부가 작성되었으나 기아가 부모를 찾은 경우이므로 기아발견조서에 의해 작성된 등록부가 위법한 등록부임이 명백하기 때문에 법원의 허가를 얻을 필요가 없기 때문인 것으로 보인다.

답변35: 통상 출생신고에 의해서 등록부를 작성하게 되고, 출생신고를 기대할 수 없다면 ①기아발견조서에 의해서 등록부를 작성하거나, ②기아가 아닌 고아는 등록부창설절차를 거쳐서 등록부를 작성하게 된다. 기아와 고아의 구별실익은 ⓐ 기아는 기아발견조서와 성·본창설허가에 의하여 등록부를 작성하고, 고아는 성·본창설허가와 등록부창설허가에 의하여 등록부를 작성하는 점 ⓑ 부모가 기아를 찾은 경우는 법원의 허가없이, 부모가 고아를 찾은 경우는 법원의 허가를 얻어 정정해야 하는 점에서 찾을 수 있다. 사안의 경우 갑남이 아버지인데 왜 기아발견조서 또는 등록창설절차에 의해서 등록부를 작성해야 하느냐는 의문이 있을 수 있다. 그러나 가족관계등록실무상 '부'는 '법률상 부'를 의미한다.

[양식]

기 관 명

기아발견조서

통 보 자	성 명		
	주 소		
통 보 연 월 일		년 월 일	
등 록 기 준 지			
주 소			
등록기준지를 정한 연월일		년 월 일	
성명 및 성별			
출생추정연월일			
발견장소 및 일시			
소 지 품			
기 타 상 황			

위와 같이 기아발견조서를 작성합니다.

20 . . .

○○시(구) · 읍 · 면장 ○ ○ ○ **직인**

(주의) 1. 통보자가 경찰관일 때에는 소속기관 및 직위를 기재합니다.

2. 기아발견통보서를 첨부합니다.

3. 기타상황란은 기아발견당시에 발견장소 및 일시, 소지품 이외에 기아를 특정할 수 있는 내용을 기재합니다.

4. 기아발견조서는 출생신고에 준하여 통계청에 보고하여야 합니다.

10. 기타: 기아 아닌 고아 등에 대한 성 · 본의 창설절차[80)]

---

80) 기아 아닌 고아 등에 대한 성 · 본의 창설절차 예규 제105호
「민법」 제781조제4항의 「부모를 알 수 없는 자」란 「가족관계의 등록 등에 관한 법률」 제52조가 규정한 기아이거나, 그 이외의 부모를 알 수 없는 고아 등을 말하는데, 기아에 대한 가족관계등록부 작성은 「가족관계의 등록 등에 관한 법률」 제52조에 따라 시(구) · 읍 · 면장이 관할법원의 성 · 본창설허가를 받아 직권으로 기록하고 기아 아닌 고아 등은 아래와 같은 절차에 의한다.
1. 성 · 본의 창설허가신청은 본인 또는 법정대리인(보호시설에 있는 고아의 후견직무에 관한 법률에서 후견직무를 행할 사람으로 지정된 사람 및 법원의 선임후견인 등 포함된다)이 가사소송법에 따라 관할 가정법원(지방법원 및 지원)에 신청한다.
2. 신청서에는 대리권(법정대리인 경우)을 증명하는 서면 및 그 밖의 소명서류를 첨부하고, 「가사소송법에 의한 가사소송수수료규칙」에 따라 정해진 인지를 첩부한다.
3. 성 · 본의 창설허가를 받은 신청인은 같은 허가재판서 등본을 첨부하여 가족관계등록창설허가를 받아 시(구) · 읍 · 면의 장에게 가족관계등록창설신고를 한다.
4. 위 가족관계등록창설신고서를 수리한 시(구) · 읍 · 면의 장은 가족관계등록부를 작성하되 그 등록사항별 증명서가 제6호의 등록사항별증명서의 기재례에 따라 현출되도록 하여야 한다.
5. 기아 아닌 고아 등이 부모를 찾은 경우에는 「가족관계의 등록 등에 관한 법률」 제104조에 따른 등록부정정절차를 취하여야 한다.
6. 등록사항별증명서의 기재례는 가족관계등록실무자료집(기재편) 참조

부　칙
이 예규는 2008년 1월 1일부터 시행한다.

제3장 인지신고

사례36-1: 가족관계증명서상에 자신의 생모가 아닌 사람이 모로 기재되어 있던 유명 한류스타인 나성실의 의뢰인은 3년 전 쯤 자신의 생모를 만나게 되었고, 이후 가족관계등록부상 부모와 의뢰인 본인 사이에 친생자관계부존재확인판결을 받아서 가족관계등록부상 부모란의 부모를 말소하고 의뢰인의 가족관계등록부는 폐쇄되었으며 의뢰인의 생모가 의뢰인을 혼인 외 자로 출생신고를 하여 의뢰인의 가족관계등록부는 새로이 작성되었다. 그러던 어느 날 의뢰인이 말기 암 진단 후 3개월 시한부인생을 판정 받은 사실이 뉴스에 대서특필되었는데 이 뉴스를 우연히 보게 된 의뢰인의 생부는 의뢰인이 미혼이라는 사실에 생부인 자신이 의뢰인을 인지하게 되면 의뢰인 사망 시 상속인이 될 수 있다고 생각한 후 의뢰인과 그 생모를 찾아와서 의뢰인이 자신의 친생자이므로 인지신고를 조만간 할 생각임을 통보하였다.

생모의 말에 의하면 생부와의 사이에서 의뢰인이 혼인외의 자로 출생하자, 생부는 생모와 의뢰인을 버렸고, 당시 고등학생이었던 생모는 의뢰인을 키울 수 있는 상황이 아니어서 어쩔 수 없이 복지원에 의뢰인을 맡겼다는 것이다. 의뢰인의 생모는 생부의 인지를 막을 수 있는 방법을 알아보려고 변호사 사무실을 방문하였다. 비정하게 자식을 버렸던 생부의 인지를 막을 수 있는 방법이 과연 있는 것인지 변호사 나성실은 고민에 빠졌다.

사례36-2 한국인 모와 일본인 부가 2011.경 일본에서 혼인 외 자녀를 출산한 후, 일본에서 혼인신고를 하였고, 혼인증서등본을 한국 등록관서에 제출하여 한국인 모의 가족관계등록부에 혼인사유가 기재되었다. 일본인 부는 일본 호적관서에만 혼인 외 자녀를 혼인중의 자녀로 출생신고를 하고, 한국에는 출생신고를 하지 않은 상황에서 사망하였다. 혼인 외 자녀는 일본인 부를 상속할 수 있는가.

1. 인지의 의의

인지는 생부 또는 생모가 혼인 외의 출생자를 자신의 자라고 인정하는 신분행위이다. 참고로 민법 법문상[81]은 생모도 인지를 할 수 있는 것으로 규정하고 있으나, 생모의 경우는 통상 혼인 외 자를 출생신고함으로써 모자관계가 인정되기 때문에 생존하는 생모가 혼인 외 자를 인지하는 경우란 거의 없다.

2. 인지의 종류

가. 임의인지

(1) 의의

생부(生父) 또는 생모(生母)가 자유로운 의사에 기하여 혼인 외 자를 인지하는 것이다.

(2) 인지자

생부 또는 생모이다(민법 제855조제1항).

---

81) 민법 제855조(인지)
① 혼인외의 출생자는 그 생부나 생모가 이를 인지할 수 있다. 부모의 혼인이 무효인 때에는 출생자는 혼인외의 출생자로 본다.
② 혼인외의 출생자는 그 부모가 혼인한 때에는 그때로부터 혼인중의 출생자로 본다.

(3) 피인지자

피인지자는 원칙적으로 살아 있는 혼인 외 출생자이어야 한다. 다만 혼인 외 출생자가 사망한 후에는 그 직계비속이 있는 경우에 한하여 혼인 외 출생자를 인지할 수 있고(민법 제857조), 출생하지 않은 태아의 경우도 피인지자가 된다(민법 제858조). 이러한 태아인지는 국적법상 실익이 있다[82].

(4) 인지의 절차

부 또는 모가 혼인 외의 출생자를 유언에 의하여 인지한 경우에는 유언집행자가 인지신고를 하여야 한다(민법 제859조제2항[83]).

나. 강제인지

(1) 의의

강제인지는 가정법원의 확정판결에 의하여 혼인외의 자와 법률상의 부자관계를 형성하거나 법률상의 모자관계를 확인하는 것을 의미한다.

(2) 인지청구의 소

(가) 인지청구의 성질

부에 대한 인지청구는 사실상의 친자관계의 존재를 확정하여 법률상의 부자관계를 형성할 것을 구하는 것으로서 형성의 소이고, 부에

---

82) 한국인 부와 외국인 모 사이에 혼인 외 자가 출생한 경우는 한국인 부의 인지신고와 이에 기한 국적취득신고를 거쳐야만 혼인 외 자가 국적을 취득하는 반면, 한국인 부가 외국인 모가 임신 중인 태아를 인지할 경우에는 그 아이는 출생과 동시에 국적을 취득한다는 점에 실익이 있는 것이다.

83) 혼인신고가 위법하여 무효인 경우에도 그 무효의 혼인 중 출생한 자녀를 부(父)가 출생신고 하여 그 등록부를 작성한 이상 그 사람에 대한 인지의 효력이 있다(예규 제122호).

대하여 인지의 의사표시를 할 것을 구하는 이행의 소가 아니다. 이에 비하여 모에 대한 인지청구는 이미 분만에 의하여 당연히 발생되어 있는 법률상의 모자관계의 확인을 구하는 것으로서 확인의 소이다(대법원 1967. 10. 4. 선고 67다1791 판결). 그리고 인지청구의 소는 조정 전치주의의 적용을 받는다(가사소송법 제50조).

(나) 소의 제기

① 소의 제기권자

혼인 외의 출생자와 그 직계비속 또는 법정대리인이다. 친생자추정을 받는 자는 친생부인의 소에 의해 친생추정을 깨뜨리기 전에는 소를 제기할 수 없고, 친생자 추정이 미치지 않거나 친생자 추정을 받지 않는 자는 바로 인지청구의 소를 제기할 수 있다.

② 소의 상대방

부 또는 모이다. 부 또는 모가 사망한 때에는 그 사망을 안 날로부터 2년 내에 검사를 상대로 인지청구의 소를 제기할 수 있다(민법 제864조). “사망을 안 날” 이라 함은 스스로 인지를 청구할 수 있으면서 사망사실을 안 것을 의미하므로 자(子)에게 의사능력이 없으면 제척기간은 진행되지 아니한다(대법원 1977. 5. 24. 선고 77므7 판결).

③ 관할

인지청구의 소는 상대방인 부 또는 모의 보통재판적이 있는 곳의 가정법원, 만약 그가 사망한 경우에는 그 마지막 주소지의 가정법원 토지관할에 전속하고(법 제26조제2항), 단독판사의 사물관할에 속한다(사물관할규칙 제3조).

3. 인지신고인

가. 임의인지

임의인지신고는 부 또는 모가 신고적격자가 되는 창설적 신고이다(민법 제855조), 그러나 유언에 의한 인지는 유언집행자를 신고의무자로 하는 보고적 신고이다(민법 제859조).

나. 강제인지

인지청구의 소를 제기한 자가 신고의무자이지만, 그 상대방도 신고할 수 있다(법 제58조).

4. 신고기간

임의인지신고는 신고에 의하여 효력이 생기는 창설적 신고이므로 신고기간에 제한이 없다. 그러나 강제인지신고는 재판의 확정 또는 조정의 성립일로부터 1개월 이내에 하여야 하고, 유언에 의한 인지의 경우에는 유언집행자가 그 취임일로부터 1개월 이내에 신고하여야 한다(법 제58조,제59조).

5. 신고장소

인지신고는 인지자나 피인지자의 등록기준지 또는 신고인의 주소지나 현재지 시(구)·읍·면의 사무소에 하여야 한다.

6. 인지(친권자지정)신고서 작성방법(인지신고서 양식 참조)

법에 의할 때 부가 출생신고하는 경우이거나, 인지신고를 하는 경우에 생모의 인적사항을 기재하여야만 하고, 생모가 유부녀가 아닌 사실이 소명되어야만 한다. 그런데, 유부녀와 사통하여 아이를 출산한 경우에 아이의 생모가 유부녀가 아니라는 사실을 증명하기 위한 서면(예컨대, 생모의 혼인관계증명서)을 제출, 공개할 수 없어 아이의 아버지가 '모불상'으로 출생신고를 하려 하였고, 종전 선례에서는 그것을 허용한 바 있다. 그러나 최근 선례는 이러한 모불상 출생신고를 수리하지 못하는 것으로 변경하였음을 주의할 필요가 있다. 결국, 이러한 경우 현행법하에서 이 아이의 가족관계등록부를 만들려면, 등록부창설절차를 이용하는 수밖에 없을 것이다. 그럼에도 불구하고, 등록부창설절차의 경우 법원의 창설허가를 얻기까지 오랜 시간이 소요되므로 아이의 의료보험혜택 등을 이유로, 모불상 출생신고를 시도하는 경우가 여전히 많은 것 같다.

[양식]

인지(친권자지정)신고서
(년 월 일)

※ 뒷면의 작성방법을 읽고 기재하시되, 선택항목은 해당번호에 "○"으로 표시하여 주시기 바랍니다.

①피인지자	성명	한글		본(한자)		성별	1남 2여
		한자				주민등록번호	-
						출생연월일	
	등록기준지						
	주 소				세대주 및 관계		의
	모의성명 및 등록기준지	성 명			주민등록번호		-
		등록기준지					
②인지자	성명	한글			주민등록 번 호		-
		한자					
	등록기준지						
③인지판결확정일자 ( )			년 월 일		법원명		법원
④친권자	성명			주민등록 번 호	-	피인지자와의관계	1부 2모
	지정일자		년 월 일	지정원인	1 협의 2 ( )법원의 재판		
⑤성·본 계속사용	지정일자		년 월 일		1 협의 2 ( )법원의 재판		
⑥기타사항							
⑦신고인	성명		㉞(서명 또는 무인)		주민등록번호		-
	자격	1 부 2 모 3 유언집행자 4 소 제기자 5소의 상대방 6 기타(자격:)					
	주소						
	전화			이메일			
⑧제출인	성명				주민등록번호		-

작 성 방 법

※ 등록기준지 : 각 란의 해당자가 외국인인 경우에는 그 국적을 기재합니다.
※ 주민등록번호 : 각 란의 해당자가 외국인인 경우에는 외국인등록번호(국내거소신고번호 또는 출생연월일)를 기재합니다.
①란: ·모의 성명 및 등록기준지란은 부(父)가 인지한 경우에만 기재합니다.
·태아를 인지하는 경우: 성명(한글)란에 "임신 ○개월 중의 태아"라고 기재하되, 성명이 있는 경우에는 성명까지 기재합니다.
·법 제25조제2항에 따라 주민등록번호란에 주민등록번호를 기재한 때에는 출생연월일의 기재를 생략할 수 있습니다.
③란: ·인지재판의 확정에 따른 인지신고의 경우에만 기재합니다.
·조정성립, 조정에 갈음하는 결정, 화해성립이나 화해권고결정에 따른 인지신고의 경우에는 "인지판결확정일 자"아래의(　) 안에 "조정성립", "조정에 갈음하는 결정확정" 또는 "화해성립" "화해권고결정확정"이라고 기재하고, "년월일"란에 그 성립(확정)일을 기재합니다.
④란: 피인지자에 대한 친권자가 정하여진 경우에만 기재합니다.
·지정일자: 협의에 의한 경우→협의일자, 법원의 재판에 의한 경우→재판 확정일자
·지정원인: 법원의 재판에 의한 경우에는 (　)안에 그 재판법원명을 기재합니다.
⑥란: 아래의 사항 및 가족관계등록부에 기록을 분명하게 하는데 특히 필요한 사항을 기재합니다.
· 피인지자가 성과 본을 창설한 후 부 또는 모를 알게 된 때에는 부 또는 모의 성과 본을 따르는 사유
· 사망한 자녀를 인지하는 경우에는 피인지자의 사망연월일, 그 직계비속의 성명, 출생연월일 및 등록기준지
· 금치산자가 인지를 하는 경우에는 동의자(후견인)의 성명, 서명(또는 날인) 및 주민등록번호
· 피인지자에게 배우자나 직계비속이 있는 경우에는 그 사람의 성명(한글한자 병기), 생년월일, 부모성명, 피인지자와의 관계
· 유언인지의 경우 그 취지 및 유언집행자의 취임연월일
⑧란: 제출자(신고인 여부 불문)의 성명 및 주민등록번호 기재(접수담당공무원은 신분증과 대조)

첨 부 서 류

1. 판결등본 및 확정증명서 1통
   - 인지판결의 확정에 따른 인지신고의 경우에만 첨부합니다.
   - 화해성립이나 조정성립에 따른 인지신고의 경우에는 그 화해조서(조정조서)등본과 송달증명서를 첨부합니다.(조정에 갈음하는 결정 또는 화해권고결정의 경우에는 결정등본 및 확정증명서)

※ 아래 2항은 가족관계등록관서에서 전산으로 그 내용을 확인할 수 있는 경우 첨부를 생략합니다.

2. 피인지자의 출생당시 모(母)의 가족관계등록부의 기본증명서 및 혼인관계증명서, 가족관계증명서 각 1통(피인지자의 모의 가족관계등록부가 없거나, 등록이 되어 있는지가 분명하지 아니한 사람인 경우에는 그 모가 피인지자의 출생당시 유부녀(有夫女)가 아니었음을 공증하는 서면 또는 2명 이상의 인우인보증서)
3. 친권자지정내용을 증명하는 서면 1통(다음 중 그 지정원인에 따라 해당 서면 첨부)
   -협의에 의한 지정;협의서, -법원의 결정에 의한 지정;친권자지정심판서등본 및 확정증명서
4. 유언서등본(또는 유언녹음을 기재한 서면) 1통
5. 인지자가 외국인인 경우

-한국방식에 의한 인지: 임의인지는 국적증명서면(여권 또는 외국인등록증) 원본, 재판인지는 그 사본
-외국방식에 의한 인지 : 인지증서 등본 및 국적증명서면(여권 또는 외국인등록증) 사본 각 1부

6. 법원이 성·본계속사용을 허가한 경우 -재판서등본 및 확정증명서 각 1부.
   성·본계속사용을 부모가 협의한 경우 -부모 중 일방이 신고할 경우: 협의사실을 증명하는 서류 1부.
7. 신분확인(가족관계등록예규 제23호에 의함)
   ①임의인지의 경우

- 신고인이 출석한 경우: 신분증명서
- 신고인이 불출석하고 제출인이 출석한 경우: 제출인의 신분증명서 및 불출석한 신고인의 신분증명서 또는 서명공증 또는 인감증명서(신고인의 신분증명서 없이 신고서에 신고인이 서명한 경우 서명공증, 신고서에 인감 날인한 경우 인감증명)
- 우편제출의 경우: 서명공증 또는 인감증명서(신고서에 서명한 경우 서명공증, 인감 날인한 경우 인감증명)

②재판상 인지의 경우

- 신고인 출석 경우:신분증명서, 제출인 출석 경우:제출인의 신분증명서, 우편제출 경우:신분증명서 사본

※ 한국인 모와 외국인 부사이의 혼인외 출생자에 대하여 한국법의 방식에 의한 인지신고를 하는 경우에는 다음의 서면을 모두 첨부하여야 합니다.
   - 해당 인지행위의 준거법으로 선택한 법과 인지당사자와의 관련을 증명하는 서면 1통
     예: 자녀의 가족관계등록부의 기본증명서 및 가족관계증명서 또는 현재 자녀의 상거소지를 증명하는 주민등록등본 등
   - 준거법 소속국의 권한 있는 기관이 발행한 인지의 성립요건구비증명서 1통
   - 부(父)의 국적 등 신분을 증명하는 서면 1통

7. 인지신고서의 첨부서류

가. 재판의 등본, 확정증명서 또는 송달증명서
나. 유언서등본 또는 유언녹음녹취서등본
다. 친권자 지정을 증명하는 서면

8. 인지의 효과

인지신고에 의하여 부와 혼인 외의 출생자 사이의 법률상의 친자관계는 자(子)의 출생 시에 소급하여 발생한다. 그러나 제3자의 취득한 권리를 해하지 못한다(민법 제860조).

9. 성·본 계속사용신고(양식 참조)

혼인 외의 자가 인지된 경우 자는 부모의 협의에 따라 종전의 성과 본을 계속 사용할 수 있고, 부모가 협의할 수 없거나 협의가 이루어지지 않은 경우에는 자는 법원의 허가를 받아 종전의 성과 본을 계속 사용할 수 있다(민법 제781조 제5항[84]). 이는 혼인 외 자가 통상

---

84) 제781조(자의 성과 본)
① 자는 부의 성과 본을 따른다. 다만, 부모가 혼인신고시 모의 성과 본을 따르기로 협의한 경우에는 모의 성과 본을 따른다.
② 부가 외국인인 경우에는 자는 모의 성과 본을 따를 수 있다.
③ 부를 알 수 없는 자는 모의 성과 본을 따른다.
④ 부모를 알 수 없는 자는 법원의 허가를 받아 성과 본을 창설한다. 다만, 성과 본을 창설한 후 부 또는 모를 알게 된 때에는 부 또는 모의 성과 본을 따를 수 있다.
⑤ 혼인 외의 출생자가 인지된 경우 자는 부모의 협의에 따라 종전의 성과 본을 계속 사용할 수 있다. 다만, 부모가 협의할 수 없거나 협의가 이루어지지 아니한 경우에는 자는 법원의 허가를 받아 종전의 성과 본을 계속 사용할 수 있다.
⑥ 자의 복리를 위하여 자의 성과 본을 변경할 필요가 있을 때에는 부, 모 또는 자의 청구에 의하여 법원의 허가를 받아 이를 변경할 수 있다. 다만, 자가 미성년자이고 법정대리인이 청구할 수 없는 경우에는 제777조의 규정에 따른 친족 또는 검사가 청구할 수 있다.

생모의 성과 본으로 성장을 하게 되는데, 이후 생부의 인지로 인하여 혼인외 자의 의사와 상관없이 혼인외 자의 성본이 바뀌는 경우에는 사회적 관계에서 큰 피해를 입을 수 있으므로 기존 성과 본을 계속 사용할 수 있도록 한 것이다.

[양식]

성 · 본계속사용신고서
(년 월 일)

※ 아래의 작성방법을 읽고 기재하시되, 선택항목은 해당번호에 "○"으로 표시하여 주시기 바랍니다.

①성본계속사용자	성명	한글		본(한자)		성별	1남 2여
		한자				주민등록번호	-
						출생연월일	
	등록기준지						
	주소					세대주 및 관계	의
②성·본 계속사용	지정일자	년 월 일		지정원인	1 협의 2 ( )법원의 결정		
③기타사항							
④신고인	부	㊞(서명 또는 무인)		주민등록번호	-		
				전화		이메일	
	모	㊞(서명 또는 무인)		주민등록번호	-		
				전화		이메일	
	성명	㊞(서명 또는 무인)		주민등록번호	-		
				전화		이메일	
	자격	1소 제기자 2소의 상대방 3기타(자격:)					
⑤제출인	성명			주민등록번호	-		

작 성 방 법

①란: 법 제25조제2항에 따라 주민등록번호란에 주민등록번호를 기재한 때에는 출생연월일의 기재를 생략할 수 있습니다.
③란: 아래의 사항 및 가족관계등록부에 기록을 분명하게 하는데 특히 필요한 사항을 기재합니다.
④란: 성·본계속사용허가의 재판이 확정된 경우에는 소 제기자 또는 소의 상대방 단독으로 신고할 수 있습니다. 이 경우에도 해당 항목번호에 "○"으로 표시한 후 기명 날인(또는 서명)합니다.
신고인이 외국인인 경우에는 외국인등록번호(국내거소신고번호 또는 출생연월일)를 기재합니다.
⑤란: 제출자(신고인 여부 불문)의 성명 및 주민등록번호 기재(접수담당공무원은 신분증과 대조)

첨 부 서 류

※ 아래 1항은 가족관계등록관서에서 전산으로 그 내용을 확인할 수 있는 경우 첨부를 생략합니다.
1. 성·본계속사용자의 가족관계등록부의 가족관계증명서 1통
2. 성·본계속사용을 허가한 법원의 재판서등본 및 확정증명서 각 1부.
3. 성·본계속사용을 부모가 협의한 경우 -부모 중 일방이 신고할 경우: 협의사실을 증명하는 서류 1부.
4. 신분확인(가족관계등록예규 제23호에 의함)
 ① 법원의 허가에 의한 성·본계속사용신고
  - 신고인이 출석한 경우 : 신분증명서
  - 제출인이 출석한 경우 : 제출인의 신분증명서
  - 우편제출의 경우 : 신고인의 신분증명서 사본
 ②. 부모의 협의에 의하여 성·본계속사용신고를 하는 경우
  - 신고인이 출석한 경우 : 신고인 모두의 신분증명서
  - 신고인 불출석, 제출인 출석의 경우 : 제출인의 신분증명서 및 신고인 모두의 신분증명서 또는 서명공증 또는 인감증명서(신고인의 신분증명서 없이 신고서에 신고인이 서명한 경우 서명공증, 신고서에 인감 날인한 경우 인감증명)
  - 우편제출의 경우 : 신고인 모두의 서명공증 또는 인감증명서(신고서에 서명한 경우 서명공증, 인감을 날인한 경우 인감증명서)

10. 친생자 출생신고에 의한 인지(법 제57조)

가. 의의

부가 혼인 외의 자에 대하여 친생자출생의 신고를 한 때에는 그 신고는 인지의 효력이 있다(법 제57조[85]).

나. 요건

법 제57조의 출생신고를 할 수 있는 자는 '부'에 한정되며, 실무상 부가 ① 혼인 전에 출생한 '혼인외 자'를 혼인 후에 '혼인중의 자'로 출생 신고하는 경우 ② 혼인 전에 출생한 '혼인외 자'를 '혼인중의 자'로 출생 신고하는 경우를 포함하는 것으로 처리하고 있다. 특히 판례는 혼인 중인 부가 처가 아닌 다른 여자와의 사이에서 출생한 혼인외자를 처와의 사이에서 출생한 '혼인 중의 자'로 출생 신고한 경우에도 본조를 적용한바 있다[86].

다. 국제출생신고 경우에의 적용여부

한국인 생부와 외국인 생모 사이의 혼인 외의 자에 대하여 한국인 생부는 법 제57조의 친생자출생신고를 할 수 있다(선례 201002-1)[87]. 그러나 한국인 모와 외국이 부 사이의 혼인 외 자에 대하여 외

---

85) 법 제57조(친생자출생의 신고에 의한 인지)
부가 혼인 외의 자녀에 대하여 친생자출생의 신고를 한 때에는 그 신고는 인지의 효력이 있다.

86) 부가 혼인 외의 자를 혼인 중의 자로 출생신고한 경우에도 그 신고에 인지의 효력이 발생한다(대법원 1976.10.26.선고 76다2189 판결). 구 호적선례에서도 부가 혼인 외의 자를 혼인중의 자로 출생신고하면 인지의 효력이 있는 신고로 보아 그 출생신고를 말소해서는 아니된다고 설시하였다(호적선례1-222호,1-49호,2-419호).

87) 선례 201002-1
가. 태아인지신고 없이 한국인 갑남과 중국인 을녀 사이에서 출생한 혼인외의 자인 병녀는 출생에 의하여 대한민국의 국적을 취득하지 못한 외국인으로서 국제적 요소가 있는 혼인외의 친자관계에 관한 실질적 성립요건과 형식적 성립

요건의 준거법상 각 요건을 구비함으로써 한국인 갑남과의 사이에서 혼인외 친자관계가 인정될 수 있다.

나. 먼저, 갑남이 국제적 요소가 있는 혼인외의 친자관계에 관한 실질적 성립요건의 준거법으로 ① 중국법을 선택한다면 혼인외 친자관계의 실질적 성립요건 구비증명서로 갑남과 병녀 사이의 부자관계를 공증한 중국 공증처 명의의 공증서(병녀가 갑남과 을녀 사이에서 출생하였다는 취지가 명확하게 기록되어 있는 출생공증서 등)와 병녀의 국적증명서(호구부, 여권사본 등),1) 준거법과의 관련을 증명하는 서면으로 을녀의 국적증명서 또는 병녀의 현재 상거소지가 중국임을 증명하는 서면 및 위 서면들에 대한 각 번역문을 제출하여야 하고, ② 「민법」을 선택한다면 별도로 혼인외 친자관계의 실질적 성립요건구비증명서를 첨부할 필요는 없고 병녀의 출생사실을 증명하는 서면(출생등록이 기재된 호구부나 출생공증서 등), 병녀의 국적증명서, 병녀의 출생 당시 생모 을녀의 미혼증명서 등 생모가 타남과 혼인중에 출생한 자녀가 아님을 증명하는 서면(「민법」상 타남의 혼인중의 출생자에 대하여 바로 인지할 수 없으므로 만일 병녀의 출생 당시 생모 을녀가 타남과 혼인관계에 있었다면 「국제사법」제40조에 의한 준거법에 따라 그 타남과 병녀 사이의 친자관계가 배제되었음을 증명하는 서면이 첨부되어야 함) 및 위 서면들에 대한 각 번역문을 제출하여야 할 것이다. 이때 중국은 인지주의(의사주의) 법제가 아니라 생리상 부자관계가 있는 경우에는 법률상의 부자관계를 인정하는 혈통주의(사실주의) 법제로서 별도로 「국제사법」제44조에서 규정한 자의 보호요건에 관한 규정을 두고 있지 아니하므로 이를 구비하였음을 증명하는 서면은 첨부할 필요가 없다.

다. 한편, 국제신분행위의 형식적 성립요건 즉, 신분행위의 방식은 행위지법에 의할 수 있는바(「국제사법」제17조 제2항 참조), 행위지인 우리나라의 「가족관계의 등록 등에 관한 법률」에 의한 혼인외의 친자관계 성립행위의 방식은 인지신고가 원칙적인 모습이지만 친생자출생신고 역시 그 방식의 하나라고 할 것이므로(동법 "제4장 제3절"에서 인지와 함께 규정하여 인지신고의 일종으로 하고 있음) 갑남은 국제적 요소가 있는 혼인외의 친자관계에 관한 실질적 성립요건의 준거법상 그 요건을 갖추어 혼인외의 친자관계 성립행위의 방식으로 인지신고 또는 친생자출생신고 중 어느 하나를 선택할 수 있다.

라. 따라서 만일 갑남이 위 혼인외의 친자관계에 관한 실질적 성립요건의 준거법상 각 요건을 갖추어 병녀에 대한 친생자출생신고를 한다면 등록관서에서는 이를 국제적 요소가 있는 혼인외의 친자관계 성립행위의 한 방식으로 보고 그 실질적 성립요건의 구비 여부를 심사하여 이를 수리한 후 갑남의 가족관계등록부에 병녀의 특정등록사항을 기록하여야 할 것이다(신고의 형식이 출생신고이므로 인지사유를 기록하지 아니함). 다만, 갑남의 친생자출생신고가 있더라도 병녀가 아직 「국적법」에 의한 국적취득 전이므로 바로 병녀의 가족관계등록부를 작성할 수는 없고 출생신고서를 특종신고서류편철장에 편철하여 이를 보존하되, 만일 병녀가 「국적법」제3조에 의한 국적취득신고3) 또는 「국적법」제7조에 의한 귀화허가에 의하여 대한민국의 국적을 취득하게 되면 법무부장관의 국적취득통보에 의하여 병녀의 가족관계등록부를 작성하면 될 것이다.(출처: 한국인 갑남과 중국인 을녀 사이에서 출생한 혼인외의 자인 병녀에 대하여 갑남이 「가족관계의 등록 등에 관한 법률」제57조의 친생자

국인 부는 법 제57조의 친생자출생 신고를 할 수 없음에 주의를 요한다[88].

라. 신고인

법 제57조의 인지의 효력이 인정되는 친생자출생신고는 부만이 할 수 있다.

답변36-1: 생부가 혼인 외 자를 임의인지시 인지신고서의 법정기재사항을 기재해서 신고하면 족하다. 다만 생부가 혼인 외 자를 임의인지할 때에는 모의 성명, 주민등록번호, 등록기준지를 기재하여야 하므로[89], 이러한 모의 인적사항을 기재하지 아니한 모 불상의 인지는 등록관서에서 실무상 수리하지 아니한다. 따라서 생부가 생모의 인적사항만 알고 있다면 임의인지를 함에 있어서 아무런 장애가 없다 할 것이다. 외국 입법례[90]를 보면 생부가 인지시 모의 동의나 성

출생신고를 할 수 있는지 여부 가족관계등록선례 201002-1 2010.02.03 제정)

88) 한국인 모와 외국인 부 사이에 출생한 혼인 외 자에 대한 인지 및 부모의 혼인에 따른 가족관계등록사무 처리지침 예규 제128호

4. 유의사항

외국인인 부가 「가족관계의 등록 등에 관한 법률」 제57조에 따른 친생자녀로서 출생신고를 할 수 없음은 물론, 혼인외 자의 생모와 외국인 부가 후에 혼인을 하더라도 그것만으로는 외국인 부와 혼인외 자 사이에 친자관계가 발생하는 것은 아니다.

89) 법 제55조(인지신고의 기재사항)

① 인지의 신고서에는 다음 사항을 기재하여야 한다. <개정 2010.5.4>

1. 자녀의 성명·성별·출생연월일·주민등록번호 및 등록기준지(자가 외국인인 때에는 그 성명·성별·출생연월일·국적 및 외국인등록번호)
2. 사망한 자녀를 인지할 때에는 사망연월일, 그 직계비속의 성명·출생연월일·주민등록번호 및 등록기준지
3. 부가 인지할 때에는 모의 성명·등록기준지 및 주민등록번호

90) 민법 제11300호 2012.02.10 일부개정

년인 피인지자의 동의를 요구하는 경우가 있으므로, 사례와 같이 비정한 생부의 임의인지시 생모나 피인지자가 부동의를 함으로써 임의인지를 막을 수 있다 할 것이나, 우리 현행법규상 생부의 인지에 모의 동의나 성년인 피인지자의 동의를 요건으로 규정하고 있지 않으므로, 비정한 생부의 임의인지를 특별히 저지할 법적 수단은 없다 할 것이다. 입법적 보완을 고민해볼 필요가 있는 사안이 아닌가 생각된다.

답변36-2: 국제신분관계이므로 국제사법에 따라서 준거법 결정이 우선되어야 한다. 국제사법[91]은 혼인 외 자녀의 경우 준거법

제857조(사망자의 인지)
자가 사망한 후에도 그 직계비속이 있는 때에는 이를 인지할 수 있다.

제858조(포태중인 자의 인지)
부는 포태중에 있는 자에 대하여도 이를 인지할 수 있다.

일본민법
제782조(성년의 자의 인지)
성년의 자는 그 승낙이 없으면 이를 인지할 수 없다.

제783조(태아 또는 사망한 자의 인지)
① 부는 태내에 있는 자라 하더라도 이를 인지할 수 있다. 이 경우에는 모의 승낙을 얻어야 한다.
② 부 또는 모는 사망한 자라 하더라도 그 직계비속이 있는 때에 한하여 이를 인지할 수 있다. 이 경우 그 직계비속이 성년자 인 때에는 그 승낙을 얻어야 한다.

91) 국제사법 제17조(법률행위의 방식)
① 법률행위의 방식은 그 행위의 준거법에 의한다.
② 행위지법에 의하여 행한 법률행위의 방식은 제1항의 규정에 불구하고 유효하다.
③ 당사자가 계약 체결시 서로 다른 국가에 있는 때에는 그 국가 중 어느 한 국가의 법이 정한 법률행위의 방식에 의할 수 있다.
④ 대리인에 의한 법률행위의 경우에는 대리인이 있는 국가를 기준으로 제2항에 규정된 행위지법을 정한다.
⑤ 제2항 내지 제4항의 규정은 물권 그 밖에 등기하여야 하는 권리를 설정하거나

을 선택할 수 있도록 규정하고 있다. 즉 모의 본국법, 부의 본국법, 인지자의 본국법, 자의 상거소지법 중에서 선택할 수 있다. 사안에서 일본인 생부는 일본 호적법에 따라 혼인외 자녀를 혼인 중의 자녀로 출생신고를 하였고, 일본 호적법은 혼인외 자녀를 생부가 혼인 중의 자녀로 출생신고를 할 경우 인지효력을 인정하고 있다. 따라서 혼인외 자녀의 친자관계의 준거법으로 부의 본국법인 일본법을 선택한다면 일본법에 따라서 친자관계가 형성되므로, 혼인외 자녀는 일본인 생부를 상속할 수 있을 것으로 생각된다. 다만 우리 호적선례는 일본 거주 재외국민인 남자가 혼인외 자를 그 거주지 나라의 방식으로 친생자 출생신고를 하였을 경우 그 출생신고는 호적법 제62조에 의한 인지의 효력이 있는지와 관련하여, 우리나라 법률의 '부가 혼인외 자에 대하여 친생자출생의 신고를 한 때에는 그 신고는 인지의 효력이 있다'(호적법 제62조)라 함은, 생부가 혼인외 자에 대하여 호적법이 정하는 바에 따라 혼인외 자의 본적지 호적관서의 장에게 출생신고를 하여 그 신고서가 수리되었을 경우에 인지의 효력이 있다는 의미이고, 일본국 관서에 친생자로 출생신고를 한 것은 인지신고로서의 효력이 없다(대법원 판결 80다3093)고 설시하고 있다.

처분하는 법률행위의 방식에 관하여는 이를 적용하지 아니한다.

제41조(혼인 외의 친자관계)

① 혼인 외의 친자관계의 성립은 자의 출생 당시 모의 본국법에 의한다. 다만, 부자간의 친자관계의 성립은 자의 출생 당시 부의 본국법 또는 현재 자의 상거소지법에 의할 수 있다.
② 인지는 제1항이 정하는 법 외에 인지 당시 인지자의 본국법에 의할 수 있다.
③ 제1항의 경우 부가 자의 출생 전에 사망한 때에는 사망 당시 본국법을 그의 본국법으로 보고, 제2항의 경우 인지자가 인지 전에 사망한 때에는 사망 당시 본국법을 그의 본국법으로 본다.

제4장 입양신고

사례37: 변호사 나성실의 의뢰인은 자녀가 없는 부부에게 입양된 양자로서(입양신고가 아닌 입양실질의 출생신고가 됨), 어린 시절에는 별문제가 없었으나, 의뢰인이 성년이 되어 결혼을 하고 양부모와 따로 살면서부터 양부모와 의뢰인의 사이가 멀어지기 시작했다. 양부모와 양자 모두 입양관계를 종료하려는 마음은 있었으나 실행에 옮기지 못하고 있던 중에 양부가 사망하게 되자 양모는 의뢰인을 상대로 친생자관계부존재확인소송을 제기하였고, 변호사 나성실은 현재의 대법원 입장을 고려할 때 위 부존재 확인판결이 나올 경우 양친자관계에 대해 다시 다툴 수는 없는 것이므로 원고의 청구를 받아들이기로 하고 소송비용은 각자 부담하는 것으로 해달라는 취지의 진술을 하였고 변론은 종결되었다. 그런데 의뢰인은 변호사 나성실을 찾아와서 양모와 남남이 되어 버린 이상 사망한 양부와의 사이에서도 입양관계를 단절해달라고 요구하고 있다. 가능한가.

사례38: 갑의 딸은 영국으로 유학을 갔다가 한국 유학생과 사이에서 혼인 외 자를 임신하게 되자, 한국에 귀국하여 혼인 외 자를 출산하였다. 의뢰인은 앞길이 구만리 같은 딸이 미혼모로 살 수 없다는 생각에 위 아이를 직접 입양할 마음을 먹게 되었다. 호적시대에는 가문을 잇는다는 명목 하에 사촌형제지간에도 입양이 이루어졌다는 등의 애기를 들은 바가 있어서 의뢰인이 의뢰인의 손자를 입양하는 것도 가능하지 않겠냐며 변호사 나성실에게 문의를 하였다. 방법이 있는가.

사례39: 변호사 나성실의 의뢰인은 신혼 초기에 아이를 출산한 후 남편을 사고로 잃게 되자, 아이를 양육할 경제적 여력이 없어서 평소 알고 지내던 주한미군 미국인 장교부부에게 아이를 입양 보내게 되었다. 몇 년 후 의뢰인은 입양 보낸 아이가 보고 싶어 미국인 장교부부에게 연락을 해보니, 아이를 전혀 돌보지 않고 유기한 상태여서 의뢰인은 미국인 장교부부와 아이의 입양관계를 끊고 한국으로 아이를 데려오고 싶어 한다. 미국법은 파양을 인정하지 않고 있는데, 그렇다면 미국인 장교부부와 아이의 입양관계를 우리법에 따라서는 파양할 수 있는지 나성실에게 묻고 있다.

사례40: 변호사 나성실에게 나이 드신 할아버지가 찾아오셨다. 본인의 형님이 최근에 돌아가셨는데, 자신의 아들을 형님의 양자로 입양을 보낼 수 있는지를 알고 싶다는 것이다. 예전에는 사후양자라고 하여 후사를 이을 길 없는 사람이 사망한 후에 그의 양자를 허용하는 제도가 있었는데 현재도 사후양자가 가능하냐는 것이다. 사후양자를 지금도 할 수 있는가.

1. 입양의 의의

입양이라 함은 혈연적 친자관계가 없음에도 불구하고 법률적 친자관계를 인정하여 친생자와 같은 신분을 취득하게 하고자 하는 신분행위이다. 민법상 친부모와의 친자관계가 단절되지 아니하는 '일반입양'과 친부모와의 친자관계가 단절되는 '친양자입양'이 규정되어 있다. 일반입양의 요건 등은 다음과 같다.

2. 입양의 요건

가. 입양의 성립요건

(1) 실질적 성립요건

(가) 당사자 사이에 입양의 합의가 있을 것(민법 제883조제1항[92])

입양의 합의란 친자관계를 설정하려는 자유로운 의사의 합치를 의미하며, 입양의 합의가 없는 경우 입양무효사유가 된다.

(나) 양친에 대한 요건

① 양친은 성년자일 것(민법 제866조[93])

양친은 성년자이면 기혼·미혼을 불문하고 누구든지 양친이 될 수 있다. 양친이 성년이 아닌 경우 입양취소사유가 된다(민법 제884조 제1항 제1호).

② 부부의 공동입양(민법 제874조)

배우자 있는 자가 양친이 되는 경우에는 부부공동입양의 원칙에 의하여 부부가 공동당사자로서 입양을 하여야 하며, 배우자 있는 자가 양자가 될 경우에는 다른 일방의 동의를 얻어 단독으로 입양될 수 있다. 부부의 공동입양 규정에 위반한 입양은 입양취소사유가 된다(민법 제884조 제1항 제1호)..

(다) 양자에 대한 요건

---

92) 민법 제883조(입양 무효의 원인)
다음 각 호의 어느 하나에 해당하는 입양은 무효이다.
1. 당사자 사이에 입양의 합의가 없는 경우

93) 민법 866조(입양을 할 능력)
성년이 된 사람은 입양을 할 수 있다.

① 양자는 양친의 존속(尊屬) 또는 연장자(年長者)가 아닐 것(민법 제877조)

종전 민법에서도 양자가 될 수 있는 자는 양친의 존속 또는 연장자가 아니어야 한다고만 규정하고 있었으므로, 종전 호적실무상 손자항렬(孫子行列)이나 제(弟)의 항렬에 해당하는 자를 양자로 할 수 있었다.

② 13세 미만의 양자는 법정대리인의 입양승낙을 얻을 것(민법 제869조제2항)

양자로 될 자가 13세 미만인 때에는 법정대리인이 입양승낙을 하여야 한다. 이 규정에 위반한 입양은 입양무효사유가 된다(민법 제883조 제2호).

③ 성년후견인의 입양동의를 받을 것(민법 제873조)

피성년후견인은 성년후견인의 동의를 받아 입양을 할 수 있고, 양자가 될 수 있다. 이에 위반한 입양은 입양 취소사유가 된다(민법 제884조 제1항 제1호). 한편 피성년후견인이 입양을 하거나 양자가 되는 경우에는 가정법원의 허가를 받아야 한다(민법 제873조 제2항, 제867조).

④ 성년자의 입양시 부모의 동의를 얻을 것(민법 제871조)

양자가 될 사람이 성년인 경우에는 부모의 동의를 받아야 한다. 다만 부모의 소재를 알 수 없는 등의 사유로 동의를 받을 수 없는 경우에는 그러하지 아니하다. 이에 위반한 입양은 입양 취소사유가 된다(민법 제884조 제1항 제1호). 부모가 정당한 이유 없이 동의를 거부하는 경우에 양부모가 될 사람이나 양자가 될 사람의 청구에 따라 가정법원은 부모의 동의를 갈음하는 심판을 할 수 있다. 이 경우 가정법원은 부모를 심문하여야 한다.

⑤ 미성년자의 입양시 부모의 동의와 가정법원의 허가를 얻을 것(민법 제867조, 제870조)

양자가 될 미성년자는 부모의 동의를 받아야 한다. 다만 13세 이상의 미성년자가 법정대리인의 동의를 받아 입양을 승낙하거나 13세미만의 미성년자의 법정대리인이 입양승낙을 한 경우, 부모가 친권상실의 선고를 받은 경우, 부모의 소재를 알 수 없는 등의 사유로 동의를 받을 수 없는 경우에는 그러하지 아니하다. 이에 위반한 입양은 입양 취소사유가 된다(민법 제884조제1항제1호). 그리고 미성년자를 입양하려는 사람은 가정법원의 허가를 받아 하고 (민법 제867조 제1항), 이에 위반한 입양은 입양무효사유가 된다 (민법제883조제2호). 부모의 동의는 가정법원의 입양 허가를 받기 전까지 철회할 수 있다. 또한 부모가 동의를 거부하더라도 부모가 3년 이상 자녀에 대한 부양의무를 이행하지 아니한 경우, 부모가 자녀를 학대 또는 유기하거나 그 밖에 자녀의 복리를 현저히 해친 경우에는 가정법원은 미성년자입양에 대한 허가를 할 수 있고 이 경우 부모를 심문하여야 한다.

(2) 형식적 성립요건(민법 제878조)

입양은 가족관계의 등록 등에 관한 법률에서 정한 바에 따라 신고함으로써 그 효력이 생긴다[94]).

나. 입양신고인

원칙적으로 입양당사자인 양친과 양자가 신고하여야 한다. 다만 양자가 13세 미만인 때에는 민법 제869조에 따라 입양의 승낙을 한 법

94) 그러나 판례는 당사자인 양친과 양자사이에 양친관계를 창설하려는 명백한 의사가 있고 나아가 부모의 동의 등 입양의 실질적 성립요건이 모두 구비된 경우에 입양신고 대신 친생자출생신고가 있다면 형식에 다소의 잘못이 있더라도 입양의 효력이 있다고 해석함이 타당하다고 판시하여 출생신고에 의한 입양을 인정하고 있다(대법원1977.7.26.선고 77다492판결, 2001.5.24.선고 2000므1493판결, 2000.6.9.선고 99므1640판결).

정대리인이 신고하여야 한다.

다. 신고장소 및 방법

입양신고는 양친, 양자의 등록기준지 또는 신고인의 주소지나 현재지 시(구)·읍·면의 사무소에 당사자 쌍방이 연서한 신고서로 하여야 한다.

라. 입양신고서의 첨부서류

① 입양동의서

② 입양동의에 대한 허가서등본(후견인이 동의하는 경우)

마. 입양의 효과

양자는 입양된 때로부터 양부모의 친생자와 같은 지위를 가지고 양자의 입양전의 친자관계는 존속한다[95].

바. 입양신고서 양식

---

95) 제882조의2(입양의 효력)

① 양자는 입양된 때부터 양부모의 친생자와 같은 지위를 가진다.

② 양자의 입양 전의 친족관계는 존속한다.

[양식]

입 양 신 고 서 (년 월 일)	※ 뒷면의 작성방법을 읽고 기재하시되, 선택항목은 해당번호에 "○"으로 표시하여 주시기 바랍니다.							
구분		양 부				양 모		
①양친	성명	한글		본(한자)		한글		본(한자)
		한자		출생연월일		한자		출생연월일
		주민등록번호		-		주민등록번호		-
	등록기준지							
	주소							
②양자	성명	한글		본(한자)		주민등록번호		-
		한자		성 별	1남 2여	출생연월일		
	등록기준지							
	주 소							
③양자의 친생부모	부	성명		등록기준지				
				주민등록번호		-		
	모	성명		등록기준지				
				주민등록번호		-		
④ 기타사항								
⑤증인	성 명		ⓘ 또는 서명	주민등록번호		-		
	주 소							
	성 명		ⓘ 또는 서명	주민등록번호		-		
	주 소							
⑥동의자	부	성명						ⓘ 또는 서명
	모	성명						ⓘ 또는 서명
	직계존속		ⓘ 또는 서명	주민등록번호	-	관계	양자의	
	양자의 배우자		ⓘ 또는 서명	주민등록번호		-		
	후견인	ⓘ또는 서명	주민등록번호	-	허가법원		허가일자	년 월 일
⑦신고인	양 부			ⓘ 또는 서명	전화			
					이메일			
	양 모			ⓘ 또는 서명	전화			
					이메일			
	양자			ⓘ 또는 서명	전화			
					이메일			
	법 정 대리인	1 부모	부	ⓘ 또는 서명	전화			
					이메일			
			모	ⓘ 또는 서명	전화			
					이메일			
		2후견인		ⓘ 또는 서명	전화			
					이메일			
			15세미만자의 입양승낙	허가법원		허가일자	년 월 일	
⑧제출인	성 명			주민등록번호		-		

작 성 방 법

※ 등록기준지 : 각 란의 해당자가 외국인인 경우에는 그 국적을 기재합니다.
※ 주민등록번호 : 각 란의 해당자가 외국인인 경우에는 외국인등록번호(국내거소신고번호 또는 출생 연 월 일)를 기재합니다.
①란 및 ②란 : 법 제25조제2항에 따라 주민등록번호란에 주민등록번호를 기재한 때에는 출생연월일의 기재를 생략할 수 있습니다.
④란 :아래의 사항 및 가족관계등록부에 기록을 분명하게 하는데 특히 필요한 사항을 기재합니다
· 양자가 될 자(만 15세 미만)의 법정대리인 또는 가정법원의 허가를 받은 후견인이 그를 갈음 하여 입양을 승낙하고 이를 신고하는 때에는 그 사유
·「입양촉진 및 절차에 관한 특례법」 제8조제1항에 따라 양자의 성과 본을 양친의 원에 의하여 양친의 성과 본을 따르는 경우에는 그에 관한 사항
⑥란 : 동의자란의 기재요령은 다음과 같습니다.
· 양자가 될 자는 부·모의 동의를 받아야 하며(다만, 가족관계등록부에 판결에 의하여 친권이 상실된 자로 기록된 부 또는 모는 동의할 수 없습니다), 부·모가 사망 그 밖의 사유로 인하여 동의를 할 수 없는 경우에 다른 직계존속이 있으면 직계존속[최근친, 연장자(동순위의 경우)순위로]의 동의를 받아야 합니다.
· 양자가 될 자가 미성년자이고, 그 미성년자에 대하여 위에서 언급한 부·모나 직계존속이 없는 경우에는 가정법원의 허가를 받은 후견인의 동의가 있어야 합니다.
·입양대락자는 입양동의자란에 기재하지 않아도 됩니다.
·배우자 있는 자가 양자가 될 때에는 다른 한쪽의 동의를 받아야 합니다.
·금치산자가 양자를 입양시키거나 양자가 되고자 할 때에는 후견인의 동의를 받아야 합니다.
⑦란 : 양자란에는 양자가 될 자가 기명날인(또는 서명)하며, 다만 양자가 될 자가 15세 미만인 때에는 양자란에는 기재하지 않고 법정대리인(가정법원의 허가를 받은 후견인은 허가법원과 허가일자를 기재)이 법정대리인란의 해당 항목번호에 "○" 으로 표시한 후 기명날인(또는 서명)합니다.
입양촉진 및 절차에 관한 특례법에 의한 입양신고의 경우에는 양친될 자와 양자될 자의 후견인이 함께 신고인란에 기재합니다.
⑧란 : 제출자(신고인 여부 불문)의 성명 및 주민등록번호 기재(접수담당공무원은 신분증과 대조)

첨 부 서 류

※ 아래 1항은 가족관계등록관서에서 전산으로 그 내용을 확인할 수 있는 경우 첨부를 생략합니다.
1. 입양당사자의 가족관계등록부의 기본증명서, 가족관계증명서 및 입양관계증명서 각 1통.
2. 입양동의서 1부(입양에 대한 동의가 필요한 경우, 다만 동의한 사람이 입양신고서의 "동의자"란에 성명과 주민등록번호를 기재하고 기명날인 한 때에는 제외).
3. 입양동의 또는 입양승낙에 대한 가정법원의 허가서 등본 1부(양자가 될 자가 미성년자로서 부모 또는 다른 직계존속이 없어 후견인의 동의를 받아야 하는 경우, 후견인이 피후견인을 양자로 하는 경우 및 후견인이 입양승낙을 하는 경우).
4. 사건본인이 외국인인 경우
 - 한국방식에 의한 입양 : 국적을 증명하는 서면(여권 또는 외국인등록증) 원본
 - 외국방식에 의한 입양 : 입양증서등본 및 국적을 증명하는 서면(여권 또는 외국인등록증) 사본 각 1부
5. 양자가 외국인인 경우, 그 자녀의 본국법이 해당 신분행위의 성립에 자녀 또는 제3자의 승낙이나 동의 등을 요건으로 하는 경우에는 그 요건을 갖추었음을 증명하는 서면.
6. 신분확인(가족관계등록예규 제23호에 의함)
 ① 일반적인 입양신고
- 신고인이 출석한 경우: 신고인 모두의 신분증명서
- 신고인 불출석, 제출인 출석의 경우: 제출인의 신분증명서 및 신고인 모두의 신분증명서 또는 서명공증 또는 인감증명서(신고인의 신분증명서 없이 신고서에 신고인이 서명한 경우 서명공증, 신고서에 인감 날인한 경우 인감증명)
- 우편제출의 경우: 신고인 모두의 서명공증 또는 인감증명서(신고서에 서명한 경우 서명공증, 신고서에 인감 날인한 경우는 인감증명서)
 ② 보고적인 입양신고(증서등본에 의한 입양 포함)
- 신고인이 출석한 경우: 신분증명서
- 제출인이 출석한 경우: 제출인의 신분증명서
- 우편제출의 경우: 신고인의 신분증명서 사본
* 양자가 15세 미만인 입양에 있어서 법정대리인의 출석 또는 신분증명서의 제시가 있거나 인감증명서의 첨부가 있으면 신고인의 신분증명서 제시 또는 인감증명서의 첨부가 있는 것으로 볼 수 있습니다.

3. 입양관계의 해소(파양, 입양 무효, 입양 취소)

가. 파 양

파양은 유효하게 성립한 입양관계, 즉 양친자관계를 해소하는 것으로서, 협의상 파양과 재판상 파양이 민법상 규정되어 있다.

(1) 협의상 파양

양친자는 협의에 의하여 파양할 수 있으며(민법 제898조) 다음과 같은 요건을 갖추어야 한다.

(가) 실질적 요건

양친의 양자사이에 파양의사의 합치가 있어야 한다(민법 제898조). 피성년후견인인 양부모는 성년후견인의 동의를 받아 파양을 협의할 수 있다[96]. 개정 민법 이전에는 미성년자에게 협의상 파양을 허용하였으나, 민법 개정으로 미성년자는 협의상 파양을 할 수 없다[97].

(나) 형식적 요건

협의상 파양도 가족관계의 등록 등에 관한 법률이 정한 바에 따라 신고함으로써 효력이 발생한다(민법 제904조, 제878조).

---

96) 따라서 양부모 모두가 사망하고 없으면 파양할 방법이 없으며(호적선례2-157호 참조), 양친의 일방만이 사망한 경우에는 생존한 일방의 양친과의 사이에서만 합의하여 파양할 수 있다(호적선례3-240호 참조).

97) 호적선례200211-2 : 부부 일방이 양자와 파양을 한 경우에 파양의 효력도 파양 당사자 사이에만 미치고 사망 등의 사유로 파양의 당사자가 되지 못한 양친과 양자 사이의 양친자관계는 물론 이를 통하여 발생한 법정친족관계도 해소되지 않는다고 보아야 한다.

(2) 재판상 파양

재판상 파양이란 일정한 파양원인이 있는 때(민법 제905조) 입양 당사자 일방이 가정법원에 청구하여 법원의 판결로 성립하는 파양을 말한다. 미성년자 파양은 협의파양제도를 폐지하고 재판상 파양만을 허용한다.

나. 입양의 무효 및 취소

(1) 입양의 무효

(가) 무효원인(민법 제883조[98]).

① 당사자 사이에 입양의 합의가 없는 때

② 미성년자의 입양에 가정법원의 허가를 받지 않은 때

③ 13세미만인 자가 양자가 될 때에 법정대리인이 입양승낙을 하지 않은 때

④ 양자가 양친의 존속인 때

⑤ 양자가 양친보다 연장자인 때

(나) 등록정정신청

재판이 확정되면 소를 제기한 자는 판결의 확정일로부터 1월 이내에 판결의 등본 및 확정증명서를 첨부하여 등록부의 정정을 신청을 하여야 한다(법 제107조).

---

98) 참고로 일본 민법상 입양무효의 사유는 다음과 같다.
일본민법 제802조 (입양의 무효)
입양은 다음 각호의 경우에는 무효로 한다.
1. 당사자 동일성의 착오 또는 기타 사유로 당사자 사이에 입양의 합의가 없는 때
2. 당사자가 입양신고를 하지 않을 때. 다만, 그 신고가 제799조에 따라 준용되는 제739조 제(2)항이 정하는 방식을 위반한 것만으로는 이를 무효로 할 수 없다.

(2) 입양의 취소

(가) 취소원인(민법 제884조)

① 미성년자가 양자를 하였을 때
② 양자가 부모의 동의를 얻지 않았을 때
③ 피성년후견인이 성년후견인의 동의를 얻지 않았을 때
④ 배우자 있는 자가 단독으로 양자를 하였거나 다른 일방의 동의 없이 양자가 되었을 때
⑤ 입양당사자의 일방에게 악질(惡疾) 기타 중대한 사유가 있음을 알지 못한 때
⑥ 사기 또는 강박으로 인하여 입양의 의사표시를 한 때

(나) 등록신고

입양취소의 재판이 확정되면 소를 제기한 자는 판결의 확정일로부터 1월 이내에 판결의 등본 및 확정증명을 첨부하여 그 취지의 신고를 하여야 하고, 소의 상대방도 그 취지의 신고를 할 수 있다(법 제65조,제58조).

(3) 입양의 무효·취소의 효과

입양이 무효로 되면 그 입양은 처음부터 효력이 없다. 그러나 입양이 취소되더라도 그 효력이 입양성립일에 소급하지 않는다(민법 제897조,제824조). 입양으로 인하여 발생한 친족관계는 입양의 취소나 무효로 인하여 소멸한다(민법 제776조).

4. 성·본 변경제도

가. 의의

자녀의 복리를 위하여 자녀의 성과 본을 변경할 필요가 있을 때에는 부, 모 또는 자녀의 청구에 의하여 법원의 허가를 받아 이를 변경할 수 있다(민법 제781조제6항 본문). 최근 들어 입양가정과 재혼가정의 증가와 더불어 그 이용이 증가하고 있다.

나. 청구권자

부모 또는 자녀가 할 수 있으므로, 양부모는 청구권자가 될 수 있으나, 계부나 계모는 청구인 적격이 없다[99].

다. 관할

사건본인의 주소지의 가정법원이 관할한다(법 제44조제1호 마목).

라. 심리

(1) 관계자의 의견의 청취

가정법원은 부, 모 및 자녀(15세 이상인 때)의 의견을 들을 수 있고, 자녀의 부모 중 자녀와 성과 본이 같은 사람의 사망 그 밖의 사유로 의견을 들을 수 없는 경우에는 자녀와 성과 본이 같은 최근친 직계존속의 의견을 들을 수 있다(규칙 제59조의2제2항[100]).

(2) 심리의 방법

청구인과 사건본인 및 이해관계인(자녀와 성과 본이 같은 부모 등)등을 심문하거나 증인으로 신문할 수도 있다[101].

---

99) 다만, 자녀가 미성년자이고 법정대리인이 청구할 수 없는 경우에는 민법 제777조에 따른 친족 또는 검사가 청구할 수 있다(민법 제781조제6항 단서).

100) 여기에서 '그 밖의 사유'에는 생사불명, 소재불명 또는 심신상실 등이 포함된다고 할 것이다. 의견을 듣는 방식에는 제한이 없으므로 당사자나 참고인으로 심문하거나 증인으로 신문할 수도 있고, 가사조사관으로 하여금 조사하여 보고하게 할 수도 있다. 의견청취는 필수적인 것이 아니고 가정법원이 그 의견에 구속되는 것도 아니다

101) 특히 사건본인이 성년에 이른 경우에는 성과 본의 변경허가청구에 범죄의

(3) 허부판단의 기준

성과 본의 변경을 허가할 것인지 여부는 '자녀의 복리를 위하여 자녀의 성과 본을 변경할 필요가 있을 때' 에 해당하는지가 그 판단의 기준이 된다(민법 제781조제6항102)).

(4) 변경청구하는 성·본의 경우

① 혼인 중인 부부 사이에서 자녀의 성과 본을 어머니의 성과 본으로 변경을 구하는 경우, ② 계부나 양부, 어머니의 성과 본이 아닌 제3자의 성과 본으로 변경을 구하는 경우, ③ 이미 변경된 성과 본에 대하여 다시 변경허가를 청구하는 경우 등이다103).

기도·은폐 또는 법령상의 제한을 회피하기 위한 불순한 의도나 목적이 개입되어 있는지 여부를 심리하여야 할 것이므로, 경찰서에 주민조회 및 범죄경력조회를 하거나 사건본인이 신용불량자인지 여부에 대한 사실조회를 하기도 한다.

102) 판례는 자녀의 복리를 위하여 자녀의 성과 본을 변경할 필요가 있을 때에 해당하는지 여부는 자녀의 나이와 성숙도를 감안하여 자녀 또는 친권자·양육자의 의사를 고려하되, 먼저 자녀의 성·본 변경이 이루어지지 아니할 경우에 내부적으로 가족 사이의 정서적 통합에 방해가 되고 대외적으로 가족 구성원에 관련된 편견이나 오해 등으로 학교생활이나 사회생활에서 겪게 되는 불이익의 정도를 심리하고, 다음으로 성·본 변경이 이루어질 경우에 초래되는 정체성의 혼란이나 자녀와 성·본을 함께 하고 있는 친부나 형제자매 등과의 유대 관계의 단절 및 부양의 중단 등으로 인하여 겪게 되는 불이익의 정도를 심리한 다음, 자녀의 입장에서 위 두 가지 불이익의 정도를 비교형량하여 자녀의 행복과 이익에 도움이 되는 쪽으로 판단하여야 한다. 이와 같이 자녀의 주관적·개인적인 선호의 정도를 넘어 자녀의 복리를 위하여 성·본의 변경이 필요하다고 판단되고, 범죄를 기도 또는 은폐하거나 법령에 따른 각종 제한을 회피하려는 불순한 의도나 목적이 개입되어 있는 등 성·본 변경권의 남용으로 볼 수 있는 경우가 아니라면, 원칙적으로 성·본 변경을 허가함이 상당하다고 한다(대법원 2009. 12. 11.자 2009스23 결정).

103) ①에 대하여는, 자녀의 성과 본의 변경은 가족관계의 변동이나 새로운 가족관계의 형성이 있는 경우에만 이를 허가하는 것이 옳다는 취지에서 이를 부정하는 견해가 있고, 반면에 자녀의 성과 본의 변경은 반드시 가족관계의 변동이나 새로운 가족관계의 형성이 있을 때에만 가능한 것으로 한정할 필요가 없고 부모가 혼인신고시 협의한 경우에는 어머니의 성과 본을 따를 수 있도록 한 민법 781조 1항이 개정되기 이전에 혼인신고한 부부들에게도 자녀의 성과 본의 선택권을 줄 필요가 있다는 점 등에서 이를 긍정하는 견해도 있다.

마. 불복

성과 본의 변경을 허가하는 심판에 대하여는 불복할 수 없다. 성과 본의 변경청구를 기각한 심판에 대하여는 청구인이 즉시항고를 할 수 있다(규칙 제27조).

바. 심판의 효력

성과 본의 변경에 관한 심판에는 기판력이 없으므로, 청구가 기각되더라도 재청구가 가능하고 변경된 성과 본에 대하여도 다시 종전의 성과 본이나 다른 성과 본으로 변경허가를 구할 수 있다.

5. 보론: 입양특례법(2012. 8. 4. 시행)-시설아동 중심

아동입양의 절차가 아동의 복리를 중심으로 이루어질 수 있도록 국가의 관리·감독을 강화하고, 최선의 아동 보호는 출신가정과 출신국가 내에서 양육되어야 한다는 것을 기본 패러다임으로 국가 입양정책을 수립할 필요성이 인정되어 기존 입양촉진및절차에관한특례법을 「입양특례법」으로 변경하고, 국내외 입양 모두 법원의 허가를 받도록 하며, 친생부모에게 양육에 관한 충분한 상담 및 양육정보를 제공하는 등 부모의 직접 양육을 지원하고, 아동이 출생일부터 1주일이 지나고 나서 입양동의가 이루어지도록 하는 한편, 양자가 된 사람에게 자신에 대한 입양정보 접근권을 부여하고, 국내입양의 우선 추진 의무

---

②에 대하여도, 이를 긍정하는 견해도 있고 개정 민법에 의하더라도 성과 본은 여전히 부계 또는 모계의 혈통을 외관상 나타내는 기능을 가진다는 점에서 이를 부정하는 견해도 있다.

③에 대하여는, 성과 본이 갖는 의미와 사회적 기능에 비추어 볼 때 이미 변경된 성과 본에 대하여 다시 변경허가를 함에 있어서는 특히 신중을 기하여야 한다는 견해도 있고, 자녀가 종전에 사용하던 성과 본으로의 회복을 구하는 의미에서 변경허가를 청구하는 경우나 어머니의 청구에 의하여 계부의 성과 본으로 변경된 자녀가 그 후 성장하여 친부의 성과 본으로 다시 변경하기를 원하는 경우 등에는 그 허가의 기준을 완화하여야 한다는 견해도 있다.

화 등을 규정함으로써 아동의 권익과 복지를 증진하고자 한다.

◇ 주요내용

가. 국가 및 지방자치단체는 입양의뢰된 아동의 양친될 자를 국내에서 찾기 위한 시책을 최우선적으로 시행하도록 하고, 입양기관의 장은 보건복지부령으로 정하는 바에 따라 입양의뢰된 아동의 양친을 국내에서 찾기 위한 조치를 하고 이를 관계기관의 장에게 보고하게 하며, 이러한 조치 및 관련 기관과의 정보공유 및 협조에도 불구하고 국내에서 양친이 될 자를 찾지 못하였을 경우에 한하여 국외입양을 추진할 수 있도록 함(제7조).

나. 양친이 되기 위한 자격요건을 아동학대, 가정폭력, 마약 등의 범죄나 알코올 등 약물중독의 경력이 없는 자로 강화하고, 입양의 성립 전에 입양기관 등으로부터 보건복지부령으로 정하는 소정의 교육을 이수하도록 함(제10조).

다. 이 법에 따라 입양을 하려는 자는 소정의 요건을 갖추어 가정법원에 입양허가를 청구하도록 함(제11조).

라. 친생부모의 입양동의는 아동의 출생일부터 1주일이 지난 후 이루어지도록 하고, 입양동의와 관련하여 어떠한 금전, 재산상의 이익, 그 밖에 대가적 급부가 없어야 하는 등 동의의 효력을 갖도록 하기 위한 입양요건을 갖추도록 함(제13조).

마. 양친, 양자, 검사는 양친이 양자를 학대 또는 유기하거나 그 밖에 양자의 복리를 현저히 해하는 경우, 양자의 양친에 대한 패륜행위로 인하여 양자관계를 유지시킬 수 없게 된 경우 가정법원에 파양을 청구할 수 있도록 함(제17조).

바. 보건복지부장관은 국내입양활성화 및 입양에 대한 사후관리 등을 위하여 중앙입양원을 설치·운영하도록 하며, 중앙입양원은 입양아동·가족정보 및 친가족 찾기에 필요한 통합데이터베이스

운영, 입양아동의 데이터베이스 구축 등의 사업을 수행하도록 함(제26조).

사. 이 법에 따라 양자가 된 자는 중앙입양원 또는 입양기관이 보유하고 있는 입양정보의 공개를 요청할 수 있도록 하고, 중앙입양원 또는 입양기관의 장은 친생부모의 동의를 받아 정보를 공개하도록 하며, 친생부모가 정보의 공개에 동의하지 아니하는 경우에는 그 인적사항을 제외한 정보를 공개하도록 함(제36조제1항·제2항).

아. 친생부모가 사망하거나 그 밖에 불가피한 사유로 친생부모의 동의를 얻을 수 없는 경우 및 양자된 자의 건강상태를 유지하기 위한 의료상의 목적 등 특별한 사유가 있는 경우에는 친생부모의 동의 여부에 관계없이 입양정보를 공개할 수 있도록 함(제36조제3항).

<법제처 제공>

답변37: 생존 중인 양모와의 사이에서는 파양이 가능하나 사망한 양부와의 사이에서는 파양이 불가능하다. 일본 민법[104]은 입양당사자의 일방이 사망시에는 잔존 당사자가 법원의 허가를 얻어 파양할 수 있도록 규정하고 있으나, 우리민법은 이러한 보완책을 규정하고 있지 않다. 이 사안은 실제 필자가 수임하였던 사건과 동일한 것인데 의뢰인은 왜 방법이 없는지 상당히 답답해 하였다. 입법적으로 보완책을 마련할 필요가 있다는 생각이 든다.

104) 일본민법
제811조(협의상의 파양 등)
⑥ 입양 당사자의 일방이 사망한 후 생존 당사자가 파양하고자 하는 때에는 가정재판소의 허가를 얻어 이를 할 수 있다.

답변38: 민법규정상 양자가 될 수 있는 자는 양친의 존속 또는 연장자가 아니면 족하다[105]. 즉 직계존속인 할아버지가 손자를 양자로 입양하는 것을 불허하는 명시적인 규정이 존재하지 아니한다(종전 호적시대에서는 직계존속인 할아버지가 손자를 양자로 입양하는 것을 허용하는 실무태도를 보였음[106]). 다만 이를 허용시 손자와 그 부모가 형제자매가 된다는 점에서 민법 제103조 공서양속에 반하는 행위이므로 무효로 보아야 한다는 견해도 있다. 형식적 심사권을 가진 등록관서에서 사안이 민법 제103조에 규정한 "공서양속에 반하여 무효인 법률행위'인지를 최종 해석할 수 있는지에 관한 판례, 선례 등은 아직 존재하지 아니한다.

답변39: 국제사법에 의하면 입양에 관한 준거법은 양친의 본국법이다[107]. 따라서 사안과 같이 양친이 미국인이라면 준거법은 미국법이 된다, 미국 입양법제에서는 파양을 인정하지 아니하므로 우리법제를 적용해서 파양할 수 있는지가 문제이다. 유사한 사안에서 우리 하급심에서는 우리나라 민법을 준거법으로 하여야 한다고 판시하고 있다(서울가법 1992. 4. 23. 선고 91드63419 판결[108]). 따라서 이런 하급심의 태도를 따

105) 민법 제11300호 2012.02.10 일부개정
제877조(입양의 금지)
존속이나 연장자를 입양할 수 없다.

106) 호적선례2-139 : 손자항렬에 있는 자의 입양 가부 등
손자항렬에 있는 자도 민법상의 입양요건을 갖추면 자로 입양할 수 있으나 손자로 입양할 수는 없으며, 양자의 호적상 부모란에는 친생부모와 양친의 성명을 아울러 기재하여야 한다(90.8.27. 법정 제1333호).

107) 국제사법 제10629호 2011.05.19 타법개정
제43조(입양 및 파양)
입양 및 파양은 입양 당시 양친의 본국법에 의한다.

른다면 우리나라 민법을 준거법으로 하여 파양할 수 있는 것으로 판단된다.

---

108) 서울가법 1992.4.23. 선고 91드63419 제2부판결 : 확정 【파양】
【판시사항】
가. 대한민국 국적을 가지고 대한민국에 주소를 두고 있는 양자가 미합중국 국적을 가지고 오하이오주에 주소를 두고 있는 양부의 유기를 이유로 파양청구를 한 경우의 재판관할권
나. 위 양부의 본국법에 파양제도가 인정되지 않는 경우의 준거법
다. 양자가 양부만을 상대로 한 재판상 파양청구의 적부(적극)

【판결요지】
가. 파양사건은 신분관계의 소멸에 관련된 중대한 사항으로 당사자가 대립하는 소송사건이므로 원칙적으로 피고의 주소가 있는 국가에 이른바 국제재판관할권을 인정함이 타당하나, 대한민국 국적을 가지고 대한민국에 주소를 두고 있는 양자가 미합중국 국적을 가지고 오하이오주에 주소를 두고 있는 양부의 유기를 이유로 파양청구를 한 경우에는 양자의 주소가 있는 우리나라에도 재판관할권이 있다고 할 것이며, 양부가 대한민국 내에 주소, 거소 또는 최후주소가 없다면 대법원 소재지의 가정법원이 관할법원이 된다.
나. 전항의 경우 준거법은 섭외사법 제21조 제2항, 제2조 제3항에 의하여 양부의 본국법인 미합중국 오하이오주의 법률이라고 할 것이나, 오하이오주 법에 의하면 파양제도가 인정되지 않기 때문에 위 법에 준거하는 한 어떠한 경우에도 파양을 할 수가 없는바, 이러한 입법례도 이른바 완전부양제를 채택한 결과로서 그 나름대로의 합리적인 근거가 없다 할 수 없으나, 입양 이후 미합중국에 거주하고 있는 양부가 양자를 성년에 이르도록 부양하지 않았을 뿐만 아니라 한번도 상면하지 않고 있는 경우에까지 파양을 인정하지 않는다면 양부의 유기에 의하여 전혀 실체를 갖고 있지 않은 양친자관계가 양자의 의사에 반하여 영속되어 장래 당사자 사이에 서로 예기하지도 않고 희망하지도 않는 상속, 부양 등과 같은 여러가지 법률관계가 발생하도록 하는 부당한 결과가 생길 수 있어 양자의 복지를 최우선으로 하는 양자제도의 취지에 비추어 선량한 풍속 기타 사회질서에 반하므로, 위 사건에 관하여는 섭외사법 제5조에 의하여 외국법으로서 양친의 본국법인 미합중국 오하이오주법을 적용하지 아니하고 파양을 인정하는 법정지법인 우리나라 민법을 적용하여야 한다.
다. 양자관계는 양부모 각자와 양자 사이에 별개로 성립하는 것이고 또한 법률상 파양에 관하여 부부공동파양을 강제하는 명문의 규정이 없을 뿐만 아니라 개인 의사를 존중한다는 원칙 아래 자를 위한 양자제도를 취하고 있는 양자법의 취지에 비추어 양부모의 양자에 대한 2개의 양자관계를 불가분이라고 해석할 합리적인 이유도 없으므로 양친에 대한 양자의 재판상 파양청구를 필요적 공동소송으로 보아 양자와 양친의 일방과 사이에 사정이 있어 양친부부의 일방만을 피고로 하는 재판상 파양청구를 부적법하다 할 것도 아니므로, 양자가 양부만을 상대로 한 파양청구는 적법한 것으로 보아야 한다.

답변40: 사후양자제도는 현재는 존재하지 아니하므로, 사후양자를 할 수 없다[109]. 사후입양제도는 가계계승 내지 제사계승을 위한 것으로서, 사망한 호주에게 직계비속이 없는 때에 사후양자를 선정할 수 있는 것으로 구 민법에서 규정하고 있었고[110] 직계비속여자가 혼인하거나 입양하여 친가의 호적을 떠난 경우에는 직계비속이 없는 것으로 보아 사후양자를 할 수 있었으나(대법원 1974. 9. 24. 선고 73므8 판결), 민법개정(1991. 1. 1)으로 폐지되었다. 사후양자규정을 삭제한 구 민법 부칙(구 민법 제4199호 부칙 제2조)은 '이미 구법에 의하여 생긴 효력에 영향을 미치지 아니한다'고 규정하고 있으므로, 사후양자가 구 민법 당시의 사후양자요건을 충족하고 있었다면 현재에도 사후양자의 효력은 유효하다 할 것이다. 호주가 생존해 있는 경우 또는 직계비속이 있는 경우 사후양자를 선정

---

109) 호적선례2-121 : 개정민법 시행(1991.1.1) 후에는 사후양자의 입양신고를 할 수 없다.

민법의 개정으로 1991.1.1. 부터는 사후양자제도가 폐지되었으므로, 1990.1.경 사후양자선정을 위한 친족회 소집 및 친족회 결의를 한 경우에도, 1990.12.31.까지 법원의 허가 및 입양신고를 마치지 못하였다면 1991.1.1.이후에 사후양자를 입양하는 방법은 없다(91.4.12. 법정 제669호).

110) 민법 제1668호 1964.12.31 일부개정

제867조 (사후양자)

① 호주가 사망한 경우에는 그 직계비속이 없는 때에 한하여 그 배우자, 직계존속, 친족회의 순위로 사후양자를 선정할 수 있다.

대법원 2009.11.12. 선고 2009다66792 판결 【소유권보존등기말소】

1922. 12. 7. 개정된 조선민사령 제11조 제2항에 의하면 입양은 신고를 함으로써 그 효력이 발생하므로, 위 조선민사령이 시행된 이후에 사후양자로 선정되었다 하더라도 법률상 입양절차를 밟지 아니한 이상 그것만으로는 입양이나 상속에 관하여 아무런 효력이 없다 (대법원 1992. 9. 25. 선고 92다18085 판결 참조). 원심이 같은 취지에서, 여호주로서 호주 및 재산상속을 하여 이 사건 토지를 상속받은 소외 1이 1955년경 재혼하면서 원고의 부친인 소외 2를 사후양자로 선정함으로써 소외 2가 이 사건 토지를 상속받았다는 원고의 주장을 배척한 것은 정당하고, 거기에 상고이유의 주장과 같은 채증법칙 위배, 구 관습법상 호주상속과 재산상속에 관한 법리오해 등의 위법이 없다.

할 수 없지만, 대법원은 사망한 호주에게 직계비속이 있음에도 사후양자를 선정한 경우, 입양취소의 원인일 뿐 당연무효의 입양은 아니라고 판시한 바 있다(대법원 1977. 11. 8. 선고 77다 1429 전원합의체 판결).

특히 사후양자의 상속문제와 관련해서 부동산등기실무는 다음과 같다(상속등기실무 35면이하 인용).

'사후양자란 호주상속을 보장하기 위하여 호주가 그 직계비속 없이 사망한 경우에 피상속인의 배우자 등이 선정하는 제도로, 1991. 1. 1. 시행 개정민법에서 폐지되었다. 사후양자의 호주상속에 따른 재산상속권은 피상속인의 사망당시가 아닌 사후양자 선정당시의 민법규정에 따라 판단하여야 한다. 따라서 신민법 시행 전에는 사후양자가 무후가를 부흥한 경우 전 호주의 유산을 소급하여 상속할 권리가 있었으나, 신민법(1960. 1. 1.) 시행 후에는 전 호주의 유산을 소급하여 상속할 수 없으므로, 신민법 시행 전에 무후가가 된 후 신민법 시행 후에 선정된 사후양자가 그 무후가를 부흥하였다 하더라도 그 사후양자는 전 호주의 유산을 소급하여 상속할 권리가 없다. 다만 사후양자와 양모와의 관계에 있어서는 일반 양자와 다를 바 없으므로 사망한 양모의 재산을 상속할 수 있다. 예컨대, 1976년 사후양자로 선정된 갑의 양모가 사후양자제도의 폐지(민법개정 1990. 1. 13. 법률 4199호)이후인 1995년에 사망한 경우, 민법의 개정으로 사후양자제도가 폐지되었다 하더라도 종전 규정에 의하여 생긴 양친자관계에는 영향이 없으므로(민법 부칙 제2조) 사후양자인 갑은 사망한 양모의 재산을 상속할 수 있다(2005. 9. 30. 부동산등기과-1582 질의회답).'

제5장 친양자 입양신고

사례41: 부부인 갑과 을은 오랜 노력에도 불구하고 자녀를 출산할 수 없자, 주위의 권면에 따라 친양자입양을 하기로 결심하였다. 결국 변호사 나성실의 도움을 받아서 법원의 친양자입양허가 판결을 받았는데 막상 위 판결을 받고 며칠이 지나자 갑과 을은 자신의 혈연이 아닌 타인을 자신의 혼인 중의 자와 같은 양자로 들이는 것에 거부감이 커져서 친양자입양을 후회하고 있다며 방법이 없는지 문의해왔다. 나성실은 경솔한 의뢰인들이 미운 생각은 들었으나 그러한 마음으로 아이를 양육한다는 것은 아이에게도 좋은 일은 아니라는 생각이 들어 방법을 고민해보던 중 일반입양의 경우 입양신고에 의해서 입양의 효력이 발생하는 창설적 신고이므로 친양자입양의 경우 위 판결후에 신고를 하지 않으면 친양자입양의 효력이 발생하지 않는 것은 아닌가하는 생각을 하게 되었다. 나성실은 어떻게 하면 될까.

사례42: 27세의 갑녀는 을남과의 결혼을 한 달 남겨둔 상태에서 본인의 가족관계증명서를 발급받고 충격을 받았다. 갑녀는 20세였던 2005.경 유부남과 사이에서 아이를 출산한 바 있었고, 미혼모로 아이를 키우기에는 갑녀의 인생이 너무 불쌍하다는 주위의 얘기에 따라서 우선 혼인 외 자녀로 출생신고를 한 다음 입양기관을 통해서 외국으로 입양을 보냈다. 갑녀는 혼인외 자녀를 입양보내는 것으로 모든 일이 마무리된 것으로 생각했으나, 가족관계증명서를 발급받아 보니 그 당시 갑녀의 혼인 외 자녀로 출생신고를 한 것 때문에 갑녀의 자녀로 혼인외 자녀가 기록되어 있었던 것이다. 결혼을 한달 앞둔 갑녀는 을남에게 이 사실을 고백하기보다는 본인의 가족관계증명서 자녀란에 기재된 아이를 말소할 방법을 찾고 있다. 어떻게 해야 할까.

사례43: 한국인 갑녀는 2010.경 한국인 을남과 이혼한 후 사업차 일본에 거주하던 중 일본인 병남을 알게 되어 2012.경 일본에서 혼인을 하였다. 한국인 갑녀는 전혼 중의 자녀인 정녀를 일본인 병남과 함께 키우고 있는데 한국인 갑녀는 정녀의 성을 볼 때마다 전 남편의 자녀라는 생각이 들어서 정녀의 성을 바꾸었으면 하는 생각을 하였고 나아가 정녀의 가족관계등록부상 부란에서 전 남편 을남을 지우고 친부처럼 정녀를 아껴주는 일본인 병남을 정녀의 부로 기록하고 싶어한다. 한국인 갑녀는 평소 알고 지내던 재일동포 사법서사에게 문의를 하였고, 사법서사로부터 일본 민법상 친자관계를 단절하며 입양관계를 형성하는 '특별양자'제도가 있으며, 이와 유사한 '친양자입양'제도가 한국 민법상 규정되어 있다는 답변을 들었다. 한국인 갑녀는 평소 알고 지내던 나성실에게 일본인 병남이 정녀를 한국 민법상의 '친양자입양'를 할 수 있는지 법률상담을 하였다. 정녀는 현재 10세이다. 나성실은 어떠한 답변을 해야 할까.

1. 친양자 입양의 의의

친양자 입양이란 법률상으로 친부모와의 친자관계를 단절시키고 양친의 혼인 중의 출생자로 되는 입양을 말하며, 친양자라는 말은 민법상의 명칭이고 강학상 완전양자 또는 특별양자라고 부른다[111].

---

111) 개정 민법(2005. 3. 31. 법제7427호)은 친양자제도(2008. 1. 1. 시행)를 도입함으로써 양자법체계가 보통양자,친양자 두 개의 제도가 존재하는 것이다.

2. 친양자 입양의 성립요건

(1) 3년 이상 혼인중인 부부의 공동입양일 것(민법 제908조의2제1항제1호)

친양자를 하려는 자는 3년 이상 혼인중인 부부로서 공동으로 입양할 것을 요한다. 그러나 전혼 중의 자녀를 가진 부(또는 모)가 혼인한 때 또는 미혼모가 혼인한 때 일방의 친생자를 타방이 친양자입양을 하고자 하는 경우와 같이 특별히 배려하여야 할 사안을 고려하여 1년 이상 혼인중인 부부의 일방이 그 배우자의 친생자를 친양자로 하는 경우에는 예외적으로 단독입양이 가능하도록 규정하고 있다(동조 제1호단서).

(2) 친양자로 될 자가 미성년자일 것(동조 제2호)

개정 민법 전 에는 친양자가 될 자는 15세 미만이었으나, 민법 개정으로 미성년자일 것으로 변경되었다. 사람은 19세로 성년에 이르게 된다(민법 제4조, 제908조의2제1항제2호[112]).

---

112) 민법 제11300호 2012.02.10 일부개정(2013. 7. 1. 시행)
제4조(성년)
사람은 19세로 성년에 이르게 된다.

제908조의2(친양자 입양의 요건 등)
① 친양자를 입양하려는 사람은 다음 각 호의 요건을 갖추어 가정법원에 친양자 입양을 청구하여야 한다.
1. 3년 이상 혼인 중인 부부로서 공동으로 입양할 것. 다만, 1년 이상 혼인 중인 부부의 한쪽이 그 배우자의 친생자를 친양자로 하는 경우에는 그러하지 아니하다.
2. 친양자가 될 사람이 미성년자일 것
3. 친양자가 될 사람의 친생부모가 친양자 입양에 동의할 것. 다만, 부모가 친권상실의 선고를 받거나 소재를 알 수 없거나 그 밖의 사유로 동의할 수 없는 경우에는 그러하지 아니하다.
4. 친양자가 될 사람이 13세 이상인 경우에는 법정대리인의 동의를 받아 입양을

(3) 친양자로 될 자의 친생부모가 친양자 입양에 동의할 것(동조 제3호)

다만 친권상실의 선고를 받은 경우, 소재를 알 수 없는 경우, 그 밖의 사유로 부모의 동의를 받을 수 없는 경우에는 그 동의가 없어도 가정법원이 입양을 허가할 수 있다(민법 제908조의 2).

(4) 민법 제869조의 규정에 의한 법정대리인의 입양승낙이 있을 것(동조 제4호)

친양자로 될 사람이 13세 이상인 경우에는 법정대리인의 동의를 받아 입양을 승낙하고, 13세 미만인 경우에는 법정대리인이 그를 갈음하여 입양을 승낙하여야 한다

(5) 가정법원의 친양자 입양 허가를 받을 것(동조 제2항)

가정법원은 친양자로 될 자의 복리를 위하여 그 양육상황, 친양자 입양의 동기, 양친의 양육능력, 그 밖의 사정을 고려하여 친양자 입양이 적당하지 아니하다고 인정되는 경우에는 그 청구를 기각할 수 있다(동조 제2항[113]).

승낙할 것
5. 친양자가 될 사람이 13세 미만인 경우에는 법정대리인이 그를 갈음하여 입양을 승낙할 것

② 가정법원은 다음 각 호의 어느 하나에 해당하는 경우에는 제1항제3호·제4호에 따른 동의 또는 같은 항 제5호에 따른 승낙이 없어도 제1항의 청구를 인용할 수 있다. 이 경우 가정법원은 동의권자 또는 승낙권자를 심문하여야 한다.
1. 법정대리인이 정당한 이유 없이 동의 또는 승낙을 거부하는 경우. 다만, 법정대리인이 친권자인 경우에는 제2호 또는 제3호의 사유가 있어야 한다.
2. 친생부모가 자신에게 책임이 있는 사유로 3년 이상 자녀에 대한 부양의무를 이행하지 아니하고 면접교섭을 하지 아니한 경우
3. 친생부모가 자녀를 학대 또는 유기하거나 그 밖에 자녀의 복리를 현저히 해친 경우

③ 가정법원은 친양자가 될 사람의 복리를 위하여 그 양육상황, 친양자 입양의 동기, 양부모의 양육능력, 그 밖의 사정을 고려하여 친양자 입양이 적당하지 아니하다고 인정하는 경우에는 제1항의 청구를 기각할 수 있다.

3. 친양자 입양신고[114]

친양자 입양을 원하는 사람은 친양자 입양재판을 받은 후 그 확정일부터 1개월 이내에 재판의 등본 및 확정증명서를 첨부하여 법 제61조(입양신고 규정)의 신고를 하여야 하고(예규 제137조), 친양자 입양 허가의 심판이 효력을 발생한 때에는 그 재판을 한 가정법원은 지체 없이 사건본인의 등록기준지의 시(구)·읍·면의 장에게 그 뜻을 통지하여야 한다(가사소송규칙 제7조제1항 3의2호).

4. 효과

(1) 친양자는 부부의 혼인 중의 자로 간주(민법 제908조의3 제1항)

가정법원의 친양자입양결정이 확정되면 그때부터 양친과 양자의 친자관계가 법률상으로 확정되고, 양친만이 친권자가 된다. 친양자의 성과 본은 원칙적으로 양친의 성과 본으로 직권 변경된다. 다만 양부와 양모가 혼인신고시 자녀의 성과 본을 모의 성과 본을 따르도록 하는 협의서를 제출한 경우에는 양모의 성과 본을 따를 수 있다(민법 제781조제1항단서).

(2) 친양자의 입양전의 친족관계 종료(동조 제2항)

가정법원의 친양자입양결정이 확정되면 입양전의 친생부모와의 친자관계가 단절되는 바 일반입양과의 가장 큰 차이점이다. 다만, 부부일방이 그 배우자의 친생자를 단독으로 입양하는 경우에는 배우자 및

113) 가정법원의 친양자 입양 허가는 가사소송법의 적용을 받는 라류 가사비송사건에 속하며(가사소송법제2조제1항나목(1)제7호의3), 친양자로 될 자의 주소지의 가정법원을 토지관할로 한다(가사소송법제44조).

114) 친양자입양신고는 보고적 신고로 보는 견해와 창설적 신고로 보는 견해가 존재한다.

그 친족과 친생자간의 친족관계는 단절되지 않는다(민법 제908조의3 제2항 단서)[115]. 당연한 규정이다.

(3) 친가의 면접교섭권 인정 여부, 생물학상의 관계 유지 여부

친생부모와의 친자관계가 단절된다면 친생부모의 면접교섭권도 당연히 상실된다고 보아야 하는지 문제될 수 있는데 부정설이 대세인 듯하다. 면접교섭권은 부부가 이혼할 경우 아이를 양육하지 않는 타방에게 인정되는 권리라는 점, 친양자가 자의 복리 및 재혼가정의 안정을 위한 제도라는 면에서 부정함이 타당할 것이다.

5. 친양자 입양의 취소[116]

(1)취소사유

민법 친양자 입양의 취소원인은, 친양자의 친생부모의 귀책사유 없이[117] 친양자 입양에 동의 할 수 없었던 경우를 규정하고 있다(민법 제908조의2제1항제3호단서). 즉, 일반입양의 무효 내지 취소 사유는 기재하지 않고 있는바, 일반 입양과 달리 가정법원이 재판에 의한 입양이기 때문이다.

---

115) 제908조의3(친양자 입양의 효력)
① 친양자는 부부의 혼인중 출생자로 본다.
② 친양자의 입양 전의 친족관계는 제908조의2제1항의 청구에 의한 친양자 입양이 확정된 때에 종료한다. 다만, 부부의 일방이 그 배우자의 친생자를 단독으로 입양한 경우에 있어서의 배우자 및 그 친족과 친생자간의 친족관계는 그러하지 아니하다.

116) 가사소송법상 친양자 입양의 취소는 나류 가사소송사건에 속하며(가사소송법 제2조제1항가목(2)제13호), 양부모 중 1인의 보통재판적 소재지의 가정법원의 전속관할로 한다(가사소송법 제30조).

117) 귀책사유가 없는 경우의 예로서는, 부모가 찾고 있던 행방불명인 자녀가 친양자로 입양된 경우나 친양자 입양에 반대하는 부모를 정신병원에 입원시키는 경우 등일 것이다.

(2) 친양자입양취소신고

소를 제기한 사람은 재판확정일로부터 1개월 이내에 재판서의 등본 및 확정증명서를 첨부하여 시(구)·읍·면의 장에게 신고를 하여야 하며, 그 소의 상대방도 재판서의 등본 및 확정증명서를 첨부하여 친양자의 입양취소의 재판이 확정된 취지를 신고할 수 있다(법 제70조,제69조).

(3) 친양자 취소의 효과

친양자 입양이 취소된 때에는 친양자 관계는 소멸하고 입양 전의 친족관계는 부활하나, 그 효력은 소급하지 아니한다(민법 제908조의7). 친양자 입양이 취소되면 친양자의 성과 본은 친부모의 성과 본으로 복귀된다.

6. 친양자의 파양

친양자의 협의상 파양은 허용되지 아니하고, 재판상 파양이 제한적으로 인정되고 있다[118].

(1) 친양자 파양의 청구권자(민법 제908조의5 제1항)

양친, 친양자, 친생의 부 또는 모, 검사이다.

(2) 친양자 파양의 원인(동항 제1호 및 제2호)

① 양친이 친양자를 학대 또는 유기하거나 그 밖에 친양자의 복리를 현저히 해하는 때와 ② 친양자의 양친에 대한 패륜행위로 인하여 친양자관계를 유지할 수 없게 된 때이다.

---

118) 친양자의 파양도 친양자 입양의 취소와 마찬가지로 가사소송법의 적용을 받는 나류 가사소송사건에 속하며(가사소송법 제2조제1항가목(2)제14호), 양부모 중 1인의 보통재판적 소재지의 가정법원의 전속관할로 한다(가사소송법 제30조).

(3) 친양자 파양신고(법 제69조)

민법 제908조의5에 따라 친양자 파양의 재판이 확정된 경우 소를 제기한 사람은 재판의 확정일부터 1개월 이내에 재판서의 등본 및 확정증명서를 첨부하여 제63조의 신고(신고서에는 재판확정일을 기재하여야 함)를 하여야 한다. 그 소의 상대방도 재판서의 등본 및 확정증명서를 첨부하여 친양자 파양의 재판이 확정된 취지를 신고할 수 있다.

(4) 친양자 파양의 효과(민법 제908조의7 제1항)

친양자의 파양이 확정되면 친양자관계는 소멸하고 입양전의 친족관계는 부활한다. 따라서 친양자에 대한 친권자는 친부모가 되고 친양자의 성과 본도 친부의 성과 본으로 변경된다.

7. 친양자입양관계증명서 등의 발급 제한

친양자입양관계증명서는 그 발급에 있어 다른 증명서보다 많은 제한이 있다(법 제14조제2항[119]).

---

119) 법
제14조(증명서의 교부 등)
② 제15조제1항제5호의 친양자입양관계증명서는 다음 각 호의 어느 하나에 해당하는 경우에 한하여 교부를 청구할 수 있다.
1. 친양자가 성년이 되어 신청하는 경우
2. 혼인당사자가 「민법」 제809조의 친족관계를 파악하고자 하는 경우
3. 법원의 사실조회촉탁이 있거나 수사기관이 수사상 필요에 따라 문서로 신청하는 경우
4. 그 밖에 대법원규칙으로 정하는 경우

제15조(증명서의 종류 및 기록사항)
① 등록부등의 기록사항에 관하여 발급할 수 있는 증명서의 종류와 그 기록사항은 다음 각 호와 같다. 다만, 외국인의 기록사항에 관하여는 성명·성별·출생연월일·국적 및 외국인등록번호를 기재하여 증명서를 발급하여야 한다. <개정 2009.12.29, 2010.5.4>
5. 친양자입양관계증명서
가. 본인의 등록기준지·성명·성별·본·출생연월일 및 주민등록번호
나. 친생부모·양부모 또는 친양자의 성명·성별·본·출생연월일 및 주민등록번호
다. 입양 및 파양에 관한 사항

8. 친양자입양신고서 양식

[양식]

<table>
<tr><td>친양자입양신고서
(년 월 일)</td><td>※ 아래의 작성방법을 읽고 기재하시되, 선택항목은 해당번호에 "○"으로 표시하여 주시기 바랍니다.</td></tr>
</table>

<table>
<tr><td colspan="3">구 분</td><td colspan="4">양 부</td><td colspan="4">양 모</td></tr>
<tr><td rowspan="5">①양친</td><td rowspan="3">성명</td><td>한글</td><td></td><td>본(한자)</td><td colspan="2"></td><td>한글</td><td></td><td>본(한자)</td><td></td></tr>
<tr><td>한자</td><td></td><td>출생연월일</td><td colspan="2"></td><td>한자</td><td></td><td>출생연월일</td><td></td></tr>
<tr><td colspan="2">주민등록번호</td><td colspan="3">-</td><td colspan="2">주민등록번호</td><td colspan="2">-</td></tr>
<tr><td colspan="2">등록기준지</td><td colspan="4"></td><td colspan="4"></td></tr>
<tr><td colspan="2">주소</td><td colspan="4"></td><td colspan="4"></td></tr>
</table>

<table>
<tr><td rowspan="6">②친양자</td><td rowspan="2">성명</td><td>한글</td><td colspan="2"></td><td>본(한자)</td><td></td><td colspan="2">주민등록번호</td><td colspan="2">-</td></tr>
<tr><td>한자</td><td colspan="2"></td><td>성 별</td><td>1남 2여</td><td colspan="2">출생연월일</td><td colspan="2"></td></tr>
<tr><td colspan="2">등록기준지</td><td colspan="8"></td></tr>
<tr><td colspan="2">주 소</td><td colspan="8"></td></tr>
<tr><td>종전의성(姓)</td><td>한글</td><td></td><td>한자</td><td></td><td>종전의본(本)</td><td>한글</td><td></td><td>한자</td><td></td></tr>
<tr><td>변경된성(姓)</td><td>한글</td><td></td><td>한자</td><td></td><td>변경된본(本)</td><td>한글</td><td></td><td>한자</td><td></td></tr>
</table>

<table>
<tr><td rowspan="4">③친양자의 친생부모</td><td rowspan="2">부</td><td rowspan="2">성명</td><td rowspan="2"></td><td>등록기준지</td><td></td></tr>
<tr><td>주민등록번호</td><td>-</td></tr>
<tr><td rowspan="2">모</td><td rowspan="2">성명</td><td rowspan="2"></td><td>등록기준지</td><td></td></tr>
<tr><td>주민등록번호</td><td>-</td></tr>
<tr><td>④기타사항</td><td colspan="5"></td></tr>
</table>

<table>
<tr><td colspan="2">⑤ 재판확정일자</td><td colspan="2">년 월 일</td><td>법원명</td><td></td></tr>
<tr><td rowspan="4">⑥신고인</td><td>성 명</td><td colspan="2">㊞ 또는 서명</td><td>주민등록번호</td><td>-</td></tr>
<tr><td>자 격</td><td colspan="4">1소 제기자 2소의 상대방 3기타(자격 :)</td></tr>
<tr><td>주 소</td><td colspan="4"></td></tr>
<tr><td>전 화</td><td colspan="2"></td><td>이메일</td><td></td></tr>
<tr><td>⑦제출인</td><td>성 명</td><td colspan="2"></td><td>주민등록번호</td><td>-</td></tr>
</table>

작 성 방 법

※ 등록기준지 : 각 란의 해당자가 외국인인 경우에는 그 국적을 기재합니다.
※ 주민등록번호 : 각 란의 해당자가 외국인인 경우에는 외국인등록번호(국내거소신고번호 또는 출생연월일)를 기재합니다.
①란 및 ②란 : 법 제25조제2항에 따라 주민등록번호란에 주민등록번호를 기재한 때에는 출생연월일의 기재를 생략할 수 있습니다.
④란 : 가족관계등록부에 기록을 분명하게 하는데 특히 필요한 사항을 기재하며 혼인신고시 자녀가 모의 성·본을 따르기로 협의하였는지 여부도 기재합니다.
⑥란 : 친양자입양의 재판이 확정된 경우에는 소 제기자 또는 소의 상대방 단독으로 신고할수 있습니다. 이 경우에는 해당 항목번호에 "○"으로 표시한 후 기명날인(또는 서명)합니다.
⑦란 : 제출자(신고인 여부 불문)의 성명 및 주민등록번호 기재[접수담당공무원은 신분증과 대조]

첨 부 서 류

※ 아래 1항은 등록관서에서 전산으로 그 내용을 확인할 수 있는 경우 첨부를 생략합니다.
1. 친양자입양당사자의 가족관계등록부의 기본증명서, 가족관계증명서 각 1통.
2. 친양자 입양재판의 등본 및 확정증명서.
3. 사건본인이 외국인인 경우 : 국적을 증명하는 서면(여권 또는 외국인등록증) 사본
4. 신분확인[가족관계등록예규 제23호에 의함]
   - 신고인이 출석한 경우 : 신분증명서,
   - 제출인이 출석한 경우 : 제출인의 신분증명서
   - 우편제출의 경우 : 신고인의 신분증명서 사본

답변41: 친양자입양을 인용하는 심판이 확정되면 친양자입양의 효력이 발생하므로(민법 제908의3조), 심판확정 이후에는 당사자의 친양자입양신고와 상관없이 당사자 사이에 친양자입양관계가 성립된 것이다. 그러나 이러한 민법의 태도는 입양자체가 당사자의 의사가 최대한 존중되어야 하는 창설적 신분행위라는 점에서 본다면 조금 문제가 있는 것이 아닌가 하는 의문이 든다. 실제 우리 민법은 혼인, 입양의 경우에 당사자의 자유로운 의사에 따라서 혼인신고, 입양신고를 하여 등록관서에서 수리된 때에 혼인의 효력, 입양의 효력이 발생하는 것으로 규정하고 있다. 즉 당사자의 의사는 언제든지 변할 수 있으므로 등록관서에 와서 수리되기 전까지는 언제든지 그

의사를 변경할 수 있도록 당사자를 배려하고 있는 것이다. 그러나 친양자입양의 경우는 특이하게도 친양자입양을 인용하는 심판이 확정된 때 친양자입양의 효력이 발생하는 것으로 규정하고 있다. 친양자입양신고를 보고적 신고로 규정하고 있는 점은 2013. 7. 1.부터 시행되는 개정민법[120]에서 미성년자를 입양하는 경우 법원의 허가를 받도록 하면서도, 그러한 입양신고를 창설적 신고로 규정하고 있는 점과 모순되는 것이 아닌가 하는 의문도 든다. 친양자입양신고를 창설적 신고로 보는 견해가 없는 것은 아니다[121].

답변42: 본인의 가족관계증명서상 자녀란에 기재된 자녀를 말소한다는 것은 본인과 자녀와의 친자관계가 단절된다는 것을 의미한다. 즉 친생자관계부존재확인판결, 또는 친양자입양으로 친자관계가 단절되어야만 가능한 일이다. 따라서 갑녀가 본인의 가족관계증명서상 자녀란에 기재된 자녀를 말소하기 위해서는 친생자관계부존재확인판결 또는 친양자입양을 거쳐야 하는데 사안에서 그 아이는 갑녀의 친생자가 맞으므로 유전자검사를 필수적으로 요하는 친생자관계부존재확인판결을 얻기는 어렵다 할 것이다.

---

120) 제867조(미성년자의 입양에 대한 가정법원의 허가)
① 미성년자를 입양하려는 사람은 가정법원의 허가를 받아야 한다.
② 가정법원은 양자가 될 미성년자의 복리를 위하여 그 양육 상황, 입양의 동기, 양부모(양부모)의 양육능력, 그 밖의 사정을 고려하여 제1항에 따른 입양의 허가를 하지 아니할 수 있다.
제878조(입양의 성립)
입양은 「가족관계의 등록 등에 관한 법률」에서 정한 바에 따라 신고함으로써 그 효력이 생긴다.

121) 이경희 가족법 6판 2006.

답변43: 국제사법122)상 입양은 양친의 본국법을 따른다. 따라서 일본인 병남이 한국 가정법원에서 한국인 정녀를 친양자입양하고자 친양자입양심판을 청구하는 경우 심판에 적용되는 준거법은 일본 민법이다. 따라서 우리 민법상 친양자입양규정이 아니라 일본민법상 특별입양규정123)을 적용하여야 한다. 일본

---

122) 국제사법
제1조(목적)
이 법은 외국적 요소가 있는 법률관계에 관하여 국제재판관할에 관한 원칙과 준거법을 정함을 목적으로 한다

제43조(입양 및 파양)
입양 및 파양은 입양 당시 양친의 본국법에 의한다.

123) 일본민법
제817조의2(특별양자입양의 성립)
① 가정재판소는 다음 조 내지 제817조의7이 정하는 요건이 있는 때에는 양친으로 될 자의 청구에 의하여 생가의 혈족과의 친족관계를 종료시키는 입양을 성립시킬 수 있다.
② 제1항에 규정한 청구를 함에는 제794조(후견인·피후견인간의 입양) 또는 제798조(미성년인 양자)의 허가를 얻을 필요가 없다.

제817조의3(양친의 부부공동입양)
① 양친으로 될 자는 배우자 있는 자이어야 한다.
② 부부의 일방은 다른 일방이 양친으로 되지 아니한 경우에는 양친으로 될 수 없다. 그러나 부부의 일방이 다른 일방의 적출인 자(특별양자입양 이외의 입양에 의한 양자를 제외한다)의 양친으로 되는 경우는 그러하지 아니하다.

제817조의4(양친이 되는 자의 연령)
25세에 이르지 아니한 자는 양친으로 될 수 없다. 그러나 양친으로 되는 부부의 일방이 25세에 이르지 아니한 경우에도 그 자가 20세에 이르고 있는 때에는 그러하지 아니하다.

제817조의5(양자로 되는 자의 연령)
제817조의2가 규정하는 청구 시에 6세에 이르고 있는 자는 양자로 될 수 없다. 그러나 그 자가 8세 미만이고 6세에 이르기 전부터 계속하여 양친으로 될 자부터 감호되고 있는 경우에는 그러하지 아니하다.

제817조의6(부모의 동의)
특별양자입양의 성립에는 양자로 될 자의 부모의 동의가 있어야 한다. 그러나 부모가 그 의사를 표시할 수 없는 경우 또는 부모에 의한 학대, 악의의 유기 그

민법은 특별양자가 될 자의 나이는 원칙적으로 6세 미만이어야 한다. 현재 정녀는 10세이므로 친양자입양허가를 할 수 없다 할 것이다[124].

밖에 양자로 될 자의 이익을 심히 해하는 사유가 있는 경우에는 그러하지 아니하다.

제817조의7(자의 이익을 위한 특별양자입양의 필요성)
특별양자입양은 양자로 될 자에 대하여 부모의 감호가 심히 곤란 또는 부적당하거나 그 밖에 특별한 사정이 있는 경우에 자의 이익을 위하여 특히 필요하다고 인정할 때에는 이를 성립시키는 것으로 한다.

제817조의9(생가와의 친족관계의 종료)
양자와 생가의 부모 및 그 혈족과의 친족관계는 특별양자입양에 의하여 종료한다. 그러나 제817조의3 제2항 단서에 규정하는 다른 일방 및 그 혈족과의 친족관계에 대하여는 그러하지 아니하다.

124) 우리 현행 민법은 친양자가 될려는 자는 15세 미만이어야 하는 것으로 , 2013. 7. 1. 시행되는 민법은 미성년자이어야 하는 것으로 각 규정하고 있다

제6장 혼인신고

사례44: 대한민국 국민인 의뢰인은 베트남과 한국을 오고 가며 베트남 현지에서 사탕수수원액수입을 하는 50대의 이혼남이다. 사업상 베트남출장이 잦은 의뢰인은 최근 베트남 출장시 베트남 현지통역을 맡았던 베트남 이혼녀와 재혼하였다. 의뢰인은 전혼 중의 자녀로 아들이 있고, 의뢰인의 배우자인 베트남 이혼녀에게는 전혼 중의 자녀로 베트남 국적의 딸이 있다. 의뢰인의 베트남 부인은 현재 한국에 그 딸을 데리고 와서 함께 생활하는 중인데, 의뢰인의 아들과 베트남 부인의 딸이 오누이처럼 잘 지내는가 싶더니 어느 날 자신들이 결혼하고 싶다는 것이다. 의뢰인은 베트남 부인의 딸이 너무나 참해서 '며느리를 보면 저 애처럼 착한 애가 들어오면 좋겠다'고 평소 입버릇처럼 말해오던 터라 아들과 베트남 부인의 딸 사이의 혼인에 반대할 이유는 없으나, 주위에서 근친혼이 아니냐는 시선으로 바라보는 터라 변호사 나성실을 찾아온 것이다.

사례45: 대한민국 대학 교수인 나성실의 의뢰인은 안식년을 맞이하여 미국으로 1년간 연수를 떠나게 되었다. 연수차 방문한 미국 대학에서는 의뢰인의 연수생활에 불편함이 없도록 미국인 여자 조교를 의뢰인의 교수실 옆 사무실에 배치하여 주었다. 의뢰인은 연수생활을 편안하게 챙겨주던 미국인 여자 조교와 사랑에 빠져 미국에서 미국방식으로 혼인을 하고 미국관계기관에 혼인등록을 하였다. 연수를 마치고 한국에 귀국한 의뢰인은 가족관계등록부에 미국에서 성립한 혼인사유를 기재하고 싶어 하는데 그렇다면 혼인신고를 등록관서에 다시 하여야 하는 것인가?

사례46: 여행사를 운영하는 대한민국 국민인 갑은 여행상품문제로 자주 자문을 구하던 태국인 여성 교수와 한국에서 한국방식으로 혼인을 하고자 등록관서에 혼인신고를 하러 갔다가 태국인 여성 교수가 태국법상 혼인에 아무런 장애가 없음을 증명하는 '혼인성립요건구비증명서'를 첨부하여야 한다는 안내를 받았다. 혼인성립요건구비증명서란 무엇인가?

사례47: 변호사 나성실은 가정법원 법정에서 사건순서를 기다리며 다른 사건의 진행을 지켜보고 있는 중이다. 진행 중인 사건은 최근에 혼인신고를 한 원고 여성이 그 혼인의 무효를 주장하는 혼인무효소송이었다. 원고 여성의 주장요지는 자신에게 지나치리만치 집착하는 남자친구가 무서워 몇 번이나 헤어졌으나, 남자친구의 협박에 어쩔 수 없이 만남을 이어가던 중 남자친구가 의뢰인을 협박하여 혼인신고를 한 것이므로 그 혼인은 무효라는 것이었다. 원고의 주장을 경청하던 판사는, 협박에 의한 혼인을 주장한다면 혼인무효가 아니라 강박에 의한 혼인취소의 소를 제기하여야 하는데, 왜 혼인무효를 주장하냐고 원고의 변호사를 쳐다보았다. 원고의 변호사는 “혼인취소는 소급효가 없으므로 취소된 혼인의 흔적이 원고의 가족관계등록부에 남지만, 혼인무효는 처음부터 혼인이 효력이 없는 것이므로...”라며 말끝을 흐렸고, 무효인 혼인의 흔적이 원고의 가족관계등록부에 남지 않기 때문에 혼인무효를 주장하게 되었다고 설명을 하였다. 판사는 혼인취소든 혼인무효이든 다 가족관계등록부상에 남는다는 지적을 하였다. 지켜보던 나성실은 원고 대리인에게 메모를 건네주었다. 그 내용은 무엇이었을까?

1. 혼인의 의의

혼인은 남녀의 영속적인 생활공동체를 목적으로 하는 가족법상 대표적인 법률행위이다.

2. 혼인의 성립요건

가. 실질적 성립요건

민법 제807조 내지 제810조에 혼인의 실질적 성립요건을 규정하고 있으며, 이 요건을 충족하지 못한 경우는 혼인의 무효사유125) 또는 취소사유126)가 된다.

---

125) 민법 제815조는 혼인무효의 사유로 ① 당사자 사이에 혼인의 합의가 없는 때, ② 당사자 사이에 8촌 이내의 혈족관계(친양자의 입양 전의 혈족을 포함한다)가 있는 때, ③ 당사자 사이에 직계인척관계가 있거나 있었던 때, ④ 당사자 사이에 양부모계의 직계혈족관계가 있었던 때의 4가지를 규정하고 있다(가사실무제요 참조).

126) 민법이 규정하는 혼인취소의 사유는, ① 혼인의 연령위반·동의 없는 혼인·근친혼 등의 금지위반·중혼금지위반 등에 해당하는 것인 때, ② 혼인 당시 당사자 한쪽에 부부생활을 계속할 수 없는 악질(惡疾), 그 밖의 중대한 사유가 있음을 알지 못한 때, ③ 사기 또는 강박으로 인하여 혼인의 의사표시를 한 때(민법 제816조) 등이다. 특히 사기 또는 강박으로 인하여 혼인의 의사표시를 한 때(민법 제816조 3호)에서 '사기'란 혼인의사를 결정케 할 목적으로써 혼인당사자의 한쪽 또는 양쪽에게 허위의 사실을 고지하여 이들을 착오에 빠뜨려서 혼인의사를 결정짓도록 하는 것을 말한다. 사기자가 혼인의 상대방이든 제3자이든 또는 제3자에 의하여 사기가 행하여진 경우에 혼인의 상대방이 그것을 알고 있었건 없었건 묻지 않는다. 사기로 인하여 혼인이 취소되기 위해서는 사기로 인하여 생긴 착오가 일반적으로 사회생활관계에 비추어 볼 때 혼인생활에 미치는 영향이 크고, 당사자가 그러한 사실을 알았더라면 혼인하지 않았을 것이라고 인정되는 경우이어야 한다(대법원 2007. 10. 25. 선고 2007므1058 판결 참조). '강박'이란 혼인을 결정케 할 목적으로써 혼인당사자의 한쪽 또는 양쪽에게 해악을 예고하여 공포에 몰아넣음으로써 혼인의사를 결정짓도록 하는 것을 말한다. 역시 강박자가 혼인의 상대방이든 제3자이든 묻지 않는다.(가사실무제요 참조)

(1) 당사자간에 혼인의 합의가 있을 것

당사자간에 혼인의 합의[127]가 없는 경우는 혼인무효사유로서, 혼인의사의 합치는 신고서를 작성할 때에는 물론 제출, 접수, 수리 할 때까지 계속되어야 하는 것이므로 혼인신고서를 제출한 후 그 수리 여부가 결정되기 전에라도 혼인당사자의 일방이 혼인의사를 철회하고 이미 제출된 신고서류의 반환을 요청한다면 그 혼인신고는 불수리하고 있다(호적선례3-47호 참조[128]).

---

127) 통설(실질적 의사설) 및 판례에 따르면 혼인의 합의는 법률혼주의를 택하고 있는 우리나라 법제 하에서는 법률상 유효한 혼인을 성립케 하는 합의를 말하는 것이다(대법원 1983. 9. 27. 선고 83므22 판결). 즉, 양성간의 정신적·육체적 관계를 맺을 의사와 혼인신고의 의사가 필요하고 전자가 있는 것만으로는 혼인의 합의가 있다고 할 수 없다. 이에 대하여 혼인은 신고로 성립된다는 점을 강조하여 혼인의 신고의사만 합치되면 혼인의사의 합치가 있다고 해석하는 소수설(형식적 의사설)이 있다. 혼인의 합의가 없는 가장혼인, 예컨대 ① 원·피고 사이에 출생한 자가 혼인외 자로 알려질 것을 염려하여(대법원 1975. 5. 27. 선고 74므23 판결), ② 피고로 하여금 초등학교의 교사직에서 면직당하지 않게 할 수단으로(대법원 1980. 1. 29. 선고 79므62, 63 판결), ③ 해외이주의 목적으로(대법원 1985. 9. 10. 선고 85도1481 판결, 공정증서원본불실기재죄가 된다) 오로지 가족관계등록부상 부부로만 혼인신고 하였을 뿐 당사자 사이에 혼인의 합의, 즉 정신적·육체적 결합을 생기게 할 의사로 신고된 것이 아니면 그 혼인은 무효이다. 다만, 이러한 판례의 주류적인 태도와는 달리 형식적 의사설에 입각하고 있는 것으로 보이는 대법원 판례도 있다(대법원 1975. 11. 25. 선고 75므26 판결). (가사실무제요 참조)

128) 호적선례3-47 : 혼인신고서에 흠결이 있어 접수를 보류하고 있는 중 당사자 일방의 반려요청이 있을 경우 반려할 수 있는지 여부

1. 호적법규상의 '접수'란 우편 또는 직접제출된 신고서류를 호적공무원이 수령하는 것을 의미하고 그 후 신고서에 접수인을 날인하고 접수장에 기재하는 등의 절차는 내부적인 사무처리절차에 불과하므로, 제출된 혼인신고서를 호적공무원이 수령하였다면 접수인을 날인하는 등의 내부적인 절차를 밟지 않았다 하더라도 접수의 효과는 발생하였다 할 것이므로 어떠한 사유로도 이를 신고인 등에게 환부할 수는 없고, 지체없이 신고서에 접수인을 날인하는 등의 절차를 취한 후 그 수리여부를 결정하여야 할 것이다.
2. 혼인신고를 포함한 창설적 신고의 경우에는 신분행위의사의 합치와 신고의사가 신고서를 작성할 때에는 물론이고 제출, 접수, 수리할 때까지 계속되어야 하는 것이므로, 혼인신고서를 제출한 후 그 수리여부가 결정되기 전에 혼인당사자의 일방이 제출된 신고서류의 반려를 요청한다면, 반려를 구하는 자의 진정한 의사가 무엇인지를 확인하여 '혼인의사를 철회하였으므로 혼인신고를 수리하지 말아 달라'는 것으로 확인이 되거나 또는 '혼인신고의사를 철회'하는 것

(2) 혼인당사자가 혼인적령에 달하였을 것[129]

개정민법(2007. 12. 21. 공포·시행)에 의하여 혼인적령을 남녀 만 18세로 개정하였다{민법 제807조, 단, 부칙에 의하여 개정민법 시행당시 만16세가 된 여자는 혼인(약혼 동일)할 수 있도록 하였다}. 혼인적령에 달하지 못한 혼인은 취소할 수 있다(민법 제816조,제817조).

(3) 혼인동의를 요하는 경우에는 동의를 얻을 것

① 미성년자가 혼인하는 경우에는 부모의 동의를 얻어야 하며, 부모 중 일방이 동의권을 행사할 수 없는 때에는 다른 일방의 동의를 얻어야 하고(예규 제142호), 부모가 모두 동의권을 행사할 수 없는 때에는 후견인의 동의를 얻어야 한다. 따라서 혼인적령에 달한 미성년 고아가 혼인을 하려면 민법 제936조에 따라 선임된 후견인의 동의를 받아야 한다(예규 제145호). ②금치산자가 혼인하는 경우에는 부모 또는 후견인의 동의를 얻어야 한다. ③미성년자 또는 금치산자가 혼인하는 경우에 부모 또는 후견인이 없거나 동의할 수 없는 때에는 친족회의 동의를 얻어야 한다. ④ 동의를 요하는 경우 동의 없이 한 혼인은 취소사유가 되나, 그 당사자가 성년에 달한 후 또는 금치산취소의 선고가 있은 후 3월이 경과하거나 혼인 중에 포태(胞胎)한 때에는 취소하지 못한다(민법 제819조).

(4) 금혼친족(禁婚親族) 간의 혼인이 아닐 것

으로 확인이 된다면 그러한 혼인은 무효가 될 것이므로 불수리함이 상당할 것인바, 이 때에는 당사자의 진의를 확인하고 업무처리의 정확을 기하기 위하여 별도로 혼인신고 철회의 의사 등을 서면으로 제출토록 하여야 할 것이고, 제출된 신고서류는 불수리신고서류편철장에 편철하여야 할 것이다(1996. 4. 16. 법정 3202-111).

129) 혼인적령은 등록부상의 연령을 기준으로 한다(예규 제141호).

2005. 3. 31. 개정된 민법에서 규정하고 있는 금지혼의 범위는 다음과 같다(민법 제809조) ① 8촌 이내의 혈족사이에는 혼인하지 못한다. ② 6촌 이내의 혈족의 배우자, 배우자의 6촌 이내의 혈족, 배우자의 4촌 이내의 혈족의 배우자인 인척이거나 이러한 인척이었던 자 사이에서는 혼인하지 못한다. ③ 6촌 이내의 양부모계의 혈족이었던 자와 4촌 이내의 양부계의 인척이었던 자 사이에는 혼인하지 못한다.

(5) 중혼(重婚)이 아닐 것

배우자 있는 자는 다시 혼인하지 못한다. 이미 혼인신고를 한 사람이 이중으로 혼인신고를 하는 경우 등록공무원은 그 수리를 거부하여야 한다(민법 제813조[130]).

나. 형식적 성립요건

혼인당사자 쌍방이 임의로 하는 혼인신고는 창설적 신고로서 법에 따라 신고함으로써 혼인의 효력이 발생한다(민법 제812조). 이 경우의 혼인신고는 혼인의 형식적 성립요건이 된다.

3. 혼인신고의 방식과 효력

가. 혼인신고의 방식

혼인신고는 당사자 쌍방과 성년자인 증인 2인이 연서한 서면에 의하거나(민법 제812조제2항), 말로 신고할 수도 있다(법 제31조제1항). 그리고 혼인연령에 달한 미성년자는 자신이 직접 혼인신고를 할 수 있다(예규 제140호).

130) 다만 중혼이라도 착오로 수리하였다면 등록부에 기록하여야 하며, 중혼 중에 출생한 자는 혼인중의 자로 출생신고를 하여야 한다.

나. 신고의 효력발생

혼인신고는 시(구)·읍·면의 장(또는 당사자 모두 한국인인 경우 외국에서 혼인신고를 받은 대사·공사·영사 등)이 수리한 때 효력이 발생한다131).

다. 특수한 혼인신고

(1) 사실상혼인관계존재확인의 재판 · 조정에 의한 혼인신고

사실상 혼인관계를 유지하면서도 당사자 중 일방이 혼인신고에 응하지 아니하는 경우에는 사실상혼인관계존재확인의 판결이나 조정조서에 의하여 소를 제기한 자는 재판의 확정일로부터 1월 이내에 재판서의 등본 및 확정증명서를 첨부하여 혼인신고를 할 수 있다(법 제72조). 판례는 이때 혼인신고를 창설적 신고로 본다. 혼인신고는 원칙적으로 양 당사자가 생존한 경우에 할 수 있으므로 사실혼관계에 있던 자가 사망한 후에 사실상혼인관계존재확인의 판결이 확정된 경우에는 그 판결에 기한 혼인신고는 할 수 없다(대법원 1991. 8. 13. 자 91스6 결정132)).

(2) 혼인신고특례법에 의한 혼인신고

(가) 혼인신고특례법(1968.12.31.제정 법률제2067호, 2009.1.30. 개정 법률 제9365호)에 의한 혼인신고라 함은, 당사자 중 어느 한쪽이 전쟁 또는 사변으로 전투에 참가하거나 전투수행을

---

131) 등록부의 기록은 효력발생 요건이 아니다.

132) 재판에 의한 혼인신고에는 법 제58조가 준용되지 않으므로 소제기의 상대방은 재판에 의한 혼인신고를 할 수 없으며, 소 제기자가 사망한 때에는 다른 사람이 대신 신고할 수도 없다. 판례는 청구인이 사실상혼인관계존재확인의 승소판결을 받고 상대방이 항소하여 사건이 항소심 계속 중 피청구인이 제3자와 혼인신고를 한 경우 그 제3자와의 혼인신고가 당연 무효가 아니고, 또 청구인이 피청구인을 상대로 한 사실혼관계존재확인판결이 확정되었다고 하여도 그에 기한 혼인신고를 하지 않은 이상 중혼도 성립되지 않는다(대법원 1973. 1. 16. 선고 72므25 판결)고 판시하고 있다.

위한 공무에 종사함으로 인하여 혼인신고를 하지 못하고 사망한 경우에, 생존한 당사자가 사망한 당사자의 마지막 주소지가 있는 곳의 가정법원의 확인을 받아 단독으로 혼인신고를 할 수 있도록 한 혼인신고의 특례제도를 말한다.

(나) 특례법에 의한 혼인신고가 있는 경우에는 신고의무자 어느 한 쪽의 사망 시에 혼인신고가 있었던 것으로 본다.[133] 단, 사실상 혼인한 남편이 6.25사변 때 전사하고 잔존배우자인 처도 이미 사망한 때에는 이 특례법에 의한 혼인신고도 할 방법이 없다(호적선례2-171호 참조).

4. 혼인신고서의 첨부서류

가. 자녀의 성·본사용에 대한 혼인당사자의 협의서

민법 제781조제1항 단서에 따른 협의(자녀의 성과 본을 모의 성과 본을 따르기로 하는 협의)가 있는 경우 그 사실을 혼인신고서에 기재하여야 하고, 이 경우 혼인당사자의 협의서를 첨부하여야 한다(법 제71조).

나. 혼인동의서

혼인당사자가 미성년자이거나 금치산자인 때에는 부모 또는 후견인이나 친족회의 동의를 요하므로(민법 제808조), 혼인신고서의 기타사항란에 동의자가 동의의 취지와 주소 및 성명을 기록함과 동시에 서명하거나 기명날인한 경우를 제외하고는 혼인신고서에 동의서를 첨부하여야 한다(법 제32조). 그리고 친족회가 동의를 하는 경우에는 친족회의 결의록도 첨부하여야 한다(법 제32조 단서). 2013. 7. 1.

---

133) 판결을 받아서 혼인신고를 함에도 불구하고 판결효력발생시에 혼인의 효력이 발생하는 것이 아니라, 사망한 혼인당사자의 사망일에 혼인의 효력이 발생하는 것으로 간주하고 있음에 주의를 요한다.

시행되는 민법에서는 친족회가 폐지된다.

다. 혼인당사자의 등록사항별 증명서

혼인당사자의 등록사항별 증명서(기본증명서, 혼인관계증명서, 가족관계증명서 각1통)는 각자의 혼인성립의 실질적 요건의 구비 여부를 심사하는 서면으로서 혼인신고서에 첨부하여야 한다. 그러나 등록관서에서 전산으로 그 내용을 확인할 수 있는 경우 증명서 첨부할 필요는 없다 할 것이다(예규제315호 별지 신고서양식 참조).

라. 재판서등본 및 확정증명서

사실상혼인관계존재확인의 재판에 의한 혼인신고서에는 그 재판서의 등본과 확정증명서를 첨부하여야 하며(법제72조), 사실상혼인관계존재확인의 조정이 성립된 경우에는 조정조서의 등본(조정성립일부터 1개월 경과 시 송달증명서 포함)을 첨부한다(예규제309호).

5. 혼인신고서의 양식

[양식]

혼 인 신 고 서
(년 월 일)

※ 뒷면의 작성방법을 읽고 기재하시되, 선택항목은 해당번호에 "○"으로 표시하여 주시기 바랍니다.

구분		남편(부)		아내(처)	
①혼인당사자(신고인)	성명 한글		㉐ 또는 서명		㉐ 또는 서명
	성명 한자				
	본(한자)		전화	본(한자)	전화
	출생연월일				
	주민등록번호	-		-	
	등록기준지				
	주소				
②부모(양부모)	부 성명				
	주민등록번호	-		-	
	등록기준지				
	모 성명				
	주민등록번호	-		-	
	등록기준지				
③직전혼인해소일자		년 월 일		년 월 일	

④외국방식에 의한 혼인성립일자	년 월 일
⑤성·본의 협의	자녀의 성·본을 모의 성·본으로 하는 협의를 하였습니까? 예□아니오□
⑥근친혼 여부	혼인당사자들이 8촌이내의 혈족사이에 해당됩니까? 예□아니오□
⑦기타사항	

⑧증인				
	성 명	㉐ 또는 서명	주민등록번호	-
	주 소			
	성 명	㉐ 또는 서명	주민등록번호	-
	주 소			

⑨동의자					후견인		
남편	부	성명	㉐ 또는 서명		성명	㉐ 또는 서명
	모	성명	㉐ 또는 서명		주민등록번호	
아내	부	성명	㉐ 또는 서명		성명	㉐ 또는 서명
	모	성명	㉐ 또는 서명		주민등록번호	

⑩제출인	성 명		주민등록번호	-

⑪실제결혼생활시작일		년 월 일부터 동거		
⑫국 적	남편	1 한국인 2 귀화한 한국인(이전국적:) 3 외국인(국적:)	처	1 한국인 2 귀화한 한국인(이전국적:) 3 외국인(국적:)
⑬혼인종류	남편	1초혼 2사별 후 재혼 3이혼 후 재혼	처	1초혼 2사별 후 재혼 3이혼 후 재혼
⑭최종 졸업 학교	남편	1무학 2초등학교 3중학교 4고등학교5대학(교)6대학원이상	처	1무학 2초등학교3중학교 4고등학교5대학(교)6대학원이상
⑮직 업	남편	*주된 일의 종류와 내용을 기입합니다	처	*주된 일의 종류와 내용을 기입합니다

작 성 방 법

※ 등록기준지 : 각 란의 해당자가 외국인인 경우에는 그 국적을 기재합니다.
※ 주민등록번호 : 각 란의 해당자가 외국인인 경우에는 외국인등록번호(국내거소신고번호 또는 출생연월일)를 기재합니다.
※ ①,②란 및 ⑥,⑦,⑧,⑨,⑩,⑪,⑫,⑬,⑭란은 신고인 모두가 기재하며, 나머지 란(③,④,⑤)은 해당되는 사람만 기재합니다.
※ 주민등록전입신고는 본 가족관계등록신고와는 따로 하여야 합니다.
②란 : 혼인당사자가 양자인 경우 양부모의 인적사항을 기재합니다.
③란 : 이혼 또는 혼인취소가 있었던 사람의 경우 그 일자를 기재합니다.
④란 : 외국방식에 의한 혼인증서등본제출의 경우 혼인성립일을 기재합니다.
⑤란 : 「민법」 제781조제1항의 단서에 따라 자녀의 성·본을 모의 성·본으로 하는 협의가 있는 경우에는 그러한 사실을 표시합니다.
⑥란 : 혼인당사자들이 「민법」 제809조제1항에 따른 근친혼에 해당되지 아니한다는 사실[8촌 이내의 혈족(친양자의 입양전의 혈족을 포함한다)]을 표시합니다.
⑦란 : 아래의 사항 및 가족관계등록부에 기록을 분명하게 하는데 특히 필요한 사항을 기재합니다(기재란이 부족한 경우에는 별지를 붙여서 추가 기재할 수 있습니다).
- 사실상혼인관계확인판결에 의한 혼인신고의 경우에는 판결법원 및 확정일자
⑧란 : 증인은 성년자이어야 합니다.
⑨란 : 미성년자 또는 금치산자가 혼인하는 경우에 동의내용을 기재합니다.
⑩란 : 제출자(신고인 여부 불문)의 성명 및 주민등록번호 기재[접수담당공무원은 신분증과 대조]
⑪란 : 결혼일자와 관계없이 실제 부부가 결혼(동거)생활을 시작한 날을 기입합니다.
⑭란 : 교육과학기술부장관이 인정하는 모든 정규교육기관을 기준으로 기재하되 각급 학교의 재학 또는 중퇴자는 최종 졸업한 학교의 해당번호에 "○"으로 표시합니다.
<예시> 대학교 3학년 중퇴 → 고등학교에 ○표시
⑮란 : 결혼할 당시의 직업에 대한 일의 종류와 내용을 사업체 이름과 함께 구체적으로 기재합니다.
<잘못된 예시> 회사원, 공무원, 사업, 운수업
<올바른 예시> ○○회사 영업부 판촉사원, 건축목공, ○○구청 건축허가 업무담당, ○○상가에서 의류판매, 우리 논에서 논농사

첨 부 서 류

※ 아래 1항은 가족관계등록관서에서 전산으로 그 내용을 확인할 수 있는 경우 첨부를 생략합니다.
1. 혼인 당사자의 가족관계등록부의 기본증명서, 혼인관계증명서, 가족관계증명서 각1통.
2. 혼인동의서[미성년자 또는 금치산자의 혼인의 경우 신고서 동의란에 기재하고 서명(또는 날인)한 경우는 예외] 1부.
3. 사실혼관계존재확인의 재판에 의한 혼인신고의 경우 그 재판서의 등본과 확정증명서 각 1부[조정, 화해성립의 경우 조정(화해)조서 및 송달증명서 각 1부].
4. 혼인신고특례법에 의한 혼인의 경우 심판서의 등본 및 확정증명서 1부.
5. 사건본인이 외국인인 경우
- 한국방식에 의한 혼인의 경우 : 외국인의 혼인성립요건구비증명서(중국인인 경우 미혼증명서) 및 국적을 증명하는 서면(여권 또는 외국인등록증) 원본 각 1부.
- 외국 방식에 의해 혼인한 경우 : 혼인증서등본 및 국적을 증명하는 서면(여권 또는 외국인등록증) 사본 각 1부.
6. 「민법」 제781조제1항의 단서에 따라 자녀의 성·본을 모의 성·본으로 하는 협의를 한 경우에는 협의사실을 증명하는 혼인당사자의 협의서 1부.
7. 신분확인[가족관계등록예규 제23호에 의함]
① 일반적인 혼인신고
- 신고인이 출석한 경우 : 신고인 모두의 신분증명서
- 신고인 불출석, 제출인 출석의 경우 : 제출인의 신분증명서 및 신고인 모두의 신분증명서 또는 서명공증 또는 인감증명서(신고인의 신분증명서 없이 신고서에 신고인이 서명한 경우 서명공증, 신고서에 인감 날인한 경우 인감증명)
- 우편제출의 경우 : 신고인 모두의 서명공증 또는 인감증명서(신고서에 서명한 경우 서명공증, 인감을 날인한 경우는 인감증명서)
② 보고적인 혼인신고(증서등본에 의한 혼인신고)
- 신고인이 출석한 경우 : 신분증명서
- 제출인이 출석한 경우 : 제출인의 신분증명서
- 우편제출의 경우 : 신고인의 신분증명서 사본
※ 사실혼관계존재확인의 확정판결에 의한 혼인신고의 경우에는 출석한 신고인(사건본인들 중 일방)의 신분확인으로 불출석한 신고인의 신분확인에 갈음할 수 있습니다.

답변44: 드라마에서 나올법한 이 사례는 다문화가정의 증가와 맞물려 실제로 발생하고 있는 사례이다. 변호사들이 잘 알고 있는 바와 같이 의뢰인의 아들과 베트남 배우자의 딸과의 관계는 '혈족의 배우자의 혈족'으로서 인척의 범위에 속하지 아니하므로 우리 법이 금하고 있는 근친혼금지사유[134]에 해당하지 아니하여 결론적으로 혼인에 장애는 없다.

답변45: 재외국민이 거주하는 외국에서 외국방식으로 혼인 등과 같은 창설적 신분행위를 하여 해당 신분행위가 성립하여 그 나라의 권한있는 기관에 등록한 경우, 해당 신분행위의 효력이 발생하였으므로 우리나라의 가족관계등록부에도 발생한 신분행위를 기록할 필요가 있어 외국의 권한 있는 기관에서 발급하는 증서등본(예: 혼인증서 등)을 우리 등록관서에 제출하여 해당 신분행위를 기재하도록 하고 있다. 따라서 의뢰인은 미국의 권한있는 기관에서 발급한 혼인증서를 우리 등록관서(재외공관 포함)에 3월 내 제출하여야 하고[135], 등록관서에서는 제출된 혼인증서를 근거로 하여 가

---

134) 민법
제769조(인척의 계원)
혈족의 배우자, 배우자의 혈족, 배우자의 혈족의 배우자를 인척으로 한다. <개정 1990.1.13>

제809조(근친혼 등의 금지)
① 8촌 이내의 혈족사이에는 혼인하지 못한다.
② 6촌 이내의 혈족의 배우자, 배우자의 6촌 이내의 혈족, 배우자의 4촌 이내의 혈족의 배우자인 인척이거나 이러한 인척이었던 자 사이에서는 혼인하지 못한다.
③ 6촌 이내의 양부모계의 혈족이었던 자와 4촌 이내의 양부계의 인척이었던 자 사이에는 혼인하지 못한다

135) 법 제35조(외국의 방식에 따른 증서의 등본)
① 외국에 있는 대한민국 국민이 그 나라의 방식에 따라 신고사건에 관한 증서를 작성한 경우에는 3개월 이내에 그 지역을 관할하는 재외공관의 장에게 그 증서의 등본을 제출하여야 한다.

족관계등록부에 혼인사유를 기록하게 된다.

답변46: 현실적으로 등록공무원은 국제가족관계등록을 취급함에 있어서 외국법을 잘 알지 못하고 조사하는데 시간과 비용이 많이 소요되므로 신분행위 당사자로 하여금 신분행위를 하는데 필요한 요건을 구비하였는지 증명하도록 하고 있다. '신분행위성립요건구비증명서제도'가 바로 그것인바 외국의 많은 나라도 이와 같은 제도를 채택 운용하고 있다. 한국인과 외국인 사이 또는 외국인 사이에 한국에서 한국법의 방식에 따라 신분관계를 형성하는 신분행위를 하는 경우 (1)사건본인인 외국인이 당해 신분행위의 준거법과 그 신분행위당사자와의 관련을 증명하는 서면 및 그 준거법 소속국의 권한 있는 기관(당해 국가의 관공서, 재외공관)이 발급한 당해 '신분행위의 성립요건을 구비하고 있다는 증명서'를 가족관계등록신고서에 첨부하면, 시(구)·읍·면의 장은 그 요건을 구비한 것으로 보고 그 신고서를 수리하여야 한다. 이때 그 신분행위의 준거법이 한국법이면 위 신분행위의 성립요건 구비증명서는 첨부할 필요가 없다. (2) 외국인이 그 준거법상 (1)항의 증명서제도가 존재하지 않음으로 인하여 그러한 증명서를 신고서에 첨부할 수 없는 경우에는 준거법 소속국의 한국주재 재외공관의 영사 등의 앞에서 사건본인이 선서한 선서서(당해 신분행위를 함에 있어 준거법상 어떠한 법률적 장애도 없다는 뜻을 구체적으로 명시하여 선서하고 재외공관의 영사 등이 그것을 증명 또는 서명한 서면)를 제출하여 위 (1)항의 증명서를 갈음할 수 있다. (3) 외국인이 위 (1)항의 증명서나 (2)항의 선서서를 첨부할 수 없는 경우(예를 들면 외교관계가 없는 국가의

---

② 대한민국의 국민이 있는 지역이 재외공관의 관할에 속하지 아니하는 경우에는 3개월 이내에 등록기준지의 시・읍・면의 장에게 증서의 등본을 발송하여야 한다.

국민인 경우)에는 그러한 서면 등을 얻을 수 없다는 뜻과 준거법에 의한 해당 신분행위의 실질적 성립요건을 구비하고 있다는 뜻을 기재한 서면을 공증받아 제출함과 동시에 준거법 소속국의 권한 있는 기관으로부터 발급받은 신분관계를 증명하는 서면(예를 들면 출생증명서, 여권사본 등) 또는 외국인등록증명서(외국인등록부에 기록되어 있는 신분관계 사항을 함께 적는다)를 첨부하도록 하여, 그러한 자료에 의하여 준거법상 당해 신분행위의 성립요건 구비여부를 심사한 후 그 수리여부를 결정한다. (4) 위 (3)항의 공증서면은 준거법상 해당 신분행위의 요건을 모두 구비하고 있음을 요건별로 구체적으로 기록한 것이어야 하며, 단순히 『이 신분행위를 함에 있어 준거법상의 모든 요건을 구비하고 있음』과 같이 형식적·추상적으로 기록한 것만으로는 충분하지 아니하다('가족관계등록예규 제33호 신분관계를 형성하는 국제신분행위를 함에 있어 신분행위의 성립요건구비여부의 증명절차에 관한 사무처리지침' 제정 2007.12.10. 참조).

답변47: 판사의 설명대로, 혼인취소든 혼인무효이든 당사자의 가족관계등록부에는 모두 기록이 남는다. 다만 차이점이 있다면 첫째, 혼인무효판결을 받으면 등록관서에 정정신청의 방식으로, 혼인취소판결을 받으면 혼인취소신고의 방식으로 가족관계등록부에 기재가 된다[136]. 둘째 혼인취소판결의 경우는 재작성사유에 해당하지 아니하지만, 혼인무효판결을 받아 등록부를 정정한 경우는 재작성사유에 해당한다[137]. 따라서 원고의 가

---

136) 혼인무효의 확정판결이 있으면 그 소를 제기한 사람이 판결확정일로부터 1개월 이내에 가족관계등록부 정정신청을 하여야 하고(법 제107조). 혼인취소의 판결이 확정되면 소를 제기한 자는 판결이 확정된 날로부터 1개월 이내에 판결서 등본 및 확정증명서를 첨부하여 그 취지를 신고하면 된다.

137) 예규 제41호

족관계등록부에 혼인의 흔적이 나타나기를 원치 않는다면 혼인취소판결을 받을 것이 아니라 혼인무효판결을 받아야 재작성을 통하여 무효인 혼인의 흔적이 나타나지 않도록 할 수 있다. 그리고 재작성으로 기존 등록부가 폐쇄된 경우에도 폐쇄된 등록부에 대한 증명서발급을 금지하여 당사자의 사생활보호에 만전을 기하고 있다[138]. 다만 혼인무효를 이유로 등록부를 정정한 후 등록부를 재작성하는 경우 그 요건이 엄격함에 주의를 요한다. 즉 혼인당사자 일방이 혼인당사자 타방 모르게 혼인신고를 하여 '공정증서원본불실기재죄'가 성립하는 것과 같이 범죄행위에 의해서 혼인이 무효가 되어야 하고, 범죄행위의 피해자의 등록부만 재작성의 대상이 된다. 범죄행위자의 본인의 등록부는 재작성대상이 되지 아니한다.

제2조 (재작성의 사유)
가족관계등록부는 다음 각 호의 어느 하나에 해당하는 때에 한하여 재작성하여야 한다.
1. 당사자 사이에 혼인(입양)의사의 합의가 없음을 원인(「민법」 제815조제1호, 제883조제1호)으로 하는 혼인(입양)무효판결에 의한 등록부정정신청으로 해당 가족관계등록부가 정정된 때

138) 예규 제41호
제8조(재작성 절차를 완료한 기존의 가족관계등록부에 대한 증명서 청구의 가부)
① 제2조제1호부터 제3호까지의 사유로 재작성 절차가 완료되어 폐쇄등록부로 관리하게 된 기존의 가족관계등록부에 대하여는 증명서를 발급할 수 없다.

제7장 이혼신고

사례48: 대한민국 국민인 의뢰인은 일본 유학 시절 만난 현재의 일본인 처와 일본에서 혼인을 하고 일본 현지 회사에 취업해서 일본에서 생활하고 있다. 그러던 중 의뢰인은 한일 양국 문화 차이를 극복하지 못하고 결혼 4년 만에 일본에서 한국방식으로 협의이혼을 하고자 한다. 의뢰인은 주일 대한민국 동경대사관에 가서 협의상 이혼신고를 하려고 하는데 이 경우에도 한국방식으로 협의이혼을 할 수 있는가?

사례49: 미국 버지니아주 법원에서 이혼판결을 받은 한국인 갑녀가 변호사 나성실을 방문하였다. 미국 버지니아주 법원에서 받은 이혼확정판결을 첨부하여 등록관서에 이혼신고를 하였으나, 등록관서의 담당공무원은 "이혼 신고시 친권자지정이 되어야 하는데, 이혼확정판결문의 번역문에는 '공동양육'이라고만 기재되어 있고 '공동친권'이라는 기재를 찾아볼 수 없어서 결국 친권자지정이 없는 이혼신고니 확인을 해 오라"고 하였다는 것이다. 나성실은 뭐라고 상담을 해 주면 될까

1. 이혼의 의의

이혼은 자유로운 의사의 합치에 의하여 혼인관계를 해소시키는 '협의이혼' 과 재판에 의해서 혼인관계를 해소시키는 '재판상이혼' 이 있다. 우리 법제는 협의이혼과 재판상 이혼을 모두 규정하고 있으나, 이혼을 허용하지 않는 국가나 재판상 이혼만을 인정하는 국가 등 이혼제도에 대한 세계 각국의 입법례는 다양하다.

2. 협의상 이혼

가. 의 의

협의이혼이라 자유로운 의사의 합치에 의하여 혼인관계를 해소시키는 신분행위로서, 협의상 이혼신고는 가정법원의 확인을 받아 신고함으로써 그 효력이 발생하는 창설적 신고이다(민법 제834조).

나. 실질적 성립요건

(1) 당사자 사이에 이혼의 합의가 있을 것

이혼의 합의는 부부관계를 해소하려는 자유로운 의사표시의 합치에 의하여 이루어져야 한다.

(2) 금치산자는 이혼동의를 얻을 것

금치산자는 부모 또는 후견인의 동의를 얻어서 협의이혼을 할 수 있고, 부모 또는 후견인이 없거나 또는 동의할 수 없는 때에는 친족회의 동의를 얻어 협의이혼을 할 수 있다(민법 제835조).

다. 형식적 성립요건

(1) 가정법원의 협의이혼의사의 확인

(가) 의 의

협의이혼은 가정법원의 확인을 받아 법에 정하는 바에 의하여 신고함으로써 그 효력이 생긴다(민법 제836조). 따라서 협의이혼을 하고자 하는 자는 가정법원으로부터 협의이혼의사의 확인을 받아 확인서등본을 교부 또는 송달받은 날부터 3월 이내에 그 등본을 첨부하여 신고하여야 한다(법 제75조제2항[139]).

---

139) 확인서등본을 교부 또는 송달받은 날부터 3월이 경과한 때에는 가정법원의 확인은 그 효력을 상실한다(법 제75조제3항).

(나) 관할 법원

등록기준지 또는 주소지를 관할하는 가정법원(지원)이나 시·군법원의 확인을 받아 신고하여야 한다(법 제75조제1항, 법원조직법 제34조제1항제4호). 부부 쌍방의 주소지가 서로 다른 경우에는 각 주소지를 관할하는 가정법원이 관할법원이 된다 할 것이며, 당사자 쌍방이 재외국민인 경우에는 그 확인은 서울가정법원의 관할로 한다(법 제75조제1항).

(다) 신청인

협의이혼당사자인 부(夫)와 처(妻)이며, 대리인에 의한 신청은 허용되지 않는다. 또 협의이혼의사확인신청은 부부가 함께 출석하여 협의이혼의사확인신청서를 제출하고 이혼에 관한 안내를 받아야 한다(규칙 제73조제1항). 부부 중 일방이 재외국민이거나 수감자로서 출석하기 어려운 경우에는 다른 쪽이 출석하여 협의이혼의사확인신청서를 제출하고 이혼에 관한 안내를 받아야 하며, 재외국민이거나 수감자로서 출석이 어려운 자는 서면으로 안내를 받을 수 있다(규칙 제73조제2항).

(라) 신청방법

서면(협의이혼의사확인신청서)으로만 하여야 한다(규칙 제73조제1항).

(마) 이혼숙려기간 도입 및 양육사항과 친권자결정 의무화

2007. 12. 21. 공포된 민법일부개정법률(법률제8720호. 2008. 6. 22. 시행)은 이혼숙려기간을 도입하고, 미성년의 자녀가 있는 경우에는 협의이혼시 자녀 양육사항 및 친권자 결정에 관한 협의서 내지 결정문 등을 요구하고 있다.

① 이혼숙려기간 도입(민법 제836조의2제1항~제3항)

㉠ 협의상 이혼을 하려는 자는 가정법원이 제공하는 이혼에 관한 안내를

받아야 하고, 가정법원은 필요한 경우 당사자에게 상담에 관하여 전문적인 지식과 경험을 갖춘 전문상담인의 상담을 받을 것을 권고할 수 있다.

㉡ 가정법원에 이혼의사의 확인을 신청한 당사자는 위 안내를 받은 날부터 다음 각 호의 기간이 지난 후에 이혼의사의 확인을 받을 수 있다[140].

1. 양육하여야 할 자(포태 중인 자를 포함)가 있는 경우에는 3월
2. 제1호에 해당하지 아니하는 경우에는 1월

② 자녀 양육사항 및 친권자 결정 의무화(민법 제836조의2제4항)

양육하여야 할 자가 있는 경우 당사자는 자의 양육사항(동법 제837조)과 친권자결정(동법 제909조제4항)에 관한 협의서 또는 이에 관한 가정법원의 심판정본(동법 제837조및제909조의2제4항)을 이혼의사 확인시 의무적으로 제출하여야 한다(동법 제836조의2제4항).

(바) 양육비부담조서제도 시행(민법 제836조의2 제5항)

가정법원은 당사자가 협의한 양육비부담에 관한 내용을 확인하는 양육비부담조서를 작성하여야 하며, 이 경우 양육비부담조서는 집행권원이 되어 이혼 후 별도의 재판 없이 이에 기하여 강제집행을 할 수 있다.

(2) 협의이혼신고

가정법원의 확인서가 첨부된 협의이혼신고서는 부부 중 한쪽이 제출할 수 있다(규칙 제79조). 신고인은 이혼당사자이며, 금치산자는 부

140) 다만 가정법원은 폭력으로 인하여 당사자 일방에게 참을 수 없는 고통이 예상되는 등 이혼하여야 할 급박한 사정이 있는 경우에는 위 기간을 단축 또는 면제할 수 있다.

모 또는 후견인의 동의를 얻어 협의상 이혼을 할 수 있으며, 이 경우에도 법 제76조(협의이혼신고시 별도로 증인 2인의 연서 불요)가 적용된다[141].

[양식]

○ ○ 법 원

확 인 서

20 호 협의이혼의사확인신청

당사자 부 ○ ○ ○ (주민등록번호)
등록기준지
주 소

처 ○ ○ ○ (주민등록번호)
등록기준지
주 소

위 당사자는 진의에 따라 서로 이혼하기로 합의되었음이 틀림없음을 확인합니다.

년 월 일

판사 (인)

141) 참고로 혼인으로 인하여 발생한 인척관계는 혼인무효, 취소의 경우와 마찬가지로 이혼으로 인하여 종료하지만, 당사자의 사망 또는 실종선고로 혼인관계가 해소된 때에는 혼인으로 발생한 인척관계는 소멸하지 않는다.

[양식]

<table>
<tr><td colspan="4">협의이혼의사철회서</td></tr>
<tr><td rowspan="8">당사자</td><td rowspan="4">남편</td><td>성 명</td><td></td></tr>
<tr><td>주민등록번호</td><td></td></tr>
<tr><td>등록기준지</td><td></td></tr>
<tr><td>주 소</td><td></td></tr>
<tr><td rowspan="4">아내</td><td>성 명</td><td></td></tr>
<tr><td>주민등록번호</td><td></td></tr>
<tr><td>등록기준지</td><td></td></tr>
<tr><td>주 소</td><td></td></tr>
<tr><td colspan="3">확 인 법 원</td><td>법원</td></tr>
<tr><td colspan="3">확 인 년 월 일</td><td>20 년 월 일</td></tr>
<tr><td colspan="4">위와 같이 이혼의사 확인을 받았으나, 본인은 이혼할 의사가 없으므로 이혼의사를 철회합니다.

20 년 월 일

위 철회인 성 명 : (서명 또는 날인)
연락처 :

장 귀하</td></tr>
</table>

[양식]

○ ○ 법 원

양 육 비 부 담 조 서

사 건 20 호 협의이혼의사확인신청
부 ○○○ (-)
서울 ○○구
모 ○○○ (-)
서울 ○○구
미성년자녀 ○○○ (-)
일 시 : . . . : 장 소: 호 협의이혼실

다음과 같이 양육비 부담에 관하여 협의가 되었음을 확인

(예) 부○○○은 모○○○에게, 이 사건에 따른 이혼신고가 되면, 미성년 자녀들에 대한 양육비로 이혼신고 다음날부터 자녀들이 각 성년에 이르기 전날까지 1인당 월_______원을 매월___일에 지급한다.

법원 주사 (인)

판 사 (인)

[양식]

이혼(친권자 지정)신고서 (년 월 일)	※ 뒷면의 작성방법을 읽고 기재하시되, 선택항목은 해당번호에 "○"으로 표시하여 주시기 바랍니다.

구 분			남 편(부)				아 내(처)			
①이혼당사자(신고인)	성 명	한글			㉤ 또는 서명				㉤ 또는 서명	
		한자								
	본(한자)			전화			본(한자)		전화	
	주민등록번호		-				-			
	출생연월일									
	등록기준지									
	주 소									
②부모(양부모)	부(양부)성명									
	주민등록번호									
	모(양모)성명									
	주민등록번호									
③기 타 사 항										
④재판확정일자 ( )			년 월 일				법원명		법원	

아래 친권자란은 협의이혼 시에는 법원의 협의이혼의사확인 후에 기재합니다.

⑤친권자 지정							
미성년인 자의 성명							
주민등록번호	-			-			
친권자	1부 2모 3부모	효력발생일	년 월 일	1부 2모 3부모	효력발생일	년 월 일	
		원인	1 협의 2 재판		원인	1 협의 2 재판	
미성년인 자의 성명							
주민등록번호	-			-			
친권자	1부 2모 3부모	효력발생일	년 월 일	1부 2모 3부모	효력발생일	년 월 일	
		원인	1 협의 2 재판		원인	1 협의 2 재판	

⑥신고인출석여부		1 남편(夫)		2 아내(婦)
⑦제출인	성 명		주민등록번호	-

※ 다음은 국가의 인구정책 수립에 필요한 자료로 「통계법」 제32조 및 제33조에 따라 성실응답의무가 있으며 개인의 비밀사항이 철저히 보호되므로 사실대로 기입하여 주시기 바랍니다.

<table>
<tr><td colspan="2">⑧실제결혼(동거)
생활 시작일</td><td>년 월 일부터</td><td colspan="2">⑨실제이혼연월일</td><td>년 월 일부터</td></tr>
<tr><td colspan="2">⑩20세 미만 자녀 수</td><td>명</td><td colspan="2">⑪이혼의 종류</td><td>1협의이혼
2재판에 의한 이혼</td></tr>
<tr><td colspan="2">⑫이 혼
사 유(택일)</td><td colspan="4">1 배우자 부정 2 정신적·육체적 학대 3 가족간 불화
4 경제문제 5 성격차이 6 건강문제 7 기타</td></tr>
<tr><td>⑬국 적</td><td>남편</td><td>1 한국인
2 귀화한 한국인(이전국적:)
3 외국인(국적:)</td><td>처</td><td colspan="2">1 한국인
2귀화한 한국인(이전국적:)
3외국인(국적:)</td></tr>
<tr><td>⑭최 종
졸업학교</td><td>남편</td><td>1무학 2초등학교 3중학교
4고등학교 5대학(교) 6대학원
이상</td><td>처</td><td colspan="2">1무학 2초등학교 3중학교
4고등학교 5대학(교) 6대학원
이상</td></tr>
<tr><td>⑮직 업</td><td>남편</td><td>*주된 일의 종류와 내용을 기입합니다</td><td>처</td><td colspan="2">*주된 일의 종류와 내용을 기입합니다</td></tr>
</table>

작 성 방 법

※ 등록기준지 : 각 란의 해당자가 외국인인 경우에는 그 국적을 기재합니다.
※ 주민등록번호 : 각 란의 해당자가 외국인인 경우에는 외국인등록번호(국내거소신고번호 또는 출생연월일)를 기재합니다.
①란 : **협의이혼신고의 경우 반드시 당사자 쌍방이 서명(또는 기명날인) 하여야** 하나, 재판상 이혼신고의 경우에는 일방이 서명(또는 기명날인)하여 신고할 수 있습니다.
②란 : 이혼당사자의 부모가 주민등록번호가 없는 경우에는 등록기준지(본적)를 기재합니다. 이혼당사자가 양자인 경우 양부모의 인적사항을 기재하며, 이혼당사자의 부모가 외국인인 경우에는 주민등록번호란에 외국인등록번호(또는 출생년월일) 및 국적을 기재합니다.
③란 : 아래의 사항 및 가족관계등록부에 기록을 분명하게 하는 데 특히 필요한 사항을 기재합니다.
- 신고사건으로 인하여 신분의 변경이 있게 되는 사람이 있을 경우에 그 사람의 성명, 생년월일, 등록기준지 및 신분변경의 사유, - 금치산자가 협의상 이혼을 하는 경우에는 동의자의 성명, 서명(또는 날인) 및 생년월일
④란 : 이혼판결(화해, 조정)의 경우에만 기재하고, 협의이혼의 경우에는 기재하지 않습니다.
: 조정성립, 조정에 갈음하는 결정, 화해성립이나 화해권고결정에 따른 이혼신고의 경우에는 "재판확정일자"아래의 (　)안에 "조정성립", "조정에 갈음하는 결정확정" 또는 "화해성립", "화해권고결정"이라고 기재하고, "연월일"란에 그 성립(확정)일을 기재합니다.
⑤란 : 협의이혼의사확인 신청시에는 기재하지 아니하며, 법원의 이혼의사확인 후에 정하여진 친권자를 기재합니다. 지정효력발생일은 협의이혼의 경우 이혼신고일, 재판상이혼의 경우에는 재판 확정일을 기재합니다. 원인은 당사자의 협의에 의해 지정한 때에는 "1협의"에, 직권 또는 신청에 의해 법원이 결정한 때에는 "2재판"에 "○"으로 표시하고, 그 내용을 증명하는 서면을 첨부하여야 합니다. 자녀가 3명 이상인 경우 별지 기재 후 간인하여 첨부합니다. 임신 중인 자의 경우에는 출생신고 시 친권자 지정 신고를 합니다.
⑥란 : 출석한 신고인의 해당번호에 ○표시를 합니다.
⑦란 : 제출자(신고인 여부 불문)의 성명 및 주민등록번호 기재[접수담당공무원은 신분증과 대조]
⑧란, ⑨란 : 가족관계등록부상 신고일이나 재판확정일과는 관계없이 실제로 결혼(동거)생활을 시작한 날과 사실상 이혼(별거)생활을 시작한 날을 기재합니다.
⑭란 : 교육과학기술부장관이 인정하는 모든 정규교육기관을 기준으로 기재하되 각급 학교의 재학 또는 중퇴자는 졸업한 최종 학교의 해당번호에 ○표시를 합니다. <예시> 대학교 3학년 중퇴 → 고등학교에 ○표시
⑮란 : 결혼할 당시의 직업에 대한 일의종류와 내용을 사업체이름과 함께 구체적으로 기재합니다.
<예시> ○○회사 영업부 판촉사원, 건축목공, ○○구청 건축허가 업무담당, ○○상가에서 의류판매, 우리 논에서 논농사

첨 부 서 류

1. 협의이혼 : 협의이혼의사확인서 등본 1부.
2. 재판이혼 : 판결등본 및 확정증명서 각 1부(조정·화해 성립의 경우는 조서등본 및 송달증명서).
3. 외국법원의 이혼판결에 의한 재판상 이혼
-이혼판결의 정본 또는 등본과 판결확정증명서 각 1부. -패소한 피고가 우리나라 국민인 경우에 그 피고가 공시송달에 의하지 아니하고 소송의 개시에 필요한 소환 또는 명령의 송달을 받았거나 또는 이를 받지 아니하고도 응소한 사실을 증명하는 서면 1부(판결에 의하여 이점이 명백하지 아니한 경우에 한함). -각 서류의 번역문 1부.
※ 아래 4항은 가족관계등록관서에서 전산으로 그 내용을 확인할 수 있는 경우 첨부를 생략합니다.
4. 이혼 당사자 각각의 가족관계등록부의 가족관계증명서, 혼인관계증명서 각 1통.
5. 사건본인이 외국인인 경우
-한국 방식에 의한 이혼 : 협의이혼의 경우는 국적을 증명하는 서면(여권 또는 외국인등록증) 원본
재판이혼의 경우는 국적을 증명하는 서면(여권 또는 외국인등록증) 사본
-외국 방식에 의한 이혼 : 이혼증서 등본 및 국적을 증명하는 서면(여권 또는 외국인등록증) 사본 각 1부
6. 친권자지정과 관련한 소명자료
- 협의에 의한 경우 친권자지정 협의서등본 1부, - 법원이 결정한 경우 심판서 정본 및 확정 증명서 1부.
7. 신분확인[가족관계등록예규 제23호에 의함]
① 재판상 이혼신고(증서등본에 의한 이혼신고 포함)
- 신고인이 출석한 경우: 신분증명서, - 제출인이 출석한 경우: 제출인의 신분증명서, - 우편제출의 경우: 신고인의 신분증명서 사본
② 협의이혼신고
- 신고인이 출석한 경우 : 신고인 일방의 신분증명서
- 신고인 불출석, 제출인 출석의 경우: 제출인의 신분증명서 및 신고인 일방의 신분증명서 또는 서명공증 또는 인감증명서 (신고인의 신분증명서 없이 신고서에 신고인이 서명한 경우 서명공증, 신고서에 인감 날인한 경우 인감증명)
- 우편제출의 경우 : 신고인 일방의 서명공증 또는 인감증명서(신고서에 서명한 경우 서명공증, 인감을 날인한 경우는 인감증명서).

3. 재판상 이혼

가. 의 의

재판상 이혼은 당사자 사이에 이혼의 합의가 이루어지지 않는 경우 법이 정한 이혼사유(민법 제840조[142])에 따라 판결로써 이혼의 효과를 발생시키는 것을 말한다.

나. 재판상이혼신고

(1) 신고의무자 및 신고적격자

그 소를 제기하거나 조정을 신청한 자이다(법 제78조,제58조). 재판상 이혼의 소를 제기하거나 조정을 신청한 자의 상대방도 이혼신고를 할 수 있다. 단 재판상이혼신고를 해태한 책임은 소 제기자 또는 조정신청인이 진다[143].

---

142) 민법 제840조는 재판상 이혼원인으로 ① 배우자에 부정한 행위가 있었을 때, ② 배우자가 악의로 다른 한쪽을 유기한 때, ③ 배우자 또는 그 직계존속으로부터 심히 부당한 대우를 받았을 때, ④ 자기의 직계존속이 배우자로부터 심히 부당한 대우를 받았을 때, ⑤ 배우자의 생사가 3년 이상 분명하지 아니한 때, ⑥ 그 밖의 혼인을 계속하기 어려운 중대한 사유가 있을 때의 6가지를 들고 있다.

이들 각 사유의 상호관련성에 관하여, 판례는 재판상 이혼은 원고가 주장하는 사유에 의한 재판상 이혼청구의 이유의 유무에 관한 판단을 구하는 것이며 민법 제840조 각 호가 규정한 이혼사유마다 재판상이혼청구를 할 수 있는 것이므로 법원은 원고가 주장한 이혼사유에 관하여서만 심판하여야 하고 원고가 주장하지 아니한 이혼사유에 관하여는 심판할 필요가 없고 그 사유에 의하여 이혼을 명하여서도 안된다고 판시한바 있다(대법원 2000. 9. 5. 선고 99므1886 판결 참조)(가사실무제요 참조).

143) 시(구) · 읍 · 면의 장은 재판을 한 법원의 법원사무관등의 통지를 근거로 하여 법원의 허가를 받아 직권으로 기록할 수 있으며 그 때 소를 제기하거나 조정을 신청한 자의 부모 기타 이해관계인은 판결정본 및 확정증명서(조정조서 및 송달증명서 포함)를 첨부하여 시(구) · 읍 · 면의 장에게 직권기록을 신청할 수 있다(호적선례2-207호 참조).

(2) 신고기간 및 방법

재판상 이혼신고는 판결이 확정 또는 조정이 성립된 날로부터 1월 이내에 판결등본 및 확정증명서를 첨부하여 신고하여야 한다.

(3) 신고장소

등록신고의 장소에 관한 일반 원칙에 따라 이혼 당사자의 등록기준지 또는 신고인의 주소지나 현재지에서 한다. 대한민국 국민이 아닌 자에 대한 이혼신고는 그 거주지 또는 신고인의 주소지나 현재지에서 한다(법제20조).

답변48: 국제사법은 이혼의 준거법에 관하여 혼인의 일반적 효력의 준거법과 동일하게 준거법을 복수로 하여 단계적 연결방법을 취하고 있다[144]. 우선 1단계로 신분문제에 있어 기본원칙인 본국법주의에 따라 '부부의 동일한 본국법'에 의하도록 하고, 국적이 다른 부부인 관계로 동일한 본국법이 없는 경우에는 2단계로서 '부부의 동일한 상거소지법'을 준거법으로 하고 있으며, 만약 부부의 동일한 상거소지법도 없는 경우에는 최종 3단계로 '부부와 가장 밀접한 관련이 있는 곳의 법'을 준거법으로 하고 있다. 사안의 경우 한국인 남편과 일본인 처의 이혼이므로, 한국법을 적용받고자 한다면 동일한 상거소지법이 한국법임을 소명하거나, 동일한 상거소지법이 없는 경우에는 부부와 가장 밀

---

144) 국제사법 제10629호 2011.05.19
제39조(이혼)
이혼에 관하여는 제37조의 규정을 준용한다. 다만, 부부 중 일방이 대한민국에 상거소가 있는 대한민국 국민인 경우에는 이혼은 대한민국 법에 의한다.

제37조(혼인의 일반적 효력)
혼인의 일반적 효력은 다음 각호에 정한 법의 순위에 의한다.
1. 부부의 동일한 본국법
2. 부부의 동일한 상거소지법
3. 부부와 가장 밀접한 관련이 있는 곳의 법

접한 관련이 있는 곳의 법이 한국법임을 소명하여야 한국법을 준거법으로 하여 협의이혼이 가능할 것이다.

답변49: 우리법제는 부모의 이혼시 친권과 양육을 별도로 규정하고 있으나, 다른 나라의 가족법은 우리나라의 친권에 해당하는 개념을 친권이라고 칭하지 않고, 감호, 양육이라는 개념을 사용하고 있는 나라도 있다. 세계 각국의 입법례에서 우리나라의 친권에 가까운 의미로 사용하는 용어로 autorite parentale (친권, 불어), custudy(감호권, 영어) 등이 있다.

외국 재판소에서 쌍방 또는 일방이 한국인인 부부에 관한 이혼재판이 확정되고 그 판결 중에서 한국인 미성년 자녀에 대해서 친권자 지정이 있는 경우에는 그 판결이 민사소송법 제217조의 요건을 갖추면 그 판결에 기해서 친권자지정신고를 할 수 있다(2012 국제가족관계등록 법원공무원교육원 발행 186면 인용).

따라서 사안의 경우 외국법원의 이혼판결에 친권자를 공동지정한 경우로 인정하여 친권자지정신고를 받으면 될 것으로 생각된다. 가족관계등록 기재례는 이혼시 단독친권자, 공동친권자에 대한 기재례를 모두 규정하고 있다(가족관계등록실무자료집 기재편. 법원행정처 친권편 참조).

주의할점: 미국의 경우 custudy 라는 용어를 사용하고 있으나, 우리법제상의 '친권'과 '양육' 모두에 사용하고 있는 것으로 생각된다. 가령 아래 미국 버지니아 이혼판결에 기재된 양육에 관한 내용의 경우,

'A CUSTUDY : the wife and husband agree that they shall have joint legal custudy of the minor child born of the marriage, to-wit : 0 0 0, born november 19, 1992., with the wife having primary physical and primary residential custody of said minor child'라고 기술되어 있다(외국의 신분관계증명서사례집, 2009 법원행정처 발행 181면, 190면, 191면 참조). 즉 공동법적양육권은 우리법제상 '친권'에, 주된 신상양육권과 주된 거주양육권은 우리법제상 '양육'에 각 해당하는 것으로 생각된다.

제8장 사망신고

사례50: 나성실의 의뢰인은 이복형님이 있고, 그 형님은 의뢰인의 아버지의 제적부에 자녀로 기재되어 있으나 의뢰인의 가족과 함께 살지 않았기 때문에 현재 행방은 전혀 알 수가 없다. 그런데 갑자기 의뢰인의 아버지가 사망하여 90억대의 상속문제가 발생하였는데, 의뢰인은 행방불명인 이복형님을 상속에서 제외하고자 한다. 의뢰인은 변호사 나성실을 찾아와서 미혼인 이복형님이 아버지보다 먼저 사망하였다면 미혼인 이복형님의 상속분만큼 내 몫의 상속분이 늘어나는 것으로 알고 왔는데, 이복형님이 아버지보다 먼저 사망한 것으로 정리할 수 있는 방법이 없는지 궁금해 하고 있다.

사례51: 김외국은 한국에서 1940. 출생하여 부모의 출생신고에 의해서 부의 호적에 기재되었으나, 이후 온 가족이 러시아로 이주하여 호적에 다른 기재사항은 없는 상태다. 김외국은 이후 러시아 국적을 취득하여 대한민국 국적을 상실한 뒤, 2011. 경 러시아에서 사망하였다. 그런데 러시아 관계기관에서 발급한 사망증명서상 김외국의 생년월일은 1940. 1. 1.로, 호적상의 생년월일인 1940. 1. 2.과 하루 차이가 나 대한민국 등록관서에서는 이 둘의 동일인여부에 대하여 의심이 간다고 하면서 김외국의 사망신고 수리여부를 고민하고 있다. 등록관서에서 수리가 될 것인가.

1. 의의

사망신고는 이미 발생한 사망사실에 대한 보고적 신고이다. 사람은 통상 출생신고에 의하여 등록부가 작성되고 사망신고에 의하여 등록부가 폐쇄된다.

2. 사망신고인

가. 신고의무자

사망신고는 사망자와 동거하는 친족이 사망사실을 안 날로부터 1월 이내에 하여야 한다(법 제85조제1항, 제84조제1항). 병원, 교도소, 기타의 시설에서 사망이 있었을 경우에 당해 시설의 장 또는 관리인이 보충적으로 신고를 하여야 하는 경우가 있다(법 제91조, 제50조[145]).

나. 신고적격자(신고의무는 없으나 신고할 수 있는자를 의미)

사망신고는 사망자의 친족, 동거자[146] 또는 사망 장소를 관리하는 사람, 사망장소의 동장 또는 통·이장도 할 수 있다(법 제85조제2항).

3. 신고기간

사망의 신고는 신고의무자가 사망의 사실을 안 날로부터 1월 이내에 신고하여야 한다(법 제84조제1항). 법 제90조제1항의 규정에 의한 등록불명자 또는 인식불능자에 대한 통보가 있은 후에 사망신고의무자

---

145) 신고인이 법 제85조에 규정된 신고의무자 또는 신고적격자에 해당되지 않는 경우에 인우인이 제출한 사망신고는 수리할 수 없으나(예규 제188호), 그 신고서에 사망진단서 기타 사망의 사실을 증명하는 서면이 첨부되어 있는 때에는 이를 문서건명부에 접수하고 그 첨부서면을 자료로 하여 시(구)·읍·면장이 법 제38조, 동법 제18조제2항에 의하여 감독법원의 직권기록허가를 얻어 직권으로 사망의 기록을 하여야 한다(예규 제52호).

146) 동거자라 함은 사망자의 등록부상의 가족뿐만 아니라 사실상 동거하는 자(예, 사실혼관계에 있는 자)를 말하는 것이며, 가족이 아니더라도 세대를 같이하는 자는 사망신고를 할 수 있다(예규 제187호).

가 사망자의 신원을 안 때에는 그 날부터 10일 이내에 사망의 신고를 하여야 한다(법 제90조제3항).

4. 신고장소

사망자의 등록기준지 또는 신고인의 주소지나 현재지 시(구)·읍·면의 사무소에 하여야 한다. 그러나 사망지, 매장지 또는 화장지 시(구)·읍·면의 사무소에도 할 수 있다(법 제86조). 시(市)에 있어서는 신고장소가 사망자의 주민등록지와 같은 경우 사망자의 주민등록지를 관할하는 동(洞)의 사무소에 사망신고를 할 수 있다. 다만, 사망지가 분명하지 아니한 때에는 사체가 처음 발견된 곳에서, 기차나 그 밖의 교통기관 안에서 사망이 있었을 때에는 그 사체를 교통기관에서 내린 곳에서, 항해일지를 비치하지 아니한 선박 안에서 사망한 때에는 그 선박이 최초로 입항한 곳에서 할 수 있다(법 제86조단서).

5. 사망신고서의 기재방법(사망신고서 양식 참조)

[양식]

사 망 신 고 서
(년 월 일)

※ 뒷면의 작성방법을 읽고 기재하시되 선택항목은 해당번호에 "○"으로 표시하여 주시기 바랍니다.

<table>
<tr><td rowspan="7">①
사
망
자</td><td rowspan="2">성명</td><td>한글</td><td>(성) / (명)</td><td>성 별</td><td rowspan="2">주민등록
번 호</td><td rowspan="2">-</td></tr>
<tr><td>한자</td><td>(성) / (명)</td><td>1남 2여</td></tr>
<tr><td>등록기준지</td><td colspan="5"></td></tr>
<tr><td>주소</td><td colspan="3"></td><td>세대주-관계</td><td>의</td></tr>
<tr><td>사망일시</td><td colspan="5">년 월 일 시 분(사망지 시각: 24시각제로 기재)</td></tr>
<tr><td rowspan="2">사망장소</td><td>장소</td><td colspan="4"></td></tr>
<tr><td>구분</td><td colspan="4">1 주택 2 의료기관 3 사회복지시설(양로원, 고아원 등)
4 공공시설(학교, 운동장 등) 5 도로 6 상업・서비스시설(상점, 호텔 등)
7 산업장 8 농장(논밭, 축사, 양식장 등) 9 병원 이송 중 사망 10 기타( )</td></tr>
<tr><td colspan="7">②기타사항</td></tr>
</table>

<table>
<tr><td rowspan="4">③
신
고
인</td><td>성명</td><td colspan="2">㊞ 또는 서명</td><td>주민등록번호</td><td colspan="2">-</td></tr>
<tr><td rowspan="2">자격</td><td colspan="2">1동거친족 2비동거친족 3동거자</td><td>관계</td><td colspan="2"></td></tr>
<tr><td colspan="2">4기타(보호시설장/사망장소관리장 등)</td><td>자격</td><td colspan="2"></td></tr>
<tr><td>주소</td><td colspan="2"></td><td>전화</td><td>이메일</td><td></td></tr>
<tr><td>④제출인</td><td>성 명</td><td colspan="2"></td><td>주민등록번호</td><td colspan="2">-</td></tr>
</table>

※ 타인의 서명 또는 인장을 도용하여 허위의 신고서를 제출하거나, 허위신고를 하여 가족관계등록부에 부실의 사실을 기록하게 하는 경우에는 형법에 의하여 5년 이하의 징역 또는 1천만원 이하의 벌금에 처해집니다.

※ 다음은 국가의 인구정책 수립에 필요한 자료로 「통계법」 제32조 및 제33조에 의하여 성실응답 의무가 있으며 개인의 비밀사항이 철저히 보호되므로 사실대로 기입하여 주시기 바랍니다.

<table>
<tr><td rowspan="5">⑤
사
망
원
인</td><td>가</td><td>직접 사인</td><td colspan="2"></td><td rowspan="4">발병부터
사망까지
기 간</td><td></td></tr>
<tr><td>나</td><td>가의 원인</td><td colspan="2"></td><td></td></tr>
<tr><td>다</td><td>나의 원인</td><td colspan="2"></td><td></td></tr>
<tr><td>라</td><td>다의 원인</td><td colspan="2"></td><td></td></tr>
<tr><td colspan="2">기타의 신체상황</td><td></td><td>진단자</td><td colspan="2">1 의사 2 한의사 3 기타</td></tr>
<tr><td colspan="2">⑥ 사망종류</td><td colspan="5">1 병사 2 외인사(사고사 등) 3 기타 및 불상( )</td></tr>
<tr><td rowspan="4">⑦
외
인
사
사
항</td><td>사고종류</td><td colspan="2">1 운수(교통) 2 중독 3 추락
4 익사 5 화재 6 기타( )</td><td>의도성
여 부</td><td colspan="2">1 비의도적 사고
2 자살 3 타살 4 미상</td></tr>
<tr><td>사고일시</td><td colspan="5">년 월 일 시 분(24시각제로 기재)</td></tr>
<tr><td>사고지역</td><td colspan="5">1 현주소지와 같은 시군구 2 다른 시군구(시도, 시군구)
3 기타( )</td></tr>
<tr><td>사고장소</td><td colspan="5">1 주택 2 의료기관 3 사회복지시설(양로원, 고아원 등)
4 공공시설(학교, 운동장 등) 5 도로 6 상업・서비스시설(상점, 호텔 등)
7 산업장 8 농장(논밭, 축사, 양식장 등)
9 기타( )</td></tr>
<tr><td rowspan="3">⑧
사
망
자</td><td>국 적</td><td colspan="5">1 대한민국(출생시 국적취득)
2 대한민국[귀화(수반포함)·인지 국적취득, 이전국적 :]</td></tr>
<tr><td>최종 졸업학교</td><td colspan="5">1 무학 2 초등학교 3 중학교 4 고등학교 5 대학(교) 6 대학원이상</td></tr>
<tr><td>발병(사고)당시직업</td><td colspan="2">1 관리자 2 전문가 및 관련종사자
3 사무종사자 4 서비스종사자 5 판매종사자
6 농림어업 숙련 종사자
7 기능원 및 관련 기능 종사자
8 장치·기계 조작 및 조립 종사자
9 단순노무 종사자
10 학생 11 가사 12 군인 13 무직</td><td>혼인상태</td><td colspan="2">1 미혼
2 배우자 있음
3 이혼
4 사별</td></tr>
</table>

※ 아래사항은 신고인이 기재하지 않습니다.

읍면동접수	가족관계등록관서 송부	가족관계등록관서 접수 및 처리
	년 월 일(인)	

작 성 방 법

※ 사망신고서는 1부를 작성 제출하여야 합니다.

항목	작성방법
① 사 망 자	· 등록기준지: 해당자가 외국인인 경우에는 그 국적을 기재합니다. · 주민등록번호: 해당자가 외국인인 경우에는 외국인등록번호(국내거소신고번호 또는 출생연월일)를 기재합니다. · 사망일시 : <예시> 오후 2시 30분(×) → 14시 30분(○), 밤 12시 30분(×) → 다음날 0시 30분(○) - 우리나라 국민이 외국에서 사망한 경우, 현지 사망시각을 서기 및 태양력으로 기재하되, 서머타임 실시기간 중 사망하였다면 사망지 시각 옆에 "(서머타임 적용)"이라고 표시합니다. · 사망장소 구분: [1] 주택은 사망장소가 사망자의 집이거나 부모·친척 등의 집에서 사망한 경우를 포함 [10] 기타는 예시 외에 비행기, 선박, 기차 등 기타 장소에 해당되는 경우 · 사망장소의 기재는 최소 행정구역의 명칭(시·구의 '동', 읍·면의 '리') 또는 도로명주소의 '도로명'까지만 기재하여도 됩니다.
② 기타사항	· 사망진단서(시체검안서) 미첨부시 그 사유 등 가족관계등록부에 기록을 분명히 하는데 특히 필요한 사항을 기재합니다.
③ 신 고 인	· 자격란에는 해당항목에 "○"표시하되 [4] 기타는 사망장소를 관리하는 자 등이 포함됩니다.
④ 제 출 인	· 제출인(신고인 여부 불문)의 성명 및 주민등록번호를 기재합니다[접수담당공무원은 신분증과 대조]
⑤ 사망원인	· 사망진단서(시체검안서)에 기재된 모든 사망원인 및 그 밖의 신체상황 내용을 동일하게 기재합니다.
⑥ 사망종류	· 사망진단서(시체검안서)에 기재된 "사망의 종류"를 참고로 기재하되, [2] 외인사는 질병 이외의원인 즉, 사고사 등으로 사망한 경우에 해당하며, [3] 기타 및 불상인 경우에는 그 내용을 구체적으로 기재합니다.
⑦ 외 인 사 사 항	· 사고사 등으로 사망한 경우에는 사망진단서의 기재 사항을 동일하게 기재하되 기재된 사항이 없는 경우 사고의 종류, 사고 발생지역 및 장소를 구체적으로 기재합니다.
⑧ 사 망 자	· 사망자의 최종 졸업학교는 교육과학기술부장관이 인정하는 모든 정규기관을 기준으로 기재하되, 각급 학교의 재학(중퇴)자는 졸업한 최종학교의 해당 번호에 "○"표시를 합니다. <예시> 대학교 3학년 재학(중퇴) → [4] 고등학교에 "○"표시 · 사망자의 발병(사고)당시 직업은 사망의 원인이 되는 질병 또는 사고가 발생 한 때의 직업을 기재합니다. [1] 관리자: 정부, 기업, 단체 또는 그 내부 부서의 정책과 활동을 기획, 지휘 및 조정(공공 및 기업고위직 등) [2] 전문가 및 관련종사자: 전문지식을 활용한 기술적 업무(과학, 의료, 교육, 종교, 법률, 금융, 예술, 스포츠 등) [3] 사무종사자: 관리자, 전문가 및 관련 종사자를 보조하여 업무 추진(경영, 보험, 감사, 상담·안내·통계 등) [4] 서비스종사자: 공공안전, 신변보호, 의료보조, 이·미용, 혼례 및 장례, 운송, 여가, 조리와 관련된 업무 [5] 판매종사자: 영업활동을 통해 상품이나 서비스 판매(인터넷, 상점, 공공장소 등), 상품의 광고·홍보 등 [6] 농림어업 숙련 종사자: 작물의 재배·수확, 동물의 번식·사육, 산림의 경작 및 개발, 수생 동·식물 번식 및 양식 등 [7] 기능원 및 관련 기능 종사자: 광업, 제조업, 건설업에서 손과 수공구를 사용하여 기계 설치 및 정비, 제품 가공 [8] 장치·기계 조작 및 조립 종사자: 기계를 조작하여 제품 생산·조립, 컴퓨터에 의한 기계제어, 운송장비의 운전 등 [9] 단순노무 종사자: 주로 간단한 수공구의 사용과 단순하고 일상적이며 육체적 노력이 요구되는 업무 [11] 가사: 전업주부 등 [12] 군인: 의무복무 중인 장교 및 사병 제외, 직업군인 해당 [13] 무직: 특정한 직업이 없음

첨 부 서 류

1. 사망자에 대한 진단서나 검안서 1부.
2. 사망의 사실을 증명할 만한 서면(진단서나 검안서를 첨부할 수 없을 때): 아래 중 1부.
 - 사망증명서(동·리·통장 또는 인우 2명 이상이 작성한 사망증명서): 증명인이 인우인(2명 이상)인 경우에는 증명인의 인감증명서, 주민등록증사본, 운전면허증사본, 여권사본, 공무원증사본 중 1부 첨부하여야 하며, 증명인이 동·리·통장일 때에는 1명의 증명으로 족하고 원칙적으로 동·리·통장임을 증명하는 서면 첨부요.
 - 관공서의 사망증명서 또는 매장인허증.
 - 사망신고수리증명서(외국관공서에 사망신고한 경우).

※ 아래 3항은 가족관계등록관서에서 전산으로 그 내용을 확인할 수 있는 경우 첨부를 생략합니다.

3. 사망자의 가족관계등록부의 기본증명서 1통.
4. 신분확인[가족관계등록예규 제23호에 의함]
   - 신고인이 출석한 경우 : 신분증명서
   - 제출인이 출석한 경우 : 신고인의 신분증명서 사본 및 제출인의 신분증명서
   - 우편제출의 경우 : 신고인의 신분증명서 사본
5. 사망자가 외국인인 경우: 국적을 증명하는 서면(여권 또는 외국인등록증) 사본

※재산상속의 한정승인, 포기의 안내

＊이 안내는 사망신고와는 관계가 없는 내용 입니다. 자세한 내용은 가정법원 또는 지방법원 민원실로 문의하시기 바랍니다.

1. 의 의: 한정승인 - 상속인이 상속으로 얻은 재산의 한도에서 상속을 승인하는 것.
   : 포기 - 상속재산에 속한 모든 권리의무의 승계를 포기하는 것.
2. 방 식: 한정승인 - 상속재산의 목록을 첨부하여 가정법원에 신고합니다.
   : 포기 - 가정법원에 포기의 신고를 합니다.
3. 신고기간: 상속개시 있음을 안 날로부터 3개월 이내(민법 제1019조제1항)
   : 상속인은 상속채무가 상속재산을 초과하는 사실을 중대한 과실 없이 상속개시 있음을 안 날로부터 3개월 이내에 알지 못하고 단순승인(민법 제1026조제1호 및 제2호에 따라 단순 승인한 것으로 보는 경우를 포함한다)을 한 경우에는 그 사실을 안 날로부터 3개월 이내에 한정승인을 할 수 있다.
4. 관 할: 상속개시지[피상속인의 (최후)주소지]관할 법원

가. 사망자의 성명

사망자의 성명을 알지 못하는 경우에는 “불명” 으로 기재한다.

나. 사망일시

사망신고서에 사망연월일을 "미상"으로 기재한 때에는 수리할 수 없다(예규 제113호). 그러나 가족관계등록선례에서는 사망연월일이 ‘미상’ 으로 기재된 경우에도 예외적으로 수리를 허용하고 있음에 주의를 요한다[147].

다. 사망장소

최소행정구역의 명칭(시·구의 동, 읍·면의 리)까지만 기재하면 되고, 지번의 기재가 없음을 이유로 사망신고를 불수리할 수 없다(예규 제113호).

6. 사망신고서의 첨부서류

가. 진단서 또는 검안서

사망신고서에는 사망사실을 증명하기 위하여 사망자에 대한 진단서나 검안서를 첨부하여야 한다(법 제84조제1항). 진단서는 사망 시에 사망자를 진찰한 의사가 작성한 것이고, 검안서는 사망 후에 사체를 검안한 의사가 작성한 사망사실을 증명하는 내용의 문서이다[148].

---

147) 선례200802-2호
일제강점하강제동원피해자진상규명위원회가 일제강점하 강제동원 피해자에 대해 사망추정년도만 확인하고 사망월일을 미상으로 하는 사망결정을 한 경우에 피해자의 유족은 그 결정문을 첨부한 등록부의 작성(정정) 신청서를 시(구)·읍·면의 장에게 제출할 수 있고, 이를 접수한 시(구)·읍·면의 장은 피해자에 대한 등록부가 작성되어 있지 아니한 때에는 이를 새로 작성하여 그 사망사유를 기록한 다음 그 등록부를 폐쇄하고 등록부가 작성되어 있는 때에는 사망사실을 기록하고 이를 폐쇄하여야 한다. 이 경우 피해자의 사망사유상 사망일시는 “○○○○년 월일미상”으로 기록한다.

나. 사망의 사실을 증명할 만한 서면

사망신고서에 진단서나 검안서를 첨부할 수 없는 때에는 사망의 사실을 증명할 만한 서면으로 갈음할 수 있다. 이때에는 신고서에 진단서 또는 검안서를 얻지 못한 사유를 기재하여야 한다(법 제84조제3항).

---

148) 호적선례200110-2
호적신고서에 첨부하는 모든 서류는 원본이어야 함이 원칙이므로 사망신고서에 첨부하는 사체검안서도 원본이어야 할 것이나 부득이한 사정으로 인하여 그 원본을 얻을 수 없다면, 호적관서에 제출하는 사본의 여백에 그 사본이 원본의 내용과 틀림이 없다는 원본작성자의 인증(그 직명과 성명을 기재하고 날인하여야 함)을 받아 사망을 증명하는 서면으로 제출할 수 있을 것이며, 이때 그 사망신고서에는 검안서의 원본을 얻지 못한 사유를 기재하여야 한다. 하지만 원본작성자의 인증이 없는 단순한 사체검안서의 복사본은 사망을 증명하는 서면으로 볼 수 없을 것이다.

사 망 증 명 서

※ 뒷면의 작성방법을 읽고 기재하시기 바랍니다.　　　　년　월　일

<table>
<tr><td rowspan="3">① 사망자</td><td>등록기준지</td><td colspan="6"></td></tr>
<tr><td>주　소</td><td colspan="6"></td></tr>
<tr><td>성　명</td><td>한글</td><td></td><td>한자</td><td></td><td>주민등록번호</td><td></td></tr>
<tr><td colspan="2">② 일 시</td><td colspan="6">년　월　일　시　분</td></tr>
<tr><td colspan="2">③ 장 소</td><td colspan="6"></td></tr>
<tr><td colspan="2">④ 사망사유 (구체적으로 기록)</td><td colspan="6"></td></tr>
<tr><td rowspan="6">⑤ 증명인</td><td>등록기준지</td><td colspan="3"></td><td colspan="2">전화번호</td><td></td></tr>
<tr><td>주　소</td><td colspan="3"></td><td colspan="2">관　계</td><td></td></tr>
<tr><td>성　명</td><td colspan="3">(인)</td><td colspan="2">주민등록번호 또는 출생연월일</td><td></td></tr>
<tr><td>등록기준지</td><td colspan="3"></td><td colspan="2">전화번호</td><td></td></tr>
<tr><td>주　소</td><td colspan="3"></td><td colspan="2">관　계</td><td></td></tr>
<tr><td>성　명</td><td colspan="3">(인)</td><td colspan="2">주민등록번호 또는 출생연월일</td><td></td></tr>
</table>

첨부서류 : 증명인의 인감증명서, 주민등록증사본, 운전면허증사본, 여권사본, 공무원증 사본 중 1부, 다만 증명인이 동(리)장일 때에는 이를 증명하는 서면 1부.

작성방법(양식상으로는 뒷면에 있음)

1. 주민등록증 등 본인임을 확인할 수 있는 서면의 사본을 첨부할 경우에는
   가. 증명인은 주민등록증 등의 원본을 가지고 신고지 관할 시(구)·읍·면사무소에 직접출석하여 시(구)·읍·면의 장(동장포함)으로부터 본인임을 확인받아야 합니다.
   나. 시(구)·읍·면의 장(동장포함)은 증명인으로부터 주민등록증 등의 원본을 제시받아 본인임을 확인한 후 틀림이 없는 경우에는 주민등록증 등의 사본의 여백에 "위 사본은 원본과 틀림없음을 인증합니다"라는 인증문을 부기하고 그 직명과 성명을 기재한 다음 직인을 찍어야 합니다.
   다. 증명인은 증명서에 도장을 찍는 대신 서명을 하여도 됩니다.
2. 증명인이 인감증명서를 첨부할 경우에는 증명서에 인감도장을 찍어야 합니다.
3. ③란은 사망한 곳의 주소를 기재합니다.
4. ⑤란의 증명인이 동(리·통)장일 경우에는 동(리·통)장임을 증명하는 서면만을 첨부하고, 관계란에 "○○시(군) ○○구(면) ○○동(리 · 통)장"이라고 기재하며, 동(리 · 통)장 1인의 증명이면 됩니다. 다만, 사망신고 당시 동장 등이 사망신고지 관할 시(구)·읍·면 (동 포함)지역에 현재 재직하고 있어 접수담당공무원의 동장 등의 신분을 확인할 수 있을 때에는 접수담당공무원이 사망증명서 여백에 "동(리·통)장으로 재직하고 있음을 확인합니다"라고 기재하고 그 실인을 찍어 동(리·통)장임을 증명하는 서면의 첨부에 갈음할 수 있습니다.
5. ⑤란의 증명인이 동(리 · 통)장이 아닌 때에는 2인을 모두 기재하며, 관계란에는 "이웃사람" 등으로 기재합니다.

답변50: 법률상담을 하다보면 상속재산을 나누지 않으려는 목적에서 공동상속인에 대한 사망신고 또는 실종선고를 부당하게 하려는 유혹을 느끼는 의뢰인들을 제법 만나게 된다. 필자는 얼마 전에도 자신의 남편과 자신의 남편이 자신을 만나기 전 사귀였던 다른 여성과의 사이에서 태어난 남편의 자녀와 공동상속인이 된 상담자가 위 남편의 자녀에 대해 실종심판청구를 해 줄 수 없냐고 물어온 사실이 있었다. 그러나 변호사들이 잘 알고 있다시피 사망하지 않은 사람임을 알면서 허위의 사망을 증명하는 서면을 얻어 사망신고를 하는 것은 형법상 공정증서원본불실기재죄에 해당한다.

답변51: 김외국에 대한 사망신고의 경우 국적상실자는 가족관계등록부의 기록대상자가 아니고, 국적상실자 김외국이 러시아에서 사망하였기 때문에 우리 등록관서에서 수리해야 할 국제가족관계등록사무에도 해당하지 아니한다. 따라서 등록관서에서는 국적상실자 김외국의 국적상실에 대한 기재문제만 처리하면 족하고, 사망신고의 경우를 수리할 수는 없다[149].

149) 호적선례3-448 : 사할린에 강제징용되어 러시아 국적을 취득하여 살다가 사망한 경우에 한국에 남아 있는 호적에 사망신고를 할 수 있는지 여부
외국에서 사망한 재외국민에 대한 사망신고를 함에 있어서 사망신고시 첨부하도록 되어 있는 진단서나 검안서를 붙일 수 없는 때에는 그 외국관공서에서 발급하는 사망사실의 증명서면을 사망신고서에 첨부하여 사망신고를 할 수가 있으나, 망인(망인)이 사할린에 강제징용되어 러시아 국적을 취득하였다면 대한민국 국적을 상실한 것이 되므로 사망신고를 할 수 없고 국적상실신고에 의하여 그의 호적을 말소하여야 할 것이다(1995. 7. 10. 법정 3202-332).

제9장 후견에 관한 신고

사례52: 변호사 나성실의 의뢰인 갑의 형이 얼마 전 음주뺑소니운전자의 차량에 치어 사망하게 되었다. 평소 아버지처럼 형을 의지하였던 갑은 형을 잃은 슬픔을 주체하기도 전에 남겨진 미성년의 조카들의 앞길이 걱정되었고, 음주뺑소니사고를 낸 후에 피해자를 방치하고 달아난 운전자에 대한 소송 준비에 여념이 없었는데, 문득, 자신의 형에게 10년 전 이혼한 전처가 있다는 사실을 기억하게 되었다. 갑의 형님은 10여년 전에 이혼하면서 친권자로 지정이 되었고, 같은 처지에 있는 분을 만나 행복하게 재혼가정을 꾸리고 있었으며, 여러 가지 사정이 있어 재혼한 배우자와 혼인신고는 미루고 있었다. 갑의 조카들은 이미 재혼한 어머니를 생모처럼 여기고, 삼촌인 갑을 전적으로 의지하고 있는 상황인데, 나성실은 이들의 복잡한 문제를 어떻게 풀어야 할까. 아이들의 제1순위 법정후견인으로 갑의 아버지이자 아이들의 조부가 생존해 있으나, 80에 가까운 나이로서 아이들이 후견인으로 적합하지 않은 상황이다.

1. 후견의 의의

미성년자에 대하여 친권자가 없거나 친권자가 법률행위대리권과 재산관리권을 행사할 수 없는 때에는 후견인을 두어야 하고, 금치산자 또는 한정치산의 선고가 있는 때에는 그 선고를 받은 자의 후견인을 두어야 한다(민법 제928조, 민법 제929조). 다만 2013. 7. 1. 시행되는 개정민법은 기존 금치산·한정치산제도를 성년후견제도로 대체하고 있다.

2. 후견의 개시

미성년자의 경우에는 친권자가 없거나 친권자가 법률행위의 대리권 및 재산관리권을 행사할 수 없을 때 후견이 개시된다(민법 제928조).

가. 친권자가 없는 경우

다만 단독 친권자가 된 부모의 일방이 사망한 경우 생존하는 부 또는 모, 미성년자, 미성년자의 친족은 그 사실을 안 날로부터 1개월, 사망한 날로부터 6개월 내에 가정법원에 생존하는 부 또는 모를 친권자로 지정할 것을 청구할 수 있고(민법 제909조의2제1항), 위 기간 내에 친권자지정의 청구가 없는 경우에는 가정법원은 직권 또는 청구에 의해 미성년 후견인을 선임할 수 있으며(민법 제909조의2제3항), 친권자지정청구나 후견인선임청구가 미성년자의 복리를 위하여 적절하지 아니하다고 인정하여 청구를 기각하면 직권으로 후견인을 선임하거나 친권자를 지정할 수 있게 하였다(민법 제909조의2제4항). 또한, 미성년자의 복리를 위해 필요하면 생존 부 또는 모 등의 청구에 의하여 후견을 종료하고 생존하는 부 또는 모를 친권자로 지정할 수 있게 하였다(민법 제909조의2 제6항).

나. 친권자가 법률행위대리권 및 재산관리권을 행사할 수 없는 때

3. 후견인

미성년후견이 개시되면 1인의 후견인을 두어야 한다(민법 제930조).

가. 미성년자의 후견인

미성년자의 후견인은 제1순위가 지정후견인이고, 제2순위는 선임후견인이 된다.

(1) 지정후견인(指定後見人)

미성년자에 대하여 친권을 행사하는 부모는 유언으로 미성년후견인을 지정할 수 있다(민법 제 931조). 이를 지정후견인이라고 한다. 다만 법률행위의 대리권과 재산관리권이 없는 친권자는 미성년후견인을 지정할 수 없다(민법 제 931조 단서).

(2) 선임(選任)후견인

민법 제931조에 따라 지정된 미성년후견인이 없는 경우에는 직권으로 또는 미성년자, 친족, 이해관계인, 검사, 지방자치단체의 장의 청구에 의하여 미성년 후견인을 선임한다. 미성년후견인이 없게 된 경우에도 또한 같다. 가정법원은 친권상실의 선고나 대리권 및 재산관리권 상실의 선고에 따라 미성년후견인을 선임할 필요가 있는 경우에는 직권으로 미성년후견인을 선임한다. 친권자가 대리군 및 재산관리권을 사퇴한 경우에는 지체 없이 가정법원에 미성년후견인의 선임을 청구하여야 한다.

나. 후견인의 결격사유

후견인에게 다음과 같은 사유가 있으면 후견인이 되지 못한다(민법 제937조).

(1) 미성년자[150]

(2) 피성년후견인, 피한정후견인, 피특정후견인, 피임의후견인

(3) 회생절차개시결정 또는 파산선고를 받은 자

150) 그러나 혼인에 의하여 성년으로 간주되는 자는 후견인이 될 수 있다.

(4) 자격정지 이상의 형의 선고를 받고 그 형기 중에 있는 자
(5) 법원에서 해임된 법정대리인, 성년후견인, 한정후견인, 특정후견인, 임의후견인과 그 감독인
(6) 행방이 불분명한 자
(7) 피후견인을 상대로 소송을 하였거나 하고 있는 자 또는 그 배우자와 직계혈족

4. 후견에 관한 신고

가. 후견개시신고

(1) 신고인 및 신고기간

후견인이 된 자는 지정, 법정, 선임을 불문하고 그 취임일로부터 1개월 이내에 후견개시 신고를 하여야 한다(예규 제180호)[151].

의사능력 없는 사람의 등록신고를 후견인이 신고하는 경우, 그 자격을 확인하기 위하여 먼저 후견개시신고를 하여야 한다(예규 제68호). 그런데 후견인이 취임한 후 그 후견개시신고 전에 후견인의 자격으로 등록신고를 하거나 동의를 한 경우에 등록부에 기록을 한 때에는 그 신고 또는 동의는 유효하다(예규 제73호).

(2) 첨부서류

(가) 유언서 또는 유언녹음녹취서(법 제82조 제1항)

유언으로 후견인을 지정한 경우에는 가정법원의 검인을 마친 후견인 지정에 관한 유언서 그 등본 또는 유언녹음을 기록한 서면을 첨부하여야 한다.

---

151) 신고서에는 다음 사항을 기록하여야 한다(법 제80조).
1. 후견인과 피후견인의 성명 · 출생연월일 · 주민등록번호 및 등록기준지
2. 후견개시의 원인 및 연월일
3. 후견인이 취임한 연월일

(나) 재판서 등본(법 제82조 제2항)

후견인 선임의 재판이 있었을 경우에는 재판서의 등본을 신고서에 첨부하여야 한다.

나. 후견인 경질신고

(1) 경질사유

후견인이 경질되는 원인은 ①후견인의 사망, ②후견인의 사임(민법 제939조) 또는 변경(민법 제940조), ③후견인 결격사유의 발생(민법 제937조)등이다.

(2) 신고인·신고기간 및 첨부서면

후견인이 경질된 경우에는 후임자는 취임일로부터 1월 이내에 신고하여야 한다. 신고서에서는 법원에서 후견인을 선임한 때에는 재판서 등본과 확정증명서를, 그리고 후견인 사퇴에 관한 법원의 허가가 있는 경우에는 법원의 허가서를 첨부 하여야 한다(법 제81조).

다. 후견종료신고

후견종료사유가 발생하면 후견종료 사유발생 당시의 후견인이 1월 이내에 신고하여야 한다(법 제83조).

5. 후견개시 신고서 양식

[양식]

후 견 개 시 신 고 서
(년 월 일)

※아래의 작성방법을 읽고 기재하시되 선택항목은 해당번호에 "○"으로 표시하여 주시기바랍니다.

① 피후견인	성 명	한글		한자		주민등록번호	-
	등록기준지					출생연월일	
	주 소						
	성 명	한글		한자		주민등록번호	-
	등록기준지					출생연월일	
	주 소						
	성 명	한글		한자		주민등록번호	-
	등록기준지					출생연월일	
	주 소						
② 후견인 (신고인)	성 명	한글	㊞ 또는 서명			주민등록번호	-
		한자					
	등록기준지					출생연월일	
	주 소					전 화	
						이메일	
③후견개시일자 및 원인		년 월 일					
④취임일자 및 원인		년 월 일 1지정 2법정 3선정					
⑤심 판 일 자		년 월 일				법원명	
⑥기 타 사 항							
⑦제출인	성 명					주민등록번호	-

작 성 방 법

※ 등록기준지 : 각 란의 해당자가 외국인인 경우에는 그 국적을 기재합니다.
※ 주민등록번호 : 각 란의 해당자가 외국인인 경우에는 외국인등록번호(국내거소신고번호 또는 출생연월일)를 기재합니다.
①란 : 2명 이상의 피후견인에 대해 후견개시가 있는 경우에는 순서대로 적으시면 됩니다.
　　: 법 제25조제2항에 따라 주민등록번호란에 주민등록번호를 기재한 때에는 출생연월일의 기재를 생략할 수 있습니다.
③란 : 후견개시일자 및 원인은 2008. 2. 1.친권자의 사망(상실), 2009. 2. 1. 한정치산선고확정, 2010. 2. 1. 친권자행방불명 등으로 기재합니다.
④란 : 지정·법정후견인의 취임연월일은 후견개시원인이 발생한 날(친권자의 사망, 상실등)을 기재합니다.
　　: 선정후견인의 취임연월일은 후견인선임심판일을 기재합니다.
⑤란 : 심판일자란은 선정후견인의 경우에만 기재합니다.
⑥란 : 가족관계등록부에 기록을 분명하게 하는데 특히 필요한 사항을 기재합니다.
⑦란 : 제출자(신고인 여부 불문)의 성명 및 주민등록번호 기재[접수담당공무원은 신분증과 대조]

첨 부 서 류

1. 유언서, 그 등본 또는 유언녹음을 기재한 서면 1부(유언에 의하여 후견인을 지정한 경우).
2. 재판서 등본 1부(가정법원이 재판에 의하여 후견인을 선정한 경우).

※ 아래 3항은 가족관계등록관서에서 전산으로 그 내용을 확인할 수 있는 경우 첨부를 생략합니다.

3. 당사자의 가족관계등록부의 기본증명서, 가족관계증명서 각 1통.
4. 신분확인[가족관계등록예규 제23호에 의함]
 - 신고인이 출석한 경우 : 신분증명서
 - 제출인이 출석한 경우 : 제출인의 신분증명서
 - 우편제출의 경우 : 신고인의 신분증명서 사본

답변52: 나성실은 우선 갑의 조카들의 진의를 잘 살피고, 그들의 복리를 위해 가장 좋은 방안이 무엇인지, 고민해 볼 필요가 있다. 만일 아이들이 15세 이상의 나이이고, 생모와 그 동안 거의 왕래도 없고, 이미 다른 남성과 재혼한 자신의 생모에게 자신들의 친권이 복귀되는 것을 원하지 않고, 그 동안 유대관계가 깊은 갑 및 자기를 키워준 새엄마의 훈육을 받기를 원하고 있다면 가정법원에 이러한 점을 소명하여 우선, 아이들이 생모의 친권상실을 선고해 달라는 심판을 제기하면서 병합하여 제1순위의 법정후견인을 갑으로 변경해달라는 후견인변경신청을 해 볼 필요가 있다. 이러한 신청을 하면 심문기일이 잡히고, 많은 경우 친권상실을 판단하기 위해 가사조사관의 조사명령이 내려지기도 한다,

보론: 성년후견제도(2013. 7. 1. 시행)

기존의 금치산·한정치산 제도를 현재 정신적 제약이 있는 사람은 물론 미래에 정신적 능력이 약해질 상황에 대비하여 후견제도를 이용하려는 사람이 재산 행위뿐만 아니라 치료, 요양 등 복리에 관한 폭넓은 도움을 받을 수 있는 성년후견제로 확대·개편하고, 금치산·한정치산 선고의 청구권자에 후견감독인과 지방자치단체의 장을 추가하여 후견을 내실화하며, 성년후견 등을 요구하는 노인, 장애인 등에 대한 보호를 강화하고, 피성년후견인 등과 거래하는 상대방을 보호하기 위하여 성년후견 등에 관하여 등기로 공시하고자 한다.

◇ **주요내용**

가. 성년후견·한정후견·특정후견제도의 도입(제9조 및 제12조, 제14조의2 신설)

획일적으로 행위능력을 제한하는 문제점을 내포하고 있는 기존의 금치산·한정치산제도 대신 더욱 능동적이고 적극적인 사회복

지시스템인 성년후견·한정후견·특정후견제도를 도입하고 기존 금치산·한정치산 선고의 청구권자에 '후견감독인'과 '지방자치단체의 장'을 추가하여 후견을 내실화하고 성년후견 등을 필요로 하는 노인, 장애인 등에 대한 보호를 강화함.

나. 제한능력자 능력의 확대(제10조 및 제13조)

성년후견을 받는 사람의 법률행위 중 일용품의 구입 등 일상생활에 필요한 행위이거나 후견개시의 심판에서 달리 정한 것은 취소할 수 없도록 하고, 한정후견을 받는 사람의 법률행위는 가정법원에서 한정후견인의 동의 사항으로 결정한 것이 아닌 이상 확정적으로 유효한 법률행위로 인정되며, 특정후견을 받는 사람의 법률행위는 어떠한 법적 제약이 따르지 않도록 함.

다. 후견을 받는 사람의 복리, 치료행위, 주거의 자유 등에 관한 신상보호 규정의 도입(제947조, 제947조의2 신설)

피후견인의 복리에 대한 후견인의 폭넓은 조력이 가능하도록 하되, 피후견인의 신상에 관한 결정권은 본인에게 있다는 원칙과 후견인의 임무 수행에 있어서 피후견인의 의사 존중 의무를 명시하는 등 피후견인의 복리를 실질적으로 보장할 수 있도록 함.

라. 복수·법인 후견 도입 및 동의권·대리권의 범위에 대한 개별적 결정(제930조 및 제938조, 제959조의4 및 제959조의11 신설)

후견인의 법정순위를 폐지하고, 가정법원이 피후견인의 의사 등을 고려하여 후견인과 그 대리권·동의권의 범위 등을 개별적으로 결정하도록 하며, 복수·법인 후견인도 선임할 수 있도록 함.

마. 후견감독인제도의 도입(제940조의2부터 제940조의7까지, 제959조의5 및 제959조의10 신설)

친족회를 폐지하고 그 대신 가정법원이 사안에 따라 후견감독인을 개별적으로 선임할 수 있도록 함으로써 후견인의 임무 해태, 권한 남용에 대한 실질적인 견제가 가능하도록 함.

바. 후견계약 제도의 도입(제959조의14부터 제959조의20까지 신설)

후견을 받으려는 사람이 사무를 처리할 능력이 부족한 상황에 있거나 부족하게 될 상황에 대비하여 재산관리 및 신상보호에 관한 사무의 전부 또는 일부를 자신이 원하는 후견인에게 위탁하는 내용의 계약을 체결할 수 있도록 하는 한편, 후견계약은 공정증서에 의하여 체결하도록 하고, 그 효력발생 시기를 가정법원의 임의후견감독인 선임시로 하는 등 피후견인의 권익을 보호할 수 있는 제도적 장치를 마련함.

사. 제3자 보호를 위하여 성년후견을 등기를 통하여 공시(제959조의 15, 제959조의 19, 및 제959조의 20 신설)

거래의 안전을 보호하고 피성년후견인과 거래하는 상대방인 제3자를 보호하기 위하여 후견계약 등을 등기하여 공시하도록 함.

〈법제처 제공〉

제10장 국적 취득 및 상실에 관한 신고

사례53: 2008.경 미국에 투자이민을 간 의뢰인은 2011.경 미국 시민권 취득으로 대한민국 국적을 상실한 자이다. 그러나 의뢰인의 가족관계등록부는 폐쇄되지 않은 상태다. 의뢰인은 미국에서 2009.에 미국인 여성과 혼인을 하였는데 의뢰인은 가족관계등록부에 미국인 여성과의 혼인사유를 기재하기를 원한다. 가능한 것인가.

사례54: 대한민국 국민인 의뢰인은 베트남 여성과의 사이에서 혼인외의 자를 출산하였다. 의뢰인은 자에 대한 출생신고를 하여 자의 가족관계등록부를 작성하고자 하는데, 등록관서에서는 아이의 출생신고만으로는 아이의 가족관계등록부를 작성할 수 없다고 한다. 그렇다면 아이의 가족관계등록부를 작성할 수 있는 방법은 없는 것인가.

사례55: 대한민국 국민인 갑녀는 1990.경 미국인 남성 을남과의 사이에 혼인 중 자 병남을 미국에서 출산하였다. 그리고 이혼한 후 미국에서 다시 미국인 남성 정남과 혼인하여 혼인 중의 자 무녀를 1992.경 미국에서 출산하였고, 2012.경 현재 갑녀는 사망하였다. 갑의 자녀인 병남과 무녀는 갑의 폐쇄등록부에 갑의 자녀로 기록되고 싶어 한다. 그러나 병남과 무녀는 한국에 출생신고가 되어 있지 아니하는바 병남과 무녀를 갑의 폐쇄등록부에 기록할 수 있는 방법은 무엇인가.

사례56: 한국인 갑녀는 1985.경 미국인 을남과의 사이에서 혼인 외 자녀 병남을 출산하였고, 병남은 미국등록기관에 출생등록이 되었다. 병남은 2000.경 생모인 갑녀가 대한민국 국민임을 이유로 법무부장관의 특별귀화허가를 받아 귀화신고에 의해서 호적이 편제되었고, 이에 기해 가족관계등록부도 작성이 되었다. 병남은 생모인 갑녀와 현재 생활을 하고 있음에도 불구하고 자신의 가족관계등록부상 모란에 갑녀가 기재되어 있지 않으므로 자신의 가족관계등록부상 모란에 갑녀를 기재하고 싶어 한다. 병남이 등록관서에 문의한바, 실무상 가족의 등록부가 존재함에도 불구하고 등록부상 가족으로 기재되어 있지 아니한 경우는 '가족관계등록부존재신고'라는 추후보완신고에 의해서 가족으로 기재하는 것이 원칙이고, 가족이라는 점 가령 모자관계라면 모자관계를 소명하는 서면으로 '출생증명서, 친생자관계존재확인판결 등'을 첨부하여야 한다는 설명을 들었다. 병남은 등록관서의 설명을 이해할 수가 없었다. 생모인 갑녀가 대한민국 국민이며, 갑녀와 병남 자신이 모자관계임을 소명해서 법무부장관의 '특별귀화허가'를 받았음에도 다시금 모자관계를 소명하라는 것이 이해되지 않은 것이다. 병남은 나성실에게 특별귀화허가를 받아 호적을 편제했는데도 다시금 모자관계를 소명하여야 등록부에 모의 성명을 기재할 수 있다는 것이 과연 타당한 것인지에 대해 문의를 하였다.

1. 대한민국 국민임을 추정케 하는 가족관계등록부

가. 가족관계등록부는 대한민국 국민을 대상으로 작성되므로 본인의 가족관계등록부를 보유한 자는 대한민국 국민으로 추정된다.

나. 따라서 국적법상 '대한민국 국적을 취득하였다는 것'은 가족관계등록법상 '가족관계등록부의 작성'이 가능함을 의미한다.

2. 국적취득자의 가족관계등록부 작성 및 폐쇄방식

가. 종전 호적법은 국적취득자에게 귀화신고의무, 국적회복신고의

무 등을 부여하였고, 법무부장관에게는 일정 경우 국적상실통보의무를 부여하였다.

나. 따라서 대체적으로 이러한 신고에 의하여 국적취득자의 호적이 편제되고 제적되었는데 그러나, 가족관계등록제도가 시행됨에 따라 이러한 의무들은 법무부장관이 등록관서로 통보하는 '국적통보제도(2008. 9. 1. 시행)' 로 대체되었다. 현재는 법무부장관의 통보에 의해서 국적취득자의 가족관계등록부가 작성되고 폐쇄된다.

3. 국적의 취득방식

가. 국적의 선천적 취득

(1) 국적법 제2조(출생에 의한 국적취득)

국적법 제2조는 다음 각 호의 1에 해당하는 자는 출생과 동시에 대한민국의 국적을 취득한다고 규정하고 있다.

① 출생당시에 부 또는 모가 대한민국 국민인 자(부모양계혈통주의[152])

152) 출생당시에 부 또는 모 중 어느 한 사람이라도 대한민국 국민이면 그 자녀는 출생과 동시에 대한민국의 국적을 취득하게 된다. 이러한 원칙을 부모양계혈통주의(1998. 6. 14. 시행된 제4차 개정국적법에서 채택)라고 한다. 여기서 부 또는 모란 법률상 친자관계가 인정되는 부 또는 모를 말하고 출생당시에 그와 같은 요건이 충족되어 있어야 한다. 따라서 혼인 중의 출생자는 부 또는 모 중 어느 한 사람이라도 대한민국 국민이면 선천적으로 대한민국의 국적을 취득한다.

그러나 혼인 외의 출생자는 출생당시 부가 외국인이고 모가 대한민국 국민이면 선천적으로 대한민국의 국적을 취득(법률상 모자(母子)관계는 분만이라는 사실에 의하여 출생과 동시에 인정됨. 이를 '사실주의'라 한다)하나, 출생당시 부가 대한민국 국민이고 모가 외국인이면 대한민국의 국적을 선천적으로 취득하지는 못함을(혼인 외의 자와 부와의 법률상 친자관계는 인지에 의해서만 인정됨. 이를 '인지주의'라 하는데 우리 국적법도 이를 따르고 있다는데 이설이 없음) 주의하여야 한다.

② 출생하기 전에 부가 사망한 때에는 그 사망한 당시에 부가 대한민국 국민이었던 자

③ 부모가 분명하지 아니한 때 또는 부모 모두가 국적이 없는 때에는 대한민국에서 출생한 자[153)]

이 경우 대한민국에서 발견된 기아는 대한민국에서 출생한 것으로 추정한다.

(2) 등록부 작성

위와 같은 요건 중에 어느 하나만 속하면 대한민국의 국적을 선척적으로 취득하므로 출생신고 또는 가족관계등록창설에 의하여 등록부를 작성하게 된다.

나. 국적의 후천적 취득

(1) 인지 등에 따른 국적취득

(가) 국적법 제3조제1항(인지에 의한 국적 취득[154)])

이러한 자녀는 모의 출생신고와 부의 인지신고를 거쳐, 미성년자이면 국적법 제3조제1항의 법무부장관에게 국적취득신고를 하여야 하고, 성년자이면 국적법 제7조의 법무부장관으로부터 특별귀화허가를 받아야 비로소 대한민국의 국적을 취득할 수 있다.

153) 특히 부모가 모두 국적이 없는 때에 대한민국에서 출생한 자의 예로는 부부 모두가 무국적인 상태로 대한민국에서 자녀를 출생한 경우를 들 수 있다. 최근에는 난민인정을 받은 상태에서 국내에서 출생한 자녀는 부모가 무국적인 상태에서 출생한 자이므로 국적을 주어야 한다는 견해도 있으나, 난민지위인정과 국적부여는 별개이다(2011 축조식 국적법 해설 참조).

154) 국적법 제3조(인지에 의한 국적 취득)
① 대한민국의 국민이 아닌 자(이하 "외국인"이라 한다)로서 대한민국의 국민인 부 또는 모에 의하여 인지된 자가 다음 각 호의 요건을 모두 갖추면 법무부장관에게 신고함으로써 대한민국 국적을 취득할 수 있다.
1. 대한민국의 「민법」상 미성년일 것
2. 출생 당시에 부 또는 모가 대한민국의 국민이었을 것

국적취득을 위한 인지요건은 민법상 인지요건과 달리 첫째, 피인지자는 대한민국 민법에 의하여 미성년자인 외국인이어야 하고, 둘째, 인지자인 부 또는 모는 외국인 자녀가 출생하던 당시 뿐 아니라 인지하는 현재에도 대한민국 국민이어야 한다. 그러나 인지신고한 때에 대한민국 국적을 취득하는 것은 아니고, 법무부장관에게 국적취득신고를 한 때에 대한민국의 국적을 취득한다.155)

(나) 국적법 제11조제1항(국적의 재취득)

대한민국 국적을 취득한 외국인이 외국국적 포기의무를 이행하지 않거나, 외국국적 불행사서약을 이행하지 않는 경우 대한민국 국적을 상실하지만 그 후 1년 내에 그 외국 국적을 포기하면 법무부장관에게 신고함으로써 대한민국 국적을 재취득할 수 있다156).

---

② 제1항에 따라 신고한 자는 그 신고를 한 때에 대한민국 국적을 취득한다.

155) 제4차 개정국적법(1998. 6. 14. 시행) 이전까지는 인지신고가 국적법상 규정한 요건을 충족한 경우 인지신고와 동시에 곧바로 대한민국 국적을 취득하였다. 가령 한국인 부의 외국인 자녀에 대한 인지신고가 국적법상 규정한 요건을 충족한 경우 부의 인지신고와 동시에 외국인 자녀는 대한민국 국적을 취득하므로 자녀는 한국인 부의 호적에 입적되었다. 그러나 제4차 개정국적법부터는 인지신고와 동시에 국적취득을 하는 것이 아니라 인지신고 후에 별도로 국적취득신고를 한 때에 국적을 취득하도록 하였다. 국적취득요건으로 '법무부장관에 대한 신고절차'를 현행 국적법도 유지하고 있다.

156) 제10조(국적 취득자의 외국 국적 포기 의무)
① 대한민국 국적을 취득한 외국인으로서 외국 국적을 가지고 있는 자는 대한민국 국적을 취득한 날부터 1년 내에 그 외국 국적을 포기하여야 한다. <개정 2010.5.4>
② 제1항에도 불구하고 다음 각 호의 어느 하나에 해당하는 자는 대한민국 국적을 취득한 날부터 1년 내에 외국 국적을 포기하거나 법무부장관이 정하는 바에 따라 대한민국에서 외국 국적을 행사하지 아니하겠다는 뜻을 법무부장관에게 서약하여야 한다. <신설 2010.5.4>
1. 귀화허가를 받은 때에 제6조제2항제1호·제2호 또는 제7조제1항제2호·제3호의 어느 하나에 해당하는 사유가 있는 자
2. 제9조에 따라 국적회복허가를 받은 자로서 제7조제1항제2호 또는 제3호에 해당한다고 법무부장관이 인정하는 자
3. 대한민국의 「민법」상 성년이 되기 전에 외국인에게 입양된 후 외국 국적을

(다) 등록부 작성

시(구)·읍·면의 장은 법무부장관으로부터 통보를 받은 때에 국적취득자의 등록부를 작성한다(법 제93조).

(2) 귀화로 인한 국적취득

(가) 귀화의 의의 등

귀화는 일정한 요건을 구비한 생래의 외국인에게 대한민국의 국적을 부여하는 것을 말한다[157]. 귀화는 일반귀화(국적법 제5조)·간이귀화(국적법 제6조)·특별귀화(국적법 제7조)로 구별된다. 귀화의 요건을 각 귀화에 따라 살펴보면 다음과 같다.

취득하고 외국에서 계속 거주하다가 제9조에 따라 국적회복허가를 받은 자

4. 외국에서 거주하다가 영주할 목적으로 만 65세 이후에 입국하여 제9조에 따라 국적회복허가를 받은 자
5. 본인의 뜻에도 불구하고 외국의 법률 및 제도로 인하여 제1항을 이행하기 어려운 자로서 대통령령으로 정하는 자

③ 제1항 또는 제2항을 이행하지 아니한 자는 그 기간이 지난 때에 대한민국 국적을 상실한다. <개정 2010.5.4>

제11조(국적의 재취득)

① 제10조제3항에 따라 대한민국 국적을 상실한 자가 그 후 1년 내에 그 외국 국적을 포기하면 법무부장관에게 신고함으로써 대한민국 국적을 재취득할 수 있다. <개정 2010.5.4>
② 제1항에 따라 신고한 자는 그 신고를 한 때에 대한민국 국적을 취득한다.
③ 제1항에 따른 신고 절차와 그 밖에 필요한 사항은 대통령령으로 정한다.

#국적회복과 국적재취득, 귀화는 구별을 요한다.
생래의 외국인이 대한민국 국적을 취득하는 절차는 '귀화절차', 대한민국 국적을 취득하였다가 상실한 자가 대한민국 국적을 취득하는 절차는 '국적회복절차', 대한민국 국적을 취득하였으나 외국국적을 일정기간 내 포기하지 아니하여 대한민국국적을 상실한 자가 일정기간 내 외국국적포기신고를 하여 대한민국국적을 재취득하는 절차는 '국적재취득절차'이다.

157) 외국인이라도 전에 한국의 국적을 가졌던 자는 귀화절차를 거칠 필요 없이 국적회복절차(국적법 제9조)에 의하여 대한민국 국적을 취득할 수 있다.

① 일반귀화 요건

외국인이 국적법 제6조(간이귀화) 및 제7조(특별귀화)에 규정된 경우를 제외하고는 다음 각호의 요건에 해당하는 경우 귀화허가를 받을 수 있다.

1. 5년 이상 계속하여 대한민국에 주소가 있을 것
2. 대한민국의 민법에 의하여 성년일 것
3. 품행이 단정할 것
4. 자신의 자산이나 기능에 의하거나 생계를 같이 하는 가족에 의존하여 생계를 유지할 능력이 있을 것
5. 국어능력 및 대한민국의 풍습에 대한 이해 등 대한민국 국민으로서의 기본 소양을 갖추고 있을 것

② 간이귀화 요건

대한민국에 3년 이상 계속하여 주소가 가지고 있는 외국인은 국적법 제5조제1호(5년 이상 계속하여 대한민국에 주소가 있을 것)의 요건을 갖추지 아니하여도 다음 각 호의 1에 해당하는 경우 귀화허가를 받을 수 있다.

1. 부 또는 모가 대한민국 국민이었던 자
2. 대한민국에서 출생한 자로서 부 또는 모가 대한민국에서 출생한 자
3. 대한민국 국민의 양자로서 입양 당시 대한민국의 민법에 의하여 성년이었던 자 또한 배우자가 대한민국의 국민인 외국인은 국적법 제5조제1호의 요건을 갖추지 아니하여도 다음 각 호의 1에 해당하는 경우 귀화허가를 받을 수 있다.

1. 그 배우자와 혼인한 상태로 대한민국에 2년 이상 계속하여 주소가 있는 자
2. 그 배우자와 혼인한 후 3년이 경과하고 혼인한 상태로 대한민국에 1년 이상 계속하여 주소가 있는 자
3. 제1호 또는 제2호의 기간을 충족하지 못하였으나, 그 배우자와 혼인

한 상태로 대한민국에 주소를 두고 있던 중 그 배우자의 사망이나 실종 그 밖에 자신의 귀책사유 없이 정상적인 혼인생활을 할 수 없었던 자로서 제1호 또는 제2호의 잔여기간을 충족하고 법무부장관이 상당하다고 인정하는 자

4. 제1호 또는 제2호의 요건을 충족하지 못하였으나, 그 배우자와의 혼인에 의하여 출생한 미성년의 자를 양육하고 있거나 양육하여야 할 자로서 제1호 또는 제2호의 기간을 충족하고 법무부장관이 상당하다고 인정하는 자

③ 특별귀화 요건

대한민국에 주소가 있는 외국인은 국적법제5조 1호(5년 이상 계속하여 대한민국에 주소가 있을 것)·제2호(대한민국 민법에 의하여 성년일 것) 또는 제4호(자신의 자산이나 기능에 의하거나 생계를 같이 하는 가족에 의존하여 생계를 유지할 능력이 있을 것)의 요건을 갖추지 아니하여도 다음 각 호의 1에 해당하는 경우 귀화허가를 받을 수 있다.

1. 부 또는 모가 대한민국 국민인 자. 다만 양자로서 대한민국의 민법상 성년이 된 후에 입양된 자를 제외한다.
2. 대한민국에 특별한 공로가 있는 자
3. 과학·경제·문화·체육 등 특정 분야에서 매우 우수한 능력을 보유한 자로서 대한민국의 국익에 기여할 것으로 인정되는 자

(위 2호 및 3호에 해당하는 자를 정하는 기준 및 절차는 대통령령으로 정한다)

(나) 귀화에 따른 국적수반취득

외국인의 자(子)로서 대한민국의 민법에 의하여 미성년인 자는 그 부 또는 모가 귀화허가를 신청할 때 함께 국적취득을 신청할 수 있으며, 이와 같이 국적취득신청을 한 자는 그의 부 또는 모에 대하여 법

무부장관이 귀화를 허가한 때에 함께 대한민국의 국적을 취득한다(국적법 제8조)[158].

(다) 등록부 작성

시(구)·읍·면의 장은 법무부장관으로부터 통보를 받은 때에 귀화자의 등록부를 작성한다(법 제94조).

(3) 국적회복으로 인한 국적취득과 등록부 작성

(가) 국적회복

대한민국의 국민이었던 외국인은 법무부장관의 국적회복허가를 받아 대한민국의 국적을 취득할 수 있다(국적법 제9조제1항)[159].

(나) 국적회복에 따른 국적수반취득

외국인의 자(子)로서 대한민국의 민법에 의하여 미성년인 자는 그 부 또는 모가 국적회복허가를 신청할 때 함께 국적취득을 신청할 수 있으며, 이와 같이 국적취득신청을 한 자는 그의 부 또는 모에 대하여 법무부장관이 국적회복허가를 한 때에 함께 대한민국의 국적을 취득한다(국적법제9조5항, 제8조)[160].

(다) 등록부 작성

시(구)·읍·면의 장은 법무부장관으로부터 통보를 받은 때에 귀

---

158) 개정 전의 국적법은 귀화자의 처에게 수반취득을 허용하였으나 개정 국적법은 이를 삭제하였다.

159) 국적을 회복할 수 있는 자는 대한민국 국적을 상실한 자이면 본래 한국인에 한하지 않고 대한민국 국적을 취득하였다가 상실한 외국인도 포함된다. 국적회복도 국적의 원시적 취득으로 종래에 상실한 국적과는 동일성이 인정되지 않는다.

160) 개정 전의 국적법은 국적회복자의 처에게 수반취득을 허용하였으나 개정 국적법은 이를 삭제하였다.

화자의 등록부를 작성한다. 다만, 국적회복을 한 사람의 등록부 등이 있는 경우에는 등록부 등에 기록된 등록기준지의 시(구)·읍·면의 장에게 그 사항을 통보하여야 한다(법 제95조).

4. 국적취득자의 성과 본의 창설신고

가. 의 의

귀화 등으로 대한민국 국적을 취득한 자(이하 '국적취득자라고 한다)가 한국식 성명을 원할 경우에는 등록기준지, 주소지 또는 등록기준지로 하고자 하는 곳을 관할하는 가정법원의 허가를 얻어 등록관서에 성본창설신고[161]를 하여 성본을 창설할 수 있다. 이 때 개명허가를 얻어 한국식 성명으로도 변경할 수 있고,[162] 실무상 많이 이용되고 있다.

나. 국적회복 및 국적재취득시 성명 사용의 예외

대한민국의 국적을 회복하거나 재취득하는 경우에는 종전 대한민국식 성명으로 국적회복신고 또는 국적재취득신고를 할 수 있다(법 제96조제2항). 신고서에는 종전에 사용하던 대한민국식 성명을 소명하여야 한다(법 제96조제3항[163]).

---

161) 성·본창설허가를 받은 자는 그 등본을 받은 날부터 1개월 이내에 그 등본을 첨부하여 성·본창설신고를 하여야 한다(법 제96조). 성·본창설신고의 장소에 관한 특별한 규정이 없으므로 등록신고의 장소에 관한 일반적 규정(법 제20조)에 의하여 사건본인의 등록기준지 또는 신고인의 주소지나 현재지에서 신고할 수 있다.

162) 부모를 알 수 없는 자가 성과 본을 창설하는 경우(민법 제781조 4항)는 가사비송사건이고, 가족관계등록비송사건이 아님에 주의하여야 한다(가사소송법 제2조 1항 2. 가. 4).

163) 국적회복자와 국적재취득자의 편의를 증진할 목적에서 예외적으로 국적 회복 내지 재취득시 종전 대한민국식 성명으로의 신고를 허용한 것이다. 그러나, 귀화에 의한 국적 취득시 외국에서 사용하던 성명이 아닌 대한민국식 성

5. 국적의 상실

가. 국적의 상실

국적법상 국적상실 원인은 다음과 같다.

(1) 외국 국적의 자진 취득에 따른 상실

① 대한민국의 국민으로서 자진하여 외국 국적을 취득한 자는 그 외국 국적을 취득한 때에 대한민국의 국적을 상실한다(국적법 제15조제1항).

② 위 국적법 제15조제1항이 규정한 '외국국적 자진취득'의 대표적인 인 예가 '귀화' 이다. 따라서 대한민국의 국민이 귀화하여 외국 국적을 취득한 때에 바로 대한민국 국적을 상실한다.

(2) 국제 신분행위 등에 따른 상실

① 대한민국 국민으로서 다음 각 호의 1에 해당하는 자는 그 외국 국적을 취득한 때부터 6월내에 법무부장관에게 대한민국 국적을 보유할 의사가 있다는 뜻을 신고하지 아니하면 그 외국 국적을 취득한 때에 소급하여 대한민국의 국적을 상실한다(국적법제15조제2항).

1. 외국인과의 혼인으로 인하여 그 배우자의 국적을 취득하게 된 자
2. 외국인에게 입양되어 그 양부 또는 양모의 국적을 취득하게 된 자
3. 외국인인 부 또는 모에게 인지되어 그 부 또는 모의 국적을 취득하게 된 자

명으로 신고하는 것은 성·본창설 및 개명의 일반원칙에 현저히 반하므로 허용하지 아니한다.

4. 외국 국적을 취득하여 대한민국의 국적을 상실하게 된 자의 배우자 또는 미성년의 자로서 그 외국의 법률에 의하여 함께 그 외국 국적을 취득하게 된 자

② 위 국적법 제15조제2항은 국적보유의사 미신고에 따른 국적상실을 규정한 것으로, 국제신분행위로 인하여 외국 국적을 취득한 경우 일단 6월의 국적상실 유보기간을 둔 것이다.

(3) 외국 국적 포기의무 불이행으로 인한 국적상실

대한민국의 국적을 취득한 외국인으로서 외국 국적을 가지고 있는 자는 대한민국의 국적을 취득한 날부터 1년내에 그 외국 국적을 포기하거나, 다음 각호의 어느 하나에 해당하는 자는 법무부장관이 정하는 바에 따라 대한민국에서 외국 국적을 행사하지 아니하겠다는 뜻을 법무부장관에게 서약하여야 하고, 서약내용을 이행하지 아니한 자는 그 기간이 경과한 때에 대한민국 국적을 상실한다(국적법 제10조).

1. 혼인관계를 유지하고 있는 결혼이민자(국적법 제6조제2항제1호,제2호 국적법 제10조제2항)
2. 대한민국에 특별한 공로가 있거나, 우수 외국인재로서 특별귀화한 자(국적법 제7조제1항제2호,제3호, 국적법 제10조제2항)
3. 국적회복허가를 받은 자로서 특별한 공로가 있거나, 우수 외국인재로 인정되는 자(국적법 제7조제1항제2호,제3호, 국적법 제9조, 국적법 제10조제2항)
4. 해외입양되었다가 우리 국적을 회복한 자(국적법 제10조제2항)
5. 외국에 장기 거주하다가 국내에 영주 귀국하여 대한민국 국적을 회복한 65세 이상의 자(국적법 제10조제2항)
6. 본인의 뜻에도 불구하고 외국의 법률 또는 제도로 인하여 외국 국적 포기의무를 이행하기 어려운 자(국적법 제10조제2항)

(4) 복수국적자[164]로서 대한민국 국적이탈로 인한 상실

복수국적자로서 외국 국적을 선택하려는 자는 외국에 주소가 있는 경우에만 주소지 관할 재외공관의 장을 거쳐 법무부장관에게 대한민국 국적을 이탈한다는 뜻을 신고할 수 있다. 다만, 제12조제2항 본문 또는 같은 조 제3항[165]에 해당하는 자는 그 기간 이내에 또는 해당 사유가 발생한 때부터만 신고할 수 있다. 이 경우 국적 이탈의 신고를 한 자는 법무부장관이 신고를 수리한 때에 대한민국 국적을 상실한다. (국적법 제14조).

(5) 복수국적자에 대한 국적선택명령 불이행으로 상실

(1) 법무부장관은 복수국적자로서 국적법 제12조 제1항 또는 제2항에서 정한 기간 내에 국적을 선택하지 아니한 자에게 1년

---

164) 종전 국적법에서는 '이중국적자'라는 용어를 사용하였으나, 국적을 두 개 이상 보유하는 경우를 '이중국적자'는 포섭하기 어렵다는 점에서 개정국적법에서 '복수국적자'로 용어를 변경하였다. 한편 복수국적자는 대한민국의 법령 적용에서 대한민국 국민으로만 처우한다(국적법 제11조제1항).

165) 제12조(복수국적자의 국적선택의무)
① 만 20세가 되기 전에 복수국적자가 된 자는 만 22세가 되기 전까지, 만 20세가 된 후에 복수국적자가 된 자는 그 때부터 2년 내에 제13조와 제14조에 따라 하나의 국적을 선택하여야 한다. 다만, 제10조제2항에 따라 법무부장관에게 대한민국에서 외국 국적을 행사하지 아니하겠다는 뜻을 서약한 복수국적자는 제외한다. <개정 2010.5.4>
② 제1항 본문에도 불구하고 「병역법」 제8조에 따라 제1국민역(제일국민역)에 편입된 자는 편입된 때부터 3개월 이내에 하나의 국적을 선택하거나 제3항 각 호의 어느 하나에 해당하는 때부터 2년 이내에 하나의 국적을 선택하여야 한다. 다만, 제13조에 따라 대한민국 국적을 선택하려는 경우에는 제3항 각 호의 어느 하나에 해당하기 전에도 할 수 있다. <개정 2010.5.4>
③ 직계존속(직계존속)이 외국에서 영주(영주)할 목적 없이 체류한 상태에서 출생한 자는 병역의무의 이행과 관련하여 다음 각 호의 어느 하나에 해당하는 경우에만 제14조에 따른 국적이탈신고를 할 수 있다. <개정 2010.5.4>
1. 현역·상근예비역 또는 보충역으로 복무를 마치거나 마친 것으로 보게 되는 경우
2. 제2국민역에 편입된 경우
3. 병역면제처분을 받은 경우

내에 하나의 국적을 선택할 것을 명하여야 한다.(국적법 제14조의2제1항).

(2) 법무부장관은 복수국적자로서 국적법 제10조 제2항, 제13조 제1항 또는 같은 조 제2항 단서에 따라 대한민국에서 외국 국적을 행사하지 아니하겠다는 뜻을 서약한 자가 그 뜻에 현저히 반하는 행위를 한 경우에는 1년 내에 하나의 국적을 선택할 것을 명할 수 있다(국적법 제14조의2제2항).

(3) 위 (1)항 또는 (2)항에 따라 국적선택의 명령을 받은 자가 대한민국 국적을 선택하려면 외국 국적을 포기하여야 한다(국적법 제14조의2제3항).

(4) 위 (1)항 또는 (2)항에 따라 국적선택의 명령을 받고도 이를 따르지 아니한 자는 그 기간이 지난 때에 대한민국 국적을 상실한다(국적법 제14조의2제4항).[166]

나. 국적상실에 대한 신고 및 통보

(1) 대한민국 국적을 상실한 자(국적이탈 신고를 한 자 제외)는 법무부장관에게 국적상실 신고를 하여야 한다.

(2) 공무원이 그 직무상 대한민국의 국적을 상실한 자를 발견한 때에는 지체 없이 법무부장관에게 그 사실을 통보하여야 한다.

(3) 법무부장관은 그 직무상 대한민국 국적을 상실한 자를 발견하거나 국적상실의 신고나 통보를 받으면 가족관계등록 관서와 주민등록 관서에 통보하여야 한다(국적법 제16조).

다. 국적상실신고

(1) 신고의무자 및 신고기간

166) 국적법 개정으로 종전 국적법 제12조 제2항의 국적 자동상실 규정은 삭제되었다. 따라서 2010. 5. 4.이후 국적선택기간이 경과하는 자는 국적이 자동상실되는 것이 아니라, 국적선택명령을 받고도 국적을 선택하지 아니한 경우 국적을 상실한다.

국적상실의 신고는 국적상실자의 배우자 또는 4촌 이내의 친족이 국적상실의 사실을 안 날부터 1월 이내에 이를 하여야 한다. 국적상실자 본인은 국적상실의 신고적격자로서 국적상실신고를 할 수 있다(법 제97조).[167]

(2) 신고장소

국적상실신고의 신고장소에 관한 특별규정이 없으므로 신고장소에 관한 일반적 규정(법 제20조)에 의하여 사건본인인 국적상실자의 등록기준지 또는 신고인의 주소지나 현재지에서 신고할 수 있다.

(3) 국적상실신고서 및 첨부서류

(가) 국적상실신고서의 기재사항(법 제97조제2항).

1. 국적상실자의 성명·주민등록번호 및 등록기준지
2. 국적상실의 원인 및 연월일
3. 새로 외국국적을 취득한 때에는 그 국적

(나) 국적상실을 증명하는 서면

국적상실신고서에는 국적상실을 증명하는 서면을 첨부하여야 한다(법 제97조제3항). 국적상실을 증명하는 서면이라 함은 외국국적취득증명서(귀화허가서등본 등)나 주재영사 확인서로서도 가능하며(예규 제206호), 국적법시행령 제21조의 규정에 의하여 국적상실을 고시한 관보를 첨부하여도 된다. 대한민국 국적을 취득한 외국인이 6월내에 그의 본국 국적을 상실하지 아니함으로써 대한민국 국적을 상실한 경우에는 본국국적증명서를 첨부할 것이다.

(다) 신고인의 자격을 증명하는 서면

167) 국적상실자 본인은 대한민국 국민이 아니기 때문에 신고의무를 지울 수 없다는 이유로 신고의무자에서 제외하였다.

국적상실신고인이 그 신고인의 자격을 증명하는 서면에는 등록사항별 증명서의 첨부가 필요하다. 그러나 정보처리시스템에 의하여 등록부를 확인할 수 있는 경우에는 등록사항별 증명서를 첨부할 필요가 없다.

(4) 국적상실신고에 따른 등록부 폐쇄

국적상실신고를 수리한(수리하기 전에 국적보유의사신고 여부를 철저히 조사하여야 한다) 시(구)·읍·면의 장은 지체 없이 신고서등본 및 기본증명서를 첨부하여 법무부장관에게 통보하여야 한다(예규 제205호). 국적을 상실하지 아니한 국적상실자의 배우자의 등록부에도 상대방 배우자가 국적을 상실한 취지를 기록하여야 한다(규칙 제54조).

라. 국적상실·국적선택 등의 통보

법무부장관은 다음 각 호의 어느 하나에 해당하는 사유가 발생한 경우 그 사람의 등록기준지(등록기준지가 없는 경우에는 그 사람이 정한 등록기준지)의 시(구)·읍·면의 장에게 그 사실을 증명하는 서면을 첨부하여 대법원규칙으로 정하는 사항을 통보하여야 한다.

① 「국적법」 제13조제1항에 따라 이중국적자로부터 대한민국의 국적을 선택한다는 신고를 수리한 때

② 「국적법」 제14조제1항에 따라 국적이탈신고를 수리한 때

③ 「국적법」 제20조에 따라 대한민국 국민으로 판정한 때

답변53: 의뢰인은 1999. 미국 시민권 취득으로 국적을 상실하여 대한민국 국민이 아닌 자가 되었으므로 가족관계등록부는 폐쇄된다. 그리고 국적 상실 이후인 2002년에는 혼인이 이루어졌으므로 이는 의뢰인의 폐쇄등록부에 기록될 수 없는 혼인사유이다. 따라서 만약 의뢰인이 국적상실사실을 숨기고 혼인증서

를 등록관서에 제출한다면 설령 등록관서에서 모르고 혼인사유를 기록하더라도 이후에 국적상실사실을 등록관서에 알게 된 경우 등록관서는 가족관계등록부에 기록된 혼인사유를 말소한 후에 가족관계등록부는 폐쇄한다. 만약 의뢰인이 국적상실신고와 동시에 혼인증서를 제출한다면 국적상실에 기해서 가족관계등록부를 폐쇄하고, 제출된 혼인증서는 수리하지 아니한다. 다만, 국적상실자의 가족관계등록부가 국적상실을 이유로 폐쇄된다고 하여도, 연결되어 있는 배우자, 부모, 자녀의 가족관계등록부가 있다면 그 연결은 국적상실을 이유로 단절되지 않고 이들의 가족관계등록부에 그대로 현출된다.

답변54: 한국인 부와 외국인 모 사이에 혼인외 자는 대한민국 국적을 취득할 수 없으므로 가족관계등록부를 가질 수 없다. 따라서 출생신고에 의해서 가족관계등록부를 작성할 수 없고 국적법에 따른 국적취득절차(자녀가 미성년자인 경우는 인지절차를 거친 국적취득, 성년자인 경우는 특별귀화절차를 거친 국적취득[168])를 거쳐서 법무부장관이 등록관서로 국적취득통보를

168) 국적법 제10275호 2010.05.04 일부개정
제3조(인지에 의한 국적 취득)
① 대한민국의 국민이 아닌 자(이하 "외국인"이라 한다)로서 대한민국의 국민인 부 또는 모에 의하여 인지된 자가 다음 각 호의 요건을 모두 갖추면 법무부장관에게 신고함으로써 대한민국 국적을 취득할 수 있다.
1. 대한민국의 「민법」상 미성년일 것
2. 출생 당시에 부 또는 모가 대한민국의 국민이었을 것
② 제1항에 따라 신고한 자는 그 신고를 한 때에 대한민국 국적을 취득한다.
③ 제1항에 따른 신고 절차와 그 밖에 필요한 사항은 대통령령으로 정한다.
제7조(특별귀화 요건)
① 다음 각 호의 어느 하나에 해당하는 외국인으로서 대한민국에 주소가 있는 자는 제5조제1호·제2호 또는 제4호의 요건을 갖추지 아니하여도 귀화허가를 받을 수 있다. <개정 2010.5.4>
1. 부 또는 모가 대한민국의 국민인 자. 다만, 양자로서 대한민국의 「민법」상 성년이 된 후에 입양된 자는 제외한다.
2. 대한민국에 특별한 공로가 있는 자
3. 과학·경제·문화·체육 등 특정 분야에서 매우 우수한 능력을 보유한 자로서

하면 등록관서에서 가족관계등록부를 작성한다.

답변55: 현행 국적법은 혼인 중의 자는 부모양계혈통주의를 따르고 있으나, 1998. 이전 국적법에 의하면 혼인 중의 자는 부의 국적을 따르는 부계혈통주의였다[169] 따라서 사안의 경우 한국인 모 갑녀가 미국인 부 을남과 정남과의 사이에 1998. 이전에 미국에서 출산한 혼인 중의 자 병남과 무녀는 대한민국 국민이 아니라 미국 시민인 것이다. 따라서 병남과 무녀는 대한민국 국민이 아니므로 출생신고에 의해서 가족관계등록부가 작성될 수 없다.

답변56: 위 사안은 병남의 등록부상 모란에 갑녀를 기재하는 문제가 아니라 병남의 등록부를 폐쇄하고 새로 작성해야 할 사안이다. 1998. 6. 14. 시행된 제4차 개정국적법[170] 이후로 현행

대한민국의 국익에 기여할 것으로 인정되는 자
② 제1항제2호 및 제3호에 해당하는 자를 정하는 기준 및 절차는 대통령령으로 정한다. <개정 2010.5.4>

169) 국적법 제2906호 1976.12.22 일부개정
제2조
다음 각호의 1에 해당하는 자는 대한민국의 국민이다.
1. 출생한 당시에 부가 대한민국의 국민인 자(혼인중의 자를 전제함. 즉 혼인외자의 경우는 해당하지 아니한다)
2. 출생하기 전에 부가 사망한 때에는 사망한 당시에 대한민국의 국민이던 자
3. 부가 분명하지 아니한 때 또는 국적이 없는 때에는 모가 대한민국의 국민인 자
4. 부모가 모두 분명하지 아니한 때 또는 국적이 없는 때에는 대한민국에서 출생한 자

대한민국에서 발견된 기아는 대한민국에서 출생한 것으로 추정한다.

170) 제4차 개정국적법은 국적취득신청을 한 경우에만 종전 국적법 규정을 따르도록 경과규정을 두고 있다.
국적법<제5431호,1997.12.13> 부칙
제1조 (시행일) 이 법은 공포후 6월이 경과한 날부터 시행한다.
제2조 (귀화허가신청 등에 관한 경과조치) 이 법 시행전에 종전의 규정에 의하여

국적법은 출생에 의한 국적취득은 '부모양계혈통주의'를 취하고 있다. 즉 자녀는 출생과 동시에 법률상 부 또는 모의 국적을 따른다. 그러나 제4차 개정국적법 이전에는 출생에 의한 국적취득시 '부계혈통주의'를 규정하고 있었다. 즉 자녀는 부의 국적을 따른다는 원칙이다. 다만 이때의 '부'는 법률상 부를 의미하고 사실상의 부를 의미하는 것이 아님에도 불구하고 사실상의 부도 포함되는 것으로 오해되는 경우가 있다[171]. 즉 외국인 부와 한국인 모 사이 출생한 혼인외 자녀의 경우 외국인 부는 혼인외 자녀의 법률상 부가 아님에도 불구하고 자녀가 외국인 부의 국적을 따르는 것으로 실무상 잘못 처리되는 경우가 있었던 것이다. 한편 사안의 병남이 귀화허가신청을 1998. 6. 14. 이전에 했다면 부계혈통주의의 국적법이, 1998. 6. 14. 이후에 했다면 부모양계혈통주의의 국적법이 적용되지만, 어느 국적법이 적용되더라도 외국인 부와 한국인 모 사이에 혼인 외 자녀로 출생한 병남은 '대한민국 국민'이다. 대한민국 국민인 병남은 귀화허가대상자가 아님에도 귀화허가를 받아서 호적을 편제하고 그 호적에 기해 등록부를 작성한 것이므로 병남의 등록부를 폐쇄하고, 생모인 갑녀가 병남에 대한 출생신고를 하여 병남의 등록부를 작성하면 될 것이다.

귀화허가·국적회복허가 및 국적이탈허가를 신청한 자에 대하여서는 종전의 규정을 적용한다.

171) 국적업무편람(1992년 법무부 발행)에서는 출생에 의한 국적취득시 '부계혈통주의'에서 부는 법률상 부를 의미하며 사실상의 부를 의미하는 것이 아니라고 기술하고 있다. 그리고 축조식 국적법 해설(2010년 법무부출입국외국인정책본부 발행)에서도 출생에 의한 국적취득시 '부모양계혈통주의'의 '부'는 법률상의 부를 의미하는 것이라고 기술하고 있다.

제4편 가족관계등부 기록

제1장 가족관계등록부 기록의 의의 및 효력

제2장 가족관계등록부 기록사유

제3장 가족관계등록부 기록사항

제4편 가족관계등록부 기록

제1장 가족관계등록부 기록의 의의 및 효력

1. 가족관계등록부 기록의 의의

등록부 기록이란 법률 등이 정하는 사항을 시(구)·읍·면의 장이 전산정보조직에 의하여 등록부에 기록하는 것을 말한다(규칙 제2조제1호). 실무에서는 시(구)·읍·면의 장의 보조기관인 등록사무담임자가 시(구)·읍·면의 장의 명의로 등록부기록의 사무를 처리한다.

2. 가족관계등록부 기록의 효력

등록부에 기록된 사항은 일응 그 기록이 적법하게 되었고 진실에 부합한 것으로 추정을 받게 되나, 기록사항을 번복할 만한 명백한 반증이 있는 경우에는 그 추정을 번복할 수 있다[172].

---

172) '국민의 신분관계를 공증하는 유일한 공문서인 호적에 등록된 사항은 진실에 부합하는 것으로 추정되고 또한 강한 증명력을 갖게 되지만, 그 기록이 진실이 아니라고 볼만한 명백한 반증이 있는 경우에는 그 추정은 번복될 수 있는 것이므로 호적의 기록에 공신력까지 인정되는 것은 아니다'(대법원 1995. 7. 5.자 94스26 결정, 1997. 11. 27.자 97스4 결정 참조).

제2장 가족관계등록부 기록사유

등록부에 사람의 신분관계를 기록하기 위한 일정한 기록 원인을 등록부 기록사유라 한다. 등록부의 기록은 신고·신청 등의 사유에 기하여 기록되는 것이 원칙이지만, 신고 등을 기대할 수 없거나 신고 등에 의하는 것이 적당하지 않을 경우에는 예외적으로 직권에 의한 등록부 기록이 인정된다.

제1절 신고 등에 의한 가족관계등록부 기록

등록부는 신고, 통보, 신청, 증서의 등본, 항해일지의 등본 또는 재판서에 의하여 기록한다(법 제16조).

1. 신 고

대부분의 등록부 기록은 신고에 의하여 이루어진다.

2. 통 보

성질상 등록신고를 기대할 수 없거나, 공익상 신고의무자의 신고에만 의존할 수 없는 경우로서, 통보는 신고에 대한 보충적 제도로서 인정되는 등록부 기록사유이다[173].

3. 신 청

법 제104조 내지 제108조에 규정된 등록부의 정정 신청을 말한다.

---

173) 법 제87조(인정사망 통보), 제88조(사형, 재소 중 사망 통보), 제90조(등록불명자 사망 통보), 제98조(국적선택 등의 통보) 등이 이에 해당된다.

등록부의 기록이 위법 또는 진실에 반하는 경우에는 일정한 자가 법원의 판결이나 허가를 얻어 시(구)·읍·면의 장에게 그에 따른 등록부 기록의 정정을 신청하며 이에 기초하여 등록부 정정이 이루어진다. 예컨대, 친생자관계부존재확인판결을 받은 경우, 그 확정판결문을 등록관서에 제출하여 정정을 신청하여야 한다.

4. 증서등본의 제출

우리나라 국민이 외국에서 그 나라의 방식에 따라 실체적인 창설적 신분행위(혼인, 인지, 입양 등)를 하고 그 나라의 권한 있는 기관에서 작성한 증서의 등본(그 명칭에 불구하고 신분행위가 성립된 사실을 증명한 서면)을 그 지역을 관할하는 재외공관의 장이나 신고사건본인의 등록기준지 시(구)·읍·면의 장에게 제출한 경우에는 등록부 기록을 하게 된다(법제35조).

5. 항해일지의 등본

일정한 선박의 선장은 항해 중 출생 또는 사망의 사실이 있는 때 출생신고서 또는 사망신고서에 기록할 사항을 항해일지에 기록하고 서명 또는 기명날인하여야 하며, 그 항해일지 등본을 시(구)·읍·면의 장 또는 재외공관의 장에게 발송하여(법 제49조, 제91조) 등록부 기록을 하게 된다.

6. 재판서

시(구)·읍·면의 장의 위법·부당한 등록사무에 관한 처분에 대하여 당사자가 불복시 가정법원이 등록부의 기록을 명한 재판서를 말한다(법 제109조 내지 제113조)[174].

---

174) 따라서 가사소송절차에 의한 판결이나 가족관계등록 비송절차에 따른 결정 등의 재판서는 등록부 정정신청에 의하여 등록부 기록을 하게 되므로 여기에서 말하는 재판서에는 해당되지 않는다.

7. 촉탁서

가사소송규칙 제5조에 정하는 판결이나 심판이 확정되거나 효력을 발생한 때에는 가정법원의 법원사무관 등은 지체 없이 사건본인의 등록기준지 시(구)·읍·면의 장에게 등록부 기록을 촉탁하여야 하며(가사소송법 제9조), 이 촉탁서에 의하여 등록부의 기록을 하게 된다.

제2절 직권에 의한 가족관계등록부 기록

등록부 기록은 통상 신고에 의하는 것이 일반적이지만, 신고의무자가 신고를 하지 않거나 이해관계인이 등록부 정정신청을 하지 아니한 경우에는 시(구)·읍·면의 장이 직권으로 등록부에 기록할 수 있다. 즉, 시(구)·읍·면의 장은 신고의무를 해태한 자를 안 때에는 상당한 기간을 정하여 그 기간 내에 신고할 것을 최고하여야 하며, 그 기간 내에 신고를 하지 아니한 때에는 시(구)·읍·면의 장은 다시 상당한 기간을 정하여 최고할 수 있다(법 제38조제1항,제2항). 위와 같이 최고를 하여도 신고를 하지 않거나 최고를 할 수 없는 때에는 시(구)·읍·면의 장은 감독법원의 허가를 얻어 직권으로 등록부의 기록을 할 수 있다(법 제38조제3항, 제18조제2항).

제3장 가족관계등록부 기록사항

제1절 가족관계등록부 기록사항

1. 가족관계등록부 기록사항의 의의

가. 등록부 기록사항이란 사람의 신분관계에 관한 사항 중 법이 정한 등록부 기록사유가 있는 경우에 등록부에 기록할 수 있는 법과 규칙이 정한 사항을 말한다[175].

나. 등록부 기록사항은 등록법규가 정하는 사항에 한한다. 따라서 법률 등이 정하는 기록사항이 아님에도 시(구)·읍·면의 장이 임의로 등록부에 기록한 사항은 위법한 기록으로서 정정의 대상이 된다. 가령 병역사항은 등록부의 기록사항이 아니므로 병역사항의 기재를 요청하는 신고는 가족관계등록법규상의 신고가 아니며, 만약 병역사항이 제적 또는 등록부에 기록되어 있다면 법정기재사항이 아님에도 기재된 위법한 기재내용이므로 말소되어야 한다.

상담을 하는 경우 의뢰인들에게 등록사항별 증명서를 가지고 오라고 하면, 제대로 들고 오는 경우가 별로 없는 것 같다. 의뢰인들 역시도 아직 5종류나 되는 등록사항별 증명서를 제대로 이해하지 못하고 있는 경우가 많고, 문제가 되는 기재가 어느 증명서에 기재되어 있는지 잘 모르기 때문이다. 따라서 관련 사건을 정확히 상담하기 위해 변호사들은 증명서 기록 사항에 대해 기본적인 내용을 숙지하고 있을 필요가 있고, 상담을 하기 전에 어떠어떠한 증명서를 발급받아서 오라고

175) 규칙은 등록부 기록사항을 등록기준지, 가족관계등록부사항, 특정등록사항, 일반등록사항으로 구분하고 있다(규칙 제2조제3~5호).

정확히 얘기해 준다면, 의뢰인도 재차 등록관서에 가는 번거로움 없이 상담을 받을 수 있게 된다. 실제로 필자가 자신의 자녀로 기록된 사람과 유전자검사를 했는데 친자가 아니니 판결을 받아달라는 의뢰인들을 상담하다 보면, 대부분 자신의 가족관계증명서와 유전자 검사 결과서만 가지고 오는 경우가 많다. 그러나, 그 자녀가 언제 누구에 의해 출생신고되었는지 및 부모의 혼인신고일이 언제인지를 확인한 경우에만 친생부인의 소로 진행할 것인지, 친생자관계부존재확인판결로 진행할 것인지, 또한 그러한 판결에 의해서 자녀의 등록부가 폐쇄된 후 직권으로 자녀의 등록부를 재작성할 것인지, 출생신고(또는 창설신고)에 의해서 자녀의 등록부를 작성할 것인지 등에 대한 정확한 상담을 할 수 있다. 따라서 이러한 상담을 할 경우에는 미리 가족관계증명서, 혼인관계증명서, 기본증명서(경우에 따라 제적등본)등을 가지고 오도록 요청하는 것이 좋다.

2. 등록기준지

가. 의 의

구 호적법상의 본적은 가(家)의 근거지를 나타내고 있으나 현행 가족관계등록법상 등록기준지는 비송사건의 관할기준, 재외국민 등록신고 송부지, 증명서 검색조건, 구 호적과의 연결 등을 위한 기능적 개념에 불과하다. 따라서 가족들마다 각기 다른 등록기준지를 가질 수 있고, 개인이 등록기준지를 자유롭게 변경할 수 있다는 점에서 종전의 본적과는 차이가 있다[176].

이와 관련하여, '등록기준지에 아파트 동, 호수는 왜 표시가 되지 않는지' 하는 궁금증을 갖고 있는 경우가 종종 있다. 그런데 대법원 선례는 '아파트와 같은 집합건물의 경우 당해 아파트의 명칭 및 동·호

176) 그러나 실무상 등록기준지는 등록사항별 증명서 발급의 검색조건 또는 등록 비송사건의 관할기준으로 이용되는 것이 대부분이어서 종전 본적과 동일하게 인식하여도 큰 문제는 없을 것이다.

수의 표시는 구분건물의 특정을 위한 표시방법에 불과하므로 등록기준지에는 이를 기록할 수 없다'는 입장이다(호적선례4-11).

나. 등록기준지의 결정

출생 또는 그 밖의 사유로 처음 등록을 하는 경우에는 등록기준지를 정하여 신고하여야 하며, 등록기준지는 대법원규칙으로 정하는 절차에 따라 변경할 수 있다(법 제10조). 이에 따라 규칙은 등록기준지의 결정과 변경에 대하여 자세한 규정을 두고 있다(규칙 제4조)[177].

3. 가족관계등록부사항

가족관계등록부사항이란 등록기준지의 지정 또는 변경과 정정에 관한 사항, 가족관계등록부작성 또는 폐쇄에 관한 기록사항을 말한다(규칙 제2조3호). 가족관계등록부사항란의 기록사항으로는 새로운 등록부의 작성에 관한 사항, 등록부 폐쇄에 관한 사항, 등록기준지 변경에 관한 사항이 있다.

⚠

호적시대에는 호적등본 하나로 신분관계에 관한 변동 내역을 기재하였으나, 현행 가족관계등록시대에는 신분관계를 증명하는 증명서의 종류가 여러 가지이므로, 확인하고자 하는 신분관계의 변동내역에 관하여 어떤 증명서를 발급받아야 할지 고민될 때가 있다. 현행 가족관계등록법규상 증명서는 등록사항별로 각각의 증명서를 발급한다는 취지에서 '등록사항별 증명서'로 통칭되며, '기본증명서, 가족관계증명서, 혼인관계증명서, 입양관계증명서, 친양자입양관계증명서'로 구분하여 발급되고 있다.

177) 등록기준지는 기존에 호적을 가지고 있던 사람의 경우에는 그 본적을 등록기준지로 보며, 법 시행 이후에 최초로 가족관계등록을 하는 사람의 경우에는 규칙 제4조제2항에 의하여 정하도록 규정하였다. 한편 등록기준지는 변경의 자유가 있기 때문에 당사자의 신청에 의하여 언제든지 변경이 가능하지만, 변경신고사건이 일정한 등록관서로 치중되는 경우를 방지하기 위하여 등록기준지변경신고는 새롭게 등록기준지로 하고자 하는 시(구)·읍·면에 하도록 하였다.(규칙 제4조제3항)

4. 특정등록사항

(가) 특정등록사항이란 본인·부모(양부모 포함)·배우자·자녀(양자 포함)란에 기록되는 성명, 출생연월일, 주민등록번호, 성별, 본에 관한 기록사항을 말한다[다만, 기록대상자가 외국인인 경우에는 성명, 출생연월일, 국적, 외국인등록번호, 성별에 관한 기록사항을 말한다(규칙 제2조제4호)].

(나) 등록사항별 증명서(5종류)는 모두 특정등록사항란을 가지고 있다. 다만 각 증명서마다 특정등록사항란에 기록되는 가족의 범위가 서로 다르다는 점에 주의를 요한다[178].

가. 성명란 및 증명서에 현출되는 가족

(1) 성명란

본인 및 각 증명서에 따라 현출되는 가족의 성명을 기록한다. 특정등록사항란에 기재되는 성명은 한글과 한자를 병기한다{예컨대, 홍길동(洪吉童)}. 하지만, 성명란 외에 이름을 기재하는 경우에는 한글만 기재하고 있다(예규 제37호).

(2) 증명서에 현출되는 가족

① 부모 및 양부모

등록사항별 증명서 중 특정등록사항란에 부모가 현출되는 증명서는 원칙적으로 가족관계증명서 뿐이지만 입양(또는 친양자 입양)의 사실이 있는 경우에는 가족관계증명서에 양부모만을 부모로 기록하고, 친부모 및 양부모는 입양관계증명서에 기록하도록 규정하였다. 양자된 자의 사생활을 보호하려는 것이다.

부모란에 기록하는 부모의 성명은 친생부모의 성명을 말하며, 민

---

178) 기본증명서에는 본인만이, 가족관계증명서에는 본인, 배우자, 부모, 자녀가, 혼인관계증명서에는 본인과 배우자가, 입양관계증명서에는 본인, 친부모, 양부모, 양자가 각 기재되는 차이가 있다.

법의 개정(1991. 1. 1. 시행)으로 계모나 적모는 법률상 모가 아니므로 모란에 기록하지 아니한다.

② 배우자 및 자녀

배우자가 표시되는 증명서는 가족관계증명서와 혼인관계증명서 뿐이다. 이 중 가족관계증명서에는 현재 유효한 혼인 중인 배우자만 표시되고 이혼한 배우자 등은 표시되지 않으나, 혼인관계증명서에는 본인의 혼인 및 이혼에 관한 경력이 모두 표시된다.

본인의 자녀가 표시되는 증명서는 가족관계증명서 뿐이다. 다만, 입양(또는 친양자 입양)의 사실이 있는 경우에는 입양관계증명서(또는 친양자입양관계증명서)에 양자(또는 친양자)가 표시된다.

나. 성별란

다. 본(本)란[179)]

라. 출생연월일란

본인 및 각 증명서에 따라 현출되는 가족으로 당해 성명란에 기록된 자의 출생연월일을 서기 연호로 기록한다. 출생시각은 24시각제에 의한다(예규 제113호). 또한 우리나라 국민이 외국에서 출생한 경우는 특정등록사항란의 출생연월일란에는 현지 출생연월일을 서기 및 태양력으로 기록하고, 일반등록사항란에는 현지 출생시각을 한국시각으로 환산하여 기록하여야 한다(예규 제318호).

---

179) 호적선례4-9 : 외국인으로서 귀화 또는 혼인으로 인하여 대한민국의 국적을 취득한 자는 가정법원의 창성(본)허가를 받아 신고하는 경우 외에는 호적상 본을 기재할 수 없을 것이다. 그러나 외국인이 조선족 중국인일 경우에는 혼인신고서에 첨부된 공적인 자료에 의하여 본을 알 수 있는 때에 한하여 별도의 창성(본)허가를 받지 아니하더라도 그 본을 기재할 수 있을 것이며 기왕에 정리된 호적에 본란이 공란으로 되어 있다면 추완신고에 의하여 이를 기재할 수도 있을 것이다. 단, 조선족 중국인일 경우에도 공적인 자료에 의하여 본을 소명할 수 없다면 반드시 창성(본)허가를 받아야 한다.

마. 주민등록번호란

5. 일반등록사항

등록기준지와 가족관계등록부사항란 및 특정등록사항란을 제외한 부분이 일반등록사항란으로서, 본인과 각 증명서에 따라 현출되는 가족의 등록부기록사항 중 특정등록사항란에 기록할 신분사항 이외의 모든 신분에 관한 사항을 기록한다. 즉 일반등록사항이란 출생에서부터 사망에 이르기까지 법과 규칙에 따라 본인의 등록부에 기록하는 가족관계등록부사항·특정등록사항 이외의 모든 신분변동에 관한 기록사항을 말한다(규칙 제2조5호)[180].

가. 출생에 관한 사항

등록사항별 증명서 중 출생사유가 기록되는 증명서는 기본증명서이다.

나. 인지에 관한 사항

인지에 관한 사항은 인지자와 피인지자(혼인 외의 자)의 기본증명서 일반등록사항란에 각각 기록한다.

다. 입양 및 파양(또는 친양자 입양 및 파양)에 관한 사항

입양사유는 양친과 양자의 등록부에 모두 기록하여야 한다. 입양이나 파양(또는 친양자 입양이나 파양)에 관한 사항은 입양관계증명서(또는 친양자입양관계증명서)에만 표시된다. 양친과 양자 자신의 입양관계증명서(또는 친양자입양관계증명서)의 일반등록사항란에 입양 및

180) 현행 규칙에 의할 때, 등록사항별 증명서 중 가족관계증명서에는 일반등록사항란이 존재하지 않는 것을 원칙으로 하나, 예외적으로 등록부를 작성하는 과정에서 발생하는 착오기재나 누락 등을 정정하는 경우에는 일반등록사항란을 만들어 그 안에 이러한 정정사유가 기록되도록 하였다.

파양사유(또는 친양자 입양이나 파양사유)가 기록된다.

라. 혼인 및 이혼에 관한 사항

등록사항별 증명서 중 일반등록사항란에 혼인 및 이혼에 관한 사항이 기록되는 증명서는 혼인관계증명서뿐이다.

마. 친권, 대리권·관리권, 후견에 관한 사항

친권·법률행위대리권·재산관리권의 상실 또는 회복·정지와 친권자의 지정·변경·후견인의 선임 또는 변경, 후견개시·종료 등에 관한 사항 등은 무능력자의 등록부(등록사항별 증명서 중 기본증명서에만 현출)의 일반등록사항란에만 기록한다(규칙 제53조).[181)]

바. 사망, 실종·부재선고 및 그 취소에 관한 사항

사망자 또는 실종자 등의 일반등록사항란에 기록함과 아울러 폐쇄처리하고 다른 배우자의 일반등록사항란에도 그 취지를 기록하여야 한다(규칙 제54조). 즉 사망자 또는 실종자 등의 기본증명서에 사망, 실종 등이 현출되며, 그 배우자의 혼인관계증명서상 사망자 또는 배우자의 특정등록사항란에 사망, 실종 등이 현출된다.

사. 국적의 취득 및 상실에 관한 사항

국적의 득상에 관한 사항은 국적취득자 또는 상실자의 일반등록사항란에 기록한다. 배우자가 있는 자가 국적을 상실하거나 회복한 경우에는 다른 배우자의 일반등록사항란에도 그 취지를 기록한다(규칙 제54조). 국적취득자 또는 상실자의 기본증명서에 국적득상이 현출되며, 그 배우자의 혼인관계증명서상 국적취득자 또는 상실자의 국적득상이 현출된다.

---

181) 즉, 친권자나 후견인의 등록부에는 위 사항을 기록하지 않는다.

아. 개명 등에 관한 사항

개명 후의 이름을 성명란에 기록한다. 배우자가 개명시 다른 배우자의 일반등록사항란에도 그 취지를 기록한다(규칙 제54조)[182].

자. 가족관계등록부 기록의 정정 및 추후보완에 관한 사항

등록부의 기록을 정정하거나 추후보완하는 경우에는 사건본인의 일반등록사항란에 그 사유를 기록한다.

차. 자(子)의 신분에 관한 사항

혼인 외의 출생자가 혼인중의 출생자로 된 때 또는 부모의 혼인이 무효로 된 때에는 자녀의 일반등록사항란에 그 사유를 기록한다(규칙 제55조제2항).

제2절 등록사항별 증명서의 종류에 따른 특징

법 제15조에 따른 5가지 종류의 증명서별로 각 기록사항을 살펴보면 훨씬 입체적으로 이해할 수 있다[183].

1. 가족관계증명서

① 가족관계증명서는 본인을 기준으로 부모(입양의 경우 양부모를 부모로 기록한다. 다만, 단독입양한 양부가 친생모와 혼인관계에 있는 때에는 양부와 친생모를, 단독입양한 양모가 친생부와

182) 다만, 실무상으로는 특정등록사항란의 기록 중 가족 중의 한사람(사건본인)에게 정정이 발생한 경우 그 사건본인의 등록부만을 정정하면 그와 관계된 다른 가족의 특정등록사항란의 사건본인의 등록정보가 전산시스템상 정정되도록 되어 있다.

183) 개정법률에 따라 2011년 12월 30일부터는 각 증명서의 기록사항 중 일부기록사항만을 현출하는 일부증명 형식의 증명서가 발급되고 있다.

혼인관계가 있는 때에는 양모와 친생부를 각각 부모를 기록한다), 배우자, 자녀가 기록되며, 이들의 특정등록사항인 성명, 성별, 본, 출생연월일 및 주민등록번호만이 대개 표시된다. 가족관계증명서에 기재되는 '가족'의 범위는 민법상 '가족'의 범위(민법 제779조[184])와 달리 '부모, 배우자, 자녀'에 한정됨에 주의를 요한다.

② 가족관계증명서에 기재된 각 가족[185]들은 현재 유효한 가족관계가 있는 사람을 표시하는 것을 원칙으로 한다. 즉, 배우자였지만 혼인(무효)취소 또는 이혼한 경우나, 양부모였지만 입양(무효)취소 또는 파양한 경우 그 배우자, 양부모는 등록부의 특정등록사항란에서 말소되어 위 가족관계증명서의 특정등록사

---

184) 민법
제779조(가족의 범위)
① 다음의 자는 가족으로 한다.
1. 배우자, 직계혈족 및 형제자매
2. 직계혈족의 배우자, 배우자의 직계혈족 및 배우자의 형제자매
② 제1항제2호의 경우에는 생계를 같이 하는 경우에 한한다.

185) 가족들 중에 가족관계증명서의 특정등록사항란에 기록되는 사람은 원칙적으로 2007년 12월 31일을 기준으로 호적에 등재되어 있는 사람에 한한다. 즉 그 시점에 사망, 국적상실, 부재선고, 실종선고의 사유로 호적에서 제적된 사람은 등록부를 작성하지 않으므로 가족관계증명서에 나타나지 않고, 다만 예외적으로 부모(양부모 포함)는 사망 등의 사유로 제적되었더라도 그 성명만은 기록되고 있다. 그러나 규칙 부칙제4조제1항은 “종전 호적을 개인별로 구분하여 등록부를 작성할 경우에 본인의 등록부에 기록하는 범위는, 이 규칙 시행 당시 종전호적에 기재된 유효한 사항을 기준으로 하되, 부모(양부모 포함), 자녀(양자녀 포함), 배우자에 관한 사항 중 사망, 분가, 전적, 그 밖의 사유로 종전호적에 그 기재사항이 없는 경우에는 제적부 또는 이해관계인의 소명에 의하여 기록하는 방법에 의할 수 있다”고 규정하여 2007년 12월 31일을 기준으로 종전호적에 기재되어 있지 않은 가족의 경우에도 등록부에 기록될 수 있는 길을 열어두고 있다. 따라서 2007년 12월 31일을 기준으로 호적에 기재되어 있지 않아 등록부에 등재되지 아니한 가족이 있는 경우 제적부 등의 소명자료를 첨부하여 신청하면 본인의 등록부에 가족으로 기록될 수 있다. 이러한 이유로 가족 일부가 가족관계증명서에 표시되지 못한 경우가 있게 된 것인데, 이를 잘 알지 못하는 의뢰인들은 마치 누군가의 고의에 의한 누락이라고 의심하는 경우가 많다.

항란에 기록되지 않는다.

다만, 가족이 사망, 국적상실, 부재선고, 실종선고에 해당하는 경우에는 이 가족들은 그대로 남겨두고, 성명란 옆에 사망 등의 사유가 기록되어 증명서로 발급된다. 위 사유들은 친족관계를 종료시키는 것이 아니기 때문이다.

2. 기본증명서

기본증명서는 등록부의 기본이 되는 증명서로서, 본인에 관한 기본적인 등록사항이 기록된다. 본인의 개인적 사항이라 할 수 있는 '출생, 국적, 개명, 친권, 사망 등'이 기록된다. 즉, 혼인, 입양, 친양자 입양에 관한 사항을 제외한 나머지 법률과 규칙이 규정하는 본인의 기록사항에 관한 사항을 기록하는 증명서이다.

3. 혼인관계증명서

혼인관계증명서는 본인의 혼인·이혼에 관한 사항과 배우자의 성명정정 또는 개명에 관한 사항이 기록된 증명서이다. 혼인관계증명서의 특정등록사항란은 본인과 현재 유효한 혼인관계에 있는 배우자가 기록된다. 따라서 이혼하거나 혼인이 취소 또는 무효로 된 배우자였던 사람은 기록되지 않는다. 다만, 이러한 사람들은 혼인관계증명서의 일반등록사항란에 그 사유와 함께 성명이 기록될 뿐이다[186].

4. 입양관계증명서

① 입양관계증명서는 본인, 친생부모, 양부모, 양자의 각 특정등록

186) 단, 배우자가 사망, 국적상실, 부재(실종)선고를 받아 그 배우자의 등록부가 폐쇄되더라도 본인의 혼인관계증명서의 특정등록사항란은 그대로 두고 성명란 옆에 그 취지가 기록되도록 하고 있다. 이는 이러한 사유들이 친족관계를 종료시키는 것은 아니므로 이를 공시 · 공증할 필요성이 있기 때문이다.

사항과 입양, 파양, 입양(무효)취소에 관한 일반등록사항이 기록된다. 가족관계증명서에서는 양자를 자녀로 표시하여 친생자녀와 구별 없이 증명하고 있으나 입양관계증명서에는 양자로 표시된다(법 제15조제1항제4호).

② 파양, 입양(무효)취소의 경우 당사자의 등록부에서 상대방 당사자에 대한 특정등록사항이 말소되므로 입양관계증명서의 특정등록사항란에는 기록되지 않고 일반등록사항란에 그 사유가 기록된다.

5. 친양자입양관계증명서[187)]

① 친양자입양관계증명서는 본인, 친생부모, 양부모, 친양자의 각 특정등록사항과 친양자입양, 친양자파양, 친양자입양취소에 관한 일반등록사항이 기록된다. 가족관계증명서에서는 양자를 자녀로 표시하여 친생자녀와 구별 없이 증명하고 있으나 친양자입양관계증명서에는 친양자로 표시된다.(법 제15조제1항제4호).

② 친양자파양, 친양자입양취소의 경우 당사자의 등록부에서 상대방 당사자에 대한 특정등록사항이 말소되므로 친양자입양관계증명서의 특정등록사항란에 기록되지 않으며 일반등록사항란에 그 사유가 기록된다.

187) 다만 친양자입양된 자녀의 기존 가족관계등록부는 폐쇄하고 친양자입양을 이유로 가족관계등록부를 재작성한다는 점에 주의를 요한다.

제5편 가족관계등부 정정

제1장 총 설

제2장 직권정정

제3장 판결에 의한 가족관계등록부의 정정

제5편 가족관계등록부 정정

제1장 총 설

제1절 가족관계등록부 정정의 의의 및 대상

지금까지 살펴본 가족관계등록에 관한 기본적인 사항들은 가족관계등록부 정정 업무를 위하여 필수적으로 숙지하여야 할 사항이라고 해도 과언이 아니고, 가족관계등록부 정정이야말로 변호사들의 능력이 발휘될 수 있는 분야라고 할 수 있다. 가족관계등록부를 최종적으로 정정처리하는 등록관서 공무원들은 정정 결정문에 기재된 주문대로만 정정하게 되는데, 실무상 가족관계등록부나 제적등본에 기재할 수 없는(마치, 집행분야에서 집행불능 판결이 존재하는 것과 유사한) 경우가 종종 있다. 또한, 의뢰인들이 법률 전문가를 통해 이러한 정정을 하고자 하는 것은 그러한 정정절차이후에 다른 문제를 해결하기 위한 전 단계인 경우가 많은데, 대부분의 경우 의뢰인들이 원하는 정정결정을 받더라도 그 이후 단계의 진행과는 무관한 경우도 많은 바, 변호사들이 특별히 숙지할 필요가 있는 분야라고 할 수 있다. 따라서 감독법원이나 등록관서에만 의존할 것이 아니라, 변호사들 스스로 많은 연구를 하여 보완입법 등에도 목소리를 낼 필요가 있는 분야라고 생각된다. 상담하다 보면, 아직도 너무나 많은 분들이 자신의 의사와 무관하게 잘못 공시된 신분관계를 그대로 유지하고 있는 것을 알 수 있다.

사례57: 의뢰인 갑은 자신의 부가 1971.경 '갑'으로 표시하여 출생신고를 하여 부의 호적에 입적되었다. 그러나 아들이 없던 의뢰인의 큰아버지가 후사를 기대할 수 없는 노령에 이르자, 의뢰인을 입양하기를 원하여 결국 의뢰인은 큰아버지에게 양자로 가게 되었다, 그런데 의뢰인의 큰아버지는 입양신고 대신에 의뢰인을 '을'이라고 하여 1973.경 친생자출생신고를 하였고, 현재 의뢰인은 이중제적에 기한 이중등록부를 갖게 되었다. 이중제적과 이중등록부를 어떻게 정리하여야 할까.

사례58: 자신의 생부가 아닌 다른 사람의 자식으로 등록된 나성실의 의뢰인은, 가족관계등록부상 부와 자신 사이에 친생자관계부존재확인판결을 받은 다음 생부와의 인지판결을 받아 등록부상 친자관계를 정리하여야 한다는 사실은 잘 알고 있지만 그 동안 의뢰인 자신을 길러준 등록부상 부와의 친생자관계부존재확인소송과정에서 등록부상 부와 대면하기가 너무 괴로울 것 같다며, 친생자관계부존재확인판결을 받지 않고서 생부와의 인지판결만으로 친자관계를 정리할 수 있는 방법은 없는지 문의하였다. 가능한 방법이 있을까.

사례59: 나성실을 찾아온 의뢰인 갑은 최근에 자신의 딸이 입사지원서에 첨부할 가족관계증명서를 발급받았다가 깜짝 놀랐다. 의뢰인의 딸의 성별이 남성으로 기록되어 있는 것이다. 의뢰인은 의뢰인의 딸에 대한 출생신고를 1990.에 하면서 분명히 성별을 여성으로 기재하였는데 제적등본에도 '남성'으로 기록되어 있는 것이다. 다만 등록관서에 확인해본 바에 의하면 주민등록표에는 성별이 '여성'으로 기록되어 있다고 한다, 제적부와 가족관계등록부 정정은 어떻게 해야 할까. 만일 직권정정이 가능한 사안이라면 직권정정요청을 하라고 답변해주면 되지만, 그것이 불가능하다면 사건을 수임하여 가족관계등록 정정의 비송으로 처리해야 할 것이기 때문이다.

1. 가족관계등록부 정정의 의의

등록부 정정은 등록부의 기록이 법률상 허용될 수 없는 것이거나 또는 그 기록에 착오나 누락이 있는 경우에 이를 진정한 신분관계와 일치되도록 바로 잡는 절차를 말한다. 등록부 정정은 등록진실주의[188]를 구현하기 위한 것이다.

2. 정정기준으로서의 '진실한 신분관계'

'등록부의 기록'은 진실한 신분관계를 있는 그대로 그려내는 것이므로, 등록부의 기록내용이 정정되어야 한다는 것은 대부분 등록부의 기록이 진실한 신분관계와 일치하지 않는다는 것을 의미하며, 정정을 통해서 등록부에 기록되어야 할 신분관계는 진실한 신분관계이다. 따라서 등록부에 기재된 내용이 진실한 신분관계가 아니라는 것이 소명되면 비송재판부에서는 정정허가결정을 하여야 하고, 소명이 되었음에도 불구하고 등록부정정허가신청인에게 불순한 의도 또는 저의가 있음을 이유로 기각결정을 하여서는 안된다[189].

---

188) 등록진실주의는 등록부의 기록은 진정한 신분관계와 일치되어야 한다는 원리를 의미한다.

189) 호적선례3-514 : 법원이 호적정정(특히 생년월일정정)허가를 함에 있어서 불순한 여권발급신청을 막기 위한다는 목적으로 외무부의 의견조회를 반드시 선행하여야 하는지 여부
호적정정(생년월일 정정 포함)은 호적부에 기재된 사항이 실질적인 신분관계의 사실과 다른 경우에 이를 사실과 일치시키기 위하여 행하여지는 호적비송절차로써 가정법원의 허가를 얻어 호적관서에 호적정정신청을 함으로써 이루어지는 것으로, 호적정정절차에 있어서의 법원의 허가는 재판작용의 하나로서 오로지 신청서에 첨부된 소명자료를 심사하는 법관의 자유심증에 따라 결정되는 것이므로, 호적부의 기재사항이 사실과 다르다는 것을 호적정정허가신청인이 증명한다면 개명이나 취적절차에 있어서의 허가와는 달리 이는 당연히 허가되어야 하는 것으로서 호적정정허가신청인의 의도가 어떠

△

등록부에 기재된 내용이 진실한 신분관계가 아니라는 점을 충분히 소명하였음에도 비송재판부에서 그 절차 이후에 전개할 상속등의 분쟁에 그 결정문이 악용되는 것을 우려하여 정정허가 결정을 내리는 것에 주저하는 것 같다는 느낌을 받을 때가 있다. 그러나 잘못된 신분관계의 공시를 바로 잡는 것은 그 자체로 의미있는 일이고, 우리 대법원의 태도 또한, 등록부 기재내용이 진실이라는 추정력이 번복되는 경우라면 정정되어야 한다는 입장이므로, 변호사로서는 비송신청에 대해 기각결정을 받았다고 포기할 것이 아니라, 그것이 진실한 기재가 아니라는 소명자료들을 보강하여 다시 신청하여 관계인의 심문을 요청해보거나 직권조사 등을 촉구하는 등의 노력을 해볼 필요가 있다.

답변57: 나성실은 우선 큰아버지와 의뢰인 사이에 친자관계부존재확인판결(친생부인판결)을 받은 후 을에 대한 등록부를 폐쇄하고 을에 대한 제적을 말소하도록 해야 한다. 이후에 갑과 을이 동일인임을 소명하여 말소된 을의 제적상 신분사항을 갑의 제적으로 이기하고, 을의 폐쇄등록부의 신분사항을 갑의 존치 등록부로 이기하는 비송허가결정을 다시 받아 정정신청하면 된다.

답변58: 등록부상 부와 자 사이에 친생자관계부존재확인판결을 받을 필요없이 생부와 자 사이에 인지판결만을 받은 경우에도 등록부상 부를 생부로 정정할 수가 있다. 즉 생부와 자 사이에

한 것이냐에 따라 영향을 받는 것이 아니다. 따라서 생년월일정정을 위한 호적비송절차에 있어서 외무부에 대한 사전 의견조회를 반드시 필요적으로 거치도록 하는 것은 적절한 방법이 될 수 없다. (1993. 5. 24. 법정 제974호 외무부장관 대 법원행정처장 질의회답)

인지판결을 받은 다음 해당 인지판결을 소명자료로 하여 '자의 등록부상 부를 말소하라'는 등록부정정정허가를 받아 등록부상 부를 말소한 후 인지판결을 첨부한 인지신고를 하여 등록부상에 생부를 기재하면 된다(가족관계등록선례201005-1 참조190)).

---

190) 가족관계등록선례 201005-1 : 한국인 갑남과 혼인관계에 있던 외국인 을녀는 갑남과의 혼인관계가 해소되지 아니한 상태에서 갑남과 별거하던 중 한국인 병남과의 사이에서 정녀를 출산하고 그 후 갑남과의 혼인관계가 재판상 이혼으로 해소되자 병남과 재혼을 한 다음 정녀가 병남을 상대로 인지청구의 소를 제기하여 인지의 재판이 확정된 경우에 정녀가 가족관계등록부를 가질 수 있는 방법

가. 국제혼인 중에 출생한 자녀에 대한 혼인중의 친자관계의 성립에 관한 준거법은 자녀의 출생 당시 부부 일방의 본국법인바, 정녀의 출생 당시 을녀의 법률상 남편인 한국인 갑남의 본국법인 우리나라의 「민법」에 따라 정녀는 갑남과 을녀의 혼인중의 출생자이므로 부모인 갑남 또는 을녀가 출생신고의 무자로서 정녀를 갑남과 을녀의 혼인중의 출생자로 출생신고를 하여야 함이 원칙이나 비록 형식적으로 정녀가 갑남의 친생추정을 받더라도 을녀가 정녀를 포태한 기간 중 갑남과의 동서가 결여되어 갑남의 자를 포태할 수 없는 것이 외관상 명백한 사정이 있는 경우에는 실질적으로 갑남의 친생추정이 미치지 않으므로 이 경우에는 정녀가 생부인 병남을 상대로 한 인지청구의 소를 통해 갑남과 정녀 사이의 친자관계를 배제할 수 있는바, 정녀가 생부인 병남을 상대로 한 인지의 재판이 확정됨으로써 정녀는 출생 당시로 소급하여 법률상 부인 갑남과의 친자관계가 부정되므로 이 경우 을녀의 혼인 외의 출생자가 된다.

나. 정녀는 을녀의 혼인외의 출생자로서 생모가 외국인이므로 출생에 의하여 바로 대한민국 국적을 취득하지는 못하지만 생모인 을녀가 우리나라에서 정녀를 출산하였고 현재 을녀와 정녀가 우리나라에 거주하고 있는 이상 법령의 장소적 적용범위에 관한 속지주의의 법리에 따라 출생신고의무자인 생모 을녀는 정녀의 국적에 관계없이 우리나라의 등록관서에 정녀에 대한 출생신고를 할 수 있는 것이고, 정녀가 병남을 상대로 한 인지청구의 확정재판에 의하여 정녀의 출생 당시로 소급하여 갑남이 정녀의 친생부가 아니라는 것이 확정된 것이므로 위 판결등본 및 확정증명서를 출생신고서에 첨부하고, 출생신고서에 정녀의 성과 본을 병남의 성과 본으로 기재하여 정녀를 을녀의 혼인외의 출생자로 출생신고를 하면 된다. 그리고 출생신고와 동시에 또는 출생신고 후에 인지청구의 소 제기자인 정녀가 인지재판의 판결등본 및 확정증명서를 첨부하여 인지신고를 하면 되고, 또한 그 소의 상대방인 병남도 위 서면을 첨부하여 인지신고를 할 수 있다.

답변59: 직권정정사항은 법원의 허가를 얻어야 하는 직권정정사항과 법원의 허가를 얻지 않아도 되는 직권정정사항으로 나뉜다. 등록관서의 과오가 분명한 경우는 직권정정이 가능하지만 사안과 같이 등록관서의 과오인지, 당사자의 과오인지 판단이 어려운 사안은 결국 등록비송사건으로 처리되게 될 것이므로, 변호사로서는 성별을 올바르게 정정해달라는 비송허가 신청을 해야 할 것이다.

제2절 가족관계등록부 정정의 대상과 정정의 사유

1. 가족관계등록부 정정대상

등록부 정정은 등록부의 기록을 정정하는 것이므로, 등록부정정의 대상은 '등록부의 기록사항' 이다. 또한 위법하게 편제된 등록부는 그 자체가 폐쇄되어야 할 대상이므로, '등록부 자체' 가 등록부정정의 대상이 되기도 한다.

가. 기록사항을 등록부정정절차로 기록할 수 있는지 여부

통상적으로 등록부에 기록하여야 할 사항은 '신고, 증서등본제출, 촉탁 등'에 의하여 등록부에 기록된다. 그런데 등록부정정절차는 등록부에 이미 기록된 사항을 대상으로 하는 것이므로 등록부에 기록되어야 할 사항을 등록부 정정절차에 의하여 기록하는 것은 부적법하다 할 것이다[191].

---

191) 예컨대, 자신의 아버지가 사망하였는데 아버지에 대한 사망신고를 생략한 채 자신의 가족관계증명서상 자신의 아버지가 사망한 것으로 정정해달라는 신청은 할 수 없는 것이다.

나. 정정대상의 범위

폐쇄등록부(또는 제적부)와 같이 현재 살아있지 않은 공적 장부에 기재된 내용은 정정대상이 될 수 없는 것이 아닌가 하는 의문을 갖게 되는 경우가 있지만 정정대상이 되는 등록부의 기록은 등록부의 폐쇄 여부를 불문한다(제적부의 기록도 정정대상이 된다). 그러나 대한민국 국민이 아닌 자가 위법하게 등록부를 창설한 후 등록부에 기재된 허위의 출생연월일 등을 정정하고자 하는 경우와 같이 해당 등록부 자체가 법률상 허용되지 않는 경우는 등록부 자체가 폐쇄되어야 할 대상이고, 폐쇄되어야 할 등록부에 기재된 허위의 기재내용은 정정대상이 되지 아니함에 주의를 요한다.

2. 가족관계등록부 정정사유

가. 가족관계등록부 정정사유의 의의

(1) 등록부 정정사유는 원칙적으로 등록부의 기록이 법률상 허용될 수 없거나 그 기록에 착오나 누락이 있는 경우 등을 말한다(법 제18조, 제104조, 제105조, 제107조[192]). 주의할 점은

---

192)법 제18조(등록부의 정정)

① 등록부의 기록이 법률상 무효인 것이거나 그 기록에 착오 또는 누락이 있음을 안 때에는 시·읍·면의 장은 지체 없이 신고인 또는 신고사건의 본인에게 그 사실을 통지하여야 한다. 다만, 그 착오 또는 누락이 시·읍·면의 장의 잘못으로 인한 것인 때에는 그러하지 아니하다.

② 제1항 본문의 통지를 할 수 없을 때 또는 통지를 하였으나 정정신청을 하는 사람이 없는 때 또는 그 기록의 착오 또는 누락이 시·읍·면의 장의 잘못으로 인한 것인 때 또는 시·읍·면의 장은 감독법원의 허가를 받아 직권으로 정정할 수 있다. 다만, 대법원규칙으로 정하는 경미한 사항인 경우에는 시·읍·면의 장이 직권으로 정정하고, 감독법원에 보고하여야 한다.

제104조(위법한 가족관계 등록기록의 정정)

등록부의 기록이 법률상 허가될 수 없는 것 또는 그 기재에 착오나 누락이 있다고 인정한 때에는 이해관계인은 사건 본인의 등록기준지를 관할하는 가정법원의 허가를 받아 등록부의 정정을 신청할 수 있다.

법 제104조의 법원의 허가에 의한 정정사유와 법 제18조의 직권에 의한 정정사유는 위 원칙적인 정정사유와 그 범위가 같음에 반하여 법 제105조의 법원의 허가에 의한 정정사유와 법 제107조의 판결에 의한 정정사유는 그렇지 않다는 것이다.

(2) 법 제105조는 "신고로 인하여 효력이 발생하는 행위에 관하여 등록부에 기록하였으나 그 행위가 무효임이 명백한 때"를 정정사유로 규정하고 있다. 즉 혼인, 입양 등과 같이 신고가 수리됨으로써 효력이 발생하는 창설적 신분행위가 명백히 무효인 경우만을 정정사유로 하고 있다.

(3) 법 제107조는 "확정판결로 인하여 등록부를 정정하여야 할 때"를 정정사유로 규정하고 있다. 대법원은 '친족법상 또는 상속법상 중대한 영향을 미치는 사항'은 법 제107조에 따라 확정판결을 얻어 정정해야 한다는 입장이다. 따라서 '친족법상 또는 상속법상 중대한 영향을 미치느냐' 여부를 실질적으로 판단하려는 실무상 시도가 있기도 하다. 그러나 대법원은 친족법상 또는 상속법상 중대한 영향을 미치느냐의 문제를 문언 그대로 실질적으로 판단하는 것이 아니라 '가사소송법 제2조에서 직접적인 쟁송방법을 규정하고 있는 사항'이 '친족법상 또는 상속법상 중대한 영향을 미치는 사항'이라고 판시하여 그 구별기준에 대한 명쾌한 판단을 가능케 하고 있다[193]. 즉

제105조 (무효인 행위의 가족관계등록기록의 정정)
신고로 인하여 효력이 발생하는 행위에 관하여 등록부에 기록하였으나 그 행위가 무효임이 명백한 때에는 신고인 또는 신고사건의 본인은 사건 본인의 등록기준지를 관할하는 가정법원의 허가를 받아 등록부의 정정을 신청할 수 있다.

제107조(판결에 의한 등록부의 정정)
확정판결로 인하여 등록부를 정정하여야 할 때에는 소를 제기한 사람은 판결확정일부터 1개월 이내에 판결의 등본 및 그 확정증명서를 첨부하여 등록부의 정정을 신청하여야 한다.

193) 대법원 판례(대법원1993.5.22.자 93스14-16결정)는 「정정하려고 하는 등록부

대법원의 견해를 따른다면, 가사소송법 제2조에서 직접적인 쟁송방법을 규정하고 있는 사안이 '친족법상 또는 상속법상 중대한 영향을 미치는 사안'인 것이다.

나. 정정사유의 존재시기

등록부의 정정사유는 정정대상인 등록부의 기록이 기록된 시점부터 정정할 시점까지 존재하는 것이어야 한다. 즉 등록부에 기록할 당시부터 실체적 신분관계 또는 사실관계와 등록부의 기록이 불일치함을 의미한다. 따라서 등록부에 기록할 당시에는 실체적 신분관계 또는 사실관계와 등록부의 기록이 일치하였으나, 사정변경 등에 의하여 후발적으로 불일치하는 경우에는 정정이 아니라 "경정"194)에 의해서 일치시키게 된다.

의 기록사항과 관련된 신분관계의 존부에 관하여 직접적인 쟁송방법이 가사소송법 제2조에 규정되어 있는 지의 여부를 기준으로 하여, 위 법조에 규정되어 있는 가사소송사건으로 판결을 받게 되어 있는 사항은 모두 친족법상 또는 상속법상 중대한 영향을 미치는 것으로 보아 그와 같은 사항에 관하여는 법 제107조에 따라 확정판결에 의하여서만 등록부 정정의 신청을 할 수 있고, 가사소송법 제2조에 의하여 판결을 받을 수 없는 사항에 관한 등록부 기록의 정정은 법 제104조에 따라 법원의 허가를 얻어 정정을 신청할 수 있다. 따라서 사람이 사망하였는지의 여부와 사망일시를 확정하는데 관하여는 직접적인 쟁송방법이 가사소송법은 물론 다른 법률이나 대법원규칙에 정하여진 바 없으므로 이와 같은 사항에 관한 등록부 기록의 정정은 당연히 법 제104조에 따라서 처리되어야 할 것이다」 라고 판시하였다

194) 법 제19조(등록부의 행정구역, 명칭 등의 변경)
① 행정구역 또는 토지의 명칭이 변경된 때에는 등록부의 기록은 정정된 것으로 본다. 이 경우 시·읍·면의 장은 그 기록사항을 경정하여야 한다.
② 시·읍·면의 장은 지번의 변경이 있을 때에는 등록부의 기록을 경정하여야 한다.

제3절 가족관계등록부 정정의 종류

사례60: 갑남은 2011. 5. 5. 혼인 중 출생자인 병에 대한 출생신고서를 등록관서에 제출하였다. 그런데 등록담당공무원은 2011. 5. 6. 출생신고를 수리하면서, 2011. 5. 6. 출생한 을남의 자 정을 갑남의 가족관계등록부상 자녀란에 갑남의 자로 잘못 기록을 하였다. 정정방법은.

사례61: 갑남은 혼인 외 자인 정에 대한 출생신고를 하였고, 갑남이 사망한 후 갑남의 혼인 중의 자인 병이 상속등기를 하려고 하는데, 병은 정이 허무인임을 주장하고 있다. 병의 주장이 사실이라면 갑남의 가족관계등록부를 어떻게 정정하면 될까.

사례62: 갑남은 중국국적의 조선족인 을녀와 사이에 2010년 한국에서 출생한 혼인 외 자녀 병에 대한 출생신고를 하였는데, 등록관서는 병에 대하여 등록부를 작성하였다. 병의 등록부를 말소하는 방법은 무엇인가.

사례63: 갑남은 을녀와 혼인신고를 한 후, 을녀에게서 출생한 병을 혼인 중 자로 출생신고하였다, 그러나 병은 을녀가 갑남과 혼인을 하기 전에 사귀였던 정남과 사이에서 출산한 을녀의 혼인 외 자로 밝혀졌다. 갑남은 등록부를 어떻게 하면 될까.

사례64: 중국인 여성 '주활란'은 2011. 1. 1. 한국인 남성과 혼인하면서 중국인 '오나라'라는 가짜 이름으로, 실제 생년월일도 사실과 다르게 하여 혼인신고를 하였고, 한국인 남성의 가족관계등록부에 배우자 '오나라'로 기록되었다. 그런데 주활란은 이미 10년 전에 한국인과의 위장혼인으로 국내에 입국했다가 출입국관리소에 적발되어 형사판결이 확정되어 강제퇴거한 전력이 있고 또 2012. 7. 7.에는 주활란이 '오은주'라는 이름을 사용하여 입국한 사실이 발각되어 출입국관리소에 체포구금되었다가 현재 신분정리를 위해서 석방된 상태이다. 주활란은 변호사 나성실을 찾아와서 자신이 현재 추방되는 것은 상관 없지만 다시 한국인 남성의 배우자로서 입국하는데 문제가 없도록 자신의 신분사항을 정리해달라고 한다. 변호사 나성실은 깊은 고민 끝에 한국인 남성의 가족관계등록부상 배우자로 기재된 '오나라'라는 이름을 '주활란'으로 정정하고 오나라의 생년월일도 주활란의 실제 생년월일로 정정하면 될 것이라는 판단에 이르렀다. 나성실이 올바르게 가닥을 잡은 걸까.

1. 개 관

가. 등록부 정정절차는 ①시(구)·읍·면장이 직권으로 정정하는 직권정정절차(법 제18조)와, ②일정한 자의 신청에 의하여 정정하는 정정신청절차(법 제104조, 제105조, 제107조)로 구분된다.

나. 직권정정절차는 감독법원의 허가를 얻어 정정하는 직권정정절차와 감독법원의 허가 없이 정정하는 간이직권정정절차로 나뉜다(법 제18조, 규칙 제60조 제2항).

다. 신청에 의하여 정정하는 정정신청절차는 가정법원의 허가에 의한 정정신청절차(법 제104조, 제105조)와 법원의 판결에 의한 정정신청절차(법 제107조)로 나뉜다.

2. 가족관계등록부 정정절차의 비교

가. 직권정정과 정정신청의 비교

(1) 법 제18조에 의한 직권정정절차와 제104조, 제105조, 제107조에 의한 정정신청절차는 그 정정사유가 같지만, 전자는 사법행정상 감독권(감독법원의 허가)에서 연유하는 것이고 후자는 재판작용(가정법원의 허가 또는 판결)에 의한 것이다.

(2) 전자의 정정사유는 시(구)·읍·면의 장의 착오로 인하여 생긴 것이나 후자의 정정사유는 신고의 잘못으로 인하여 생긴 것이다. 다만 정정사유가 등록공무원의 과오에 기인하지 않은 경우라도 당사자에 대한 최고절차를 선행하였으나 당사자가 정정을 신청하지 않는 경우에 보충적으로 직권정정이 허용된다[195].

나. 법 제104조와 제105조의 법원의 허가에 의한 정정신청

법 제104조의 가정법원의 허가에 의한 등록부정정과 법 제105조의 가정법원의 허가에 의한 등록부정정의 차이점은 '신청인'과 '정정사항'에 있다고 할 것이다. ① 법 제104조는 '이해관계인(신고인, 사건본인을 포함함)'을 신청인으로, '가족관계등록부의 기록이 법률상 허용되지 않는 것 또는 그 기록에 착오가 있는 때' 를 정정사항으로 규정하고 있는 반면, ② 법 제105조는 '신고인 또는 사건본인'을 신청인으로, '신고로 인하여 효력이 발생하는 행위에 관하여 등록부에 기록하였으나 그 행위가 무효임이 명백한 때' 를 정정사항으로 규정하고 있다[196].

---

195) 그렇지만 이렇게 보충적인 직권정정을 하는 것은 법 제104조, 제105조에 따라 정정을 해야 하는 경우에만 가능할 뿐이고 법 제107조에 따라 확정판결에 의하여 정정을 해야 하는 경우에는 불가하다.

196) 단, 법 제104조의 정정사항과 법 제105조의 정정사항이 전혀 다른 별개의 정

다. 법 제104조에 의한 정정신청과 법 제107조에 의한 정정신청

정정할 사항이 친족법상 또는 상속법상 중대한 영향을 미칠 사항이라면 법 제104조에 따라 허가에 의한 정정을 할 수 없고, 법 제107조에 따라 확정판결에 의하여만 정정할 수 있다(대법원 1973. 11. 14.자 73마872 결정). 따라서 판결에 의해서만 할 수 있는 등록부 기록의 정정을 법원의 등록부정정허가만으로 정정한 경우에는 위법한 것으로서 그 정정의 효력이 발생하지 않는다.

라. 법 제105조에 의한 정정신청과 법 제107조에 의한 정정신청

(1) 혼인, 이혼, 입양, 파양, 인지 등과 같은 창설적 신분행위의 하자는 가사소송법 제2조에서 '혼인무효, 이혼무효, 입양무효 등'의 직접적인 쟁송방법을 규정하고 있으므로 법 제107조에 의한 확정판결로 가족관계등록부를 정정하는 것이 원칙이라 할 것이다.

(2) 하지만, 그 무효임이 명백한 경우 등에는 굳이 판결로 정정할 필요는 없으므로, 법 제105조는 '신고로 인하여 효력이 발생하는 행위를 가족관계등록부에 기록한 후 그 행위가 무효임이 명백한 경우'에는 가정법원의 허가를 얻어 가족관계등록부를 정정할 수 있게 규정하고 있다[197].

정사항이 아님에 주의를 요한다. 법 제105조의 '신고로 인하여 효력이 발생하는 행위에 관하여 등록부에 기록하였으나 그 행위가 무효임이 명백한 때'라는 것은 '혼인, 입양 등과 같이 신고에 의해서 효력이 발생하는 창설적 신분행위에 대한 등록부의 기록이 명백히 무효인 때'를 의미하는 것으로서, 이는 법 제104조의 '가족관계등록부의 기록이 법률상 허용되지 않는 것 또는 그 기록에 착오가 있는 때'의 한 유형에 해당하기 때문이다.

197) 가족관계의 등록 등에 관한 법률 제105조에 의한 정정과 판결에 의한 정정의 구분은 결국 '신고로 인하여 효력이 발생하는 행위를 등록부에 기록한 후 그 행위가 무효임이 명백한 경우'가 무엇이냐에 달려있다. '명백한 무효'를 판단하는 기준에 대하여 이의권포기설, 명백한 무효설, 유효여건흠결설의 견해대립이 있다.

ⓐ 이의권포기설은 무효인 창설적 신고에 기한 등록부 기록 중에서 등록부 정정으로 인하여 친족법상 또는 상속법상 중대한 영향을 미치는 때에는 확정판결에 의한 등록부정정을 원칙으로 하지만, 신고인 또는 사건본인이 그

마. 비송사건으로서의 법 제104조 및 제105조에 의한 등록부정정허가신청

법 제104조 및 제105조에 의한 등록부의 정정은 사건본인의 등록기준지를 관할하는 가정법원의 허가를 받아 등록부의 정정을 신청하는 가족관계등록 비송사건을 의미한다.

답변60: 갑의 친생자를 정에서 병으로 정정하는 것은 친족법상 또는 상속법상 중대한 영향을 미칠 사항이어서 법원의 관여가 필요한 것이 원칙이다. 그러나 사안의 경우 공무원의 과실로 출생신고서에 기재된 내용과 다르게 기재한 것임이 명백하고, 출생신고서를 확인하면 신고서와 다르게 잘못 기재되었음을 확인할 수 있는 사안이다. 따라서 법 제18조 제2항 단서 및 규칙 제60조 제2항 제5호의 특칙[198]에 따라서 간이직권절차

등록부정정에 관한 이의권을 포기한 때에는 법원의 허가에 의한 등록부정정이 가능하다는 견해이다(호적선례1-182).

ⓑ 명백한 무효설은 창설적 신고의 신분행위의 무효가 등록부 기록 자체에 의하여 명백한 때에는 법원의 허가에 의하여 등록부 기록을 정정할 수 있지만, 무효임이 등록부의 기록상 명백하지 않은 경우에는 당사자의 이의유무에 상관없이 확정판결에 의한 등록부정정을 하여야 한다는 견해이다(호적선례5-121).

ⓒ 유효요건흠결설은 혼인, 입양, 인지 등 창설적 신고에 의한 등록부 기록이 무효라 함은 창설적 신고의 유효요건을 흠결한 경우로서 당초부터 창설적 효력이 발생하지 않는 경우이므로 그 등록부 기록은 말소하여야 한다는 것이며, 창설적 신고가 무효인 경우에는 민법과 가사소송법에 그 무효확인에 관한 판결절차를 일일이 규정하고 있기 때문에 이와 같은 신고의 무효로 인한 등록부 정정은 허가절차(비송절차)에 의한 등록부 정정의 여지가 없을 뿐만 아니라 그 등록부 정정사항이 친족법상 또는 상속법상 중대한 영향을 미치는지 여부를 따질 필요도 없다는 견해이다.

198) 법 제18조(등록부의 정정)

① 등록부의 기록이 법률상 무효인 것이거나 그 기록에 착오 또는 누락이 있음을 안 때에는 시·읍·면의 장은 지체 없이 신고인 또는 신고사건의 본인에게 그 사실을 통지하여야 한다. 다만, 그 착오 또는 누락이 시·읍·면의 장의 잘못으로 인한 것인 때에는 그러하지 아니하다.

로 등록부를 정정하고 법원에 보고하면 족하다.

답변61: 갑의 혼인외 자인 정이 허무인임을 이유로 갑의 등록부에서 말소하고자 하는 등록부정정은, 실재하지 아니한 자의 출생신고를 수리하여 호적기재를 한 후 그 호적을 정리하는 것에 대하여 직접적인 쟁송방법이 가사소송법은 물론 다른 법률이나 대법원규칙에도 정하여진 바가 없을 아니라, 허무인을 상대로 소를 제기하거나, 허무인[199]이 소를 제기할 수는 없으

---

② 제1항 본문의 통지를 할 수 없을 때 또는 통지를 하였으나 정정신청을 하는 사람이 없는 때 또는 그 기록의 착오 또는 누락이 시·읍·면의 장의 잘못으로 인한 것인 때 시·읍·면의 장은 감독법원의 허가를 받아 직권으로 정정할 수 있다. 다만, 대법원규칙으로 정하는 경미한 사항인 경우에는 시·읍·면의 장이 직권으로 정정하고, 감독법원에 보고하여야 한다.
③ 국가 또는 지방자치단체의 공무원이 그 직무상 등록부의 기록에 착오 또는 누락이 있음을 안 때에는 지체 없이 신고사건의 본인의 등록기준지의 시·읍·면의 장에게 통지하여야 한다. 이 경우 통지를 받은 시·읍·면의 장은 제1항 및 제2항에 따라 처리한다.

규칙 제60조(등록부의 정정)
① 법 제18조제3항에 따른 통지를 받은 등록기준지의 시·읍·면의 장은 정정사건을 법 제18조제1항과 제2항에 따라 처리하되, 그 과정에서 정정대상이 된 원래의 신고사건 신고서류를 조사할 필요가 있는 경우에는 해당 사건을 처리한 시·읍·면의 장에게 재통지하여야 한다. 이 경우 재통지를 받은 시·읍·면의 장은 법 제18조제1항과 제2항에 따라 정정사건을 처리하여야 한다.
② 시·읍·면의 장이 법 제18조제2항 단서에 따라 감독법원의 허가 없이 직권으로 정정 또는 기록할 수 있는 사항은 다음 각 호와 같다. <개정 2009.6.26>
1. 등록부의 기록이 오기되었거나 누락되었음이 법 시행 전의 호적(제적)이나 그 등본에 의하여 명백한 때
2. 제54조 또는 제55조에 의한 기록이 누락되었음이 신고서류 등에 의하여 명백한 때
3. 한쪽 배우자의 등록부에 혼인 또는 이혼의 기록이 있으나 다른 배우자의 등록부에는 혼인 또는 이혼의 기록이 누락된 때
4. 부 또는 모의 본이 정정되거나 변경되었음이 등록사항별 증명서에 의하여 명백함에도 그 자녀의 본란이 정정되거나 변경되지 아니한 때
5. 신고서류에 의하여 이루어진 등록부의 기록에 오기나 누락된 부분이 있음이 해당 신고서류에 비추어 명백한 때
6. 그 밖의 정정 또는 기록할 사유가 있음이 명백하여 대법원예규로 정한 경우

199) 선례 201003-1 갑남이 실재하지 아니한 허무인 을녀에 대하여 병녀를 모로 하여 허위의 출생신고를 함으로써 을녀가 갑남의 호적에 입적기재되었다가 2008. 1. 1.부로 가족관계등록부가 작성되고 그 후 갑남이 사망한 경우에 가족관계등록부 및 제적부를 정정하는 방법

가. 가족관계등록부 및 제적부의 기록이 법률상 허가될 수 없는 것이거나 그 기록에 착오 또는 누락이 있는 경우에는 진정한 신분관계와 일치하도록 정정 절차를 통해 이를 바로잡을 수 있는바, 법원의 허가에 의한 가족관계등록부 및 제적부 정정은 그 정정할 사항이 경미한 경우에 한하고 그 정정할 사항이 친족법상 또는 상속법상 중대한 영향을 미치는 것일 경우, 구체적으로 문제되는 신분관계의 존부에 관하여 직접적인 쟁송방법이 「가사소송법」 제2조에 규정되어 있는 경우에는 법원의 허가에 의한 간이한 정정절차에 의할 수 없고 반드시 확정판결에 의하여서만 정정할 수 있다.

나. 그러나 사안의 경우처럼 실재하지 아니한 허무인 을녀에 대한 출생신고에 의하여 을녀가 갑남의 호적에 입적기재되고 2008. 1. 1부로 가족관계등록부가 작성된 경우 그 호적의 기재 및 가족관계등록부의 기록은 법률상 허가될 수 없는 것에 해당하는바, 이러한 경우에 가족관계등록부 및 제적부를 정정하는 것에 관하여는 직접적인 쟁송방법이 「가사소송법」은 물론 다른 법률이나 대법원규칙에도 정하여진 바가 없을 뿐만 아니라 허무인을 상대로 소를 제기하거나 허무인이 소를 제기할 수도 없으므로 이와 같은 사항에 관한 정정은 「가족관계의 등록 등에 관한 법률」 제104조에 따라서 처리할 수밖에 없다. 여기서 「가족관계의 등록 등에 관한 법률」 제104조의 위법한 가족관계 등록 기록(위법한 제적부 기재)의 정정허가를 구할 수 있는 이해관계인이라 함은 당해 제적부 기재 및 가족관계등록부 기록의 사건본인이나 신고인은 물론 제적부 정정 및 가족관계등록부 정정과 관련하여 자신의 신분상 또는 재산상의 권리의무관계에 이해를 가진 모든 사람을 말한다.

다. 따라서 사안의 경우 이해관계인이 사건본인의 등록기준지(제적부 정정은 제적부의 본적지)를 관할하는 가정법원에 정정신청인의 이해관계 및 을녀가 실재하지 아니한 허무인이라는 충분한 소명자료를 첨부하여 을녀의 가족관계등록부를 폐쇄하고, 갑남의 폐쇄등록부 및 병녀의 가족관계등록부에 각 기록된 자녀 을녀의 특정등록사항을 말소하며, 갑남의 제적부에 입적기재된 을녀를 말소하라는 취지의 가족관계등록부 및 제적부 정정허가신청을 하고 그 허가결정을 받아 관할 시(구) · 읍 · 면의 장에게 가족관계등록부 및 제적부 정정신청을 함으로써 이를 바로잡을 수 있을 것이다(2010. 3. 11. 가족관계등록과-772 질의회답).

대법원 1995.4.13. 자 95스5 결정 【호적정정】
실재하지 아니한 자의 출생신고를 수리하여 호적기재를 한 후 그 호적을 정리하는 것에 관하여는 직접적인 쟁송방법이 가사소송법은 물론 다른 법률이나 대법원규칙에도 정하여진 바가 없을 뿐더러 허무인을 상대로 소를 제기하거나 허무인이 소를 제기할 수는 없는 노릇이므로, 이와 같은 사항에 관한 호적기재의 정정은 호적법 제120조에 따라서 처리할 수밖에 없다.

므로, 제104조[200]에 따라 법원의 허가를 얻어 정정하면 될 것이다.

답변62: 한국인 부와 중국인 모 사이에 혼인 외 자는 중국국적 자녀이고 혼인외 자녀는 국적취득절차없이는 한국 국적을 취득할 수 없으므로, 가족관계등록부를 작성할 수 없는 외국인에게 가족관계등록부를 작성한 위법이 있다. 법 제18조 제2항[201]에 따라 법원의 허가를 얻어 병의 등록부를 폐쇄하고, 갑남의 등록부에서 병을 말소하도록 하면 된다(중국 조선족은 중국국적보유자임).

---

200) 제104조(위법한 가족관계 등록기록의 정정)
등록부의 기록이 법률상 허가될 수 없는 것 또는 그 기재에 착오나 누락이 있다고 인정한 때에는 이해관계인은 사건 본인의 등록기준지를 관할하는 가정법원의 허가를 받아 등록부의 정정을 신청할 수 있다.

제105조 (무효인 행위의 가족관계등록기록의 정정)
신고로 인하여 효력이 발생하는 행위에 관하여 등록부에 기록하였으나 그 행위가 무효임이 명백한 때에는 신고인 또는 신고사건의 본인은 사건 본인의 등록기준지를 관할하는 가정법원의 허가를 받아 등록부의 정정을 신청할 수 있다.

제106조(정정신청의 의무)
제104조 및 제105조에 따라 허가의 재판이 있었을 때에는 재판서의 등본을 받은 날부터 1개월 이내에 그 등본을 첨부하여 등록부의 정정을 신청하여야 한다.

제107조(판결에 의한 등록부의 정정)
확정판결로 인하여 등록부를 정정하여야 할 때에는 소를 제기한 사람은 판결확정일부터 1개월 이내에 판결의 등본 및 그 확정증명서를 첨부하여 등록부의 정정을 신청하여야 한다.

201) 제18조(등록부의 정정)
② 제1항 본문의 통지를 할 수 없을 때 또는 통지를 하였으나 정정신청을 하는 사람이 없는 때 또는 그 기록의 착오 또는 누락이 시·읍·면의 장의 잘못으로 인한 것인 때 시·읍·면의 장은 감독법원의 허가를 받아 직권으로 정정할 수 있다. 다만, 대법원규칙으로 정하는 경미한 사항인 경우에는 시·읍·면의 장이 직권으로 정정하고, 감독법원에 보고하여야 한다.

답변63: 부자관계가 단절되는 것은 친족상속법상 중대한 영향을 미치는 사항이고, 가사소송법에서 친자관계를 배제하는 직접적인 쟁송방법, 즉 친생부인의 소 또는 친생자관계부존재확인의 소를 규정하고 있으므로, 그 판결에 의한 정정절차를 거친다. 즉 제107조[202]에 따라 처리한다.

답변64: 이 사안은 필자가 상담한 것과 유사한 것이다, 한국인 남성의 가족관계등록부상 배우자로 기재된 '오나라'가 실재하는 다른 중국인 여성이라면, 한국인 남성과 '오나라'의 혼인은 혼인의사의 합치가 없는 무효의 혼인이므로 혼인무효판결에 의해서 정정하여야 하고, '주활란'은 한국인 남성과 다시 혼인신고를 하여야 한국인 남성의 배우자로 한국인 남성의 가족관계등록부에 기록된다. 만약 한국인 남성의 가족관계등록부상 배우자로 기재된 '오나라'가 실재하지 아니하는 허무인이라면 허무인을 상대로 소를 제기할 수는 없으므로 혼인무효판결을 제기할 수는 없다. 따라서 한국인 남성의 가족관계등록부상 배우자로 기재된 허무인 '오나라'를 말소하기 위해서는 법원의 허가를 얻어야 할 것이다. 법원의 허가를 얻어 배우자로 기재된 '오나라'를 말소하고 혼인사유를 말소한 후에 주활란은 한국인 남성과 혼인신고를 하여 한국인 남성의 가족관계등록부에 배우자로 기재될 수 있다. 즉, 이러한 절차 없이 간단히 등록부정정허가를 얻어서 '오나라'를 '주활란'으로 직접 정정할 방법은 없는 것이다. 다만, 위와 같은 사례에서 혼인이 유효하다는 전제에서 혼인사유를 말소하지 아니하고 당사자의

202) 제107조(판결에 의한 등록부의 정정)
확정판결로 인하여 등록부를 정정하여야 할 때에는 소를 제기한 사람은 판결확정일부터 1개월 이내에 판결의 등본 및 그 확정증명서를 첨부하여 등록부의 정정을 신청하여야 한다.

인적사항을 법원의 허가를 얻어 정정할 수 있다는 선례도 있으나[203] 본인이 혼인당사자가 아니라 다른 사람이 혼인당사자인 것처럼 보이게 할 의도로 다른 사람의 이름 또는 허무인 명의로 혼인신고한 경우 그러한 혼인을 본인의 혼인으로서 유효하다는 판단이 가능한지는 개인적으로 의문이고, 정리가 필요한 부분으로 보인다. 외국인과의 혼인이 계속 증가하는 추세에 있고, 특히, 중국국적의 여성들이 탈북자 신분인 것처럼 위장하여 한국 남성과 혼인신고되는 경우가 많아 유사한 사례가 발생할 여지가 커 보인다.

---

203) 호적선례 200709-3 : 북한이탈주민인 갑녀가 중국 국적의 정녀로 서류를 위조하여 한국인 을남과 혼인을 하고 법무부장관의 귀화허가를 받아 을남의 호적에 입적되어 있는 상태에서, 북한이탈주민임을 밝혀「북한이탈주민의 보호 및 정착지원에 관한 법률」에 따른 보호대상자로 지정되고 같은 법 제19조에 따라 취적한 경우에 그 호적을 정리하는 방법

가. 먼저 이해관계인은「북한이탈주민의 보호 및 정착지원에 관할 법률」제19조에 따라 취적한 갑녀와 한국인 을남의 호적에 귀화를 원인으로 입적된 정녀가 서로 동일인임을 소명하여, 을남의 본적지 관할 가정법원에 "귀화를 원인으로 을남의 호적에 입적된 정녀의 호적을 말소하고 을남의 신분사항란에 기재된 정녀의 이름을 갑녀로, 외국인과의 혼인을 내국인과의 혼인으로 각 정정하는 것을 허가한다"는 취지의 호적정정허가신청을 하여 그 허가를 받아 시(구)·읍·면의 장에게 호적정정신청을 하는 방법으로 호적을 정정하여야 한다.

나. 그런 다음, 을남의 본적지 시(구)·읍·면의 장에게 갑녀의 취적한 호적등본을 첨부, 본적신고를 하여 갑녀를 을남의 호적에 입적하면, 을남의 본적지 시(구)·읍·면의 장이 갑녀의 취적지 시(구)·읍·면의 장에게 갑녀가 입적된 을남의 호적등본과 갑녀의 본적신고서를 송부하여야 하고, 갑녀의 취적지 시(구)·읍·면의 장은 이를 수리하여 을남과의 혼인을 원인으로 갑녀를 제적하여야 한다(2007. 9. 7. 호적과-3093 질의회답).

제2장 직권정정

1. 의의

직권정정이라 함은 시(구)·읍·면의 장이 직권에 의하여 스스로 등록부의 기록을 정정하는 것을 말한다. 직권정정은 이해관계인 등의 신청 없이 등록관서에서 직권으로 정정하는 절차로서, 가정법원의 허가를 얻기 위한 등록비송절차나 법원의 판결을 얻기 위한 가사소송절차를 거칠 필요가 없다는 점이 특징이다.

2. 직권정정사항

시(구)·읍·면의 장이 직권에 의하여 등록부 기록을 정정할 수 있는 사항은 ①감독법원의 허가를 얻어서 정정할 수 있는 직권정정사항과 ②감독법원의 허가 없이 정정할 수 있는 간이직권사항으로 구분된다.

가. 직권정정사항

시(구)·읍·면의 장이 직권에 의하여 등록부 기록을 정정하려면, 원칙적으로 감독법원의 허가를 받아야 한다. 다만 규칙 제60조제2항에서는 감독법원의 허가없이 직권정정할 수 있는 간이직권정정사항을 규정하고 있다.

나. 간이직권정정사항

규칙은 감독법원의 허가 없이 시(구)·읍·면의 장이 직권정정할 수 있는 간이직권정정사항에 관하여 아래와 같이 규정하고 있다(규칙 제60조제2항)[204].

---

204) 등록기록의 직권정정사항 중에서 대법원규칙으로 정한 경미한 사항은 감독법원의 허가 없이 시(구)·읍·면의 장이 직권정정하고 사후에 감독법원에 보고하여야 한다(법 제18조제2항단서).

1. 등록부의 기록이 오기되었거나 누락되었음이 법 시행 전의 호적(제적)이나 그 등본에 의하여 명백한 때
2. 규칙 제54조 또는 제55조에 의한 기록이 누락되었음이 신고서류 등에 의하여 명백한 때205)
3. 한쪽 배우자의 등록부에 혼인 또는 이혼의 기록이 있으나 다른 배우자의 등록부에는 혼인 또는 이혼의 기록이 누락된 때
4. 부 또는 모의 본이 정정되거나 변경되었음이 등록사항별 증명서에 의하여 명백함에도 그 자녀의 본란이 정정되거나 변경되지 아니한 때206)
5. 신고서류에 의하여 이루어진 등록부의 기록에 오기나 누락된 부분이 있음이 해당 신고서류에 비추어 명백한 때
6. 그 밖의 정정 또는 기록할 사유가 있음이 명백하여 대법원예규로 정한 경우207)

---

205) 규칙 제54조는 한쪽 배우자에 대하여 사망, 실종선고·부재선고 및 그 취소, 국적취득과 그 상실, 성명의 정정 또는 개명의 신고가 있는 때에는 다른 배우자의 등록부에도 그 취지를 직권으로 기록하도록 규정하고 있고, 규칙제55조는 혼인 중의 출생자에 대한 출생신고 또는 인지의 효력이 있는 출생신고가 있는 때에는 그 부모 또는 인지한 부의 등록부에는 특정등록사항란에 그 출생자의 성명 등을 직권으로 기록하고, 혼인 외의 출생자가 혼인중의 출생자로 된 때 또는 부모의 혼인이 무효로 된 때에는 자녀의 등록부 일반등록사항란에 그 사유를 직권으로 기록하며, 부 또는 모의 성과 본이 정정되거나 변경된 경우 그 부 또는 모의 성을 따르는 자녀의 성과 본을 직권으로 정정 또는 변경기록하고 그 사유를 등록부에 기록하도록 규정하고 있다.

206) 시(구)·읍·면의 장이 직권으로 간이정정할 수 있는 사항은 부 또는 모의 본이 정정되었음이 등록사항별 증명서에 의하여 명백한 경우이므로, 자녀가 그의 본을 정정하였다고 하더라도 그 형제자매들이나 부의 본은 간이직권정정할 수 없고, 별도로 법원의 허가를 받아야만 정정할 수 있다(호적선례 2-387항 참조).

207) 예규에 의하여 인정되는 간이직권정정사항은 아래와 같다.
① 외국의 국호와 지명에 관한 등록부의 기록이 외래어 표기법에 맞지 아니하는 경우와 귀화 또는 국적회복한 외국인의 인명이 해당 외국 방식에 의하여 등록부에 기록된 경우(우리나라 방식의 성명 배열이 아닌 경우) 및 종전「대법원 호적예규」제635호(2003. 11. 15) 및 제662호에 따라 기록된 국호, 지명 및 인명과 현재의 예규가 정하는 방식에 따른 국호, 지명 및 인명이 서로 다른 경

다. 직권정정할 수 없는 사항

우(예규 제38호).

② 부모가 기아를 찾은 경우 기아의 출생신고를 수리한 시(구)·읍·면의 장이 법 제53조제1항에 의한 등록부 정정신청을 받은 경우에 규칙 제58조에 따라 동일인 여부를 확인한 후(기아발견조서에 의하여 작성된 등록부의 기록과 출생신고의 내용이 동일하다고 인정되는 때에는 등록부정정신청서 여백에 그 취지를 기재하고 날인함) 동일인이 틀림없으면 기아발견조서에 의한 등록부를 폐쇄하여야 하는데, 기아의 등록부 정정(폐쇄)신청은 법원의 허가를 요하지 아니한다(예규 제119호).

③ 등록부 특정등록사항란의 "성명란"은 한자로 기록할 수 있는 경우에는 한글과 한자를 함께 기록하고, 한자로 기록할 수 없는 경우에는 한글로만 기록하며, 성명란에 한글과 한자를 함께 기록하는 방법은 "김철수(金哲秀)"와 같이 하되, 다만, 성이 한자이고 이름이 한글인 경우 "김하늘(金하늘)"과 같이 기록하는데, 이에 관한 정정은 간이직권정정절차에 따른다(예규 제37호).

④ 외국인 부가 우리나라에 귀화하여 등록부를 갖게 된 경우 자녀는 원칙적으로 부의 등록부 특정등록사항란에 기록된 부의 성과 본을 따르며 자녀가 이와 다른 성과 본을 사용하고 있었던 경우에는 부의 성과 본을 따라 자녀의 성과 본을 경정하는데, 이에 따른 기록이 누락되었음이 제적이나 그 등본 및 등록사항별 증명서에 의하여 명백한 때에는 규칙 제60조제2항제4호에 준하여 간이직권정정으로 처리한다(예규 제209호).

⑤ 등록부에 기록할 주민등록번호의 기록이 빠뜨려졌거나 잘못 기재된 경우에 주민등록지 시(구)·읍·면의 장의 정정통보나 본인 또는 동거친족의 정정신청이 있는 때에는 시(구)·읍·면의 장이 간이직권정정절차에 의하여 주민등록번호를 기록하거나 정정한다(예규 제45호).

⑥ 시(구)·읍·면의 장은 미성년자가 성년이 되거나 혼인한 경우에는 직권으로 후견종료사유를 기록하여야 하고(법 제83조제1항), 미성년자의 등록부상 친권자로 기록된 사람이 사망하거나 실종선고를 받은 사실 또는 친권자가 미성년자의 친부, 친모, 양부, 양모와 혼인한 사실을 알게 된 때에는 직권으로 미성년자의 등록부에 그 취지를 기록하여야 하며, 친권자가 기재된 미성년자자 성년에 도달하거나 혼인한 사실을 알게 된 때에는 직권으로 미성년자의 등록부에 친권종료인 취지를 기록하여야 하므로(예규 제177호), 이러한 기록을 빠뜨린 경우에는 간이직권정정철차에 의하여 기록한다.

⑦ 토지의 명칭과 지번에 관한 등록부의 기록이 잘못 기재되었거나 빠뜨리게 된 것이 명백한 때에는 시(구)·읍·면장이 규칙 제60조에 따라 직권정정으로 기록하고(예규제11호), 「연호에 관한 법률」(1961.12. 2.법률제775호)이 1962. 1. 1. 부터 시행되었는데, 등록부에 기록되어 있는 사항 중 단기연호가 발견된 때에는 시(구)·읍·면의 장은 같은 법 부칙 제2항과 제3항에 따라 서기 연호로 경정하여야 하는바(예규 제36호), 이러한 기록(경정)도 간이직권정정절차에 의한다.

(1) 친족상속법상 중대한 영향을 미치는 사항

친족상속법상 중대한 영향을 미치는 사항은 가사소송법 제2조에서 직접적인 쟁송방법을 규정하고 있으므로 확정판결에 의해서 정정하여야 한다. 따라서 확정판결에 의해서 정정해야 할 사항은 원칙적으로 직권정정의 대상이 되지 아니한다(예규 제57호참조)[208].

(2) 정정사유가 시(구)·읍·면의 장의 착오에 의한 것인지 명백하

208) 예규제57호 : 혼인 등 신고로 인하여 효력이 발생하는 행위는 등록부에 기록한 후에 실체상의 흠결이 있음을 발견하여도 법 제18조제2항에 따라 이를 정정할 수 없다.

선례200904-1 : 법 제18조와 동법 제104조의 정정사유는 그 절차가 간이함에 비추어 정정할 사항이 경미한 경우에 한하는 것이고, 정정할 사항이 친족법상 또는 상속법상 중대한 영향을 미치는 사항이라면 동법 제107조의 확정판결에 의해서만 정정할 수 있으며, 혼인 등 신고로 인하여 효력이 발생하는 행위는 등록부에 기록한 후에 실체상의 흠결이 있음을 발견하여도 동법 제18조 제1항 및 제2항의 절차에 따라 이를 직권으로 정정할 수 없음이 원칙이다. 다만, 혼인 등 신고로 인하여 효력이 발생하는 행위에 관하여 등록부에 기록하였으나 그 행위가 무효임이 명백한 때에는 동법 제105조에 의한 등록부 정정이 가능한바, 만일 혼인신고를 하여 등록부에 기록한 후 가장혼인으로 인한 공정증서원본불실기재죄의 형사판결이 확정되어 국가 공무원이 등록관서로 동법 제18조 제3항에 따른 통지를 한 경우라면 등록부 기록 후 혼인이 무효임이 확정된 형사판결에 의하여 명백해졌으므로 이러한 경우에는 굳이 혼인무효판결을 받을 필요 없이 형사판결 등 공증력 있는 자료를 소명자료로 하여 동법 제105조에 의한 등록부정정이 가능하다고 할 것이고, 이때 신고인 또는 신고사건의 본인이 등록부정정신청을 하지 않는다면 공익적 견지에서 예규 제57호의 예외를 인정하여 등록관서는 동법 제18조 제1항 및 제2항의 절차에 따라 감독법원의 허가를 받아 직권으로 정정할 수 있을 것이다. 그러나 국가 공무원이 '1995년에 중국인으로서 중국 국적의 허무인을 모용하여 한국인과 혼인신고를 함으로써 한국인 혼인당사자의 호적(제적)에 입적되고, 2008. 1. 1. 등록부가 작성된 자'를 발견하고 법 제18조 제3항에 따라 신고사건 본인의 등록기준지 등록관서에 통지를 한 경우에서의 국가 공무원의 통지사항은 단순히 허무인 모용의 허위의 신고 사실을 인지하였음에 불과한 것으로서, 위 혼인의 실체가 가장혼인인지 아니면 단지 허무인의 명의만 모용하였을 뿐 당사자 사이에 혼인의사의 합치가 있고 혼인의 실체관계가 계속 유지되었는지의 여부가 불명확하므로 이러한 통지사항만으로는 혼인이 무효임이 명백한 때에 해당한다고 할 수 없고, 따라서 등록관서에서 동법 제18조 제1항 및 제2항의 절차에 따라 직권정정을 할 수 없다.

지 않은 사항

시(구)·읍·면의 장의 착오로 정정사유가 발생한 경우는 친족상속법상에 중대한 영향을 미치는 사항이라고 하더라도 등록부상 기록에 정정사유가 있음이 등록부 자체만으로 명백하거나 신고서류와 비교하여 명백할 때에는 직권정정이 가능하다. 즉, 시(구)·읍·면의 장의 착오에 의한 정정사유임이 명백하지 않은 경우에는 직권정정을 할 수 없다. 다만 구 호적선례는 이와 관련하여 다양한 태도를 보이고 있다[209].

3. 직권발동촉구의미의 직권정정신청

신고인, 신고사건 본인 또는 이해관계인이 등록공무원의 잘못으로 등록부 기록을 빠뜨리거나 착오가 있음을 안 때에는 해당 사건을 처리한 시(구)·읍·면에 구두(등록공무원은 신청서를 대신 작성하여야 한다) 또는 서면으로 직권정정신청을 할 수 있다[210].

---

209) 호적선례5-115 : 협의이혼신고서의 접수 이전에 부부일방으로부터 협의이혼의사철회서가 접수되었음에도 불구하고 관할 호적관서에서 호적공무원의 착오로 협의이혼신고를 수리하여 남자 호적에는 이혼기재가 되고, 여자는 친가호적에 복적되었음이 명백하고, 이를 이유로 관할 호적관서에서 호적법 제22조 제2항의 규정에 따라 감독법원의 직권정정허가를 받아 협의이혼신고 기재를 말소하고 처의 호적을 남편의 호적에 부활시킨 경우에, 협의이혼신고에 따라 친가호적에 복적된 처의 호적은 친가호적에서 말소되어야 한다.

호적선례2-218 : 협의이혼신고서의 접수 이전에 협의이혼의사의 철회신고서가 접수되었거나 동시에 접수된 경우에는 그 협의이혼신고서는 수리 할 수 없는 것이므로, 만일 착오로 후에 접수한 협의이혼신고서를 수리하였다면 이느 무효인 이혼신고라 할 것이지만, 무효인 이혼신고라도 수리하여 기재를 마친 이상 호적정정허가의 방법으로는 정정할 수 없고, 부의 보통재판적이 있는 관할법원으로부터 이혼무효확인심판을 받아서 이혼사유 기재를 말소하는 호적정정신청을 하여야 할 것이다

210) 위와 같은 등록부 직권정정신청은 법원에 대한 신청이 아니고 시(구)·읍·면의 장에 대하여 등록부 기록의 직권정정을 촉구하는 신청이다.

제3장 판결에 의한 가족관계등록부의 정정

1. 의의

법 제107조의 확정판결에 의한 등록부정정은 '친족법상 또는 상속법상 중대한 영향을 미칠 사항' 에 대한 등록부정정을 의미한다. 따라서 '친족법상 또는 상속법상 중대한 영향을 미칠 사항이 아닌 경우' 에는 확정판결이 아닌 '법원의 허가' 에 의한 등록부정정이 가능하다.

2. 친족법상 또는 상속법상 중대한 영향을 미치는 사항의 의미

대법원 전원합의체 결정(대법원 1993. 5. 22.자 93스14·15·16결정)은 "정정하려고 하는 등록부 정정사항과 관련된 신분관계의 존부에 관하여 직접적인 쟁송방법이 가사소송법 제2조에 규정되어 있는지의 여부를 기준으로 하여 위 법조에 규정되어 있는 가사소송사건으로 판결을 받게 되어 있는 사항은 모두 친족법상 또는 상속법상 중대한 영향을 미치는 것으로 보아 그와 같은 사항에 관하여는 법 제107조에 따라 확정판결에 의하여서만 등록부 정정의 신청을 할 수 있고, 가사소송법 제2조에 의하여 판결을 받을 수 없는 사항에 관한 등록부 기록의 정정은 법 제104조에 따라 법원의 허가를 얻어 정정을 신청할 수 있다." 라고 판시하고 있다[211]. 즉 가사소송법 제2조에서 직접적인 쟁송방법을 규정하고 있는 사항은 원칙적으로 법 제107조에 따라 확정판결에 의해서만 등록부정정이 가능하다.

---

211) 여기에 있어서의 확정판결이라 함은 가사소송법 제2조에 규정된 가사소송사건으로서의 판결을 의미하며, 그것도 등록부 정정사항과 관련된 신분관계의 존부에 관한 직접적인 쟁송방법으로서의 가사소송사건에 관한 판결로써 신분관계에 관한 사항이 주문에 나타난 경우의 확정판결을 의미한다(선례 200905-1호 등 참조).

3. 가족관계등록부 정정신청

가. 의의

등록부 정정신청은 등록부정정에 관한 법원의 판결을 얻은 다음 시(구)·읍·면의 장에게 등록부의 기록을 판결의 내용에 따라서 정정신청하는 것을 의미한다. 법원에 대하여 등록부 정정의 비송재판을 구하는 등록부 정정허가신청(법 제104조 및 제105조)과 구별을 요한다. 등록부 정정신청에 관하여는 등록신고에 관한 대부분의 규정을 준용하고 있다(법 제108조).

나. 정정신청절차

소(訴)를 제기한 자는 판결의 확정일로부터 1월 이내에 판결등본 및 확정증명서를 신청서에 첨부하여 사건본인의 등록기준지 또는 신청인의 주소지나 현재지의 등록관서에 등록부정정신청을 하여야 한다(법 제107조). 소제기자(신청의무자)가 법정기간 내에 등록부정정신청을 하지 아니하는 때에는 그 상대방(신청적격자)도 등록부정정신청을 할 수 있다.

[양식]

등록부정정신청서
(년 월 일)

※아래의 작성방법을 읽고 기재하시되 선택항목은 해당번호에 "○"으로 표시하여 주시기 바랍니다.

<table>
<tr><td rowspan="4">①
사
건
본
인</td><td rowspan="2">성 명</td><td>한글</td><td></td><td rowspan="2" colspan="2">주민등록
번 호</td><td rowspan="2" colspan="2">-</td></tr>
<tr><td>한자</td><td></td></tr>
<tr><td>등록기준지</td><td colspan="6"></td></tr>
<tr><td>주 소</td><td colspan="6"></td></tr>
<tr><td colspan="3">②정정사항</td><td colspan="5"></td></tr>
<tr><td colspan="3">③허가 또는
재판확정일자</td><td colspan="2">년 월 일</td><td>법원명</td><td colspan="2"></td></tr>
<tr><td colspan="3">④기타사항</td><td colspan="5"></td></tr>
<tr><td rowspan="3">⑤
신
청
인</td><td colspan="2">성 명</td><td colspan="2">㊞ 또는 서명</td><td>주민등록번호</td><td colspan="2">-</td></tr>
<tr><td colspan="2">자 격</td><td colspan="5">1본인 2법정대리인 3소제기자 4기타(자격:)</td></tr>
<tr><td colspan="2">주 소</td><td></td><td>전화</td><td></td><td>이메일</td><td></td></tr>
<tr><td>⑥제출인</td><td colspan="2">성 명</td><td></td><td colspan="2">주민등록번호</td><td colspan="2">-</td></tr>
</table>

작 성 방 법

①란 : ③, ④, ⑤항이 모두 동일한 사안에 대하여 사건본인이 수인인 경우에는 성명란에 "별지와 같음"이라고 기재한 후 별지에 사건본인 전부 및 정정사항을 기재하여야 합니다.

②란 : 정정을 하고자 하는 사항을 기재하며 허가 또는 판결에 의한 경우 '주문'에 나타난 가족관계등록 정정사항을 기재하되 기재할 사항이 많은 경우 "별지첨부 허가결정 또는 판결주문과 같음"이라고 기재합니다. 사건본인이 수인인 경우 별지의 각 정정사항란에 기재합니다.

④란 : 가족관계등록부에 기록을 분명하게 하는데 특히 필요한 사항을 기재합니다.

⑤란 :신청인이 외국인인 경우에는 외국인등록번호(국내거소신고번호 또는 출생연월일)를 기재합니다.

⑥란 : 제출자(신청인 여부 불문)의 성명 및 주민등록번호 기재[접수담당공무원은 신분증과 대조]

첨 부 서 류

1. 등록부정정허가결정등본 1부(확정판결을 근거로 가족관계등록부의 정정을 할 때는 판결등본 및 확정증명서 각 1부).
2. 신분확인[가족관계등록예규 제23호에 의함]
 - 신청인이 출석한 경우 : 신분증명서
 - 제출인이 출석한 경우 : 제출인의 신분증명서
 - 우편제출의 경우 : 신청인의 신분증명서 사본

<별지>

사건본인	성 명	한글		주민등록 번 호	–
		한자			
	등록기준지				
	주 소				
	정정사항				
사건본인	성 명	한글		주민등록 번 호	–
		한자			
	등록기준지				
	주 소				
	정정사항				
사건본인	성 명	한글		주민등록 번 호	–
		한자			
	등록기준지				
	주 소				
	정정사항				
사건본인	성 명	한글		주민등록 번 호	–
		한자			
	등록기준지				
	주 소				
	정정사항				
사건본인	성 명	한글		주민등록 번 호	–
		한자			
	등록기준지				
	주 소				
	정정사항				

제6편 가족관계등록비송

제6편 가족관계등록비송

제1장 서 론

1. 가족관계등록비송사건(非訟事件) 개설

가족관계등록비송사건(이하, '등록비송' 이라 한다)은 변호사들에게 중요한 의미를 갖는 영역이라고도 볼 수 있는데 통상 가족관계등록비송이라고 할 때는 성·본창설허가, 개명허가, 가족관계등록창설허가, 등록기록정정허가를 의미한다. 규칙 제87조는 위 네 가지의 경우에 비송사건절차법을 준용하도록 하고 있다.

2. 등록비송사건의 관할

법은 국적취득자의 성·본창설허가는 국적취득자의 등록기준지·주소지 또는 등록기준지로 하고자 하는 곳을 관할하는 가정법원을(법 제96조 제1항), 개명허가는 개명하고자 하는 사람의 주소지(재외국민의 경우 및 주소지가 없는 사람은 등록기준지)를 관할하는 가정법원을(법 제99조, 규칙 제87조 제4항), 가족관계등록창설허가는 가족관계등록을 하려는 곳을 관할하는 가정법원을(법 제101조), 가족관계등록부정정허가는 사건본인의 등록기준지를 관할하는 가정법원(법 제104조, 제 105조)을 관할로 정하고 있고, 이는 전속관할에 해당한다.

제2장 국적취득자의 성 · 본 창설

사례65: 나성실의 의뢰인 갑은 일본인이었으나 최근에 국적을 취득한 자인바, 법무부장관의 국적취득통보로 작성된 의뢰인의 가족관계등록부에는 '테라사와 부이치'라는 일본식 이름으로 기재되어 있다. 그러나 의뢰인의 일본인 부인이 한류스타 '이병헌'의 열성팬이어서, 의뢰인은 한국식 성과 이름인 '이병헌"으로 바꾸어 부인의 환심을 사고 싶어 한다. 의뢰인은 어떻게 한국식 성과 이름으로 바꿀 수 있는가.

1. 국적취득자의 성과 본의 창설

국적취득자가 반드시 한국식 성명을 가져야만 하는 것은 아니고 자신이 원래 외국에서 사용하던 성명을 쓸 수 있고 그것을 그 원지음에 따라 한글로 표시하여 가족관계등록부에 기재하는 것이 원칙이다(예규 제292호)[212]. 다만, 본인이 한국식 성·본을 사용하기를 원할 경우에는 등록기준지·주소지 또는 등록기준지로 하고자 하는 곳을 관할

212) 외국의 국호, 지명 및 인명의 표기에 관한 사무처리지침
예규 제292호
제3조(시 · 읍 · 면에서의 사무처리 등)
③ 외국인의 인명은 신고인(통보자를 포함한다. 다음부터 같다)이 가족관계등록 신고서에 한글로 표기한 해당 외국의 원지음대로 가족관계등록부에 기록하여야 하며, 이 경우 한자는 함께 기록할 수 없다.

제4조(귀화통보의 경우)
① 귀화에 의하여 대한민국 국적을 취득한 사람(이하 “귀화자”라 한다)에 대하여 귀화통보를 하는 경우, 그 인명은 해당 외국의 원지음(한자는 함께 기록할 수 없다)을 귀화통보서에 한글로 표기하여야 하고, 가족관계등록부에는 귀화통보서에 한글로 표기한 원지음대로 기록하여야 한다.

하는 가정법원의 허가를 얻어 성과 본을 창설하고 개명허가를 얻어 한국식 성명으로 변경할 수 있는 것이다.

2. 절차

성과 본을 창설하고자 하는 국적취득자는 등록기준지·주소지 또는 등록기준지로 하고자 하는 곳을 관할하는 가정법원에 신청을 하면 된다(법 제96조제1항).

성과 본 창설허가신청은 성과 본을 창설하고자 하는 자 또는 법정대리인이 하여야 하며, 의사능력있는 미성년자[213]는 자신의 성·본창설허가신청을 직접 할 수 있다(규칙 제87조제2항[214]). 신청에 대하여 법원이 기각 결정 등을 한 경우에 항고로 다툴 수 있는 것은 당연하다.

213) 실무상 15세 이상이면 의사능력이 있는 것으로 처리하고 있으나, 다음 호적선례에서 알 수 있듯이 획일적인 것은 아니다.

호적선례3-391 : 승계호주인 14세 미성년자가 타가의 호주 아닌 자기의 생모를 입적신고할 수 있는지 여부
승계호주는 타가의 호주 아닌 자기의 생모를 자기의 호적에 입적시킬 수 있으며, 입적신고는 무능력자라고 하더라도 법정대리인의 동의 없이 할 수 있는 행위이므로 의사능력 있는 미성년자는 스스로 입적신고를 할 수 있는 것이다. 다만 의사능력의 유무판정은 일괄적으로 연령에 따라서 정하는 것은 적절하지 아니하며 구체적으로 자기행위의 내용을 이해할 정도의 지능이 발달하였는지 여부를 기준으로 하여야 할 것이므로, 14세로 중학교에 재학 중으로서 정상적인 발육을 하였다면 의사능력이 있는 것으로 보아 스스로 타가의 호주 아닌 직계존속(생모)에 대한 입적신고를 할 수 있다고 보아야 할 것이다(1992. 12. 17. 법정 제2173호).

214) 제87조(허가사건의 처리절차)
① 다음 각 호의 사건의 처리절차에 관하여는 비송사건절차법을 준용한다.
1. 법 제96조에 따른 창성 창본 허가
2. 법 제99조에 따른 개명허가
3. 법 제101조에 따른 가족관계등록창설허가
4. 법 제104조 및 제105조에 따른 등록기록정정허가
② 제1항제1호부터 제3호까지의 허가신청은 미성년자도 할 수 있다.

3. 성과 본의 창설 신고

관할 가정법원으로부터 성과 본 창설허가를 받은 자는 법원의 성과 본 창설허가서 등본을 받은 날로부터 1개월 이내에 성과 본 창설 신고를 하여야 한다(법 제96조).

4. 신고서의 기재사항(아래 신고서 양식 참조)

[양식]

<table>
<tr><td colspan="6">창 성 신 고 서
(년 월 일)</td><td colspan="7">※아래의 작성방법을 읽고 기재하시되 선택항목은 해당번호에 "○"으로 표시하여 주시기 바랍니다.</td></tr>
<tr><td rowspan="4">①
창
성
자</td><td rowspan="2">성 명</td><td>한글</td><td colspan="4"></td><td colspan="3" rowspan="2">주민등록
번 호</td><td colspan="3" rowspan="2">-</td></tr>
<tr><td>한자</td><td colspan="4"></td></tr>
<tr><td>등록기준지</td><td colspan="11"></td></tr>
<tr><td>주 소</td><td colspan="11"></td></tr>
<tr><td rowspan="2">②
성
·
본</td><td>종전의
성(姓)</td><td>한글</td><td></td><td>한자</td><td></td><td>종전의
본(本)</td><td>한글</td><td></td><td>한자</td><td colspan="3"></td></tr>
<tr><td>창설한
성(姓)</td><td>한글</td><td></td><td>한자</td><td></td><td>창설한
본(本)</td><td>한글</td><td></td><td>한자</td><td colspan="3"></td></tr>
<tr><td colspan="2">③허가일자</td><td colspan="4">년 월 일</td><td>법원명</td><td colspan="6"></td></tr>
<tr><td colspan="2">④기타사항</td><td colspan="11"></td></tr>
<tr><td rowspan="3">⑤
신
고
인</td><td>성 명</td><td colspan="4">㉐ 또는 서명</td><td colspan="2">주민등록번호</td><td colspan="5">-</td></tr>
<tr><td>자 격</td><td colspan="11">①본인 ②법정대리인 ③기타(자격 :)</td></tr>
<tr><td>주 소</td><td colspan="5"></td><td>전화</td><td colspan="2"></td><td>이메일</td><td colspan="2"></td></tr>
<tr><td>⑥제출인</td><td>성 명</td><td colspan="4"></td><td colspan="2">주민등록번호</td><td colspan="5">-</td></tr>
</table>

작 성 방 법

※ 본 신고는 외국의 성을 쓰는 국적취득자가 그 성을 쓰지 않고 새로이 성과 본을 정하고자 하는 경우, 관할 가정법원에서 창성허가심판을 받아 그 허가심판서 등본을 첨부하여 창성허가심판의 고지를 받은 날로부터 1개월 이내에 하는 신고입니다.

④란 : 가족관계등록부에 기록을 분명하게 하는데 특히 필요한 사항을 기재합니다.
: 창성 전의 성과 본이 한자나 한글이 아닌 경우에 원래의 문자 표기

⑤란 : 신고인이 외국인인 경우에는 외국인등록번호(국내거소신고번호 또는 출생연월일)를 기재합니다.

⑥란 : 제출자(신고인 여부 불문)의 성명 및 주민등록번호 기재[접수담당공무원은 신분증과 대조]

첨 부 서 류

1. 창성허가심판등본 1부.
2. 신분확인[가족관계등록예규 제23호에 의함]
 - 신고인이 출석한 경우 : 신분증명서
 - 제출인이 출석한 경우 : 제출인의 신분증명서
 - 우편제출의 경우 : 신고인의 신분증명서 사본

답변65: 의뢰인은 국적취득자로서의 성·본창설허가신청을 하여 허가결정을 받고 또 개명허가신청을 하여 허가결정을 받은 경우 '이병헌'으로 성과 이름을 변경할 수 있다.

제3장 개 명

사례66: 의뢰인은 환경운동가이다. 최근 사대강 개발로 전국이 몸살을 앓고 있는 심각한 상황을 국민에게 알리고자 이름을 '사대강'으로 개명하려는 개명허가신청을 서울가정법원에 하였다. 개명허가신청의 요건이나 개명허가의 심사기준에 비추어 개명 가능성이 있는 것인가.

사례67: 여성인권운동가인 의뢰인은 남편의 성을 따라 안○○라는 성명을 가진 7세의 자녀에 대하여 일상생활에서 부모 또는 친외가의 구분이 없는 진정한 양성평등을 보이고 싶다는 이유로 기존 이름 '○○'에 의뢰인 자신의 성인 '임'을 붙인 '임○○'으로 개명하여 달라는 신청을 하였다. 개명신청이 받아들여질 가능성이 있는가.

사례68: 의뢰인 '나무력'은 5개월 전 서울가정법원의 개명허가를 얻어 '나필승'으로 개명을 하였던 사람이다. 그런데 최근 부인과 함께 찾은 철학관에서 '필승'이라는 이름을 사용하면 그 이름과 달리 하는 일마다 되는 일이 없고, 건강도 책임질 수 없다는 것이다. 오히려 예전에 쓰던 '무력'이라는 이름이 실제로는 '무력'하지 않은 좋은 기운을 가진 이름이라며 '무력'이란 이름을 사용하라는 것이다. 의뢰인은 결국 다시 당초의 이름으로 개명허가 신청을 한 후 수차례 다른 이름으로 신청취지를 변경하였는데 개명신청이 받아들여질 가능성이 있는가.

1. 개명의 의의

가. 의 의

이름은 사회적으로 개인을 식별·특정할 뿐 아니라, 개인적으로 자신을 외부로 나타내는 인격적 표징이므로, 각자가 이름을 자유롭게 선택하여 사용하는 것은 인격권의 당연한 내용이며 이를 보장하는 것이 개명제도이다. 다만 일단 가족관계등록부에 등록되어 있던 이름을 바꾸어 새로운 이름을 등록하려고 하는 경우에는 사람의 동일성에 대한 일반의 인식을 해치고 종전의 이름을 기초로 형성된 사회적 평가와 법률관계가 교란되어 일반적으로 법생활의 안정성이 저해될 우려가 있을 수 있다. 개명에 법원의 허가를 얻도록 하고 개명함에 있어 상당한 이유를 요구하는 것도 이 때문이다[215].

---

215) 대법원 2009.10.16. 자 2009스90 결정 【개명】 [공2009하,1866]
사람이 자신에 대한 칭호로 어떠한 이름을 사용할 것인가는 기본적으로 각자의 기호에 좇아 자유롭게 정할 수 있는 영역에 속한다. 이름은 사회적으로는 개인을 타인으로부터 식별하여 특정하는 기능을 가지나, 동시에 각 개인으로 보면 그것은 인격존중의 기반으로서 외부에 대하여 자신을 나타내는 표징이므로, 각자가 이를 자유로 선택하여 사용하는 것은 누구나 가지는 인격권의 당연한 내용이다. 부모가 정하여준 이름이 있다고 하여도 이를 존중할 것인지 자체가 그 후 성인이 된 사람의 선택에 달려 있는 것으로서 그 배타적 준수를 법이 강제할 수 없으며, 개인은 자신의 개성을 표현하는 징표로서 그와 다른 이름을 선택하여 사용할 수 있고, 그러한 이명·별명·예명 등도 성명권에 의하여 보호된다.

한편 국가가 가족관계등록부라는 개인의 신분에 관한 공적 장부를 마련하고 하나의 '이름'만으로써 그 장부의 작제 및 기재의 핵심적 사항의 하나로 하는 것은 이를 국민의 법생활에서 개인의 동일성을 확인하는 기초로 삼는다는 공적인 목적을 달성하기 위한 것이다. 그리하여 가족관계등록부상의 이름은 국가에 의하여 정통화된 공정의 이름으로서 주민등록표 및 주민등록증에서의 이름이 되고(주민등록법 제14조 이하, 제24조), 이를 기반으로 선거·병역·조세 등과 같은 국민의 공법적 생활관계가 정하여짐은 물론이고, 인감증명제도 등을 통하여 직접으로 또는 간접으로 일반의 사법적 거래에도 큰 영향을 미친다. 따라서 일단 가족관계등록부에 등록되어 있던 이름을 바꾸어 새로운 이름을 등록하려고 하는 경우에 있어서는 사람의 동일성에 대한

나. 개명허가와 이름정정에 대한 경계선

만일, 어떤 사람이 출생신고하면서 한글과 한자 이름을 모두 병기하였는데 병기된 한자를 음은 동일하지만 뜻이 다른 한자로 변경하기를 원한다면 그것은 개명허가를 받아야 할까 아니면 등록부상에 기재된 이름이 잘못 되었다고 주장하여 그 정정을 구하여야 할까? 또한 만일 어떤 사람이 개명허가를 거친 후에 다시 이전 이름으로 되돌아가기를 원할 경우 다시 개명허가를 받아야 할까? 판단이 쉽지 않다. 우리 대법원 선례는 이 경우 모두 개명허가사안이라고 보고 있다(호석선례2-337,3-465참조[216]). 개명은 당초 올바르게 기재된 이름을 법원의 허가를 받아 사후에 변경하는 것이고, 이름 정정은 담당 공무원의 실수 등으로 잘못 기재된 이름을 올바르게 고치는 것으로 이해하면 될 것이다. 참고로 호적비송사건 주문기재례집(2006년 법원행정처 발행)은 '1차로 개명을 한 후 다시 개명신청을 한 경우에는 이미 본인의 의사에 따른 결정이 이루어졌던 만큼, 특별한 사정이 있는 경우에 한하여 개명을 허가함이 상당할 것이다.' 라고 기술하고 있으므로 특별한 사정에 대한 소명이 필요할 것으로 생각된다.

일반의 인식을 해치고 종전의 이름을 기초로 형성된 사회적 평가와 법률관계가 교란되어 일반적으로 법생활의 안정성이 저해될 우려가 전혀 없다고는 하기 어렵다. '가족관계의 등록 등에 관한 법률' 제99조 제1항에 의하여 법원이 가족관계등록부에 이미 기록된 이름을 고치는 개명을 허가할 것인지를 판단함에 있어서 그 개명에 상당한 이유가 있을 것이 요구되는 것(대법원 2005. 11. 16.자 2005스26 결정 참조)은 그러한 이유에서이다.

216) 호적선례3-465 : 개명허가를 얻어 이름을 바꾼 후 다시 개명할 수 있는 여부
개명의 횟수를 제한하는 법적 근거가 없으므로 개명하고자 하는 자의 본적지 또는 주소지를 관할하는 가정법원(지방법원 또는 동 지원 포함)에 충분한 소명자료를 첨부하여 다시 개명허가 신청을 할 수 있으나 개명허가신청에 대한 허가 여부는 당해 사건을 심리하는 법원에서 판단할 사항이다(1995. 11. 18. 법정 3202-490).

다. 개명허가신청을 하는 사유들

법에는 개명허가신청을 할 수 있는 사유에 관하여 아무런 규정이 없다. 그러나 실무상 아래와 같은 사유로 개명허가신청이 접수되고 있다.

(1) 동명자(同名者)가 있어 개명하고자 경우
(2) 성별(性別)에 따라 개명하고자 경우
(3) 항렬자(行列字)로 개명하고자 경우
(4) 호칭(呼稱)하기 나쁜 이름 등을 개명하고자 경우
(5) 통칭명(通稱名)으로 개명하고자 경우
(6) 출생신고서에 착오로 잘못 기록한 이름을 개명하고자 경우
(7) 난해(難解)·난독(難讀)의 이름을 개명하고자 경우

2. 개명허가신청절차

가. 관할과 개명허가신청인

개명하고자 하는 자는 주소지(재외국민의 경우 등록기준지)를 관할하는 가정법원의 허가를 받아야 한다(법 제99조제1항). 주소지가 없는 사람은 등록기준지를 관할하는 가정법원에 할 수 있다(규칙 제87조제4항). 여기서 말하는 법원은 우리나라의 관할법원을 의미하는 것이므로 외국법원의 판결(결정)에 의한 개명은 할 수 없다(호적선례4-128 참조)[217]. 일본호적실무의 경우에도 외국법원의 판결 또는 결정에 의한 개명을 허가하지 않는 것으로 처리하고 있다.

---

217) 호적선례 4-128 : 우리나라 국민이 외국법원의 판결(결정)을 얻어 호적상 이름을 개명할 수 있는지 여부
호적상 이름을 개명하고자 하는 자는 본적지 또는 주소지를 관할하는 가정법원의 허가를 얻은 경우에만 할 수 있으므로, 외국법원의 판결(결정)에 의한 개명은 할 수 없다(1999. 4. 20. 법정 3202 - 147호.)

개명하고자 하는 자가 개명허가신청을 하여야 하므로, 이해관계인인 제3자는 이미 사망한 자에 대한 개명허가신청을 할 수 없다(호적선례3-376)[218].

나. 첨부서류

대법원 결정(2005스26 결정)이 나온 이후로 사실상 대부분의 개명허가 신청이 받아들여지고 있어, 변호사나 법무사를 통하지 않고 본인들이 직접 진행하는 경우가 상당수이다. 이 경우 신청인들이 궁금해하는 점은 '인우보증서가 무엇이고, 필수적인 서류인가', '범죄경력조회가 무엇인가' 인 것 같다.

(가) 등록사항별 증명서

ⓐ 신청인의 기본증명서 및 가족관계증명서와 ⓑ부모의 가족관계증명서 ⓒ성년인 자녀의 가족관계증명서를 첨부한다(예규 제307호)[219].

---

218) 호적선례3-376 : 호주승계권 침해로 인한 호주승계회복의 소 등
호주의 장남이 무후로 사망하고 그 후 호주가 사망한 경우 2남이 호주승계를 하여야 할 것이며, 호주승계권이 3남에 의해 침해된 때에는 제척기간 내에 호주승계회복의 소를 제기하여 이를 바로 잡을 수 있으나, 이미 제척기간이 도과되었다면 호주승계의 기재를 바로 잡을 방법은 없다. 또한 호적부상의 성명과 족보상의 성명이 상이한 경우 호적부상의 성명을 족보상의 성명으로 고치려면 호적법상 개명허가절차를 밟아야 하며, 호적법상 개명은 개명을 하고자 하는 자가 가정법원의 허가를 받아 신고를 하여야 하는 것으로 이해관계인인 제3자가 사망한 자에 대한 개명신청을 할 수는 없는 것이다(1992. 7. 21. 법정 제1223호, 1994. 3. 10. 법정 3202-114).

219) 현행 가족관계등록제도에서는 가족과 동일한 이름으로 개명허가신청을 하는지 확인하기 위하여 신청인의 기본증명서 및 가족관계증명서와 부모, 성년인 자녀의 가족관계증명서를 개명허가신청시에 제출하도록 규정하고 있다(예규 제307호제3조제3항). 참고로 종전 호적시대 출생신고의 경우 동일 호적 내에 등재되어 있는 자와 동일한 이름을 기재한 출생신고는 이름을 특정하기 곤란한 것이므로 수리하여서는 안 되는 것으로 규정하고 있었다(호적실무편람 288면 참조).

(나) 주민등록표 등·초본

주소지의 관할법원에 개명허가신청을 하도록 하고 있으므로 관할법원임을 소명하기 위하여 주민등록표 등·초본을 첨부하도록 하고 있다.

(다) 족보(族譜[220])

족보에는 씨족종친(氏族宗親) 전체를 망라한 대동보(大同譜), 씨족 일부인 근친간의 것만을 수록한 파보(派譜), 시조로부터 직계친족에 이르는 가승(家乘) 등의 여러 가지가 있다. 족보의 소명자료로서의 증거력은 그 성립의 진정만 인정된다면 신분관계의 진실이 수록된 그 내용의 신빙성은 높다 할 것이므로 종친회장의 확인서 또는 동종의 족보를 복수로 제출하는 것이 바람직할 것이다[221].

(라) 친족증명서

---

220) 대법원 2000. 7. 4. 자 2000스2 결정 【호적정정(본)】
족보는 종중 또는 문중이 종원의 범위를 명백히 하기 위하여 일족의 시조를 기초로 하여 그 자손 전체의 혈통, 배우자, 관력(관력) 등을 기재하여 제작·반포하는 것으로서, 족보가 조작된 것이라고 인정할 만한 특별한 사정이 없는 한 혈통에 관한 족보의 기재 내용은 이를 믿는 것이 경험칙에 맞는다.

대법원 1987.4.14. 선고 84다카750 판결 【소유권이전등기】
갑이 그의 부 을의 방계인 병의 사후양자로 출계한 것으로 족보에 기재되어 있다면, 다른 특별한 사정이 없으면 갑은 당시의 관습에 따라 적법하게 출계하였다고 추정할 것이고, 그후 몇 세대가 지나, 갑이 사망한 후에 그의 후손들이 위 입양을 파양할 수도 없는 이치이므로 특단의 사정이 없는 한 갑의 후손은 을을 공동선조로 하는 종중에는 속하지 아니한다.

221) 호적비송실무자료집(총설,개명,출생연월일정정편) 법원행정처 발행 88면
'그러므로 족보의 소명자료로서의 증거력은 우선 그 성립의 진정이 문제시되는 바로서, 일단 그 성립의 진정만 인정된다면 신분관계의 진실이 수록된 그 내용의 신빙성은 높다 할 것이다.....(중략).... 이때 족보의 성립의 진정을 조사하기 위하여는 동종의 족보를 복수로 제출토록 하거나, 종친회장에게 조회하는 방법이 바람직하다 하겠다.'

친족증명서는 종중(宗中)이나 문중(門中)에서 작성해주는 것으로서 개명허가신청뿐만 아니라 제적등본의 이름을 정정할 때에 동일인임을 소명하기 위한 목적으로 제출되기도 한다.

(마) 인우보증서[222)]

인우인이 개명허가신청원인사실을 보증하는 문서인데, 직접적인 소명자료가 없을 때 주로 이용된다. 출생신고 또는 사망신고에서의 인우보증서가 원인서면에 해당하는 것과 달리 등록비송사건의 인우보증서는 보충적인 서면으로 보아야 할 것이다. 등록비송사건의 소명자료로 인우보증서를 첨부하는 경우에는 반드시 보증인들의 주민등록표 등(초)본을 첨부하여야 한다(예규제317호)[223)].

(바) 기타 증명서

구체적인 사안에 따라 경력증명서, 재직증명서, 재학증명서, 졸업증명서, 복무확인서, 생활기록부사본, 편지, 예금통장 등을 소명자료로 첨부하고 있다.

3. 개명허가신청에 대한 재판

가. 개명허가의 심사기준[224)]

---

222) 호적비송실무자료집(총설, 개명, 출생연월일정정편) 법원행정처 발행 91면 '인우인보증서의 증거로서의 가치는 인우보증인의 직업, 연령, 사건본인과의 관계, 보증사실의 진실성 등을 판단의 요소로 하여 법관이 구체적으로 판단할 문제이다.'

223) 가족관계등록비송사건의 소명자료인 인우인보증서의 첨부서류 예규 제317호 가족관계등록비송사건의 소명자료로 인우인보증서를 첨부하는 경우에는 반드시 보증인들의 주민등록표 등·초본을 첨부하도록 하여야 한다.

224) 일본호적법 제107조의2는 "정당한 사유에 의해 이름을 변경하고자 하는 자는 가정재판소의 허가를 얻어 그 취지를 신고하여야 한다."라고 규정하여 '정당한 사유'라는 개명허가의 심사기준을 법률에 규정하고 있음에 반하여, 우리의 종전 호적법과 현행 가족관계의 등록 등에 관한 법률에서는 개명허가의 심사기준에 대하여 전혀 규정하고 있지 아니하다.

법에서는 '법원의 허가를 얻어 개명한다라'고만 규정하고 있고 개명허가의 심사기준에 대한 구체적인 규정은 없다. 다만 대법원결정에서 '개명을 허가할 상당한 이유 및 개명신청권의 남용이 아닐 것' 을 요구하고 있고, 이를 종전 호적예규 및 현행 가족관계등록예규에서 각 심사기준으로 규정하고 있다

나. 개명허가신청사건 사무처리지침(예규 제307호)

(1) 개명허가의 심사기준

개명을 허가할 만한 상당한 이유가 인정되고, 범죄를 기도 또는 은폐하거나 법령에 따른 각종 제한을 회피하려는 불순한 의도나 목적이 개입되어 있는 등 개명신청권의 남용으로 볼 수 있는 경우가 아니라면, 원칙적으로 개명을 허가함이 상당하다(대법원 2005. 11. 16.자 2005스26 결정).

(가) 인명용 한자의 범위를 초과한 개명신청

규칙 제37조의 인명용 한자의 범위를 벗어난 한자로의 개명은 허용되지 아니한다.

(나) 동일인에 대한 2개의 저촉되는 개명허가

동일인에 대하여 2개의 저촉되는 개명허가가 있는 경우, 「비송사건절차법」 제19조(재판의 취소 · 변경)에 따라 재판의 취소를 하지 아니하는 한 어느 것이나 효력이 있다[225].

---

225) 실무상 개명허가를 받았으나, 개명허가를 받은 이름이 마음에 들지 않음을 이유로 이를 개명신고하지 아니하고 다시 개명허가를 받아 새로운 개명허가를 첨부하여 개명신고를 하는 경우가 있다. 위 예규의 취지는 이 경우 어느 개명허가나 유효하므로 어느 개명허가결정에 기하든 먼저 등록부에 기재되는 이름이 그 사람의 이름이 된다는 것이다.

(다) 외국에서 한 개명의 효력

① 외국인과의 신분행위(예: 외국인에게 입양된 경우 등) 등으로 그 외국인과 일정한 신분관계가 형성이 되어 그 외국의 법에 따라 개명을 한 경우라 하더라도, 법 제99조에 따라 한국법원에서 개명허가결정을 받은 경우가 아닌 한 그 외국에서 개명한 이름을 한국 등록부에 기록할 수 없다.

② 제1항의 경우, 외국인과 신분행위를 한 사람이 우리나라 국적을 상실하기 전이라면, 필요에 따라 법 제99조에 따라 한국법원에 개명허가결정을 받아 개명할 수 있다.

(2) 개명신청권의 남용여부 판단

(가) 법원은 개명허가신청사건을 처리할 경우 개명신청권의 남용으로 보이는 불순한 의도나 목적을 판단하기 위하여 필요한 경우, 경찰관서에 전과조회, 전국은행연합회에 신용정보조회 등을 하여 그 자료를 신청사건 등의 판단자료로 활용하여야 하고, 필요한 경우에는 출입국관리사무소에 출입국사실조회를 할 수 있다. 사실조회를 전산정보처리조직에 의한 조회로 대체할 수 있다.

(나) 신청사건 제출자료의 진실성이 의심스럽다고 인정되거나 '가' 항의 판단자료에 의하여 개명허가신청의 불순한 의도나 목적의 유무가 불분명한 경우에는 본인 또는 참고인의 심문을 적극 활용하여야 한다.

(다) 가족과 동일한 이름으로 개명허가신청을 하는지 확인하기 위하여 신청인의 기본증명서 및 가족관계증명서와 부모, 성년인 자녀의 가족관계증명서를 개명허가신청시에 제출하게 한다.

4. 개명신고

개명허가를 받은 자는 개명허가를 받은 자는 법원의 허가를 받고 그 등본을 받은 날로부터 법원의 개명허가결정등본을 첨부하여 1월 이내에 신고사건의 본인의 등록기준지 또는 신고인의 주소지나 현재지에서 신고하여야 한다(법 제99조). 확정증명서나 송달증명서는 필요하지 아니하다. 허가결정의 경우 당사자의 권리를 침해하는 것이 아니므로 개명허가결정에 대하여는 항고할 수 없다[226].

5. 유의사항

비록 개명허가결정이 있었다 하더라도, 가정법원이 가족의 동일 이름으로 개명한 것을 간과하고 허가한 경우이거나 인명용 한자를 벗어나 허가한 경우에는 등록관서에서 해당 개명신고를 수리하지 아니한다[227].

6. 개명허가결정의 경향

종전에는 사람의 성 뿐만 아니라 이름까지도 손쉽게 변경할 수 없다는 인식이 지배적이었으므로 가정법원에서 개명허가결정을 받아내기가 상당히 어려웠다. 그러나 대법원 2005. 11. 16.자 2005스26 결

---

226) 비송사건절차법
第18조(재판의 고지)
① 재판은 이를 받은 자에게 고지함으로써 효력이 생긴다.
第20조(항고)
① 재판으로 인하여 권리를 침해당한 자는 그 재판에 대하여 항고를 할 수 있다.

227) 2012 가족관계등록관서공무원실무 법원공무원교육원 발행 171면
"라. 유의사항
비록 개명허가결정이 있었다 하더라도, 가정법원이 가족의 동일 이름으로 개명한 것을 간과하고 허가한 경우이거나 인명용 한자를 벗어난 개명의 경우에는 기록할 수 없는 경우이므로 가정법원에 그 사실을 통보하도록 한다."

정[228]이 '성명권은 헌법상의 행복추구권과 인격권의 내용을 이루는 것이어서 자기결정권의 대상이 되는 것이므로 본인의 주관적인 의사가 중시되어야 함을 전제로 원칙적으로 개명을 허가' 하도록 판시함으로써 개명허가결정을 손쉽게 받아낼 수 있는 물꼬를 트게 되었다. 하지만 가정법원에서는 여전히 개명신청권의 남용으로 인정되는 경우 개명허가신청을 기각하고 있으므로 주의를 요한다[229].

---

228) 위 대법원 결정의 요지는 다음과 같다. "우선 이름은 고도의 사회성을 가지는 한편 성명권은 헌법상의 행복추구권과 인격권의 한 내용을 이루는 것이어서 자기결정권의 대상이 되는 것이므로 본인의 주관적인 의사가 중시되어야 한다고 한다. 그러므로 개명허가 여부를 결정함에 있어서는 이름이 가지는 사회적 의미와 기능, 개명을 허가할 경우 초래될 수 있는 사회적 혼란과 부작용 등 공공적 측면 뿐만 아니라 개명신청인 본인의 주관적 의사와 개명의 필요성, 개명을 통하여 얻을 수 있는 효과와 편의 등 개인적인 측면까지도 함께 충분히 고려되어야 할 것이라고 한다. 이름은 통상 부모에 의해서 일방적으로 결정되어지고 그 과정에서 이름의 주체인 본인의 의사가 개입될 여지가 없어 본인이 그 이름에 대하여 불만을 가지거나 그 이름으로 인하여 심각한 고통을 받는 경우도 있을 수 있는데 그런 경우에도 평생 그 이름을 가지고 살아갈 것을 강요하는 것은 정당화될 수도 없고 합리적이지도 아니한 점, 이름이 바뀐다고 하더라도 주민등록번호는 변경되지 않고 종전 그대로 존속하게 되므로 개인에 대한 혼동으로 인하여 초래되는 법률관계의 불안정은 그리 크지 않으리라고 예상되는 점, 개인보다는 사회적·경제적 이해관계가 훨씬 더 크고 복잡하게 얽혀질 수 있는 법인, 그 중에서도 특히, 대규모 기업 등과 같은 상사법인에 있어서도 상호의 변경에 관하여는 관계 법령에서 특별한 제한을 두고 있지 아니할 뿐만 아니라 실제로도 자유롭게 상호를 변경하는 경우가 적지 아니한 점, 개명으로 인하여 사회적 폐단이나 부작용이 발생할 수 있다는 점을 지나치게 강조하여 개명을 엄격하게 제한할 경우 헌법상의 개인의 인격권과 행복추구권을 침해하는 결과를 초래할 우려가 있는 점 등을 종합하여 보면, 개명을 허가할 만한 상당한 이유가 있다고 인정되고, 범죄를 기도 또는 은폐하거나 법령에 따른 각종 제한을 회피하려는 불순한 의도나 목적이 개입되어 있는 등 개명신청권의 남용으로 볼 수 있는 경우가 아니라면, 원칙적으로 개명을 허가함이 상당하다고 할 것이다".

229) '개명허가의 요건'{김대휘, 가사재판연구Ⅱ(2011. 01.) 서울가정법원 가사재판연구회 인용}
'예컨대 정치적인 표현이나 사회운동의 목적을 위하여 개명을 하려는 경우이다. 2010년 6월경 환경운동가인 30대 여성 2명이 이름을 '사대강'으로 변경하여 달라고 한 사건이 있었다. 신청인들은 부모님이 지어주신 이름으로 큰 불편 없이 살아 왔다고 하면서도, 정부의 4대강 사업을 반대하고 있는 상황에서 선거관리위원회가 지방선거와 관련하여 위 사업을 반대하는 표현물을 금

답변66: 법률상 개명허가의 심사기준으로 규정된 것은 없으나, 대법원 결정으로 '개명허가신청에 상당한 이유가 있고, 개명신청권의 남용이 아니라면 원칙적으로 개명허가하는 것이 상당하다'고 판시한바 있고, 이를 예규에서 개명허가의 심사기준으로 규정하고 있다. 통상 개명은 개인의 인격권에 근거한 것인데, '사

지시키고 있기 때문에 표현의 자유를 누리고 시민 불복종의 일환으로 4대강 사업의 반대를 위하여 이 사건 개명신청을 하였는데, 이러한 경우를 개명신청권의 남용이라고 볼 수 있는지 문제가 되었다. 물론 개인의 인격권은 명예나 프라이버시 등 권리의 주체와 분리할 수 없는 인격적 법익의 향유를 내용으로 하는 권리로서 헌법상 보장되는 것이다. 인격권은 그에 대한 침해가 있는 경우, 부작위청구나 손해배상 등의 방법에 의하여 소극적으로 보장될 수 있다는 점은 분명하지만, 사적 영역의 존중에 관한 주관적 공권의 범위를 결정하는 것은 어려운 문제이다. 특히 인격권을 국가에 대하여 적극적으로 행사하는 것이 허용될 수 있는지 의문이 있다. 한편 헌법상 표현의 자유가 보장되어 있고, 따라서 모든 국민은 정치적 표현의 자유를 가진다. 또한 시민의 불복종 역시 표현의 자유의 하나이지만, 개별사안에서 허용될 수 있는지는 쉽게 판단할 수 없고, 이는 헌법적 판단의 영역에 속한다. 신청인들은, 국가의 정책이나 국가기관의 결정을 반대하고 시민의 불복종을 행사하기 위하여 인격권의 하나인 성명권의 행사로서 개명신청을 한 것이고, 그러한 개명신청의 된 의도나 목적 자체는 불순한 것으로 볼 수 없다고 할 것이다. 그러나 다음과 같은 이유로 이 사건 신청은 기각되었다.

'첫째, 순수하게 개인적인 법익인 인격권 중에서 성명권을 주관적 공권의 적극적 행사로써 정치적 표현의 수단으로 삼는 것은 허용하기 어렵다. 성명은 개인의 호칭이고 동일성의 표시로서 인격권의 한 내용일진대, 이를 정치적 표현의 수단으로 삼는 것은 바로 인격권의 헌법적 근거인 '인간으로서의 존엄과 가치'에 배치되는 것이다. 헌법 제10조의 인간 존엄이라는 명제로부터 "인격을 자체 목적으로 삼고 수단으로 삼지 말라"는 정언명령(I. Kant의 실천이성비판)이 도출되기 때문이다. 그러한 의미에서 정치적 구호나 사회운동의 선동적 문구를 이름으로 사용하는 것은 인격권의 정당한 행사라고 보기 어렵다고 할 것이다. 둘째, 정치적 이념이나 현안 문제 또는 사회적 이슈와 관련하여 자신의 견해를 표시하는 방법으로 개명을 신청하는 경우, 개명이 자기결정권의 행사라는 이유로 무제한 허용한다면 남용의 우려나 폐단이 있을 것이 충분히 예견될 수 있다. 셋째, 신청인이 개명하고자 하는 이름이 '사대강'으로서 그것이 인격의 표징이라기보다는 작금의 정치적 현안으로 되어 있는 국가정책에 관한 것이고, 지금 사용하는 이름에 불편이 없음을 스스로 밝히고 있으므로, 그 신청 자체가 일시적, 즉흥적인 착상에 의한 것이라고 볼 수 밖에 없는 것이다. 결국 이러한 개명신청은 그 신청권의 남용이고 상당한 이유가 없는 것이라고 볼 것이다.'

대장'으로 개명하고자 하는 것은 환경운동을 위한 메시지로서의 의미가 크다 할 것이어서 개인의 인격권이 아닌 '표현의 자유' 영역이므로 개명허가를 받기가 어려울 것이다.

답변67: 유사사례에서 하급심 판례는 "우리나라의 성씨 중 '노최'씨가 없으므로, 신청인은 이름을 부를 때 성명을 함께 부르지 않는 한 최○○으로 불리는 것이 맞다. 이렇게 부르면 신청인의 성이 최씨인지 노씨인지 쉽게 알 수 없고, 따라서 현재 8세 남짓의 나이로 한창 자아를 형성하면서 성장 중인 신청인으로서는 자신의 의사와 관계없이 "노씨가 되기도 하고, 최씨가 되기도 한다."는 식의 주위에서의 놀림을 받아야 한다. 개명사유에서 보듯이 이 사건 개명은 전적으로 부모의 뜻이지 신청인의 의사가 포함되어 있다고 볼 수 없다. 신청인의 의사가 설령 포함되었다고 해도 신청인은 자유롭게 의사결정을 할 수 있는 나이가 아니다. 또한, 신청인의 부모가 주장하듯이 양성평등은 이름과 같은 형식적인 것보다는 자라나는 신청인에게 행동으로 양성평등의 모범을 보임과 함께 신청인에게 그와 같은 확고한 인식을 가지도록 줄기차게 훈육하는 것이 바람직하고 적절한 방법으로 판단된다. 훗날 신청인이 더 성장하여 자신의 문제를 스스로 판단할 무렵이 되었을 때 부모의 뜻을 받아들여 신청취지와 같은 이름으로 불리기를 원한다면, 그때에 가서 개명 여부를 판단하는 것이 신청인 본인의 올바른 성장을 위하여 바람직하다. 부모가 자식의 이름을 지을 권리가 있더라도 이미 지어서 공부에 등록한 이름을 개명하려면 여러 가지를 고려하여 신중하게 결정하여야 한다. 그러므로 이 사건 개명허가 신청은 받아들일 수 없다."고 판시하였다.(서울남부지법 2008.3.6. 자 2008호파887 결정 【개명】) 위 판례의 취지는 '모의 성을 포함하는 이름으로 개명허가신청하는 것을 원칙적으로 불허한다는 것이 아니라 신청인 본인의 개명의사가 아니라 신청인 부모의 개명의사이기 때문에 불허한다는 취지이다. 따라서 신청인이 성년인 경우라면 신청인 본인의 개명의사에 기한 것이므로 -개명허가신청권의 남용으로 볼 사안이 아니라면- 원칙적으로 개명허가를 하는 것이 종전 대법원결정에도 부합하는 결론일 것이다. 실제로 이와 같은 사안에서 사건본인이 성년인 경우 개명허가를 한 하급심결정이 있다.

답변68: 유사사례에서 하급심판례는 "신청인은 2007. 8. 20. 00지방법원에서 종전의 이름 @@에서 $$로 개명허가를 받아 가족관계등록부에 바뀐 이름으로 기재하였다. 그 후 신청인은 2008. 1. 25. 이 법원에 @@로 다시 개명하여 달라는 신청을 하였다가 2. 18. 이를 취하하였다. 신청인은 위 취하한 날 다시 $$을 애초의 이름인 @@로 개명하여 줄 것을 신청하였다. 그 이유는 애초의 이름인 @@을 사용할 경우에는 희망하는 대학교수가 될 수 없다는 철학관과 작명소의 권유 때문에 00지방법원에서 개명신청을 하여 허가를 받았는데, 개명 후 다시 철학관에서 감명을 받은 결과 $$이라는 이름을 사용할 경우에는 본인은 물론 가까운 가족들도 아프게 된다고 하여 개명하기 전의 애초의 이름으로 다시 개명하고 싶다는 것이다. 그랬다가 신청인은 2. 22.에는 @@으로, 2. 27.에는 다시 &&으로, 2. 28.에는 또다시 @@으로 각 개명하고 싶다고 신청취지를 변경하였다. 이 사건에서 신청인은 개명허가를 받은 지 얼마 되지 아니하였는바, 잦은 개명은 신청인 본인은 물론 주위 사람들에게도 신청인의 정체성에 혼돈을 주게 되어 건전한 사회생활을 방해할 우려가 있다. 그리고 사람의 이름을 어떻게 사용하느냐에 따라 그 사람의 건강이 악화되거나 개선된다는 것

은 물론 부르는 이름에 따라 대학교수가 되고 아니 된다는 것은 합리적인 평균인의 입장에서는 도저히 받아들일 수 없는 이유이다. 신청인 주장대로 신청인이 박사학위까지 받은 지성인이라면 자신의 운명이 개명 여부에 달렸다는 집념에서 하루 속히 벗어나 그 운명을 개척하는 노력에 집중함이 옳다. 신청인 주장의 사유로는 개명신청을 허가할 만한 사유가 되지 못하므로 이를 기각한다."라고 판시한 바 있다 (서울남부지법 2008.2.29. 자 2008호파813 결정 【개명】).

제4장 가족관계등록창설

사례69: 의뢰인은 최근에 생부를 찾게 되어, 등록부상 부모와 친생자관계부존재확인판결을 받아 등록부가 폐쇄되었고, 이제 생부의 출생신고에 의해서 새로이 등록부를 작성하고자 한다. 그러나 생부는 의뢰인의 생모에 대한 인적사항을 기억하고 있지 못하는 상황이고 '모 불상'의 출생신고는 수리될 수 없다는 것이 최근 대법원의 변경된 선례이다. 의뢰인의 등록부 창설은 어떻게 하여야 할까.

사례70: 변호사 나성실의 사무실을 방문한 중년 여성 김정순은 자신의 동생이 자신의 호적을 훔쳐 살아 오고 있다며 기구한 인생스토리를 풀어놓기 시작하였다. 김정순에게는 여동생 김영순이 있는데, 이들의 부모님이 김영순의 출생신고를 하지 않고 키우던 중 김영순이 가출을 하였고, 혼인할 남자를 만나게 되자 혼인신고를 하면서 자신을 무적자로 신고하였다. 그런데 몇 년 후 김영순은 자신이 사실은 김정순이라고 하면서 등록관서에 본적신고를 하였고, 등록관서는 김영순의 혼가 호적상의 김영순의 이름을 김정순으로 정정하고, 김정순의 호적에서는 혼인을 이유로 김정순을 제적처리하였다. 그런데, 계속 미혼으로 살던 김정순이 어느날 자신의 가족관계증명서를 발급받아 보고는, 자신에게 배우자와 자녀들이 있는 것을 알게 되었고, 수소문 끝에 만난 동생을 통해 저간의 이야기를 모두 듣게 된 것이다. 이 중년의 자매들은 모든 것을 바로잡기를 원하고 있는데, 변호사 나성실은 어디에서부터 이 문제를 풀어가야 할까.

제1절 의 의

가족관계등록창설이란 대한민국 국민 중 가족관계등록이 되어 있지 않은 사람을 등록시키는 절차를 의미한다. 흔히, 출생신고에 의해 가족관계등록이 만들어지는 것을 창설이라고 알고 있는 경우가 많으나, 출생신고에 의하는 경우는 '가족관계등록작성' 이라고 하여 가족관계등록창설과는 개념을 달리한다.

제2절 가족관계등록창설의 요건

1. 대한민국 국민일 것

가족관계등록창설은 대한민국 국적을 가진 자에 한하여 인정된다는 점에서 가족관계등록창설을 하고자 할 때에는 국적판단이 선행되어야 한다. 실무상 중국 조선족의 국적보유여부가 많이 문제되는데 '조선족' 이라는 명칭과는 달리 '중국국적보유자' 이므로 가족관계등록창설의 대상은 될 수 없고, 북한이탈주민은 '북한이탈주민의보호및정착지원에관한법률' 에 의하여 가족관계등록창설 대상으로 별도 규정되고 있으므로 동법에 의한 가족관계등록창설의 대상은 아니다[230].

2. 가족관계등록이 되어 있지 아니할 것

230) 대한민국 정부수립 이전에 중국으로 건너간 조선족들은 중화인민공화국이 수립된 1949. 10. 1.을 기준으로 모두 대한민국 국적을 상실하고 중화인민공화국의 국적을 취득한 것으로 본다(1995. 11. 28. 법정 3202-489호 참조).

일반적으로 가족관계등록창설은 1인 1등록의 원칙231)상 등록이 되어 있지 아니한 사람에 한해서 인정되며, 등록여부가 확실치 않은 등록불분명자는 등록의 유무가 판명될 때까지 가족관계등록창설을 할 수 없다. 그러나 「재외국민의 가족관계등록창설·등록부정정 및 등록부정리에 관한 특례법」 제3조제1항232)은 예외적으로 재외국민의 가족관계등록창설의 경우에는 등록 여부가 판명되지 않은 경우에도 가족관계등록창설을 허용하고 있으므로 주의가 필요하다.

3. 출생신고 등에 의해서 등록부를 작성할 수 없을 것

가족관계등록창설은 출생신고에 의한 가족관계등록부 작성에 대해 보충적인 절차로 이해할 수 있다. 따라서 출생신고에 의한 가족관계등록 작성이 창설보다 압도적으로 많다는 점은 당연하다

4. 생존하고 있을 것

가족관계등록창설은 현재 살아 있는 자를 대상으로 하는 것이므로 사망자에 대한 가족관계등록창설은 원칙적으로 허용되지 않는다. 최근에도 대법원 판결은 '가족관계등록창설 허가신청은 가족관계등록이 되어 있지 아니한 사람 자신이 신청하는 것이고, 무등록자가 이미 사

---

231) 또한 등록창설허가신청은 등록창설하려는 본인마다 1인 1건으로 해야 한다. 그러나 군사분계선 이북지역에 호적을 가졌던 자의 등록창설허가신청은 그 특수성에 비추어 1인 1건의 예외를 인정하고 있다(규칙 제52조), 즉 자신과 더불어 가족들의 등록창설허가 신청이 가능하다는 의미이다.

232) 제3조(가족관계등록 창설허가, 가족관계등록부 정정허가 및 가족관계등록부 정리 신청 등)

① 재외국민으로서 등록기준지가 없거나 분명하지 아니한 사람이 가족관계등록을 창설하려면 다음 각 호의 구분에 따라 등록기준지를 정하고 주소지를 관할하는 재외공관의 장에게 가족관계등록 창설허가신청서를 제출한다. 다만, 신청인의 편의에 따라 신청인이 정한 등록기준지를 관할하는 가정법원 또는 시·구·읍·면의 장에게 가족관계등록 창설허가신청서를 직접 제출할 수 있다.

망하였다면 가족관계등록창설이 허용되지 아니한다.' 라고 판시한바 있다(대법원 2011.3.28. 자 2011스25 결정)[233].

5. 실종아동이 아닐 것

가족관계등록창설허가를 받으려고 하는 자가 「실종아동 등의 보호 및 지원에 관한 법률」 제2조제2호에 규정된 실종아동이란 것과 그 실종아동에 대하여 같은 법 제2조3호에서 규정된 보호자가 확인된 경우는 허가대상이 아니다. 왜냐하면 이러한 실종아동의 경우 개념적으로 누군가에 의해 출생신고가 되었을 가능성이 크고, 더불어 가족관계등록이 작성되었을 것이기 때문이다.

제3절 절차

1. 관 할

가족관계등록창설의 관할법원은 등록을 하려는 곳을 관할하는 가정법원이 된다(법 제101조제1항). 호적시대 취적시 본적을 정하는 것과 마찬가지로 등록창설시 등록기준지를 정하고 변경하는 것은 자유롭다. 따라서 관할은 크게 문제가 되지 않을 것이다.

2. 신청인

가. 등록창설허가신청은 등록창설하려는 사람 본인이 하는 것이 원칙이다. 그러나 예규 제69호[234]는 사건본인이 의사능력이

233) 예규 제217호 : 군사분계선 이북지역 본적지로 종전의 호적을 가졌던 사람의 가족관계등록 창설은 종전 호적상의 호주 또는 가족이 다른 가족 또는 호주에 대한 가족관계등록창설허가 신청 및 신고를 할 수 있으나 사망자에 대한 가족관계등록창설은 할 수 없다

234) 의사능력 없는 사람의 등록기준지변경신고 · 가족관계등록창설신고

없는 사람인 때에는 법정대리인이 등록기준지 변경신고, 가족관계등록창설허가신청을 하고 가족관계등록창설허가의 재판이 있을 때에는 그 법정대리인이 또한 신고의무자가 된다고 규정하고 있다. 다만 본인이 무능력자일 경우에도 의사능력이 있으면 스스로 신청할 수 있다.

나. 가족관계등록창설허가 신청의 주를 이루는 것은 보호시설에 있는 미성년자에 대한 것이다. 그런데 「보호시설에있는고아의후견직무에관한법률」 제3조(후견인)는 '① 국가 또는 지방자치단체가 설치 · 운영하는 보호시설에 있는 미성년자인 고아에 대하여는 그 보호시설의 장이 후견인이 된다. ②국가 또는 지방자치단체 외의 자가 설치 · 운영하는 보호시설에 있는 미성년자인 고아에 대하여는 대통령령이 정하는 바에 따라 그 보호시설의 소재지를 관할하는 시장 · 군수 · 구청장(자치구의 구청장을 말한다. 이하 같다)이 후견인을 지정한다'.라고 규정하고 있고, 보호시설에 있는 아이들 중 고아가 아닌 미성년자의 경우 더욱 엄격한 제한을 두어 법원의 허가를 얻어 후견인을 지정하도록 하고 있음에도 불구하고, 이러한 절차를 잘 알지 못하는 경우가 있다.

3. 신청취지

가. 신청취지에는 등록창설하려고 하는 등록기준지의 명칭과 지번, 배우자 등 가족이 특정될 수 있도록 기재하여야 한다. 친생자관계부존재확인판결이 확정되어 등록부가 폐쇄된 자가 등록창설하는 경우 판결문상에 친생부모의 성명이 기재되어 있다면

예규 제69호
사건본인이 의사능력이 없는 사람인 때에는 법정대리인이 등록기준지변경신고 · 가족관계등록창설허가신청을 하고 가족관계등록창설허가의 재판이 있을 때에는 그 법정대리인이 또한 신고의무자가 된다.

부의 성과 본을 따를 수 있으나 부의 이름을 기록할 수 없고 (부의 이름은 혼인중의 자 및 부의 인지를 받은 혼인외의 자에 대하여서만 그 기록이 허용됨) 모의 이름만 기록할 수 있다. 그리고 부모를 모르는 고아는 법원의 성·본 창설허가를 얻어야 한다.

나. 등록창설의 경우 등록기준지는 신청인이 자유롭게 정할 수 있는 것이고, 이와 같은 의사표시가 없는 때에는 창설하고자 하는 신청인이 신고한 주민등록지로 한다(가족관계의 등록 등에 관한 규칙 제4조[235], 호적선례3-490호[236] 참조).

---

235) 규칙 제4조(등록기준지의 결정)
① 법 시행과 동시에 최초로 등록부를 작성하는 경우, 종전 호적이 존재하는 사람은 종전 호적의 본적을 등록기준지로 한다.
② 제1항에 해당되지 않는 사람에 대해서 법 제10조제1항에 따라 처음 정하는 등록기준지는 다음 각 호에 따른다.
1. 당사자가 자유롭게 정하는 등록기준지
2. 출생의 경우에 부 또는 모의 특별한 의사표시가 없는 때에는, 자녀가 따르는 성과 본을 가진 부 또는 모의 등록기준지
3. 외국인이 국적취득 또는 귀화한 경우에 그 사람이 정한 등록기준지
4. 국적을 회복한 경우에 국적회복자가 정한 등록기준지
5. 가족관계등록창설의 경우에 제1호의 의사표시가 없는 때에는 가족관계등록 창설하고자 하는 사람이 신고한 주민등록지
6. 부 또는 모가 외국인인 경우에 제1호의 의사표시가 없는 때에는 대한민국 국민인 부 또는 모의 등록기준지
③ 당사자는 등록기준지를 자유롭게 변경할 수 있다. 이 경우, 새롭게 변경하고자 하는 등록기준지 시·읍·면의 장에게 변경신고를 하여야 한다.

236) 호적선례3-490 : 취적과 본적의 지정
친생자관계부존재확인판결에 의하여 종전 호적에서 말소제적되어 현재 호적이 없게 된 자는, 그가 혼인중의 자인 경우에는 호적법 제51조에 규정되어 있는 출생신고의무자의 출생신고에 의하여 부의 호적에 입적될 수 있는 것이나, 혼인외 자인 경우에는 모의 출생신고에 의하여 모의 호적에 입적된 후 부의 인지에 의하거나 또는 인지의 효력이 있는 부의 출생신고에 의하여 부의 호적에 입적될 수 있을 것이며, 출생신고의무자가 없을 때에는 취적을 하고자 하는 지를 관할하는 법원의 취적허가에 의하여 취적신고를 함으로써 호적을 가질 수 있을 것이다. 다만 취적의 경우 본적의 지정은 취적하여야 할 자가 현 거주지든 종전 본적지든 임의로 선택할 수 있는 것이지 어떠한 제한을 받는 것은 아니다. (1993. 2. 1. 법정 제228호)

4. 신청이유

가족관계등록창설허가신청을 하는 이유를 논리적으로 적어주면 된다. 그러면 비송재판부에서는 신청인의 신청이유와 소명자료를 토대로 하여 지문조회, 사실탐지촉탁, 심문제도 등을 통해 허가여부를 결정하게 된다. 위에서 설명한 바와 같이 대한민국 국민이라는 점, 등록부가 작성되지 않았다는 점 및 기타 요건을 적시해주고 근거자료를 첨부하면 될 것이다.

5. 첨부서류(예규 2008. 6. 18. 제287호(개정전 예규 2008. 1. 1. 제212호))

등록창설허가를 신청하는 자는 비송사건절차법 제9조제1항의 신청서에 다음 각 호의 서류를 첨부하여야 한다.

(1) 등록창설하려는 곳의 시(구)·읍·면의 장이 발급하는 등록부 부존재증명서[237]

(2) 읍 · 면 · 동의 장이 주민등록법에 의한 주민등록 신고를 이행하였음을 증명한 주민등록신고확인서

(3) 별지1의 성장환경 진술서 작성요령에 의한 출생지 · 성장지 · 성장환경 등을 구체적으로 기재한 성장환경 진술서

(4) 성장과정을 뒷받침하는 다음 각호의 소명자료(이 소명자료에는 작성자의 주소, 전화번호를 기재하여야 함)

(가) 취학한 사실이 있는 경우 그 학적부

(나) 유치원, 병원이나 종교단체가 운영 또는 후원하는 시설, 기

---

237) 등록창설허가신청서에 첨부할 등록부 부존재증명서를 발급받고자 하는 사람은, 등록부가 없는 사람 본인이 등록창설하려는 곳의 시(구) · 읍 · 면의 장에게 신청서를 제출하여야 하며, 이에 따라 신청서를 접수한 시(구) · 읍 · 면의 장은, 첨부서류 등에 의하여 등록부가 없는 사람이 등록창설 하려는 곳을 포함한 전국 등록관서의 등록부에 등록되어 있는지 여부를 면밀히 조사하여야 하며, 그 결과 신청서에 기록된 대상자의 등록부가 없다고 인정된 때에는 등록부 부존재증명서를 발급하여야 한다.

타 보호 및 위탁시설 등에 입소했던 경우 그 확인서

(다) 근로자인 경우 대표자나 감독자의 확인서

(5) 성 · 본창설허가 심판서 등본

부모를 알 수 없는 경우에 성본창설허가심판서등본을 첨부하여야 한다.

(6) 그 밖에 법원이 심리에 필요하다고 인정하는 서류

성 장 환 경 진 술 서 작 성 방 법

1. 성장환경 진술서에는 출생지, 성장지, 성장과정 및 기타 성장환경을 설명하는데 필요한 사항이 기재되어야 합니다.
2. 출생지는 지번을 알 수 없는 경우에는 행정구역 명칭은 기재하되 지번의 기재는 생략할 수 있습니다.
3. 성장지는 가능한 한 시기별, 연령대별(1-7세, 8세-13세까지 등)로 특정하여 기재 합니다.
4. 성장과정에는 위 3항과 같이 각 시기마다 주거, 생계수단, 교육관계, 동거인, 후견인 등 생활환경을 종합적으로 기재합니다.
5. 이 진술서는 출생자 본인이 작성할 수 없는 경우에는 신고인이 작성하여야 하며 작성자가 기명 또는 서명날인을 합니다.

제4절 가족관계등록창설허가신청에 대한 재판

1. 가족관계등록창설허가신청사건의 조사 및 심리

가. 조사사항

조사사항은 우리나라 국적 보유유무, 출생사항과 신분관계, 종전 등록의 유무, 등록이 되어 있지 아니한 이유 등이다.

나. 사실탐지촉탁 등(예규 제212호 참조)[238)]

(1) 사실탐지촉탁

① 법원은 등록창설허가신청인에 관한 등록부의 유무, 주거사실 등을 확인하기 위하여 등록창설지 관할경찰서장에게 지문조회 등에 의한 사실탐지촉탁을 하여야 한다. 이 촉탁서에는 등록창설 신청서의 첨부서류에 나타난 사항 및 장소 등을 중심으로 조사항목을 구체적으로 설정하여 실질적인 조사가 될 수 있도록 하여야 한다.

② 법원은 신청인이 위 첨부한 서류의 내용에 보호시설 등에 관한 기록이 있는 경우에는 관련시설의 장에게 사실조회를 하여야 한다.

③ 제1항에 따라 경찰서장의 사실탐지 회보서에 대하여 법원이 필요하다고 인정할 때에는 재촉탁할 수 있다.

---

238) 가족관계등록창설허가신청 및 가족관계등록창설절차에 관한 사무처리지침(예규 제212호)은 친생자관계부존재 확인판결이나 친생부인판결에 의하여 등록부가 폐쇄된 사람의 등록창설, '재외국민의가족관계등록창설·가족관계등록부정정 및 가족관계등록부정리에 관한 특례법', '북한이탈주민의보호및정착지원에 관한 법률', 규칙 제52조(군사분계선 이북지역 재적자), 기아발견조서에 의한 등록부 작성의 경우에는 적용하지 아니한다.

(2) 법원의 심리

① 법원은 등록창설허가신청서와 첨부서류 등을 면밀히 조사, 확인하여 허위의 등록부가 작성되지 않도록 주의를 하여야 한다.

② 법원은 사건본인을 심문하여야 한다. 단 사건본인이 유아이거나 출석하기 어려운 특별한 사정이 있는 경우에는 보호자를 심문할 수 있다

③ 법원은 신청서와 첨부서류, 사실탐지 회보서, 사건본인 심문에 의하여도 사실관계에 의문이 있을 때에는 참고인 심문을 할 수 있다.

경찰서에 의뢰할 사실탐지사항

1. 사건본인 부모의 성명, 국적, 생존여부
2. 사건본인 부모의 가족관계등록부 유무 및 있다면 그 등록기준지
3. 부모의 혼인관계 유무
4. 사건본인이 종전에 사용하던 성과 본이 있었다면 그 성과 본관, 통칭명
5. 사건본인의 출생지, 생년월일, 성별
6. 사건본인에 대한 가족관계등록부 유무 및 있다면 그 등록기준지
7. 십지지문을 채취하여 지문조회결과 통보
8. 사건본인의 주거사실, 전과조회(범죄전력, 수형사실 등), 수사자료조회
9. 사건본인이「실종아동 등의 보호 및 지원에 관한 법률」제2조제2호에 규정된 "실종아동 등"에 해당하는지 여부, 특히 사건본인이「실종아동 등의 보호 및 지원에 관한 법률」제2조제4호의 "보호시설"의 입소자인 경우에는 같은 법 제11조의 유전자검사의 결과
10. 그 밖의 참고사항

▶ 위의 탐지사항 1항부터 9항까지의 내용은 본인의 진술만이 아닌 객관적인 자료에 의해서 회신 받도록 하고 그렇게 판단한 근거를 기록하도록 합니다.

▶ 위 7항에 관하여는 각 경찰서에서 사건본인의 십지지문을 채취하여 경찰청에 지문에 의한 신원확인을 의뢰하고, 경찰청으로부터 회신받은 결과를 근거로 법원에 회신하도록 합니다.

▶ 위 8항 전과조회 회보시 반드시 범죄경력조회서 등 사본을 첨부하도록 합니다.

▶ 위 9항의 경우 실종아동이라는 사실이 판명되고, 「실종아동 등의 보호 및 지원에 관한 법률」 제2조제3호의 "보호자"가 밝혀진 때에는 그 보호자도 함께 기록하여 회신하도록 합니다.

보호시설 등의 장에게 의뢰할 조회사항

※ 사건본인이 보육원 등의 각종 보호시설 또는 위탁시설에 입소한 경험이 있다고 주장하는 경우에 해당 기관에 확인할 사항:

1. 해당 기관에 입소했던 경력이 있는지 유무

2. 해당 기관에 입소했던 경력이 있다면,
 (1) 입소사유 또는 경위
 (2) 입소해 있던 기간
 (3) 입소 당시의 사건본인의 나이 및 인적사항
 (4) 그 기관에서 알고 있는 사건본인에 대한 보호자 인적사항

(5) 사건본인이「실종아동 등의 보호 및 지원에 관한 법률」제2조제2호에 규정된 "실종아동 등"에 해당하는지 여부

(6) 입소해 있던 기간 동안 학교를 다녔다거나 취업하였는지의 여부 및 그 학교명 또는 회사명과 재학(재직)기간

(7) 퇴소사유

3. 그 밖의 참고사항

2. 법원의 결정

등록창설허가신청에 대한 재판은 허가결정, 각하결정, 기각결정이 있다. 역시 비송결정에 속하므로 기판력이 없고, 새로운 사실을 보강하여 재차 신청할 수 있다

3. 보론 : 판결에 의한 등록창설(법 제103조[239])

법 제103조는 판결에 의한 창설에 대하여 규정하고 있다. 여기서 의미하는 '판결' 은 창설허가결정과 같이 직접적으로 창설을 명하는 판결은 아니고, 창설의 기초가 될 실질적 신분관계에 관한 판결을 지칭한다고 한다[240]. 현행 실무상 활용되고 있지는 않은 듯하다. 다만

---

239) 제103조(판결에 의한 등록창설의 신고)
① 확정판결에 의하여 등록창설의 신고를 하여야 할 경우에는 판결확정일부터 1개월 이내에 하여야 한다.
② 신고서에는 제9조제2항에 규정된 사항 외에 판결확정일을 기재하여야 한다.
③ 제2항의 신고서에는 판결의 등본 및 확정증명서를 첨부하여야 한다.

240) 전적과 취적③ 사법행정 14권4호(148호) 김주수 한국사법행정학회
'확정판결로 인하여 취적신고를 하여야 할 경우로서는, 취적을 명하는 판결은 생각할 수 없으므로, 취적의 기초가 될 실질적 신분관계, 즉 호적에 기재될 자인 것이 명백히 되는 신분관계에 관한 판결을 가리킵니다. 예컨대, 친생자관계부존재확인의 판결 등이 이에 해당한다고 볼 수 있습니다.'

일본의 선례는 무적자로서 가정심판소에 취적허가신청을 하였으나 각하된 경우에는, 일본국적존재확인의 소를 제기할 수 있고, 이에 관한 승소판결을 얻은 때에는 그 확정판결에 의해 취적을 할 수 있다고 한다[241].

제5절 신고

1. 신고의무자

등록창설허가결정을 받은 본인이다. 신고의무자가 미성년자 또는 금치산자인 때에는 친권자나 후견인이 신고의무자가 될 것이다. 이와 관련하여 예규 제213호는 가족관계등록창설허가를 받았으나 그 전에 사망한 사람에 대한 가족관계등록창설신고는 배우자 또는 직계혈족이 이를 하여야 한다고 규정하고 있어 이 경우에는 배우자 또는 직계혈족이 신고인이 될 것이다.

2. 신고기간

법원으로부터 등록창설허가를 받고 그 등본을 받은 날부터 1월 이내에 등록창설의 신고를 하여야 한다(법 제101조제1항).

3. 신고장소

신고사건 본인의 등록기준지 또는 신고인의 주소지나 현재지 등록관서에 신고하여야 한다(법 제20조). 따라서 사실상 신고인이 있는 곳과 가장 가까운 등록관서에 직접 출석하거나 우편제출의 방식으로 신고할 수 있다.

241) 취적에 관한 제문제 유진화, 사법논집 35집 법원도서관 참조

4. 신고서의 첨부서류

등록창설신고서에는 등록창설허가의 등본을 첨부하여야 한다(법제101조제3항).

제6절 보론 기타 가족관계등록창설

◮

변호사로서 실무를 접하다 보면 위에서 설명한 법에 의한 가족관계등록창설절차보다는 아래에서 설명하는 기타 가족관계등록창설을 더 자주 접하게 된다. 실제로 필자는 40대 초반의 의뢰인이 자신의 호적상의 부모가 친생부모가 아니라고 하여 이들과의 친생자관계가 부존재한다는 확인판결을 받고, 친부의 인지절차 등의 후속절차의 진행을 준비하던 중 호적상의 부모가 위 부존재확인판결이 확정되자마자 호적정정신청을 한 일이 있었다. 의뢰인의 생부는 의뢰인을 인지하려고 하였으나 생모의 인적사항을 알 수 없어 임의인지를 못하고 해결방법을 모색하던 중에 이러한 일이 발생한 것이고, 그로 인해 의뢰인의 가족관계등록부가 폐쇄되어 버린 것이다. 필자는 우선 의뢰인의 가족관계등록창설허가신청을 하려고 하였으나 그럴 경우 성·본 창설허가를 같이 받아야 하는데 어차피 의뢰인의 생부에 대한 인지청구를 해야 하는 입장에서 불필요한 절차를 굳이 거쳐야 하는 것인지 고민했던 적이 있다. 따라서 친생자관계부존재확인판결을 받은 사람이 미성년자 등인 경우에는 판결자체보다도 그 이후의 절차와 관련하여 의뢰인의 이익을 잘 헤아려 진행할 필요가 있으며, 다음과 같은 특별한 창설제도가 여러 가지 존재한다는 것 정도는 변호사도 알아둘 필요가 있다고 생각한다.

1. 친자관계의 판결에 의한 가족관계등록창설((2009. 7. 17. 가족관계등록예규 제302호)

(1) 의의

친생자관계부존재확인판결이나 친생부인판결 또는 양친자관계존재확인판결에 의하여 등록부가 폐쇄된 사람의 가족관계등록창설절차이다.

(2) 신청방식

신청서에 '사건본인의 폐쇄등록부의 등록사항별 증명서, 친자관계의 판결문 및 확정증명서'를 첨부하여야 한다.

(3) 창설의 방식

① 가족관계등록 창설허가시에는 등록부 폐쇄에 따른 가족관계등록 창설허가임을 알 수 있도록 결정문 사건본인란에 폐쇄등록부상 사건본인의 성명, 등록기준지를 병기하여야 한다.

② 사건본인의 등록부에 부모(양부모 포함)의 특정등록사항을 기록하되, 폐쇄등록부의 등록사항별 증명서 및 친자관계의 확정판결문(판결 주문이 아닌 이유에 설시한 판결은 해당하지 아니한다)에 의하여 소명한다.

2. 군사분계선 이북지역 재적자(在籍者)의 가족관계등록창설(예규 제217호)

(1) 의의

군사분계선 이북지역을 본적지로 종전의 호적을 가졌던 사람의 가족관계등록부창설절차이다.

(2) 신청방식

종전 호적상의 호주 또는 가족이 다른 가족 또는 호주에 대한 가족관계등록창설허가 신청 및 신고를 할 수 있으나 사망자에 대한 가족관계등록창설은 할 수 없다.

(3) 창설의 방식

그 본적이 북위 38도선 이북의 군사분계선 이북지역인 경우에는 1945년 8월 15일을, 북위 38도선 이남의 군사분계선 이북지역인 경우에는 1950년 6월 25을 각 기준하여 군사분계선 이북지역에 거주하는 종전 호적의 호주 또는 가족도 등록부를 작성하고, 등록부 일반등록사항란에 "군사분계선 이북지역 거주" 라고 기록하고, 가족관계등록부사항란에 원적지를 기록해야 한다. 등록부에 "미수복지구 거주" 또는 "군사분계선 이북지역 거주[242]" 라고 기록되어 있는 자가 월남한 경우 등록신고는 추후보완신고에 의한다.

3. 가족관계등록부 재작성시 빠진 사람의 가족관계등록창설 (예규 제215호)

호적 및 호적에 관한 신고서류가 화재 또는 그 밖의 사변으로 인하여 멸실되었으므로 시(구)·읍·면의 장이 호적에 관하여 신고 할 것을 알렸음에도 정해진 기간 내에 신고를 하지 않아 호적재제시 빠진 자가 있는 경우 또는 시(구)·읍·면의 장이 가족관계등록부및 가족관계등록에 관한 신고서류의 화재 또는 그 밖의 사변으로 인한 손상을 이유로 가족관계등록에 관하여 신고할 것을 알렸음에도 정해진 기간 내에 신고를 하지 않아 가족관계등록부 재작성시 빠진 자가 있는 경우에는가족관계등록창설을 하여야 한다.

---

242) 미수복지구, 군사분계선 이북지역은 북한지역을 의미한다.

4. 재외국민의 가족관계등록창설, 가족관계등록부정정 및 가족관계등록부정리에 관한 특례법[243)]에 의한 가족관계등록창설(예규 제273호)

---

243) 재외국민의 가족관계등록창설, 가족관계등록부정정 및 가족관계등록부정리에 관한 특례법 개관

* 연혁
    1. 처음에는 1967년 제정된 '재외국민취적에관한임시특례법', 즉 재외국민의 취적에만 적용되는 한시법으로 시행되었다. <1970.12.31.까지 시행됨> 당시 국회의안의 제안이유를 살펴보면 '재외국민 특히 재일동포 중 약 10만명이라는 다수 재외국민이 호적이 없는 무적자이며, 한일국교정상화에 따라 그들이 영주권을 신청하는 경우에는 일본국은 국적을 확인하는 바 국적을 증빙할 호적이 구비되어 있지 않아 영주권을 얻기 위한 법적 지위 취득에 지장을 받게 되므로, 이러한 재외국민을 구제하여 안정된 생활근거를 보장하기 위하여 제적하려는 것이다'라고 되어 있다.
    2. 이후 전문을 개정한 '재외국민취적·호적정정및호적정리에관한임시특례법(제2622호 1973.06.21 전문개정)'은 취적 외에 호적정정, 호적정리을 적용대상으로 포함시켰다.
    3. 현재는 '재외국민의 가족관계등록 창설, 가족관계등록부 정정 및 가족관계등록부 정리에 관한 특례법'으로 유지되고 있다.

* 특징
    1. 재외국민을 위한 특례법이므로 재외국민 등록이 된 자이어야 위 특례법의 적용이 가능하다(따라서 가족관계등록창설, 등록정정, 등록신고의 경우 재외국민등록을 전제로 위 특례법절차를 따를 수도 있고, 일반법절차를 따를 수도 있다).
    2. 재외국민특례법을 따를 경우 비용부담은 국가 또는 지방자치단체가 부담하고 신고기간을 도과한 경우에도 과태료부과대상에서 면제된다.
    3. 출생신고, 사망신고와 같은 보고적 신고에서 신고의무자(또는 신고적격자)가 없는 경우 출생신고, 사망신고를 할 수 없으나, 재외국민특례법에 따라 출생, 사망에 관한 등록부정리신청을 할 경우 사건본인 또는 가족관계등록부상 이해관계인은 등록부정리신청을 하여 출생, 사망을 등록부에 기록할 수 있다(예규 제217호제11조).
    4. 재외국민특례법을 따를 경우 혼인, 입양, 인지 등은 증서등본제출방식에 의해서는 가족관계등록부 정리신청이 가능하나, 창설적 신고로서의 혼인 등은 재외국민특례법의 취지상 허용되지 않는다고 하여야 할 것이다.
    5. 재외국민특례법에 따를 경우 그 정정대상이 경미한 사항일 경우에 한하여 법원의 허가 없이 재외공관의 조사확인서를 첨부하여 정정할 수도 있다는 점이 일반적인 등록부 정정절차와 차이점이다.

(1) 의의

무등록인 재외국민 또는 등록여부가 불명인 재외국민에 대한 가족관계등록창설절차이다. 일반적인 등록창설은 무등록자만이 등록창설을 할 수 있으며, 등록여부가 불명인 자는 등록유무가 판명될 때까지 등록창설할 수 없으나(호적선례2-352 참조), 재외국민특례법은 등록불명인 재외국민도 등록창설할 수 있도록 특례규정을 두고 있다. 또한 가족 중 일부만이 재외국민등록을 필하여 재외국민특례법에 의한 등록창설의 요건을 갖추었을 경우에는 그러한 자만이 각자 등록창설할 수 있다(동 예규 제6조). 군사분계선이북지역 재적자의 등록창설에 있어서 신청은 종전 호적상의 호주 또는 가족이 각자 할 수 있으며, 다른 가족 또는 호주에 대한 등록창설허가신청도 할 수 있다. 조선호적령 시행 전(1923. 6. 30. 이전)의 사실상 부부에 관하여 아직까지 등록부가 작성되지 않은 경우에는 부부가 동시에 등록창설허가 신청을 하여야 한다(동 예규 제8조).

(2) 신청방식

신청서를 접수한 재외공관의 장은 신청인의 편의에 따라 신청인으로 하여금 이를 직접 관할법원 또는 시(구) · 읍 · 면에 송부하게 할 수 있다(동 예규 제5조). 재일동포 신청의 경우 그 첨부서류 중 일본국 관공서발행의 호적신고서등본, 호적등 · 초본, 그 밖의 서류가 외국어로 되어 있다면 증명서에 번역문을 첨부하여야 한다. 또 재일동포 신청의 경우에 그 재외국민등록부등본은 재외공관에서 확인한 재일거류민단장발행의 재외국민등록증명으로써 이를 갈음할 수 있다. 거류국의 외국인등록부등본 및 영주권사본은 그 중 하나만 첨부하면 되고 이들 서류에 국적이 "조선"이라고 기재되어 있어도 가능하다(동 예규 제4조).

(3) 창설의 방식

1945. 8. 15. 현재 종전「호적법」에 따른 본적이 군사분계선 이북지역에 있던 사람은 당시의 호적 기록사항 그대로 개인별로 등록창설하고, 그 후에 출생, 사망 등 변동사항에 관하여는 등록창설 후 별도의 신고 또는 등록부정리신청에 의하여 등록부에 기록을 하여야 한다. 이는 1950. 6. 25. 현재 본적이 군사분계선 이북지역에 있던 사람에 대하여도 마찬가지이다.

5. 북한이탈주민의 보호 및 정착지원에 관한 법률」에 의한 가족관계등록창설(예규 제219호)

(1) 의의

「북한이탈주민의 보호 및 정착지원에 관한 법률」에 의한 북한이탈주민으로서 군사분계선이남지역에 등록이 되어 있지 아니한 자에 대한 가족관계등록창설절차이다.

(2) 신청방식

통일부장관이 신청인이 되어 북한이탈주민을 사건본인으로 하여 서울가정법원에 등록창설허가신청을 한다.

(3) 창설의 방식

「북한이탈주민의 보호 및 정착지원에 관한 법률」제19조에 따라 가족관계등록창설시 단신보호대상자는 그 사람에 대해서만, 가족이 함께 북한을 벗어나 보호대상자가 다수인 경우에는 각각 가족관계등록부를 작성하고, 가족관계등록부사항란에 원적지를 기록해야 한다. 보호대상자의 배우자가 북한에 거주하고 있는 경우에는 사건본인의 가족관계등록부 특정등록사항란에 배우자 성명 등을 기록하는 것 이외에 일반등록사항란에 그 혼인사유, 배우자의 성명, 출생연월일 및 배우자가 군사분계선 이북지역에 거주하고 있는 취지와 그 거주지를 기록한다.

답변69: 친생자관계부존재확인판결과 같은 친자관계의 판결에 의해 등록부가 폐쇄되고 출생신고를 기대할 수 없는 자의 경우 예규 제302호에 따라 등록부창설을 할 수 있다. 주의할 점은 " 1. 사건본인의 폐쇄등록부의 등록사항별 증명서 각 1통, 친자관계의 판결문 및 확정증명서 각 1통 "을 등록창설허가신청서에 첨부하여야 하는 것으로 규정하고 있으나, 그 외 실무상으로는 말소된 주민등록등본도 첨부를 요구하고 있다는 점이다. 실무상으로는 유부남과의 사이에서 자녀들을 출산한 후 취학연령에 이르자 자신의 가족들의 호적에 아이들을 올려놓았다가 이후 상속 등의 문제가 발생되어 호적상의 부모와 친생자관계부존재확인판결을 받은 후 아버지의 기재는 생략한 채 생모와 자녀들의 가족관계만 연결되는 경우가 가장 많은 것 같다. 이 경우 변호사는 출생증명서나 인우인보증서를 확보하기 어려운 상황인지 여부를 잘 분별하여 호적상 부모와의 친생자관계 부존재 및 친생모와의 친생자관계 존재판결을 동시에 구할 필요가 있다. 이러한 경우 일반 민사사건과 달리 의뢰인들은 대부분 변호사들이 모든 절차를 다 마무리해 주는 것으로 아는 경우가 많고, 변호사도 절차를 잘 모르는 경우가 많아 판결 이후 등록부정정단계에서 요건이 잘 맞지 않을 경우 의뢰인이 불평을 듣는 경우가 종종 있다. 따라서 이러한 소송의 목적은 결국 판결을 이용하여 등록부 정정을 하려는 것이므로 수임단계에서부터 필요한 절차와 요건을 정확히 설명해 줄 필요가 있는 것이다.

답변70: 이 사안은 결국 김정순의 제적과 김영순의 제적이 이중제적임을 밝혀, 김영순의 제적을 말소하고, 그게 기한 김영순의 가족관계등록부도 폐쇄하여야 할 사안이다. 문제는 김영순의 제적중 혼인 및 자녀에 대한 기재의 효력이다. 사실상은 김영순의 혼인사항의 기재인데, 표면적으로는 언니인 김정순과 남편이 혼인한 것으로 되어 있고, 혼인신고가 유효하려면 신고의사도 필요한 것이어서 김정순과 남편의 혼인신고를 무효로 보아야 할 것인지가 문제되는 것이다. 실무상 견해의 대립은 있으나, 일응 무효의 혼인으로 보아야 한다고 생각한다. 김정순의 혼인의사가 없는 것이 당연하기 때문이다. 결론적으로 결국 동생 김영순의 제적상 혼인사유는 혼인무효판결에 의해서, 자녀관계는 친생자관계부존재확인판결에 의해서 각각 정정하게 될 것이다. 그 후에 동생 김영순은 제적이 말소되고 가족관계등록부가 폐쇄되었으므로 출생신고 또는 등록창설에 의해서 가족관계등록부가 작성되어야 하고 남편과 다시 혼인신고를 하여 가족관계등록부에 혼인사유를 기재, 자녀와의 모자관계를 소명하는 서면에 의해서 가족관계등록부에 자녀를 기재하는 절차를 거쳐야만 한다. 언니 김정순의 경우는 동생 김영순의 가족관계등록부가 자신의 가족관계등록부가 아님을 소명하여, 자신의 제적으로부터 가족관계등록부가 작성되지 아니하였으므로 작성하여 달라는 신청을 등록관서에 함으로써 가족관계등록부를 작성하면 될 것으로 보인다(호적선례 참고)[244].

---

244) 호적선례 200107-6 : 갑녀가 자신에 대한 출생신고가 없는 상태에서, 이미 사망하였으나 사망신고가 되지 아니한 언니 을녀의 호적으로 혼인하고 다시 이혼하여 친가에 복적한 후 모의 사망으로 호주상속을 한 경우의 호적정리 절차: 갑녀가 을녀 명의로 한 호적신고는 무효라 할 것이므로 혼인, 이혼 및 호주상속에 대한 호적기재는 모두 말소되어야 하는바, 이에 따른 호적정리는 다음 절차에 따라 처리하여야 할 것이다.

1. 을녀와 관련된 호적정리방법
을녀의 친가본적지를 관할하는 가정법원으로부터, 이미 사망한 을녀 명의의

제5장 법원의 허가에 의한 가족관계등록부의 정정

제1절 총 론

사례71: 갑은 등록부상 자녀 을과의 사이에 친생자관계부존재확인판결을 받은 후 확정판결을 첨부하여 등록부정정신청을 하여 갑의 등록부상 자녀란에 을은 말소되고, 을의 등록부상 부모란에 갑은 말소된 후 을의 등록부는 폐쇄되었다. 이후 을은 증명서발급을 청구하였다가 본인의 등록부가 폐쇄된 것을 알게 되었다. 을은 갑에게 확인한 바, 갑은 기초생활수급대상자가 되기 위해서 친생자관계부존재확인판결을 얻어 을과의 친

호주상속신고에 의해 편제된 호적은 무효라 할 것이므로 당해 호적을 말소하고 호주상속으로 제적된 호적을 부활하며 또한 이미 사망한 사람과의 이혼신고 및 혼인신고도 각 무효이므로 이혼으로 친가복적한 을녀의 호적을 말소함과 동시에 혼가호적상 을녀와 남편의 신분사항란의 이혼기재를 말소하고 이혼전의 상태로 부활하는 한편 혼가호적상 혼인으로 혼가입적한 을녀의 호적과 남편의 신분사항란에 기재된 혼인기재를 말소함과 동시에 친가호적상 신분사항란의 혼인기재를 말소하고 혼인전의 상태로 부활하라는 호적정정허가결정을 받은 다음, 해당 호적관서에 호적정정신청을 함으로써 을녀에 대한 호적기재를 바로 잡을 수 있을 것이다.

2. 을녀에 대한 사망신고
위와 같은 절차에 의하여 부활된 을녀의 친가호적에 사망신고의무자 또는 사망신고적격자가 을녀에 대한 사망신고를 하여 사망기재와 제적처리를 하게 된다. 이 경우, 을녀에 대한 호적정정을 먼저 하지 아니하고, 을녀의 현재 호적이 있는 친가호적지 호적관서에 을녀에 대한 사망신고를 먼저 한 후 그 사망신고수리증명서를 소명자료로 하여 호적정정허가신청을 할 수도 있을 것이다.

3. 갑녀와 관련된 호적정리방법
갑녀에 대하여는 출생신고의무자가 출생신고하면 되나, 출생신고의무자가 없는 때에는 관할법원으로부터 취적허가를 받아 호적관서에 취적신고를 하면 호적을 가질 수 있을 것이다(2001. 7. 9. 법정 3202-290).

자관계를 단절하였다는 것이다. 을은 변호사 나성실을 선임하여 위 친생자관계부존재확인판결에 대하여 추완항소를 하였고, 재판 도중 갑은 소취하를 하였다. 변호사 나성실은 친생자관계부존재확인판결에 의해서 갑의 등록부상 자녀란에서 말소된 을을 기재하고, 을의 등록부상 부모란에서 말소된 갑을 기재하고 폐쇄된 을의 등록부를 부활하기 위해서 '판결을 얻어야 하는 것인지' 아니면 '법원의 허가를 얻어야 하는 것인지' 아니면 '등록관서에서 직권으로 정정해 줄 수 있는지' 판단하기가 귀찮아서 의뢰인 을에게 '소취하조서등본을 가지고 등록관서에서 제출하고 정정해 달라고 하면 등록관서에서 직권으로 정정해 줄 겁니다'라고 안내하였다. 의뢰인 을은 변호사 나성실의 설명대로 소취하조서등본을 가지고 등록관서를 방문해서 친생자관계부존재확인판결에 의해서 정정하기 이전 상태로 복귀시키달라고 주장하였으나, 등록관서 직원으로부터 직권정정대상이 아니라는 답변을 들어야만 했다. 등록관서 직원 설명이 옳은 것인가.

1. 등록부 정정 개설

등록부 정정이 직권정정과 법원의 개입(판결 또는 허가)에 의한 정정으로 나뉜다는 점과 각각의 정정절차에 대해서는 제4편에서 설명하였다. 이 장에서는 흔히 비송사건이라고 하는 '법원의 허가'에 의한 등록부 정정절차에 대한 설명과 사례만 간단히 적고자 한다.

2. 법원의 허가에 의한 가족관계등록부 정정대상

가. 법 제104조의 허가에 의한 정정대상

법 제104조(위법한 가족관계 등록기록의 정정)는 '등록부의 기록이 법률상 허가될 수 없는 것 또는 그 기재에 착오나 누락이 있다고 인정한 때에는 이해관계인은 사건 본인의 등록기준지를 관할하는 가정법원의 허가를 받아 등록부의 정정을 신청할 수 있다'라고 규정하고 있다.

(1) 법률상 허가될 수 없는 등록부의 기록

「가족관계의 등록 등에 관한 법률」 제104조에서 말하는 '가족관계등록부의 기록이 법률상 허가될 수 없는 것'이란 소론의 예시와 같이 권한 없는 사람이 한 가족관계등록부의 기록, 가족관계등록부의 등록사항이 아닌 전과관계·학사·병사(兵事)·사산(死産)등에 관한 기록, 위조·변조의 신고서에 의하여 이루어진 가족관계등록부의 기록, 사망한 사람 또는 신고의무자(신고적격자)가 아닌 사람의 신고에 의하여 이루어진 가족관계등록부 기록 뿐만 아니라 가족관계등록부의 기록 자체로 보아 당연 무효인 가족관계등록부의 기록도 이에 해당한다(예규 제223호).

(2) 등록부의 기록에 착오 또는 누락

그 외에 착오에 의한 경우로서 실무상으로 많이 문제가 되는 경우로는 출생연월일, 등록기준지 등에 대한 착오기재, 특히, 출생신고와 관련하여 혼인중의 자가 아님에도 혼인중의 자로 기재되는 경우를 들 수 있고, 등록부 기록의 누락이란 신고서의 기재사항 누락이 아니라, 시(구)·읍·면의 장의 잘못으로 인한 등록부상 기록누락만을 의미한다. 왜냐하면 신고시 누락되는 경우라면 추후보완신고가 가능하기 때문이다.

나. 법 제105조의 허가에 의한 정정대상

법 제105조(무효인 행위의 가족관계등록기록의 정정)는 '신고로 인하여 효력이 발생하는 행위에 관하여 등록부에 기록하였으나 그 행위가 무효임이 명백한 때에는 신고인 또는 신고사건의 본인은 사건본인의 등록기준지를 관할하는 가정법원의 허가를 받아 등록부의 정정을 신청할 수 있다' 고 규정하여 법 제104조에 의한 경우 중 '신고로 인하여 효력이 발생' 하는 즉, 강학상 창설적 신고에 의하여 등록부에 기재된 내용이 무효인 경우를 정정대상으로 하고 있다.

가령 예규 제250호는 '가족관계등록부에 처가 아닌 사람이 처로 착오 기록된 경우에 이와 같은 착오의 혼인은 원칙적으로 확정판결에 의할 것이나, 단순한 기록착오인 경우에는「가족관계의 등록등에 관한 법률」제104조 및 제105조에 따라 정정허가의 재판을 받아 갑남과 을녀 사이의 혼인사항을 정정할 수 있다.'고 규정하고 있으며, 가족관계등록예규제251호는 '혼인신고일 이전에 사실상 사망하였으나 가족관계등록부상 생존한 것으로 되어 있어 그 이름으로 혼인신고를 하고 그 후 실제 사망일자에 사망한 것으로 신고한 경우 사망사실이 확인되면 사망신고를 접수하여 처리한 후「가족관계의 등록 등에 관한 법률」제18조제1항에 따른 통지를 하여 당사자로 하여금 무효혼인에 의한 등록부정정의 절차를 밟아야 한다.'고 규정하고 있다.

3. 등록부정정허가신청절차

가. 신청인

법 제104조에 의한 등록부정정허가신청은 '이해관계인' 이 할 수 있다. 이 때 이해관계인[245]이란 사건본인, 신고인, 그밖에 당해 가족

245) 선례 200809-1 : 우리나라의 국적을 소지하지 아니한 사람도 가족관계등록부(제적부)의 정정을 신청할 수 있는지 여부

가. 우리나라의 국적을 소지하지 아니한 사람도 사건본인 또는 재산상·신분상 이해관계가 있는 사람으로서 등록기준지를 관할하는 가정법원에 가족관계등록

관계등록부의 기록에 관하여 신분상 또는 재산상 이해관계를 가진 자를 말한다. 법 제105조에 의한 등록부정정허가신청은 '신고인 또는 신고사건의 본인'이 할 수 있다. 미성년자 등 무능력자도 등록부정정허가신청을 할 수 있는가에 대하여는 규칙 제87조가 국적취득자의 성과 본의 창설, 개명, 등록창설에 대해서만 미성년자도 신청할 수 있음을 규정하고 있을 뿐이고 법 제104조 및 제105조에 따른 등록기록 정정허가는 제외하고 있다. 따라서 무능력자는 등록부정정 허가를 신청할 수 없다고 할 것이다.

나. 관할법원

등록기준지를 관할하는 가정법원이다. 참고로 제적부정정허가신청의 관할법원은 본적을 관할하는 가정법원이다.

다. 신청서에 첨부하는 소명자료

기본적인 소명자료로는 등록사항별 증명서, 주민등록등(초)본이며, 그 외에도 출생증명서, 조산원일지, 연령감정서, 초등학교의 학교생활기록부 또는 졸업증명서, 성별감정서, 족보 등 여러 가지 소명자료를 제출할 수 있다.

4. 등록부정정허가신청에 대한 재판

법원의 재판형식은 결정으로 하며, 이 결정은 고지됨으로써 효력이 생긴다. 재판으로 인하여 권리를 침해당한 자는 그 재판에 대하여 항고할 수 있다. 이때의 항고는 보통항고이기 때문에 항고의 이익이 있

부의 정정을 신청할 수 있다.

나. 국적상실로 제적된 사람의 제적부상 국적상실일이 실제와 다른 경우에는 사건본인 또는 이해관계인은 법무부장관의 공문서 등 국적상실에 관한 소명자료를 첨부하여 그 제적이 있는 곳을 관할하는 가정법원에 제적정정허가신청을 하고 그 허가를 얻어 결정등본을 받은 날부터 1개월 이내에 제적정정신청을 하여야 한다. (2008. 9. 17. 가족관계등록과-3019 질의회답)

으면 언제나 할 수 있다. 다만 법원의 가족관계등록부의 정정허가결정에 의하여 가족관계등록부에 기록을 한 후 동 허가결정의 취소 또는 변경할 수는 없다[246].

5. 등록부정정신청절차

등록부정정허가신청을 한 자는 법원의 등록부정정허가결정이 있었을 때에는 그 허가결정등본을 받은 날로부터 1개월 이내에 등록관서에 등록부정정신청을 하여야 한다[247](법 제106조). 허가결정등본을 받아 등록부정정신청을 하는 경우 어느 등록관서에 하더라도 무방하다. 다만, 등록부정정허가를 받았으나 그 신고 전에 사망한 사람에 대한 등록부정정신청은 배우자 또는 직계혈족이 이를 하여야 한다(예규 제213호).

답변71: 정정절차는 '①판결에 의한 정정절차', '②법원의 허가에 의한 정정절차', '③직권에 의한 정정절차'로 분류된다. 통상 시(구)읍면의 장의 과오에 의해서 정정사유가 발생한 것이 명백한 경우는 '직권정정대상'이 되며, 그 외의 경우는 원칙적으로 '판결 또는 법원의 허가'에 의한 정정대상이다. 위 사안은 갑이 기초생활대상수급자가 되기 위해서 허위사실을 주장하여 친생자관계부존재확인판결을 받아 허위의 정정이 이루어진 경우이므로 시(구)읍면의 장의 과오에 의해서 정정사유가 발생한 것이 아니다. 따라서 직권정정대상이 아니라 할 것이다. 결국

246) 법원의 가족관계등록부의 정정허가결정에 의하여 가족관계등록부에 기록을 한 후 동 가결정의 취소 또는 변경 여부(예규 제228호): 가족관계등록공무원이 가족관계등록부의 정정허가결정에 의한 가족관계등록부의 정정신청을 수리하여 가족관계등록부에 기록을 한 후에는 그 허가결정을 한 법원은 「비송사건절차법」 제19조제1항에 따라 재판을 취소 또는 변경할 수는 없다.

247) 등록부정정신청기간을 정당한 이유없이 도과시 과태료부과대상이다.

판결에 의한 정정절차냐, 법원의 허가에 의한 정정절차냐가 문제이다. 대법원은 '가사소송법 제2조가 직접적인 쟁송방법을 규정하고 있는 사항'은 '판결에 의한 정정대상'이라고 판시한바 있다[248]. 친자관계를 말소하고 등록부를 폐쇄한 원인이 된 '친생자관계부존재확인판결'이 추완항소 또는 재심에 의해서 취소된 경우가 아니라 추완항소절차 중에 소취하된 경우, 친생자관계부존재확인판결에 의해서 말소된 친자관계를 다시 기재하고, 폐쇄된 등록부를 다시 부활하는 사항에 대해서 '가사소송법 제2조가 직접적인 쟁송방법'을 규정하고 있지는 아니하다. 따라서 법 제104조의 허가를 얻어서 갑의 등록부상 자녀란에 을을 기재하고, 을의 폐쇄된 등록부를 부활하고, 을의 등록부상 부모란에 갑을 기재하면 될 것으로 생각된다.

---

248) 법 제104조는 가족관계등록부의 기록이 법률상 허가될 수 없는 것 또는 기재에 착오나 누락이 있다고 인정한 때에는 이해관계인은 사건 본인의 등록기준지를 관할하는 가정법원의 허가를 받아 등록부의 정정을 신청할 수 있도록 규정하고 있다. 법이 이러한 간이한 절차에 의해 가족관계등록부의 기록사항을 정정할 수 있도록 한 취지를 고려하면, 정정하려고 하는 가족관계등록부의 기록사항이 신분관계에 중대한 영향을 미치기 때문에 그 기록사항에 관련된 신분관계의 존부에 관하여 직접적인 쟁송방법이 가사소송법 등에 마련되어 있는 경우에는 법 제107조에 따라 그 사건의 확정판결 등에 의해서만 가족관계등록부의 기록사항을 정정할 수 있다. 그러나 이와 달리 가족관계등록부의 기록사항과 관련하여 가사소송법 등에 직접적인 쟁송방법이 없는 경우에는 법 제104조에 따라 정정할 수 있는데, 가사소송법 등이 사람이 태어난 일시 또는 사망한 일시를 확정하는 직접적인 쟁송방법을 별도로 정하고 있지 아니하므로 특별한 사정이 없는 한 가족관계등록부 기록사항 중 출생연월일·사망일시는 법 제104조에 의한 가족관계등록부 정정 대상으로 봄이 타당하다. (출처 : 대법원 2012.4.13. 자 2011스160 결정 【등록부정정(출생연월일)】 [공2012상,793])

제2절 이중가족관계등록부의 정정사례

사례72: 변호사 나성실의 사무실에 60대 중반의 여성 갑녀가 방문하였는데 사연은 다음과 같다. 갑녀의 남편은 갑녀와 혼인을 하기 전 을녀와 사귀면서 그 사이에서 A남을 출생하였고, 이후 갑녀와의 사이에서 출생한 혼생자로 A(임**으로)의 출생신고를 해두었다, 을녀는 이후 병남을 만나 혼인을 하였는데 이때 병남의 동의를 얻어 A남을 자신들의 혼인 중 자로 출생신고(박**으로)를 하는 바람에 결국 A남은 이중호적을 갖게 되었고 두 개의 주민등록번호가 부여되었지만, 을녀는 A남에게 그 사실을 철저히 숨겨왔다. 수십년이 흘러 갑녀의 남편이 사망하면서 부동산과 예금으로 수십억원을 남겼는데, 갑녀는 A에게 이와 같은 사실을 알리면서 더 늦기 전에 두 사람 사이의 잘못된 모든 신분관계공시를 바로잡기로 합의하였다. 이들은 어떤 절차를 거쳐 바로잡게 될까.

1 . 이중가족관계등록부의 의의

가. 이중가족관계등록부(이하 "이중등록부"라 한다)라 함은 동일인이 등록부를 복수로 가지게 된 경우를 말한다. 한편 종래 호적시대에는 동일한 호적내에 동일인이 이중 또는 삼중으로 중복하여 입적된 경우를 중복호적, 동일인이 호적을 복수로 가지게 된 경우를 복본적으로 구분하였으나 실무상은 중복호적을 이중호적이라는 용어로 사용하였다.

나. 종전 호적시대에 이중호적이 발생하였던 원인은 첫째, 출생신고가 되어 있는 자녀를 입양하면서 친생자 외양을 갖기 위해서 입양신고 대신에 출생신고를 하는 경우 둘째, 사통하여 출생한 자녀를 부가 출생하였는데 모가 다시 출생신고한 경우 셋째, 군사분계선이북지역재적자가 이중으로 취적을 하는 경

우 등이었다. 대부분의 이중가족관계등록부는 이러한 이중호적에 기해서 편제되기 때문에 이중가족관계등록부의 문제는 이중호적과 연결되는 문제이다.

2. 이중가족관계등록부의 동일성판단기준

이중가족관계등록부의 판단기준에 관하여 견해 대립이 있다[249].

첫째, 형식적 판단설은 가족관계등록부에 기재된 내용이 상호 동일한 경우만을 이중가족관계등록부로 볼 수 있다는 견해이다.

둘째, 실질적 판단설은 동일인이 본래의 성명 및 신분사항과는 다른 성명과 신분사항을 이용하여 만든 가족관계등록부라도 동일인에 대한 가족관계등록부라면 이중가족관계등록부로 볼 수 있다는 견해이다.

셋째, 절충설은 가족관계등록부에 기재된 내용이 상호 동일할 필요는 없으나, 성·본, 부모의 성명, 출생연월일 등과 같이 중요사항의 기재내용이 동일한 경우는 이중가족관계등록부로 볼 수 있다는 견해이다[250].

3. 이중가족관계등록부 정정시 유의사항

실무상 이중가족관계등록부 중 어느 등록부를 폐쇄할 것인지 여부는 당사자에게 아주 민감한 문제가 될 때가 있다. 예를 들어 당사자가 오랜 시간동안 실제 생활을 하여 온 등록부가 위법한 등록부로서 폐

249) 정원, 이중호적의 정리, 645면

250) 참고로 예규는 '폐쇄할 가족관계등록부와 존치할 가족관계등록부의 기록이 모두 일치하여야 할 필요는 없고 다른 증거자료에 의하여 이중가족관계등록부 상호간의 동일성이 인정되는 때에는 양 가족관계등록부를 일치시키기 위한 등록부정정절차를 거칠 필요 없이 가족관계등록부를 폐쇄한다(예규 248호)'고 규정하고 있다.

쇄되어야 할 대상인 경우, 당사자는 실제 생활을 하여 온 등록부를 폐쇄하고 진정한 등록부의 신분사항(낯설은 이름, 주민등록번호 등)으로 새로운 인생을 살아야 하는데 당사자로서는 보통 난감한 일이 아닐 수 없다. 그래서 당사자는 위법한 등록부를 유지하고 적법한 등록부를 폐쇄하여 달라는 신청을 하기도 한다. 그러나 착오로 잘못 작성된 등록부는 폐쇄하여야 하는 것이다. 즉 당사자가 폐쇄할 등록부를 임의로 선택할 수 없다(예규 제244호).

4. 이중가족관계등록부의 정정절차

법 제104조에 규정된 가정법원의 허가에 의한 등록부의 정정은 그 정정할 사안이 경미하고 또 관계인의 신분에 중대한 영향이 없는 것에 한하여 허용되는 것으로, 이중 삼중의 등록부는 법에 의해 허용되지 않으므로 신분관계에 어떠한 영향을 미치지 않는 한 이를 단일화하기 위하여 본조에 의한 등록부의 정정도 가능하다(예규 제249호). 이중등록부를 정정함에 있어서 폐쇄할 등록부에 기록되어 있는 등록부 기록사항을 모두 존치할 등록부에 이기하여야 한다[251].

답변72: 이 사안은 필자가 실제로 상담하였던 사건이다. 두 건의 출생신고 중 어느 것이 유효한지가 문제된다. 원칙적으로 혼외자의 출생신고의무는 생모에게 있다. 따라서 일견 후자의 출생신고가 유효한 것처럼 보이지만, 법 제57조는 혼외자의 경우라도 부의 출생신고는 인지로서의 효력을 인정하고 있기 때문에 전자의 출생신고가 유효한 것이고 결과적으로 후자의 출생신고에 기한 제적 및 등록부는 위법한 것으로서 각각 말

251) 예컨대 적법한 출생신고에 의하여 등록부가 작성된 사람이 등록창설을 하여 이중으로 등록부가 작성된 경우, 등록창설에 의하여 작성된 등록부에 그 기록사항이 적법하게 기록된 경우에는 등록부정정에 의하여 등록창설에 의하여 작성된 등록부를 폐쇄함과 동시에 적법한 등록부에 그 기록사항을 이기하는 정정절차를 거쳐 정리할 수 있다(예규 제247호).

소 및 폐쇄절차를 밟게 된다. 이제 A남은 병남과의 친자관계가 존재하지 않는다는 판결을 받아 병남과 관계를 정리하고, 갑녀와 친자관계가 존재하지 않는다는 판결을 받아 이들과의 신분관계를 정리한 후 생모인 을녀의 등록부가 존재한다는 존재신고를 하고 을녀가 자신과 친생자 관계 있음을 소명할 수 있는 자료를 제출하여 을녀의 등록부와 자신의 것을 연결하면 된다. 과거 대법원 선례는 이 경우 을녀와 A의 유전자 검사결과서를 제출하는 방법으로 가능하다는 입장이었으나, 최근 선례를 변경하여 불가한 것으로 정리하였다. 따라서 인우인보증서 또는 출생증명서를 제출하여야 하나 현실적으로 이러한 것을 확보하기 어려운 경우가 대부분이므로 A남의 사건을 수임한 변호사라면 A남과 갑녀와의 친생자관계부존재확인판결을 구하면서 동시에 을녀와 친생자관계가 존재한다는 판결을 구할 필요가 있는 것이고, 을녀의 등록부가 존재한다는 신고와 위 판결문을 제출할 경우 을녀와 자신의 등록부는 연결이 되는 것이다. 결국, 갑남과 을녀의 가족관계증명서에는 각각 A남이 자녀로 표시되고, A남의 가족관계증명서에는 부모가 각각 갑남과 을녀로 표시되게 된다. 이후 병남이 A남을 입양할 경우 결국 A남의 가족관계에는 을녀와 병남이 부모로 현출되고, A남의 입양관계증명서에 비로서 A남의 생부가 표시되게 되는데, 친양자입양의 요건에 해당하지 않을 경우라면 A남의 성은 생부인 갑남의 성을 따르게 되어, 오랜기간 동안 병남의 성으로 살아온 A남으로서는 당혹스러울 수밖에 없고, 이 경우라면 A남의 복리를 이유로 A남의 성을 병남의 성으로 정정하는 성·본 변경허가 신청을 해 볼 필요가 있다. 실무상 이러한 경우에는 성·본 변경허가 신청이 인용되는 경우가 종종 있는 듯하다.

제3절 출생연월일정정사례

사례73: 의뢰인 김철수의 원래 성명은 '김철민', 실제 출생년도는 1956년생인데, 김철민의 집안이 어려웠던 탓에 또래 친구들보다 3년 늦게 초등학교에 입학하였다. 중학교에 다닐 무렵, 김철민의 담임 선생님은 더 좋은 상급학교에 진학할 경우 나이가 한 살이라도 어릴수록 등수산정에 유리한데 김철민이 3살이나 많으니, 나이를 고쳐오라고 제안하였고, 교육열이 높았던 김철민의 어머니는 방법을 궁리하던 중 김철민을 사망신고하고, 김철수라는 이름으로 또래와 동일한 나이의 출생년도인 1959년으로 출생신고하였다(위 사망신고와 출생신고는 모두 같은 날에 이루어 졌다). 세월이 흘러 손자를 두게 된 김철수는 더 늦기 전에 자신의 나이를 올바르게 정정하고 싶다고 하면서 변호사 나성실의 사무실을 방문한 것이다. 본 사안이 '김철수'의 제적등본 및 가족관계등록부의 '출생년도'를 정정하는 문제에 불과한 것으로 생각하는 의뢰인 김철수를 바라보는 나성실은 '그렇게 쉬운 문제가 아닌데'라는 생각이 들어 착잡하기만 하다.

사례74: 의뢰인은 생년월일이 1971. 2. 2.로 출생신고일은 1971. 5. 4.로 가족관계등록부에 각 기재되어 있다. 그런데 실제 생년월일은 1972. 2. 2.이므로 실제 생년월일로 정정하고자 한다. 가능한 것인가.

사례75; 의뢰인은 2001. 12. 1. 혼인 중에 아이를 출산하였으나, 2002. 6. 6. 남편과 협의이혼한 후 2003. 7. 7. 위 아이를 혼인 외 자로 출생신고하였다. 의뢰인이 아이를 출산한 당시 남편과는 별거 중이었고, 의뢰인이 출산한 아이의 실제 아버지는 의뢰인의 초등학교 동창생 유부남이었기 때문에 남편과 이혼한 후 친생추정규정이 적용되지 않는 시기에 혼인외 자로 출생신고를 한 것이다(동창생 유부남은 아이를 인지할 생각은 전혀 없고, 전 남편 역시도 아이의 아버지가 의뢰인의 동창생 유부남인 것을 잘 알고 있다). 전 남편은 혼인 중의 자로 출생신고를 하면 번거롭게 자신과 아이 사이에 친생자관계부존재확인판결을 받아야 하므로 어차피 이혼할 텐데 이혼한 후에 혼인 외 자로 출생신고하는 것으로 처리하기를 원하여 의뢰인이 이혼한 후에 혼인외 자로 출생신고를 한 것이었다. 그런데, 2012. 9. 현재 의뢰인은 아이의 출생연월일을 실제 출생연월일인 '2001. 12. 1.'로 정정하고자 가정법원에 등록부정정허가신청을 하였다. 실제 출생연월일로 정정하게 되면 민법 규정상 친생추정이 되어 아이의 아버지로 전남편이 아이의 가족관계등록부상 아버지로 기록이 되고, 이는 친족상속법상 중대한 사항이라 할 것인데 판결이 아닌 가정법원의 허가만으로 출생연월일정정이 가능한 것일까.

1. 의의

출생연월일정정은 등록부에 기록되어 있는 출생연월일이 진실한 출생연월일과 다른 경우에 이를 사실에 부합되도록 정정하는 등록부 정정사례의 한 유형이다.

2. 출생연월일정정시 주의사항

정년연장, 연금수령예택 등과 같은 부당한 목적으로 허위의 출생연월일정정허가신청을 한 후 허가를 받아 등록부를 정정한 다음, 소기의 목적을 달성한 후에는 진정한 출생연월일로 다시 정정허가신청을 하여 등록부의 기록을 원래대로 복귀시키려는 경우에 진정한 정정허가

신청이라 하여도 신의칙을 이유로 불허하여야 하는 것이 아닌가 하는 의문이 있을 수 있다. 그러나 허위 출생연월일로의 정정에 대한 책임(월급수령 및 연금수령에 대한 부당이득, 관련법상 처벌 등)은 별론으로 하고 '진실한 신분관계의 공시'라는 가족관계등록제도의 취지와 이러한 '등록진실주의'를 구현하는 등록정정제도의 취지를 고려할 때 진정한 출생연월일로의 정정허가신청은 허가하여야 할 것으로 생각한다[252].

3. 친생추정받는 자의 출생연월일정정시 특칙(예규 제 229호 2.)

「민법」 제844조에 따라 부(夫)와의 혼인중의 출생자로 추정받는 사람의 출생연월일을 허위로 하여 다른 사람과의 혼인중의 자로 신고하여 가족관계등록부가 작성된 경우, 그 사람의 가족관계등록부는 위법 또는 무효의 가족관계등록부로서 폐쇄되어야 하므로 그 출생연월일을 사실대로 정정하는 등록부정정은 할 수 없다. 이는 가족관계등록부 자체가 위법 또는 무효인 경우는 그 자체가 '폐쇄'라는 정정의 대상이 되고, 폐쇄대상인 가족관계등록부상 기록된 출생연월일은 정정의 대상이 될 수 없다는 취지이다(같은 취지의 호적선례 4-169, 200406-1)[253].

---

252) 호적비송사건 주문기재례집(2006년 법원행정처 발행)에서도 '믿을 수 있는 의사의 출생증명서, 병원의 출생기록이 명확히 있음에도 범죄경력이나 경제적 신용에 문제가 있다는 이유로 불허할 수는 없을 것이다. 이러한 경우까지 불허가한다면 사실관계를 호적에 기록하여 대외에 공시·공증하는 호적제도의 기본사명에 위배되기 때문이다.', '성년인 경우 범죄경력조회를 하는 경우가 많은 것 같다. 조회결과 범죄경력 있음이 밝혀진 경우에는 허가하지 않는 경향이 강하다. 그러나 단순한 범죄경력 유무만으로 호적정정의 가부(可否)를 결정한다는 것은 호적제도의 이상에 반하는 것이므로, 출생연월일 정정에 대한 객관적이고 명확한 소명자료가 있는가 없는가에 따라 결정하여야 할 것이다.'라고 각 기술하고 있다.

253) 위 예규 제229호는 자가 부의 호적에 입적되던 개념을 전제로 제정된 예규로 생각된다. 즉, 모가 법률상 남편의 자녀로 추정되는 친생추정을 피하기 위하여 허위로 다른 사람의 혼인 중의 자로 2008. 1. 1 전에 출생신고하여 다른 사람의 호적에 자녀의 호적이 입적된 후에 가족관계등록제도의 시행으

로 그 호적에 기해 자녀의 가족관계등록부가 작성된 경우, 위법하게 편제된 자녀의 호적을 전제한 가족관계등록부이므로 가족관계등록부 자체가 폐쇄되어야 할 대상이고, 거기에 기재된 허위의 출생연월일을 정정할 수 없다는 취지의 예규로 생각된다. 만약 2008. 1. 1. 후에 출생신고된 경우라면 부의 호적에 자녀가 입적되는 호적이 아니라, 개인별로 편제되는 자녀의 가족관계등록부만이 편제되므로 친생추정번복의 문제가 있다고 하여 자녀의 가족관계등록부 자체가 위법 또는 무효의 가족관계등록부로 보기는 어렵다 할 것이다.

호적선례4-169 : 갑남과 혼인중에 있는 을녀가 타남 병과의 사이에 정을 출산하였으나 출생신고를 하지 않고 있다가 갑남과 이혼하고 병남과 재혼한 다음 정의 출생연월일을 사실과 다르게 늦추어 을녀와 병남간의 혼인중의 출생자인양 출생신고한 후 정의 출생연월일을 사실대로 정정하는 호적정정이 가능한 지 여부

정이 갑남과 을녀의 혼인중 출생자로 추정되는 경우라면 정은 당연히 갑남의 호적에 입적되어야 함에도 불구하고, 그의 출생연월일을 사실과 다르게 늦추어 병남과 을녀 사이의 혼인중의 자로 병남의 호적에 입적되어 있는 정의 호적은 법률상 허용될 수 없는 위법·무효의 호적으로서 이는 결국 말소되어야 할 것이므로 그 호적기재에 대한 호적정정(연령정정)은 할 수 없다 할 것이다(2000. 1. 13. 법정 3202-11 대전지방법원장 대 법원행정처장 질의회답).

호적선례200406-1 : 갑남과 혼인 중에 있는 을녀가 타남 병과의 사이에 정을 출산하였음을 이유로 정의 출생신고를 하지 않고 있다가, 갑남과 이혼하고 병남과 재혼한 후 정의 출생연월일을 실제 출생연월일 보다 늦추어서 을녀와 병남간의 혼인중 출생자인 것처럼 출생신고를 하여 정이 병남의 호적에 입적된 상태에서, 관할 가정법원으로부터 정의 출생연월일을 실제 출생연월일에 맞게 호적정정허가를 받았을 경우 현재 호적에서 위 호적정정허가에 따른 정의 출생연월일을 정정할 수 있는지 여부 및 정이 올바른 호적을 갖는 방법

가. 정은 갑남과 을녀의 혼인중에 출생한 자이므로 갑남의 호적에 입적되어야 함에도 불구하고, 모의 허위출생신고로 병남과 을녀 사이의 혼인중의 자인 것처럼 병남의 호적에 입적되어 있는 정의 호적은 법률상 허용될 수 없는 위법한 호적으로서 말소되어야 할 것이므로, 현재 호적에서 법원의 호적정정허가결정문에 따른 정의 출생연월일의 호적정정은 할 수 없을 것이다.

나. 따라서 정의 호적은 먼저 이해관계인이 법원의 호적정정허가결정문을 소명자료로 첨부하여 관할 가정법원으로부터 병남의 호적에 입적된 정의 호적기재를 말소(모는 혼인외 자를 부의 호적에 출생신고할 수 없음)한 다음, 모의 출생신고에 의하여 정을 갑남의 호적에 입적시킨 후 갑남과 정 사이에 친생자관계가 없다는 판결을 받아 갑남의 호적에서 정을 말소하고 병남의 출생신고에 의하여 병남의 가에 입적할 수 있음이 원칙이다.

다만, 을녀가 갑남의 자를 포태할 수 없음이 외관상 명백한 사정이 있는 경우(예컨대, 해외주재 또는 장기복역 등)에는 갑남의 호적에 정의 출생신고를 함

그러나 가족관계등록예규 제229호 2.는 종전 호적예규 제677호 2.[254]를 답습한 것인데, 혼인중의 자녀로 출생신고를 할 경우 법률상 부의 호적에 입적되는 호적시대에는 타당할지 모르나 개인편제방식의 가족관계등록제도에서는 위 가족관계등록예규 제220호 2.의 내용은 수정되어야 할 것으로 생각한다.

4. 보론: 출생연월일정정이 법 제104조의 법원의 허가에 의한 정정 대상인지

최근 대법원(대법원 2012. 4. 13. 자 2011스160 결정[255])은 출

이 없이 갑남과 정간의 친생자관계부존재확인의 소를 제기하여 그 인용판결이 확정된 경우에 그 판결정본과 확정증명서를 첨부하여 병남이 정을 자신과 을녀 사이의 자로 출생신고할 수 있을 것이다. (2004. 6. 3. 호적 3202 - 221)

254) 호적에 기재된 출생년월일의 정정에 관한 사무처리지침(호적예규 제677호)
2. 민법 제844조의 규정에 따라 부와의 혼인중의 자로 추정받는 사람을, 출생년월일을 허위로 하여 다른 사람과의 혼인중의 출생자로 신고하여 호적에 기재된 경우, 그 사람의 호적은 위법·무효의 호적으로서 말소되어야 하므로, 그 출생년월일을 사실대로 정정하는 호적정정은 할 수 없다.

255) 대법원 2012. 4. 13. 자 2011스160 결정 【등록부정정(출생연월일)】
【결정요지】
[1] 가족관계의 등록 등에 관한 법률(이하 '법'이라 한다) 제104조는 가족관계등록부의 기록이 법률상 허가될 수 없는 것 또는 기재에 착오나 누락이 있다고 인정한 때에는 이해관계인은 사건 본인의 등록기준지를 관할하는 가정법원의 허가를 받아 등록부의 정정을 신청할 수 있도록 규정하고 있다. 법이 이러한 간이한 절차에 의해 가족관계등록부의 기록사항을 정정할 수 있도록 한 취지를 고려하면, 정정하려고 하는 가족관계등록부의 기록사항이 신분관계에 중대한 영향을 미치기 때문에 그 기록사항에 관련된 신분관계의 존부에 관하여 직접적인 쟁송방법이 가사소송법 등에 마련되어 있는 경우에는 법 제107조에 따라 그 사건의 확정판결 등에 의해서만 가족관계등록부의 기록사항을 정정할 수 있다. 그러나 이와 달리 가족관계등록부의 기록사항과 관련하여 가사소송법 등에 직접적인 쟁송방법이 없는 경우에는 법 제104조에 따라 정정할 수 있는데, 가사소송법 등이 사람이 태어난 일시 또는 사망한 일시를 확정하는 직접적인 쟁송방법을 별도로 정하고 있지 아니하므로 특별한 사정이 없는 한 가족관계등록부 기록사항 중 출생연월일·사망일시는 법 제104조에 의한 가족관계등록부 정정 대상으로 봄이 타당하다.
[2] 갑의 법정대리인인 모 을이 배우자 병과 2009. 9. 28. 이혼한 후 갑의 출생연

생연월일정정은 특별한 사정이 없는 한 법 제107조의 판결에 의한 정정대상이 아니라 법 제104조의 허가에 의한 정정대상이라고 판시한 바 있다. 법 제104조의 허가에 의한 정정대상과 법 제107조의 판결에 의한 정정대상의 구별은 '경미한 사항이냐, 친족법상 또는 상속법상 중대한 영향을 미치는 사항이냐'를 기준으로 하며, 종전 대법원결정(대법원 1993.5.22. 자 93스14,15,16 결정[256])은 법 107조의 판

월일을 2010. 7. 31.로 신고하였다가 뒤늦게 실제 갑의 출생연월일이 2007. 12. 18.이라며 가족관계등록부 정정을 구한 사안에서, 가족관계등록부 기록사항 중 출생연월일의 정정은 특별한 사정이 없는 한 가족관계의 등록 등에 관한 법률(이하 '법'이라 한다) 제104조에 의한 가족관계등록부 정정 대상이고, 민법 제844조의 친생추정규정에서 말하는 출생은 '가족관계등록부에 신고된 출생일'이 아니라 '실제 출생한 때'를 기준으로 한다고 보아야 하므로 가족관계등록부상의 출생연월일이 정정되었다는 사정만으로 친생추정의 효력이 미치는 등 신분관계에 중대한 영향을 미친다고 볼 수 없어서 법 제104조에 의한 가족관계등록부의 정정을 불허할 사유가 될 수 없음에도, 갑의 가족관계등록부 정정을 허가할 경우 민법 제844조에 따라 갑이 병의 자로 추정되게 되어 친족법 또는 상속법상 중대한 영향을 미칠 수 있으므로 친생자관계부존재확인의 소 등의 절차를 거쳐 추정을 번복한 후 가족관계등록부 정정을 허가하여야 한다는 이유로 갑의 출생연월일 정정 신청을 배척한 원심결정에 법리오해의 위법이 있다고 한 사례.

256)대법원 1993.5.22. 자 93스14,15,16 결정 【호적정정】

【판시사항】

가. 확정판결에 의한 호적정정신청 사항과 법원의 허가에 의한 호적기재정정신청 사항 여부의 구별기준(= 가사소송법 제2조에 의하여 판결을 받을 수 있는 사항인지 여부)

나. 사망사실 또는 사망일시에 관한 호적기재의 정정이 호적법 제120조에 따른 법원의 허가에 의한 호적기재정정 대상인지 여부

【결정요지】

가. 가사소송법 제2조 제1항, 제2항이 신분관계의 발생·변경·소멸에 중대한 영향을 미치는 사항에 관한 분쟁의 해결을 위한 소송방법을 제한적으로 열거하는 체제를 취하고 있음에 비추어 볼 때, 정정하려고 하는 호적기재사항과 관련된 신분관계의 존부에 관하여 직접적인 쟁송방법이 같은 법 제2조에 규정되어 있는지 여부를 기준으로 하여, 위 법조에 규정되어 있는 가사소송사건으로 판결을 받게 되어 있는 사항은 모두 친족법상 또는 상속법상 중대한 영향을 미치는 것으로 보아 그와 같은 사항에 관하여는 호적법 제123조에 따라 확정판결에 의하여서만 호적정정의 신청을 할 수 있고, 같은 법 제2조에 의하여 판결을 받을 수 없는 사항에 관한 호적기재의 정정은 호적법 제120조에 따라 법원의 허가를 얻어 정정을 신청할 수 있다고 보는 것이 상당하다.

결에 의한 정정대상인 '친족법상 또는 상속법상 중대한 영향을 미치는 사항' 은 가사소송법 제2조에서 직접적인 쟁송방법을 규정하고 있는 사항에 한한다고 명시한바 있고 최근 대법원(대법원 2012.4.13. 자 2011스160 결정)은 이러한 입장을 재차 확인한 것이다.

답변73: 본 사안은 이중등록부 및 이중제적부 정정사안으로서, 위법한 '김철수'의 제적등본 및 가족관계등록부에 기재된 '출생년도'는 정정대상이 아니므로 정정할 수 없다. 즉 '김철수'의 호적부는 위법·무효의 호적으로 그 자체가 말소되어야 할 대상이므로 위법·무효인 호적에 기재된 허위의 출생연월일은 정정의 대상이 되지 아니한다. 따라서 이 사안의 정정절차는 다음과 같다. 첫째, 김철민과 김철수는 동일인으로서 김철민에 대한 출생신고로 편제된 '김철민'의 제적부가 적법유효한 제적부이며, '김철수'에 대한 출생신고로 편제된 '김철수'의 제적부 및 가족관계등록부는 모두 위법무효이므로 '김철수'의 제적부 및 가족관계등록부는 말소 및 폐쇄되어야 한다. 둘째, 사망신고

나. 사람이 사망하였는지 여부나 사람이 사망한 일시를 확정하는 데 관하여는 직접적인 쟁송방법이 가사소송법은 물론 다른 법률이나 대법원규칙에도 정하여진 바가 없어 이와 같은 사항에 관한 호적기재의 정정은 호적법 제120조에 따라 처리되어야 할 것이다.

*대법원 1993.5.22. 자 93스14,15,16 결정이 나오기 전까지는 법 제104조의 허가에 의한 정정대상과 법 제107조의 판결에 의한 정정대상이냐의 구별은 '경미한 사항이냐, 친족법상 또는 상속법상 중대한 영향을 미치는 사항이냐'가 기준이었으나, 친족법상 또는 상속법상 중대한 영향을 미치는 사항에 대한 판단기준이 명확하지 않았다. 그래서 대법원 1987.5.8. 자 86스29,30,31 결정의 경우는 '호적정정신청절차에 의한 호적정정은 정정절차가 간이함에 비추어 정정할 사항이 경미한 경우에 한하고 그 정정할 사항이 출생, 사망, 혼인 및 혼인으로 인한 제적, 친자관계, 모의 본적 등과 같이 친족법상 또는 상속법상 중대한 영향을 미칠 경우에는 확정판결에 의하지 아니하면 그 정정을 할 수 없다.'고 판시한바 있었다. 그러나 대법원 1993.5.22. 자 93스14,15,16 결정은 '친족법상 또는 상속법상 중대한 영향을 미치는 사항'은 '가사소송법 제2조에서 직접적인 쟁송방법'을 규정하고 있는 사항에 한정하는 것으로 판시하였다.

로 제적된 '김철민'의 제적부는 부활하고, 김철민의 제적부를 근거로 김철민의 가족관계등록부를 작성하여야 한다. 셋째, 말소된 '김철수'의 제적부의 '혼인사유, 자녀'는 '김철민'의 제적부에 이기하여야 한다(혼인사유의 혼인당사자 김철수는 '김철민'으로 정정하고, 자녀의 부란에 기재된 김철수는 '김철민'으로 정정한다).

답변74: 실제 생년월일이라는 1972.으로 정정하도록 허가한다면, 출생신고일이 1971.이므로 의뢰인이 태어나기도 전에 출생신고가 이루어졌다는 것이 되므로 정정허가결정이 쉽게 내려지기는 어려울 것으로 보인다.

답변75: 최근 대법원 판례(대법원 2012. 4. 13. 자 2011스160 결정)는 유사한 사안에서 가족관계등록부상 출생연월일 정정은 원칙적으로 판결에 의한 정정대상이 아니라 가정법원의 허가에 의한 정정대상이라고 설시한 바 있다.

제4절 사망기록의 정정사례

사망기록의 정정은 사망일시 등과 같은 사망기록이 사실과 다른 경우에 사실에 부합하게 정정하는 등록부정정의 유형이다. 종전에는 사망기록의 정정은 '판결에 의한 정정대상이라는 대법원 결정'과 '가정법원의 허가에 의한 정정대상이라는 대법원결정'이 혼재할 정도로 그 정정방식에 대한 견해대립이 심하였으나 대법원 1993. 5. 22.자 93스 14~16 결정에서 '사람이 사망하였는지 여부나 사망일시의 정정은 직접적인 쟁송방법이 가사소송법은 물론 다른 법률이나 대법원규칙에도 정하여진 바가 없어 법 제104조에 의하여 정정하는 것이 가능하다

'라고 판시하여 현재는 가정법원의 허가에 의한 정정대상으로 처리하고 있다.

제5절 부모성명 정정사례

사례76: 의뢰인의 가족관계등록부상 부란의 부 성명이 실제 성명과 다르게 기재되어 있다. 부의 실제 성명은 '김재철'인데, 의뢰인의 가족관계등록부 및 제적부의 부란에는 '김재석'이라고 기재되어 있는 것이다. 부 이름을 정정하는 방법은 무엇일까.

1. 의의

가족관계등록부 부모란에 기재된 부모의 성명이 진정한 부모의 성명이 아닌 경우, 가족관계등록부상 부모란에 기재된 부모의 성명을 진정한 부모의 성명으로 정정하는 것을 의미한다.

2. 부모성명정정의 종류

부모성명을 정정한다는 것은 ①진정한 부모의 성명 대신에 다른 실재하는 사람의 성명이 기재된 것을 이유로 정정하는 경우와 ②부모의 성명이 오기되어 있음을 이유로 정정하는 경우로 분류할 수 있다. 전자는 엄밀히 말해서 부모성명정정이 아니라 '부모정정' 즉 부모로 등록부에 기록되어 있는 사람을 변경하는 것이다. 따라서 친족상속법상 중대한 사항으로서 가사소송법 제2조에서 '친생자관계부존재확인판결, 친생부인판결'과 같은 직접적인 쟁송방법을 규정하고 있으므로 법 제107조에 따라 판결로써 정정하여야 한다. 그러나 후자는 부모정정이 아니라 '부모성명정정' 즉 부모의 오기된 성명만을 정정하는 것으로서 사람이 변경되는 것이 아니므로 법 제104조에 따라 허가로써 정정한다(만약 신고서류에 의해서 등록관서의 착오에 기한 오기임이 명백하다면 직권정정이 가능할 것이다).

3. 참조판례

호적 중 부모 란에 부모의 성명이 아닌 다른 성명이 기재되어 있는 경우에 그 성명이 실재하는 사람의 성명인 때에는 그 호적기재를 정정하기 위하여 친생자관계존부확인의 소를 제기할 수 있으나, 그 부모로 기재되어 있는 성명이 허무인이거나 단지 실제 부모의 성명기재에 일부 오기가 있는 것에 불과한 때에는 그 호적기재를 정정하기 위하여 친생자관계존부확인의 소를 제기할 수는 없고 호적법 제120조에 정한 바에 따라 가정법원의 허가를 얻어 그 호적기재의 정정신청을 할 수 있을 뿐이다(서울가법 1993.7.27. 선고 93드9624 판결 참조).

답변76: 신고서류나 제적부를 통하여 가족관계등록부상 기록이 명백히 잘못되었음을 확인할 수 있는 경우는 간이직권정정이 가능하다 할 것이다. 사안의 경우는 의뢰인이 주장하는 부의 진실한 성명은 '김재철'인데, 가족관계등록부와 제적부 모두 '김재석'으로 기재되어 있으므로 간이직권정정대상은 아니라 할 것이다. 결국 단순히 김재철의 오기로 '김재석'이라 기록되었다면 그 점을 소명하여 법원의 허가를 얻어 정정할 수 있을 것이고, 등록부와 제적부에 기재된 '김재석'이 의뢰인의 부라는 '김재철'과 전혀 다른 실재하는 사람이라면 그 정정이 친족법상 또는 상속법상 중대한 영향을 미치는 사항이므로 가사소송법 제2조에서 규정하고 있는 '친생자관계부존재확인판결' 등과 같은 친자관계를 배제하는 판결에 의해서 정정해야 할 것이다.

제6절 성·본의 정정사례

사례77: 태국 여성 0000은 한국인 남성과 혼인하여 한국인 남편의 가족관계등록부에 태국식 성명 0000으로 배우자란에 기재되었다. 그러나 태국 여성 0000은 한국인 남편의 가족관계등록부에 기재된 자신의 태국식 성명 0000을 한국인 남편의 성과 태국식 이름, 김000으로 등록부정정허가신청을 하였다(등록부정정허가신청서에 첨부된 태국 여성의 외국인등록증에는 이미 한국인 남편의 성과 태국식 이름인 김000로 기재되어 있음). 가능한 것인가.

등록부에 기록된 성 및 본이 사실과 다른 경우 등록부 정정절차에 따라 진실한 성 및 본으로 정정하는 것을 의미한다[257]. 가령 등록창설 당시 본의 기록을 착오로 잘못 기록한 경우 이를 소명할 수 있는 자료를 첨부하여 법원의 등록부 정정허가를 받아 정정할 수 있으며(호적선례3-626호), 외국인 남자와 한국인 여자 사이의 혼인외의 자는 모의 성과 본을 따라야 하므로 부의 성과 본을 따랐다면 모의 성과 본으로 정정할 수 있을 것이다.

답변77: 혼인을 하면 성이 변경되는가의 문제는 혼인의 신분적 효력에 관한 것으로서, 우리 나라 국제사법 제37조에 의하면 혼인의 일반적 효력은 부부의 동일한 본국법, 부부의 동일한 상거소지법, 부부와 가장 밀접한 관련이 있는 곳의 법의 순위에 의하게 되어 있다. 따라서 태국법이 혼인에 의해서 부인의 성

257) 다만 생모의 성과 본을 따른 혼인외의 자(子)가 부의 인지에 의하여 부와의 법률적 친자관계가 인정될 경우에는 그 인지신고에 의하여 원칙적으로 모의 성과 본에서 부의 성과 본으로 정정 기록되고, 입양특례법에 의하여 양부의 성과 본을 따르게 되는 경우 입양신고에 의하여 양부의 성과 본으로 정정 기록되므로 별도의 등록부 정정절차를 요하지 않는다.

이 남편의 성으로 변경되는 것으로 규정하고 있어서 태국인 부인의 성이 한국인 남편의 성으로 변경되었다고 주장한다면, 부부의 동일한 상거소지법이 태국법이라는 점과 태국법상 혼인으로 부인의 성이 남편의 성으로 변경된다는 점을 소명하여 정정하여야 할 것이다. 그런데 외국인등록증을 한국 출입국관리소에서 발급받은 태국인 부인이 부부의 동일한 상거소지법이 태국법이라고 소명할 수 있을지는 의문이다. 참고로, 호적선례200504-2는 본건과 유사한 일본인 부인과 한국인 남편의 사례에서 법원의 허가를 얻어 직권정정하는 것으로 설시하고 있다[258]. 그리고 가족관계등록선례200910-2는 태

258) 호적선례 200308-1 : 한국인 남자와 일본인 여자가 일본국 방식에 의하여 혼인을 하여 그 혼인계와 일본법에 따라 일본인 여자의 성이 한국인 남자의 성으로 변경되었다는 내용의 수리증명서를 첨부하여 혼인신고를 하였을 경우 이를 수리하여 호적기재를 하여야 하는지

한국인 남자와 일본인 여자가 일본국 방식에 의하여 혼인을 하여 그 혼인계와 일본법에 따라 일본인 여자의 성이 한국인 남자의 성으로 변경되었다는 내용의 수리증명서를 첨부하여 한국인 호적관서에 혼인신고를 하여왔을 경우 이를 수리하여 혼인사유를 호적에 기재하여야 한다. 다만, "혼인을 하면 성이 변경되는가"의 문제는 혼인의 신분적 효력에 관한 것인바, 우리 나라 국제사법 제37조에 의하면 혼인의 일반적 효력은 부부의 동일한 본국법, 부부의 동일한 상거소지법, 부부와 가장 밀접한 관련이 있는 곳의 법의 순위에 의하게 되어 있고 이 사안의 경우는 부부의 동일한 상거소지법을 따라야 할 것이므로 일본법에 의하여 외국인 배우자의 성은 혼인과 더불어 변경된 성을 기재하여야 할 것이다. 또한 혼인으로 인하여 성이 변경되는 것은 일본방식의 혼인에 따르는 "부속문제"에 불과하기 때문에 국제사법 제10조에 의하여 배척될 것도 아니라고 할 것이다(2003. 8. 6. 호적 3202-312 외교통상부장관 대 법원행정처장 질의회답).

호적선례 200504-2 : 한국인 갑남과 일본인 을녀가 미국 방식에 의하여 혼인을 하고 그 증서등본에 의한 혼인신고를 하여 갑남의 한국 호적에 일본인 을녀와의 혼인사유가 기재된 후, 일본법에 따라 일본인 을녀의 성이 한국인 갑남의 성으로 변경된 취지가 기재된 을녀의 일본 호적등본을 제출한 경우, 갑남의 본적지 호적관장자가 감독법원의 허가를 얻어 직권정정의 방식에 의하여 갑남의 신분사항란에 기재된 혼인사유 중 일본인 을녀의 혼인 전의 성을 남편인 갑남의 성으로 정정할 수 있는지 여부

국인 갑녀가 한국인 을남과 태국에서 태국방식으로 혼인을 하고 자녀를 출산한 후에 태국에서 태국법령의 절차에 따라 개명을 한 상태에서 을남이 혼인증서등본에 의한 혼인신고와 출생한 자녀에 대한 출생신고를 한 경우, 혼인신고서 및 출생신고서에 기재된 갑녀의 성명(성은 을남의 성을 따르고 이름은 개명한 이름)과 혼인증서등본에 기재된 갑녀의 성명(혼인 및 개명 전의 성과 이름)이 서로 다를 때 가족관계등록부에 기록할 갑녀의 성명은 소명자료를 전제로 '한국인 을남의 성과 혼인증서에 기재된 개명 전의 이름'이라고 설시하고 있다[259]. 위 선례사안의 경우 혼인으로 인한 성본변경은 소명

---

1. 섭외적 사법관계에서 "혼인에 의한 배우자의 성변경 문제는 혼인의 신분적 효력에 관한 것이므로 국제사법 제37조에 의하여 지정되는 혼인의 일반적 효력의 준거법에 따라 결정된다. 즉 한국인 갑남과 일본인 을녀가 혼인한 경우, ① 국제사법 제37조에 따른 준거법이 일본법인 경우에는, 일본법에 따라 일본인 을녀의 성이 한국인 갑남의 성으로 변경된 취지가 기재된 을녀의 일본 호적등본을 제출하였다면, 갑남의 본적지 호적관장자는 감독법원의 허가를 얻어 직권정정의 방식에 의하여 갑남의 신분사항란에 기재된 혼인사유 중 일본인 을녀의 혼인 전의 성을 남편인 갑남의 성으로 정정할 수 있을 것이나, ② 국제사법 제37조에 따른 준거법이 한국법인 경우에는, 비록 같은 호적등본을 제출하였더라도, 갑남의 신분사항란에 기재된 혼인사유 중 일본인 을녀의 혼인 전의 성을 남편인 갑남의 성으로 정정할 수는 없다고 할 것이다.

2. 따라서 당사자가 혼인의 일반적 효력의 준거법이 일본법임을 주장하며 갑남의 신분사항란에 기재된 혼인사유 중 일본인 을녀의 혼인 전의 성을 남편인 갑남의 성으로 정정할 것을 신청하는 경우에는, 국제사법 제37조에 의하여 지정된 혼인의 일반적 효력의 준거법이 일본법임을 소명하는 자료를 첨부하여야 할 것이다(2005. 4. 22 호적과-210 서울남부지방법원장 대 법원행정처장 질의회답).

259)선례 200910-2 : 태국인 갑녀가 한국인 을남과 태국에서 태국방식으로 혼인을 하고 자녀를 출산한 후에 태국에서 태국법령의 절차에 따라 개명을 한 상태에서 을남이 혼인증서등본에 의한 혼인신고와 출생한 자녀에 대한 출생신고를 한 경우, 혼인신고서 및 출생신고서에 기재된 갑녀의 성명(성은 을남의 성을 따르고 이름은 개명한 이름)과 혼인증서등본에 기재된 갑녀의 성명(혼인 및 개명 전의 성과 이름)이 서로 다를 때 가족관계등록부에 기록할 갑녀의 성명

가. 한국인과 외국인이 외국에서 외국방식에 따라 혼인을 하고 그 증서등본

되었으나, 개명에 대한 소명이 되지 않은 것으로 판단된다.

에 의하여 혼인신고를 하는 경우 혼인증서등본에 기재된 외국인 당사자의 성명과 혼인신고서에 기재된 외국인 당사자의 성명이 상이할 때에는 혼인증서등본에 의하여 가족관계등록부 기록을 하여야 하는바, 이때 국제혼인에 있어서 "일방 배우자의 성이 변경되는가의 문제"는 혼인의 신분적 효력에 관한 것으로서 「국제사법」 제37조에 의하여 지정되는 혼인의 일반적 효력의 준거법에 따르게 되므로 사안에서 혼인신고서 및 출생신고서에 갑녀가 을남의 성을 따르는 것으로 기재하여 신고하였다면 「국제사법」 제37조에 의하여 지정되는 준거법이 태국법이라는 점 및 태국법상 혼인에 의하여 처가 부의 성을 따르게 된다는 점을 각 소명하는 자료(예컨대, 준거법이 부부의 동일한 상거소지법이라면 부부의 동일한 상거소지가 태국이라는 점 및 혼인 당시 태국의 Names Act)를 첨부하도록 하여 갑녀의 성을 을남의 성으로 변경하여 기록하여야 할 것이나, 태국인 갑녀가 태국에서 태국법령의 절차에 따라 개명을 한 것은 「가족관계의 등록 등에 관한 법률」이 적용될 외국적 요소가 있는 신분행위가 아니므로 태국인 갑녀가 「가족관계의 등록 등에 관한 법률」에 따라 우리나라의 등록관서에 개명신고를 할 수 없고 따라서 갑녀의 개명한 이름을 을남 및 자녀의 가족관계등록부에 기록할 수도 없으므로 결국 갑녀의 성명은 위의 소명자료가 첨부된 경우를 전제로 하여 을남의 성과 혼인증서등본에 기재된 이름으로 기록하여야 할 것이다.

나. 한편, 「가족관계의 등록 등에 관한 법률」 제104조가 규정하는 등록부정정절차는 등록부에 기록될 당시부터 존재하는 잘못을 시정하기 위한 절차이므로 사안과 같이 갑녀가 을남과의 혼인 및 자녀 출산 후에 태국에서 개명을 하여 신분사항이 후발적으로 불일치하게 된 경우는 등록부 정정사유가 될 수 없음이 원칙이나, 국민 개개인의 신분관계를 빠짐없이 진정한 신분관계에 부합하도록 등록부에 기록하여 이를 공시·공증하여야 한다는 가족관계등록제도의 이념에 비추어 볼 때, 등록부에 기록된 신분사항의 후발적 불일치가 있으나 통상의 신고에 의한 기록절차에 의하여 이를 등록부에 반영할 수 없는 예외적인 경우에는 등록부 정정사유 중 "등록부의 기록이 법률상 허가될 수 없는 것"에 등록부 기록 후 사정변경에 의하여 법률상 허가될 수 없음이 명백하게 된 경우도 포함되는 것으로 보아 「가족관계의 등록 등에 관한 법률」 제104조의 절차에 따라 을남 및 자녀의 가족관계등록부에 기록된 갑녀의 이름(혼인증서등본상의 이름)을 개명한 이름으로 정정하는 것이 가능할 것이다. 다만, 이러한 가족관계등록부정정허가 여부는 재판에 관한 사항으로 구체적인 사건에서 관할 재판부가 신청서와 소명자료를 바탕으로 판단할 사항이다(2009. 10. 6. 가족관계등록과-3433 질의회답).

제7편 불복절차

제7편 불복절차

사례78: 변호사 나성실의 미혼인 의뢰인은 유부녀와 사이에 출산한 아이를 유부녀의 인적사항을 밝히지 않은 채 혼인 외 자로 출생신고를 하고자 한다. 출생신고서에 모의 인적사항을 기재하지 않고, 인우인보증서에도 모의 인적사항을 기재하지 않은 채 등록관서에 아이의 출생신고서를 제출하였다. 그런데, 등록관서 직원은 모를 기재하지 아니한 출생신고를 수리할 수 없다고 불수리처분을 하였고, 의뢰인은 도저히 유부녀의 신분을 노출시킬 수 없다고 하면서 나성실을 찾아왔다.

1. 불복신청

등록사건에 관하여 이해관계인은 시(구)·읍·면의 장의 위법 또는 부당한 처분에 대하여 관할 가정법원에 불복의 신청을 할 수 있다(법 제109조 내지 제113조). 이러한 등록관서의 처분은 당연히 행정법상 처분성을 갖게 되어 행정쟁송이 가능한 것이지만 법은 특별히 규정하고 있다. 참고로 일본호적법은 호적사건에 관한 시(구)·읍·면의 장의 처분에 관해서는 행정불복심사법에 의한 불복신청을 할 수 없다고 명시적으로 규정하고 있다(일본 호적법 제123조)[260].

260) 비교 일본호적법
제123조(불복신청의 제한)
호적사건(다음에 규정하는 청구에 관계되는 것을 제외한다)에 관한 시(구)·읍·면의 처분에 관해서는 행정불복심사법에 의한 불복신청을 할 수 없다.
제127조(행정수속법의 적용제외)
호적사건에 관한 시읍면장의 처분에 관해서는 행정수속법 제2장 및 제3장의 규정은 적용하지 않는다.

2. 불복신청의 대상

불복신청의 대상은 등록사건에 관한 시(구)·읍·면의 장의 위법·부당한 처분이다. 이 위법·부당한 처분에는 등록신고 등의 수리, 등록사항별 증명서의 교부 등의 적극적 처분 뿐만 아니라 등록신고 등의 불수리, 등록사항별 증명서의 교부거부 등의 소극적 처분도 포함된다.

3. 절차

등록사건에 관하여 이해관계인은 시(구) · 읍 · 면의 장의 위법 또는 부당한 처분에 대하여 관할 가정법원에 불복의 신청을 할 수 있고, 위 신청을 받은 가정법원은 신청에 관한 서류를 시(구) · 읍 · 면의 장에게 송부하며 그 의견을 구할 수 있다(법 제109조). 가정법원으로부터 불복신청에 대한 구의견을 받은 시(구)·읍·면의 장은 그 신청이 이유 있다고 인정하는 때에는 지체 없이 그 처분을 변경하고, 그 취지를 가정법원과 신청인에게 통지하여야 한다(법 제110조제1항).

4. 재판

법원은 불복신청이 이유 없다고 인정한 때에는 각하결정을 하고, 이유 있다고 인정한 때에는 시(구)·읍·면의 장에게 상당한 처분을 명하는 결정을 하여야 한다. 이 결정은 시(구)·읍·면의 장 및 신청인에게 송달하여야 한다(법 제111조제1항,제2항). 신청의 각하 또는 처분을 명하는 재판은 결정으로써 하고, 시(구) · 읍 · 면의 장 및 신청인에게 송달하여야 한다. 법원의 결정에 대하여는 법령에 위반한 재판이라는 이유로만 비송사건절차법에 따라 항고할 수 있다(법 제112조). 불복신청의 비용에 관하여는 「비송사건절차법」의 규정을 준용한다(법 제113조).

답변78: 최근 가족관계등록선례는 모 불상의 출생신고를 수리할 수 없다고 설시하고 있다[261]. 등록관서에서는 이 선례에 따라서 모 불상의 출생신고를 수리하지 아니할 것인바, 이러한 등록관서의 처분에 대해서는 불복이 가능하므로 불수리처분을 한 해당 시(구)·읍·면의 장의 사무소 소재지를 관할하는 가정법원이나 그 지원에 불복신청서를 제출하여 판단을 받아 보면 될

---

261) 선례 201106-2 부가 혼인 외의 자에 대한 출생신고시 모를 불상으로 신고할 경우 이를 수리하여야 하는지

「가족관계의 등록 등에 관한 법률」 제46조는 '혼인 외 출생자의 신고는 모가 하여야 한다'고 규정하고 있는바, 혼인 외의 자에 대한 출생신고는 모가 하고 부는 인지신고를 하는 것이 원칙이다. 「가족관계의 등록 등에 관한 법률」 제44조가 출생신고서의 기재사항으로 '부모의 성명 · 본 · 등록기준지 및 주민등록번호'를, 「가족관계의 등록 등에 관한 규칙」 제38조가 출생증명서의 기재사항으로 '모의 성명 및 출생연월일'을, 「가족관계의 등록 등에 관한 법률」 제55조가 인지신고서의 기재사항으로 '부가 인지할 때에는 모의 성명 · 등록기준지 및 주민등록번호'를 각각 기재하도록 규정하고 있으므로, '모'는 출생사실의 유무 뿐 아니라 부자관계를 형성하는 인지라는 신분행위의 적부 판단에서도 필요불가결한 사항이라 할 것이어서, 부가 혼인 외의 자에 대하여 모를 불상으로 출생신고하는 것은 「가족관계의 등록 등에 관한 법률」 제29조 단서의 '법률상 기재하여야 할 사항으로서 특히 중요하다고 인정되는 사항을 기재하지 아니한 경우'에 해당하므로 수리하여서는 아니된다(2011. 6. 30. 가족관계등록과-1892 질의회답).

법 제29조(부존재 또는 부지의 사항)

신고서에 기재하여야 할 사항으로서 존재하지 아니하거나 알지 못하는 것이 있을 때에는 그 취지를 기재하여야 한다. 다만, 시 · 읍 · 면의 장은 법률상 기재하여야 할 사항으로서 특히 중요하다고 인정되는 사항을 기재하지 아니한 신고서는 수리하여서는 아니 된다.

일본호적법

제34조(부존재 또는 부지의 사항)

① 신고서에 기재해야 하는 사항에 있어서 있지 않는 것 또는 알 수 없는 것이 있는 때는 그 취지를 기재하여야 한다.
② 시읍면장은 특히 중요하다고 인정하는 사항을 기재하지 않은 신고서를 수리할 수 없다.

*'법률상 기재하여야 할 사항으로서 특히 중요하다고 인정되는 사항'은 당해 신고서의 기재사항 중 그 기재사항이 흠결되는 경우에 당해 신분행위의 적부나 사실의 유무에 관한 판단을 할 수 없는 사항을 의미한다(日本加除出板株式會社 "戶籍實務의 處理 II 戶籍의 記載 屆出(通則)" 253쪽 이하).

것이다. 가족관계등록선례나 호적선례는 구체적인 사안에 대한 지침이므로 그 지침에 따른 등록관서의 처분에 불복하여 법원의 판단을 받아볼 필요가 있다. 법률에 대한 최종 해석은 재판에 의해서 결정된다 할 것이기 때문이다.

부 록

2012년 법원행정처 발간

가족관계등록실무 Ⅰ, Ⅱ에 수록된 선례모음

부록: 2012년 법원행정처 발간 가족관계등록실무 Ⅰ, Ⅱ에 수록된 선례모음

가족관계등록실무 Ⅰ권

제1편 총론

가족관계등록선례 201106-1

가족관계등록부 발급 및 기재권한 부여 등에 있어 계약직공무원이 일반직공무원과 같은 권한을 부여받아 동업무를 처리할 수 있는지

가. 국민의 신분변동에 관한 사유를 공시・공증하는 가족관계등록사무(이하 '등록사무' 라고 한다)는 민감한 개인정보가 기록되어 있다는 점에서 개인정보보호강화가 요청되며, 등록사무의 대부분은 법의 해석적용을 본질로 하는 사법행정사무로서 그 사무에 필요한 가족관계등록법규나 민법 등과 같은 법지식의 습득에 상당한 기간이 소요된다는 점에서 만약 근무기간이 짧게 된다면 근무기간 중 습득한 법지식으로 능숙하게 업무처리할 시기에 담당자가 교체되는 등의 문제가 발생하므로 일관성있는 사무처리를 위해서는 담당자의 장기근무가 필요하다. 이러한 장기근무의 필요성을 감안하여 지방공무원임용령 제27조(전보전출의 제한)가 임용권자가 소속 공무원을 해당직위에 임용한 날부터 1년 이내에는 다른 직위로 전보할 수 없게 하면서도 가족관계등록, 통계, 주민등록업무, 사회복지

업무나 그 밖에 민원창구에서 민원업무를 담당하는 공무원은 1년 6개월로, 감사, 법무, 공시지가 업무나 공장설립 민원업무를 담당하는 공무원은 2년으로 규정하고 있다.

나. 지방자치단체와의 채용계약에 따라 전문지식·기술이 요구되거나 임용에 신축성 등이 요구되는 사업을 위해서 채용되는 지방계약직 공무원(전임 및 시간제계약직공무원 포함)은 ① 채용시에 사업의 필요성 등에 관하여 미리 인사위원회의 의결을 거쳐야 하고, ② 채용기간은 5년의 범위 안에서 당해 사업의 수행에 필요한 기간으로 하며, ③ 계약사업을 존속시킬 필요성이 소멸한 때 채용계약을 해지할 수 있는 등, 한시적인 사업을 상정한 공무원이다.

다. 그러므로 ① 등록사무는 지방계약직공무원이 상정하고 있는 특정 분야의 전문지식기술이 요구되거나 임용에 신축성이 요구되는 사업으로 볼 수 없는 점, ② 경력직공무원과 달리 영리업무와 겸직이 허용되므로 개인정보보호차원에서 신뢰하기 어려운 점, ③ 불안정하고 짧은 채용기간은 등록사무가 요구하는 법지식을 기대할 수 없게 할 뿐 아니라 근무를 통해 체득한 법지식을 이용할 수 있는 기회마저 없어 일관성있는 등록사무의 처리를 기대하기 어렵게 하는 점, ④ 지방공무원임용령상 전보제한기간규정의 위반소지가 있는 점 등을 고려할 때, 지방계약직공무원은 등록사무담임자로서 적합하지 않으며, 공익요원이나 무기계약근로자와 같이 공무원이 아닌 자 역시도 적합하지 않다 할 것이다.

라. 또한 시(구)·읍·면의 장은 대법원으로부터 위임받은 등록사무를 직접 처리하기가 어려운 현실적 제약으로 등록사무담임자를 임명하여 처리할 수 밖에 없는 실정이지만, 등록사무담임자에 대한 임

명 및 감독은 엄격하여야 한다. 등록사무담임자와 관련하여 ① 소속 공무원 중에서 등록사무담임자를 임명하여 즉시 법원에 보고를 할 때 동시에 인사발령문 등을 첨부하여 식별부호사용신청을 하여야 하는 점, ② 일선 등록관서에서 사실상 등록사무담임자가 시(구)·읍·면의 장의 직인을 가지고 모든 등록사무를 처리하고 있는 경우라 하더라도 그 책임은 모두 시(구)·읍·면의 장이 지는 것이며, 시(구)·읍·면의 장은 그가 위임받은 등록사무처리의 권한 일체를 다시 등록사무담임자에게 위임하여 처리하게 할 수 없는 점, ③ 감독법원이 등록사무담임자의 임면보고받은 내용을 기재한 가족관계등록공무원명부을 80년간 보존하며 관내의 가족관계등록공무원 현황을 파악함과 동시에 전·후임 가족관계등록공무원간의 책임소재를 밝히는 자료로 활용하고 있는 점 등을 고려하면, 한시적인 사업을 상정한 지방계약직공무원은 가족관계등록부 발급 및 기재 등과 같은 등록사무의 담당자, 즉 등록사무담임자로 적합하지 않다 할 것이다.

(2011. 6. 14. 가족관계등록과-1692 질의회답)

호적선례3-1

구행정구역 내에 시출장소가 설치될 경우의 호적사무관장자(전주시에 덕진구와 완산구가 설치되어 각 구청장이 호적관장자로 호적사무를 처리해 오던 중 완산구 행정구역 내에 전주시 효자출장소가 설치될 경우 출장소의 호적사무관장자는 을설에 따라 전주시장이 되는 것이 타당하다).

(1995. 4. 10. 법정 3202-188 전주지방법원장 대 법원행정처장

질의회답)

갑설 – 호적에 관한 사무는 시 · 읍 · 면의 장이 관장하는 것이나(호적법 제2조) 구를 둔 시에 있어서 호적법상 시장은 구청장을 말하므로(같은 법 제5조) 전주시 출장소가 전주시 직속하부기관으로서 그 소장이 시장의 위임사무를 처리하도록 되어 있다(전주시 출장소 설치조례 제3조)하더라도 호적사무에 관한 한 행정구역 변경이 없이는 여전히 완산구청장이 호적관장자가 된다.

을설 – 호적법 제5조는 이 법 제정 당시 구청장과 병렬적으로 설치되는 시 소속 출장소의 존재를 예상하지 않은 입법으로 행정현실에 부응하여 목적론적으로 동조를 해석하여야 할 것이므로 전주시 완산구와 위 출장소 사이의 상호관계가 위와 같이 개편, 변경되고 전주시장의 위임사무 중에 호적에 관한 사무도 포함된 이상 전주시장이 호적사무관장자가 된다.

호적선례 200206-1

충청북도 직할 증평출장소는 괴산군과의 행정협약에 의하여 괴산군 증평읍과 괴산군 도안면의 호적사무를 처리하고 있는바, 그 호적등 · 초본 발급자 명의의 표시방법

호적등 · 초본 발급자 명의를 괴산군 증평읍의 경우는 "괴산군 증평읍장 대리 지방행정서기관 ○○○"으로, 괴산군 도안면의 경우는 "괴산군 도안면장 대리 지방행정사무관 ○○○"으로 함이 상당하다(2002. 6. 8. 법정 3202 – 212).

가족관계등록선례 201202-1

가. 가족관계등록예규 제289-7호 제2조 제1호 "당사자 사이에 혼인의사의 합의가 없음을 원인으로 하는 혼인무효판결에 의하여 등록부를 정정한 때"의 등록부 재작성신청사유와 관련하여 그 혼인무효가 한쪽 당사자나 제3자의 범죄행위로 인한 경우로만 한정되는 것인지 아니면 관할 가정법원장의 판단에 의하여 등록부 재작성신청사유를 폭넓게 해석하여 승인할 수 있는지,

나. 가족관계등록예규 제289-7호 제3조 제3항과 관련하여 그 혼인무효가 한쪽 당사자나 제3자의 범죄행위를 원인으로 하여 이루어진 경우에는 이를 소명하는 서면(예컨대, 형사판결문 또는 검사의 기소유예처분 결정문 등)을 반드시 첨부하여야 하는지 아니면 법원의 혼인무효판결문의 판결이유에 한쪽 당사자나 제3자의 범죄행위를 원인으로 하여 이루어진 경우가 소명되는 경우에는 해당 혼인무효판결문만으로 가능한 것인지

혼인무효판결에 의한 등록부정정신청으로 해당 가족관계등록부가 정정된 때 재작성신청을 할 수 있는 것은 그 혼인무효가 당사자 사이에 혼인의사의 합의가 없음을 원인으로 하는 경우에 한하고, 아울러 그 혼인무효가 한쪽 당사자나 제3자의 범죄행위를 원인으로 하여 이루어짐으로써 그러한 정정사유 등이 기재되어 있는 가족관계등록부를 그대로 존치하여 공시하는 것이 사회통념상 이해관계인에게 현저하게 부당한 경우에 한정되는 것이므로, 이러한 가족관계등록부의 재작성신청을 함에 있어서는 혼인무효판결문과 그 확정증명서 및 그 혼인무효가 한쪽 당사자나 제3자의 범죄행위로 인한 것임을 소명하는 서면을

첨부하여야 할 것이다. 그 중 "혼인무효가 한쪽 당사자나 제3자의 범죄행위로 인한 것임을 소명하는 서면"으로는 형사판결문이나 검사의 기소유예처분결정문 등을 들 수 있을 것이고, 그 밖에 형사고소 또는 고발을 하였으나 기소중지 상태에 있거나 공소권이 없다는 사실을 증명하는 서면을 제출할 수도 있을 것이지만 당사자간의 사유서의 제출만으로는 불가하고, 형사고소 또는 고발을 하지 아니한 경우에는 이러한 제도를 이용할 수 없다.

제2편 가족관계등록부와 등록사항별 증명서

호적선례1-7

호적등본교부의 금지청구가 허용되는지 여부

호적부는 일반국민이면 누구에게든지 공개하여야 하므로 비록 본인의 호적등본교부의 금지청구가 있다 하더라도 그 교부를 거부할 수 없다.

(85. 9.26 호적 제90호 부산진구청장 대 부산지방법원장 질의회답)

호적선례4-2

호적부 열람 및 등(초)본 교부의 금지청구가 허용되는지 여부(변경)

호적은 사람의 출생으로부터 사망에 이르기까지 법규가 정하는 신분변동관계를 호적부라는 공부에 등록하여 공시·공증하는 제도로서 호적부는 공개를 제한하는 근거법규가 없으므로 누구에게든지 공개하여야 한다. 따라서 호적관장자는 호적부 열람 및 등(초)본의 교부 목적이 부당한 것으로 예측되거나, 본인의 호적등본교부 등 금지청구가 있다 하더라도 그 열람 및 등(초)본 교부청구를 거부할 수는 없다.

(1998. 7. 11. 법정 3202-245)

호적선례2-5

민적부가 시(구)・읍・면에 비치되어 있는 경우 이에 대한 등·초본 발급 및 열람가능 여부

민적부가 시(구)・읍・면에 비치되어 있는 경우에는 그 민적부(제적)도 호적부와 같이 등·초본 발급 및 열람이 가능하다. 89.12.7. 법정 제1914호

가족관계등록선례 200811-1

① 소송·비송·민사집행의 각 절차에서 필요한 경우로서 신청대상자의 등록사항별 증명서를 제출할 것을 요구하는 법원(등기관 포함)의 보정명령서, 사실조회서, 촉탁서 등에 확정판결문이나 지급명령서가 포함되는지 여부, ② 법원(등기관 포함)의 보정명령서, 사실조회서, 촉탁서 등에 기재되어야 할 구체적인 내용에 대한 질의

가. 확정판결문이나 지급명령서는 소송이나 독촉절차의 종결에 따라 발행된 재판서로서 소송·비송·민사집행의 각 절차에서 필요한 경우에 법원(등기관 포함)이 발행하는 보정명령서, 사실조회서, 촉탁서 등에 포함되지 않는다.

나. 한편, 신청대상자의 등록사항별 증명서를 제출할 것을 요구하는

보정명령서(인터넷 등기소에서 출력한 보정서 포함), 사실조회서, 촉탁서 등에는 명시적으로 신청대상자의 등록사항별 증명서를 제출하도록 요구하는 내용이 기재되어야 하나 특히, 상속인을 특정해야 할 경우 전체적인 취지로 볼 때 신청대상자의 등록사항별 증명서를 열람하거나 발급받아야만 알 수 있는 정보의 제공을 요구하는 내용을 포함하고 있어도 무방하다. (2008. 11. 19. 가족관계등록과-3756 질의회답)

가족관계등록선례 200907-8

일본국에 있는 일본인이 재일교포에 대한 채권회수를 위하여 일본국 재판소에 사해행위취소의 소를 제기하고 채무자와 수익자 사이의 관계를 입증하기 위한 소송상의 필요에 의하여 일본국 재판소의 명령 등(보정명령, 사실조회서, 문서송부촉탁서 등)을 소명자료로 하여 등록사항별 증명서(제적등본 포함, 이하 같음)를 발급받을 수 있는지 여부

가. 등록사항별 증명서는 본인, 배우자, 직계혈족, 형제자매(이하 "본인등" 이라 함)에 한하여 교부청구가 가능하고 본인등이 아닌 경우에는 원칙적으로 본인등의 위임을 받아야 하지만, 소송절차에서 필요한 경우로서 신청서에 청구사유를 기재하고 소명자료로 신청대상자의 등록사항별 증명서를 제출할 것을 요구하는 법원의 보정명령서, 사실조회서, 촉탁서 등을 제출하는 경우에는 본인등의 위임이 없더라도 교부청구할 수 있다. 다만, 외국인인 경우에는 직접 발급관서에 출석하여 외국인등록증이나 국내거소신고증으로 국내거주를 소명한 후 신청서를 작성 · 제출하여야 하

며, 외국에서 우편으로 교부청구를 할 수 없다.

나. 한편, 법령의 장소적 적용범위에 관하여 국제법 질서상 일반적으로 승인된 속지주의의 법리에 따라 한 국가의 법령은 그 영역 내의 모든 사람에게 적용될 뿐이고 다른 국가의 영역까지 적용되거나 집행될 수 없다는 점, 각국의 재판권은 영토고권에 따라 자국에만 미칠 뿐이고 그 국가의 주권이 미치지 아니하는 외국에 대하여까지 미치는 것은 아니므로 각국의 법원은 외국과의 사법공조협정 등이 없는 한 자국의 영토 밖에서는 어떠한 형태의 직무행위도 할 수 없고 각국 법원의 명령 등 역시 그 국가 내에서만 효력을 가질 뿐 외국에도 당연히 그 효력이 미치는 것은 아니라는 점 등에 비추어 등록사항별 증명서 발급의 정당한 청구사유로서 "소송절차에서 필요한 경우"라 함은 대한민국의 영토고권에 따라 국가의 배타적 지배력이 미치는 대한민국의 영토 내에서 진행되는 소송절차에서 필요한 경우만을 의미한다고 할 것이다. 따라서 사안의 경우에는 「가족관계의 등록 등에 관한 법률」 등이 규정한 등록사항별 증명서 발급의 정당한 청구사유에 해당한다고 볼 수 없으므로 동 법률 등이 정한 절차와 방법에 따라 증명서를 발급받을 수는 없다.

(2009. 7. 23. 가족관계등록과-2555 질의회답)

가족관계등록선례 201012-3

「가족관계의 등록 등에 관한 법률」 제14조 제1항 제1호 또는 제3호 및 「가족관계의 등록 등에 관한 규칙」 제19조 제3항 제1호 또는 제3호에 의한 등록사항별 증명서의 교부청구에 있어 '근거법령' 과

'다른 법령'의 요건

가. 등록사항별 증명서는 본인, 배우자, 직계혈족, 형제자매(이하 '본인등'이라 함)에 한하여 교부청구가 가능하고 본인등이 아닌 경우에는 원칙적으로 본인등의 위임을 받아야 하지만 ① 국가 또는 지방자치단체가 직무상 필요에 따라 문서로 신청하는 경우로서 근거법령과 사유를 기재한 신청기관의 공문 및 관계공무원의 신분증명서를 첨부하거나(이하 '공용발급'이라 함) ② 다른 법령에서 본인등에 관한 증명서를 제출하도록 요구하는 경우로서 이를 소명하는 자료 및 관계 법령에 따른 정당한 권한이 있는 사람임을 확인할 수 있는 자료를 첨부한 경우에는 본인등의 위임이 없더라도 본인등의 등록사항별 증명서의 교부청구를 할 수 있다. 여기서 위 ②의 '다른 법령에서 본인등에 관한 증명서를 제출하도록 요구하는 경우'라 함은 다른 법령에서 본인등이 아닌 자에게 본인등에 관한 증명서의 교부청구를 할 수 있도록 근거규정을 두거나 본인등이 아닌 자에게 본인등에 관한 증명서를 제출하도록 의무를 부과하고 있는 경우를 말한다.

나. 이때 공용발급의 '근거법령'이나 본인등에 관한 증명서를 제출하도록 요구하는 '다른 법령'에 의하여 본인등이 아닌 자에게 본인등의 위임 없이 본인등의 등록사항별 증명서가 교부됨으로써 본인등의 개인정보자기결정권이라는 헌법상 기본권이 제한되는 결과가 되므로 법률유보의 원칙상 위 근거법령이나 다른 법령에는 이로 인하여 제한되는 국민의 기본권에 관한 본질적인 사항을 규정하고 있어야 할 것인바, 원칙적으로 해당 법률 자체에 그 대상이 '가족관계등록 전산정보자료 또는 본인등에 관한 등

록사항별 증명서'라는 사실과 이용목적, 이용주체, 이용방식 등을 규정하고 있어야 할 것이고(예컨대, 「공직선거법」 제218조의8 등 참조), 법률 이외의 법규명령{대통령령, 총리령, 부령, 상위법령과 결합하여 대외적 구속력을 갖는 법규명령으로서 기능하는 행정규칙(법률보충규칙) 등}의 형식에 의한 경우에는 위임입법의 한계를 준수하여야 하므로 최소한 법률 자체에서 그 대상이 '가족관계등록 전산정보자료 또는 본인등에 관한 등록사항별 증명서'라는 기본적인 사항을 규정하고 있어야 할 것이다.

다. 바로 이러한 취지에서 「가족관계의 등록 등에 관한 법률」 제14조 제1항 제3호가 '다른 법령에서 본인등에 관한 증명서를 제출하도록 요구하는 경우'로 규정함으로써 다른 법령에 직접 '본인등에 관한 증명서'가 명시되어 있을 것을 요구하고 있는 것인바, 만일 해당 법령이 위와 같은 요청을 갖추지 못한 경우에는 본인등에 관한 증명서 교부청구의 근거로 볼 수 없고 단지 개인정보를 포함하고 있지 아니한 일반적인 행정정보의 자료제공 규정에 불과하다고 할 것이고, 다만 이러한 경우에도 「공공기관의 개인정보보호에 관한 법률」 제10조 제3항 각호의 사유를 근거로 하는 경우에는 본인등에 관한 증명서의 교부청구를 할 수 있을 것이나 정보주체 또는 제3자의 권리와 이익을 부당하게 침해할 우려가 없어야 할 것이다.

(2010. 12. 31. 가족관계등록과-3675 질의회답)

가족관계등록선례 200811-4

상속등기를 위하여 필요한 사망한 등기명의인의 등록사항별 증명서

(‘제적등본’ 포함) 및 상속인의 등록사항별 증명서의 발급에 대한 질의

가. 신청인은 소유권이전등기청구소송의 절차에서 신청대상자의 등록사항별 증명서를 제출할 것을 요구하는 법원의 보정명령서나 사실조회서 또는 촉탁서 등을 첨부하여 신청대상자의 성명과 등록기준지를 신청서에 기재하여 신청대상자의 등록사항별 증명서의 발급을 신청하여야 한다(다만, 신청대상자의 등록기준지를 알지 못하는 경우에는 동사무소를 포함한 발급관서에 출석하여 위 보정명령서 등을 첨부한 신청서에 신청대상자의 주민등록번호를 기재하여 신청하여야 함).

나. 한편, 상속등기(상속대위등기 포함)를 위하여 필요한 등록사항별 증명서 등의 발급범위는 상속인(대습상속인 포함)을 파악하기 위한 경우에 한정되므로 피상속인(피대습자 포함)의 제적등본(폐쇄등록부의 기본증명서, 가족관계증명서 및 친양자입양관계증명서) 및 상속인의 기본증명서만이 그 발급대상이 되며, 상속인의 기본증명서 이외의 등록사항별 증명서는 법원 및 등기관의 보정명령에 의하여 발급 받을 수 있다. (2008. 11. 24. 가족관계등록과-3800 질의회답)

가족관계등록선례 200811-2

소유권이전등기청구소송의 수행상 필요한 사망한 등기명의인의 제적등본의 발급에 관한 문의

가. 제적등본에는 사람의 성명, 생년월일 또는 가족관계에 관한 사항 등이 기록되어 있는바, 타인의 제적등본을 공개할 경우에는 그 타

인 및 가족의 사생활의 비밀 또는 자유를 침해할 우려가 있으므로 이는 일반적인 정보공개청구의 대상이 아니고, 「가족관계의 등록 등에 관한 법률」과 「가족관계의 등록 등에 관한 규칙」이 정하는 바에 따른 정당한 발급청구권자의 청구에 의해서만 발급될 수 있다.

나. 소유권이전등기청구소송의 절차에서 사망자(2008. 1. 1. 이전 사망자)인 신청대상자의 제적등본의 제출을 요구하는 법원의 보정명령서, 사실조회서 또는 문서송부촉탁서 등이 있는 경우(상속인 특정)에는 이를 첨부한 발급신청서를 제출함으로써 신청대상자인 망자의 제적등본과 망자의 제적등본에 기재된 1순위(없으면 2.3.4순위) 상속인들의 기본증명서(가족관계증명서나 혼인관계증명서, 입양관계증명서, 친양자입양관계증명서는 제외)를 발급받을 수 있다.
(2008. 11. 24. 가족관계등록과-3798 질의회답)

가족관계등록선례 200805-4

① 행정사가 업무상 필요로 신청대상자의 등록사항별 증명서의 발급신청을 하는 것이 공익목적상 합리적인 이유가 있는 경우에 해당하는지 여부와 ② 행정사가 외국에 거주하다가 사망한 사람의 가족관계등록부를 정리하기 위하여 그 등록사항별 증명서의 발급신청을 하는 경우에도 본인 등의 위임을 받아야 하는지 여부

가. 공익목적상 합리적인 이유가 있는 경우라 함은 국가안전보장이나 질서유지 또는 공공복리의 필요상 신청대상자의 등록사항별 증명서가 필요할 뿐만 아니라 신청대상자의 위임을 받을 수 없거나 그 위임을 받아 신청하는 것이 적당하지 아니한 경우를 의미하는바, 행

정사가 수임한 업무의 필요상 위임인이 아닌 제3자의 목적사항별 증명서나 제적등본의 교부를 청구하는 것은 이에 해당하지 아니한다.

나. 또한, 행정사가 외국에 거주하다가 사망한 사람의 가족관계등록부를 정리하기 위하여 그 등록사항별 증명서나 제적등본이 필요한 경우에도 본인의 배우자나 직계혈족 또는 형제자매의 위임을 받아야 한다.

(2008. 5. 13. 가족관계등록과-1483 질의회답)

가족관계등록선례 201011-1

「도시 및 주거환경정비법」(이하 '도정법'이라 함)에 의한 주택재개발사업을 위하여 조합설립인가와 사업시행인가를 받은 주택재개발정비사업조합이 공익목적상 합리적인 이유가 있음을 근거로 하여 조합원의 위임 없이 조합원의 등록사항별 증명서의 교부청구를 할 수 있는지 여부

가. 등록사항별 증명서는 본인, 배우자, 직계혈족, 형제자매(이하 '본인등'이라 함)에 한하여 교부청구가 가능하고 본인등이 아닌 경우에는 원칙적으로 본인등의 위임을 받아야 한다. 하지만 공익목적상 합리적인 이유가 있는 경우로서 대법원예규가 정하는 사람은 본인등의 위임이 없더라도 교부청구를 할 수 있는바, 대법원예규는 "「공익사업을 위한 토지 등의 취득 및 보상에 관한 법률」(이하 '공익사업법'이라 함)에 따라 공익사업의 수행시 토지 등의 소유자의 상속인을 확인할 필요가 있는 때"에는 공익목적상 합리적인 이유가 있는 것으로 인정하고 있다.

나. 도정법상 사업시행자는 정비구역 안에서 정비사업의 시행에 필요한 경우에는 공익사업법 제3조의 규정에 따라 토지·물건 또는 그 밖의 권리를 수용 또는 사용할 수 있고, 공익사업법은 다른 법률에 의하여 토지 등을 수용 또는 사용할 수 있는 사업을 공익사업의 하나로 규정하고 있는바, 도정법상 사업시행자인 주택재개발정비사업조합이 정비사업의 시행을 위하여 토지·물건 또는 그 밖의 권리를 수용 또는 사용하는 경우라면 그 한도에서 공익사업법상 공익사업을 수행하는 사업시행자라 할 것이므로, 토지 등 소유자인 조합원이 사망하여 그 상속인을 확인할 필요가 있는 경우에는 공익목적상 합리적인 이유가 있는 경우에 해당하므로 주택재개발정비사업조합은 청구사유를 소명하는 자료를 첨부하여 신청대상자인 조합원의 등록사항별 증명서의 교부청구를 할 수 있다.

(2010. 11. 30. 가족관계등록과-3315 질의회답)

가족관계등록선례 201107-1

가족관계등록사항별증명서(제적등본 포함, 이하 ‘증명서’라고 한다) 발급에 관한 위임장을「재외공관공증법」에 따라 인증을 받은 경우 위임인의 신분증명서 사본없이 증명서 발급신청이 가능한지

가. 「가족관계의 등록 등에 관한 규칙」제19조(등록사항별 증명서 교부 등) 제1항 단서는 대리인이 위임을 받아 증명서를 청구하는 때에는 위임장과 위임인의 신분증명서 사본을 제출하여야 한다고 규정하고 있으며, 「가족관계의 등록 등에 관한 규칙」 제40조(신고서류의 접수방법)는 신분확인의 방법으로 신분증명서 사본, 인감증명서, 서명공증서를 규정하고 있으므로, 서명공증서로 신분증명서

사본을 갈음할 수 있다 할 것이다. 따라서 증명서발급에 관한 위임장을「재외공관공증법」제25조 제1항에 따라 '사서증서의 인증'을 한 경우에는 위임인의 신분증명서 사본을 갈음할 수 있는 서명공증서가 위임장의 원본에 첨부되거나 일체화되어 있으므로, 위임인의 신분증명서 사본을 첨부하지 않고서도 증명서를 교부신청할 수 있다 할 것이다.

나. 「재외공관공증법」 제25조가 규정한 인증방법으로는 제1항의 '사서증서의 인증' 방법과 제2항의 '사서증서의 등본에 대한 인증' 방법이 있으며, 각 인증방법에 따른 방식과 차이점은 다음과 같다.

(1). 「재외공관공증법」제25조 제1항의 '사서증서의 인증' 방법

위임장에 대한「재외공관공증법」제25조 제1항의 '사서증서의 인증' 방법은, ① 위임장 원본에 "○○○는 본직의 면전에서 위 사서증서에 자기가 서명날인한 것임을 인정하였다. 이 공관에서 위 인증한다."라는 인증문을 첨부하는 방식(별지 제25호서식, 제26호서식)과 ② 위임장 원본에 그러한 인증문을 날인하는 방식(별지 제27호서식)이 있으며, 전자는 신분증명서 사본을 갈음할 수 있는 서명공증서가 위임장 원본에 첨부된 형식이며 후자는 그러한 서명공증서가 위임장 원본에 일체되어 있는 형식으로서 양자 모두 위임장의 진정성립이 추정된다 할 것이다. 따라서 증명서발급에 관한 위임장에「재외공관공증법」제25조 제1항의 '사서증서의 인증'을 한 경우에는 위임인의 신분증명서 사본을 첨부하지 않고서도 증명서를 교부신청할 수 있다.

(2). 「재외공관공증법」제25조 제2항의 '사서증서의 등본에 대

한 인증' 방법

위임장에 대한「재외공관공증법」제25조 제2항의 '사서증서의 등본에 대한 인증' 방법은, ① 위임장의 등본(사본)에 "위 등본(사본)은 원본과 대조하여 그와 부합함을 인정한다. 이 공관에서 위 인증한다."라는 인증문을 첨부하는 방식(별지 제25호서식, 제28호서식)과 ② 위임장의 등본(사본)에 그러한 인증문을 날인하는 방식(별지 제29호서식)이 있으나, 이런 '사서증서의 등본에 대한 인증' 방법에 의한 위임장의 등본(사본)은 위임장의 진정성립을 추정할 수 있는 서명공증과 무관한 것으로서 위임장의 진정성립을 판단하기에 충분한 자료로 볼 수가 없다.

다. 따라서 증명서발급에 관한 위임장은 원본을 제출하여야 하며, 위임장의 등본(사본)에 「재외공관공증법」제25조 제2항의 '사서증서의 등본에 대한 인증'을 한 경우에는 위임인의 신분증명서 사본을 첨부하여도 증명서를 교부신청할 수 없다.

(2011. 7. 29. 가족관계등록과-2141 질의회답)

가족관계등록선례 201012-3

「가족관계의 등록 등에 관한 법률」제14조 제1항 제1호 또는 제3호 및 「가족관계의 등록 등에 관한 규칙」제19조 제3항 제1호 또는 제3호에 의한 등록사항별 증명서의 교부청구에 있어 '근거법령'과 '다른 법령'의 요건

가. 등록사항별 증명서는 본인, 배우자, 직계혈족, 형제자매(이하 '본인등'이라 함)에 한하여 교부청구가 가능하고 본인등이 아닌 경우에는 원칙적으로 본인등의 위임을 받아야 하지만 ① 국가 또는 지

방자치단체가 직무상 필요에 따라 문서로 신청하는 경우로서 근거 법령과 사유를 기재한 신청기관의 공문 및 관계공무원의 신분증명서를 첨부하거나(이하 '공용발급' 이라 함) ② 다른 법령에서 본인등에 관한 증명서를 제출하도록 요구하는 경우로서 이를 소명하는 자료 및 관계 법령에 따른 정당한 권한이 있는 사람임을 확인할 수 있는 자료를 첨부한 경우에는 본인등의 위임이 없더라도 본인등의 등록사항별 증명서의 교부청구를 할 수 있다. 여기서 위 ②의 '다른 법령에서 본인등에 관한 증명서를 제출하도록 요구하는 경우' 라 함은 다른 법령에서 본인등이 아닌 자에게 본인등에 관한 증명서의 교부청구를 할 수 있도록 근거규정을 두거나 본인등이 아닌 자에게 본인등에 관한 증명서를 제출하도록 의무를 부과하고 있는 경우를 말한다.

나. 이때 공용발급의 '근거법령' 이나 본인등에 관한 증명서를 제출하도록 요구하는 '다른 법령' 에 의하여 본인등이 아닌 자에게 본인등의 위임 없이 본인등의 등록사항별 증명서가 교부됨으로써 본인등의 개인정보자기결정권이라는 헌법상 기본권이 제한되는 결과가 되므로 법률유보의 원칙상 위 근거법령이나 다른 법령에는 이로 인하여 제한되는 국민의 기본권에 관한 본질적인 사항을 규정하고 있어야 할 것인바, 원칙적으로 해당 법률 자체에 그 대상이 '가족관계등록 전산정보자료 또는 본인등에 관한 등록사항별 증명서' 라는 사실과 이용목적, 이용주체, 이용방식 등을 규정하고 있어야 할 것이고(예컨대, 「공직선거법」 제218조의8 등 참조), 법률 이외의 법규명령{대통령령, 총리령, 부령, 상위법령과 결합하여 대외적 구속력을 갖는 법규명령으로서 기능하는 행정규칙(법률보충규칙) 등}

의 형식에 의한 경우에는 위임입법의 한계를 준수하여야 하므로 최소한 법률 자체에서 그 대상이 '가족관계등록 전산정보자료 또는 본인등에 관한 등록사항별 증명서'라는 기본적인 사항을 규정하고 있어야 할 것이다.

다. 바로 이러한 취지에서 「가족관계의 등록 등에 관한 법률」 제14조 제1항 제3호가 '다른 법령에서 본인등에 관한 증명서를 제출하도록 요구하는 경우'로 규정함으로써 다른 법령에 직접 '본인등에 관한 증명서'가 명시되어 있을 것을 요구하고 있는 것인바, 만일 해당 법령이 위와 같은 요청을 갖추지 못한 경우에는 본인등에 관한 증명서 교부청구의 근거로 볼 수 없고 단지 개인정보를 포함하고 있지 아니한 일반적인 행정정보의 자료제공 규정에 불과하다고 할 것이고, 다만 이러한 경우에도 「공공기관의 개인정보보호에 관한 법률」 제10조 제3항 각호의 사유를 근거로 하는 경우에는 본인등에 관한 증명서의 교부청구를 할 수 있을 것이나 정보주체 또는 제3자의 권리와 이익을 부당하게 침해할 우려가 없어야 할 것이다.

(2010. 12. 31. 가족관계등록과-3675 질의회답)

가족관계등록선례 200808-5

① 일본국외무성이 등록사항별 증명서(이하 '제적등·초본'을 포함한다)의 교부를 청구할 때 발급수수료가 면제되는지 여부, ② 일본국외무성이 등록사항별 증명서의 교부를 청구할 때 증명서의 사용용도 및 목적을 명시한 문서를 제출하여야 하는지 여부 및 그 사용용도가 공무상 필요한 경우로 한정되는지 여부, ③ 일본의 각 변호사회가

일본국외무성을 경유함이 없이 직접 등록사항별 증명서의 교부를 청구할 수 있는지 여부

가. 「가족관계의 등록 등에 관한 규칙」 제28조제4항에 의하면 대한민국이나 지방자치단체의 공무원이 직무상 필요에 의하여 청구하거나 「국민기초생활보장법」에 의한 수급자가 청구하는 경우 또는 청구의 근거가 되는 다른 법률에 수수료를 면제하는 규정이 있는 경우가 아닌 한 등록사항별 증명서의 교부를 청구하는 사람은 발급수수료를 납부하여야 하는바, 일본국외무성이 일본국 주재 한국영사기관에 한국인의 등록사항별 증명서의 교부를 청구하는 경우는 위 규칙의 수수료 면제사유에 해당하지 아니하므로 등록사항별 증명서 발급수수료를 납부하여야 한다.

나. 일본국외무성이 일본국 주재 한국영사기관에 등록사항별 증명서의 발급을 청구할 경우에는 공무상 필요에 의한 사용용도를 명시한 문서로써 하여야 하며, 일본국 주재 한국영사기관은 그 사용용도를 심사하여 발급여부를 결정할 수 있다.

다. 일본의 각 변호사회나 그 소속 변호사는 등록사항별 증명서의 교부를 청구할 정당한 사유가 있는 외국인이나 한국인과의 신분행위로 한국인의 가족관계등록부에 기록된 외국인 또는 국적상실자로서 과거에 출생 등을 원인으로 가족관계등록부에 기록된 외국인이 아니므로 본인의 자격으로 직접 일본국 주재 한국영사기관에 등록사항별 증명서의 교부를 청구할 수는 없다. 그러나 일본의 각 변호사회나 그 소속 변호사는 현재 한국에 거주하지는 않지만 등록사항별 증명서의 교부를 청구할 정당한 사유가 있는 외국인이나 한국인과의 신분행위로 한국인의 가족관계등록부에

기록된 외국인 또는 국적상실자로서 과거에 출생 등을 원인으로 가족관계등록부에 기록된 외국인의 위임을 받아 일본국 주재 한국영사기관에 등록사항별 증명서의 교부를 청구할 수는 있다.
(2008. 8. 18. 가족관계등록과-2597 질의회답)

가족관계등록선례 200808-3

별정우체국연합회가 가족관계등록예규 제278호 제2조제5항제3호를 근거로 「별정우체국법」의 적용을 받는 연금수급권자의 가족관계등록부상 목적별 증명서를 발급받을 수 있는지 여부와 발급이 가능하다면 신청서에 첨부하여야 할 자료는 무엇인지에 대한 질의

가. 「별정우체국법」 제19조제3항은 가족관계등록예규 제278호 제2조제5항제3호의 본인 등에 관한 증명서를 제출하도록 요구하는 다른 법령규정에 해당하므로 별정우체국 직원은 자신의 직원신분증과 신청대상자나 그 유족이 수급권자임을 소명하는 연금증서 등을 증명서 발급신청서에 첨부하여야 신청대상자의 위임 없이 등록사항별 증명서를 발급받을 수 있다.

나. 이 경우, 신청인은 신청대상자의 성명과 등록기준지(신청대상자의 등록기준지를 알 수 없는 경우에는 신청대상자의 성명과 주민등록번호) 및 연금업무와 관련하여 신청대상자의 목적별 증명서가 필요하다는 취지의 청구사유를 기재한 증명서 발급신청서를 작성 · 제출하여야 하며, 「별정우체국법」에 증명서 발급에 따른 수수료 면제에 관한 규정이 없으므로 통당 1,000원의 발급 수수료도 납부하여야 한다.

(2008. 8. 18. 가족관계등록과-2592 질의회답)

가족관계등록선례 201205-1

국가유공자 본인이 그 배우자, 직계혈족, 형제자매의 등록사항별 증명서를 발급받고자 하는 경우 「가족관계의 등록 등에 관한 규칙」 제28조(증명서 등의 수수료)제4항제4호의 수수료 면제규정이 적용되는지 여부

「가족관계의 등록 등에 관한 규칙」(이하 '규칙' 이라 한다)제28조 제4항에 의하면 「국가유공자 등 예우 및 지원에 관한 법률」 제6조에 따라 등록된 국가유공자와 그 유족 등이 청구하는 경우 증명서 등의 수수료를 면제한다고 규정하고 있는바, 「가족관계의 등록 등에 관한 법률」 제14조에서 본인은 위임없이도 '배우자, 직계혈족, 형제자매의 등록사항별 증명서' 를 교부청구할 수 있도록 규정하고 있으며, 「국가유공자 등 예우 및 지원에 관한 법률」의 입법취지가 국가유공자와 그 유족 등에게 합당한 예우를 통해 국가가 보훈적 혜택을 주겠다는 점 등에 비추어 보면, 「국가유공자 등 예우 및 지원에 관한 법률」제6조에 규정된 국가유공자와 그 유족 또는 가족이 본인, 배우자, 직계혈족, 형제자매의 등록사항별 증명서를 청구하는 경우에는 규칙 제28조 제4항 제4호에 따라 수수료가 면제된다.

(2012. 05. 29. 가족관계등록과-1994 질의회답)

호적선례4-3

호적관서나 그 감독법원에서 호적신고서류에 대하여 인증있는 등본을 발급할 수 있는지 여부

시(구)·읍·면의 장{시(구)·읍·면의 장이 수리한 호적신고서류가 당해 호적관서에 있는 경우}이나 당해 호적관서의 감독법원(호적신

고서류를 감독법원에서 보관하고 있는 경우)은 이해관계인의 이해관계를 소명한 열람신청서를 제출받아 호적신고서류를 열람케 할 수 있고, 그 열람의 연장으로서 인증없는 단순한 사본을 교부할 수 있으나, 인증있는 등본을 발급,교부할 수 없다. 여기서 이해관계인이라함은 호적신고인, 사건본인, 호주, 가족, 또는 공무상 필요 기타 정당한 이해관계를 소명한 자를 말한다.(1999. 6. 30. 법정 3202-201)

가족관계등록선례 201002-1

한국인 갑남과 중국인 을녀 사이에서 출생한 혼인외의 자인 병녀에 대하여 갑남이 「가족관계의 등록 등에 관한 법률」 제57조의 친생자 출생신고를 할 수 있는지 여부

가. 태아인지신고 없이 한국인 갑남과 중국인 을녀 사이에서 출생한 혼인외의 자인 병녀는 출생에 의하여 대한민국의 국적을 취득하지 못한 외국인으로서 국제적 요소가 있는 혼인외의 친자관계에 관한 실질적 성립요건과 형식적 성립요건의 준거법상 각 요건을 구비함으로써 한국인 갑남과의 사이에서 혼인외 친자관계가 인정될 수 있다.

나. 먼저, 갑남이 국제적 요소가 있는 혼인외의 친자관계에 관한 실질적 성립요건의 준거법으로 ① 중국법을 선택한다면 혼인외 친자관계의 실질적 성립요건구비증명서로 갑남과 병녀 사이의 부자관계를 공증한 중국 공증처 명의의 공증서(병녀가 갑남과 을녀 사이에서 출생하였다는 취지가 명확하게 기록되어 있는 출생공증서 등)와 병녀의 국적증명서(호구부, 여권사본 등),1) 준거법과의 관련을 증명하는 서면으로 을녀의 국적증명서 또는 병녀의 현재

상거소지가 중국임을 증명하는 서면 및 위 서면들에 대한 각 번역문을 제출하여야 하고, ② 「민법」을 선택한다면 별도로 혼인 외 친자관계의 실질적 성립요건구비증명서를 첨부할 필요는 없고 병녀의 출생사실을 증명하는 서면(출생등록이 기재된 호구부나 출생공증서 등), 병녀의 국적증명서, 병녀의 출생 당시 생모 을녀의 미혼증명서 등 생모가 타남과 혼인중에 출생한 자녀가 아님을 증명하는 서면(「민법」상 타남의 혼인중의 출생자에 대하여 바로 인지할 수 없으므로 만일 병녀의 출생 당시 생모 을녀가 타남과 혼인관계에 있었다면 「국제사법」 제40조에 의한 준거법에 따라 그 타남과 병녀 사이의 친자관계가 배제되었음을 증명하는 서면이 첨부되어야 함) 및 위 서면들에 대한 각 번역문을 제출하여야 할 것이다. 이때 중국은 인지주의(의사주의) 법제가 아니라 생리상 부자관계가 있는 경우에는 법률상의 부자관계를 인정하는 혈통주의(사실주의) 법제로서 별도로 「국제사법」 제44조에서 규정한 자의 보호요건에 관한 규정을 두고 있지 아니하므로 이를 구비하였음을 증명하는 서면은 첨부할 필요가 없다.

다. 한편, 국제신분행위의 형식적 성립요건 즉, 신분행위의 방식은 행위지법에 의할 수 있는바(「국제사법」 제17조 제2항 참조), 행위지인 우리나라의 「가족관계의 등록 등에 관한 법률」에 의한 혼인외의 친자관계 성립행위의 방식은 인지신고가 원칙적인 모습이지만 친생자출생신고 역시 그 방식의 하나라고 할 것이므로(동법 "제4장 제3절"에서 인지와 함께 규정하여 인지신고의 일종으로 하고 있음) 갑남은 국제적 요소가 있는 혼인외의 친자관계에 관한 실질적 성립요건의 준거법상 그 요건을 갖추어 혼인외의

친자관계 성립행위의 방식으로 인지신고 또는 친생자출생신고 중 어느 하나를 선택할 수 있다.2)

라. 따라서 만일 갑남이 위 혼인외의 친자관계에 관한 실질적 성립요건의 준거법상 각 요건을 갖추어 병녀에 대한 친생자출생신고를 한다면 등록관서에서는 이를 국제적 요소가 있는 혼인외의 친자관계 성립행위의 한 방식으로 보고 그 실질적 성립요건의 구비 여부를 심사하여 이를 수리한 후 갑남의 가족관계등록부에 병녀의 특정등록사항을 기록하여야 할 것이다(신고의 형식이 출생신고이므로 인지사유를 기록하지 아니함). 다만, 갑남의 친생자출생신고가 있더라도 병녀가 아직 「국적법」에 의한 국적취득 전이므로 바로 병녀의 가족관계등록부를 작성할 수는 없고 출생신고서를 특종신고서류편철장에 편철하여 이를 보존하되, 만일 병녀가 「국적법」 제3조에 의한 국적취득신고3) 또는 「국적법」 제7조에 의한 귀화허가에 의하여 대한민국의 국적을 취득하게 되면 법무부장관의 국적취득통보에 의하여 병녀의 가족관계등록부를 작성하면 될 것이다.

(2010. 2. 3. 가족관계등록과-329 질의회답)

제3편 가족관계등록신고 총론

호적선례5-132

사망한 자의 채권자도 사망신고를 할 수 있는지 여부 및 사체검안서의 복사본도 사망을 증명하는 서면으로 볼 수 있는지 여부

가. 사망신고인이 호적법 제88조에 규정된 신고의무자 또는 신고적격자에 해당되지 않는 경우의 사망신고는 수리할 수 없으나, 대법원 호적예규 제319호의 규정에 의하여 사망한 자의 채권자 등 이해관계인도 사망진단서 기타 사망의 사실을 증명하는 서면을 첨부한다면 사망신고를 할 수 있을 것이다.

다만, 그 경우의 사망신고는 호적신고로 수리되는 것은 아니므로, 시(구) · 읍 · 면장이 그 첨부서면을 자료로 하여 호적법 제43조, 동법 제22조 제2항에서 규정한 절차에 따라 사건본인의 호적을 정리할 것이다.

나. 호적신고서에 첨부하는 모든 서류는 원본이어야 함이 원칙이므로 사망신고서에 첨부하는 사체검안서도 원본이어야 할 것이나 부득이한 사정으로 인하여 그 원본을 얻을 수 없다면, 호적관서에 제출하는 사본의 여백에 그 사본이 원본의 내용과 틀림이 없다는 원본작성자의 인증(그 직명과 성명을 기재하고 날인하여야 함)을 받아 사망을 증명하는 서면으로 제출할 수 있을 것이며, 이때 그 사망신고서에는 검안서의 원본을 얻지 못한 사유를 기재하여야 한다.

하지만 원본작성자의 인증이 없는 단순한 사체검안서의 복사본은 사망을 증명하는 서면으로 볼 수 없을 것이다.

(2001. 10. 10. 법정 3202 - 407)

호적선례2-158

혼인의 효력발생요건 및 혼인신고에 있어 당사자 등이 반드시 출석하여야 하는지 여부 등

혼인은 당사자 쌍방과 성년자인 증인 2인이 연서한 서면으로 호적

법이 정하는 바에 따라 신고함으로써 그 효력이 생기며, 호적법은 호적신고에 있어서 당사자 출석주의를 채택하고 있지 아니하므로 신고인 본인이 직접 신고지인 본적지 등의 창구에 출석하여 신고서를 제출할 필요는 없고 사자(사자)나 우편에 의한 제출도 가능하며, 호적공무원은 호적법이 정한 적법한 혼인신고서가 접수되면 별도로 혼인당사자에게 혼인할 의사가 있는지의 여부를 확인하지 아니하고 수리하여 기재하여도 적법하고 유효한 것이며 이러한 점은 초혼이나 재혼을 구별할 필요도 없다. 만일 당사자의 일방 또는 제3자가 혼인신고서를 위조하여 신고하였다면 이는 혼인무효사유에 해당하므로 부의 주소지 관할 가정법원에 혼인무효심판을 청구하여 그 심판결과에 따라 호적을 정정하여야 할 것이다. 89.3.24. 법정 제470호

가족관계등록선례 200907-6

「민법」상 증인을 필요로 하는 가족관계등록신고사건에 있어서 외국인도 증인이 될 수 있는지 여부

가. 증인적격 내지 증인능력이라 함은 증인이 될 수 있는 법률상 자격 내지 능력을 말하는바, 증인을 필요로 하는 가족관계등록신고사건에 관하여 「민법」은 혼인신고, 협의이혼신고, 입양신고, 협의파양신고의 각 신고서에 연서할 증인 2인이 필요한 것으로 규정하면서 증인적격과 관련하여 단지 성년자일 것만 요구할 뿐이므로 「민법」상으로는 미성년자만 증인결격자이나, 증인의 개념상 신분행위의 당사자가 아닌 제3자이어야 하므로 신분행위의 당사자 역시 증인결격자이다. 또한, 법령의 장소적 적용범위에 관하여 국제법 질서상 일반적으로 승인된 속지주의의 법리에 따라 「민법」은 대한민국의 영토고권이 미

치는 전 지역에 그 효력이 미치므로 대한민국에 있는 자는 대한민국의 국민이거나 외국인이거나를 불문하고 모두 「민법」이 적용되는바, 대한민국에 있는 자로서 성년자이고 신분행위의 당사자가 아닌 제3자이기만 하면 대한민국 국민이나 외국인 모두 증인적격 내지 증인능력이 있다고 할 것이다. 이때 외국인인 증인이 성년자인지의 여부는 「국제사법」 제13조의 규정에 의하여 그의 본국법에 의하는바, 여기서의 본국법은 증인 2인이 연서한 신고서로 혼인 등 가족관계등록신고를 할 당시의 본국법을 의미한다.

나. 한편, 「가족관계의 등록 등에 관한 법률」 제28조는 증인이 신고서에 주민등록번호 및 주소를 기재하고 서명 또는 기명날인하여야 한다고 규정하고 있으나, 가족관계등록신고에 있어 증인을 필요로 하는 경우는 「가족관계의 등록 등에 관한 법률」이 아니라 「민법」에서 직접 규정하고 있다는 점, 「가족관계의 등록 등에 관한 법률」은 신분관계의 실체법인 「민법」의 부속법으로서 절차신분법이라는 점에 비추어 볼 때, 동 규정은 증인을 필요로 하는 가족관계등록사건의 신고에 관한 절차규정을 두면서 단지 증인이 외국인인 경우에 규정을 흠결한 것일 뿐이지 직접적으로 주민등록번호가 없는 외국인의 증인적격을 제한한 것으로 볼 수는 없다고 할 것이므로 대한민국에 있고 신분행위의 당사자가 아닌 제3자로서 그의 본국법에 의하여 성년자인 외국인은 혼인신고, 협의이혼신고, 입양신고, 협의파양신고에 있어 각 증인이 될 수 있다고 할 것인바, 신고서의 기재는 「가족관계의 등록 등에 관한 법률」 제61조 제1호, 제71조 제1호 등을 유추하여 성명, 출생연월일, 국적을 기재함이 적절할 것이다.

다. 아울러 시(구) · 읍 · 면의 장의 가족관계등록신고에 대한 심사는 신고인이 제출하는 법정의 첨부서류만에 의하여 법정의 요건을 구비하고 있는지, 절차에 부합하는지의 여부를 형식적으로만 심사하는 것이고 그 신고사항의 실체적 진실과의 부합 여부를 탐지하여 심사하여야 하는 것은 아니므로 외국인이 증인인 경우에는 신고서에 그 외국인의 성명, 출생연월일, 국적이 기재되어 있고 서명이 되어 있는지, 그의 본국법상 성년자인지 여부를 확인하면 족하다고 할 것이고, 이때 증인이 신고서에 기재한 사항의 진실성은 처벌규정에 의하여 담보된다고 할 것이다.

(2009. 7. 23. 가족관계등록과-2553 질의회답)

가족관계등록선례 201106-2

부가 혼인 외의 자에 대한 출생신고 시 모를 불상으로 신고할 경우 이를 수리하여야 하는지

「가족관계의 등록 등에 관한 법률」 제46조는 '혼인 외 출생자의 신고는 모가 하여야 한다' 고 규정하고 있는바, 혼인 외의 자에 대한 출생신고는 모가 하고 부는 인지신고를 하는 것이 원칙이다. 「가족관계의 등록 등에 관한 법률」 제44조가 출생신고서의 기재사항으로 '부모의 성명·본·등록기준지 및 주민등록번호' 를, 「가족관계의 등록 등에 관한 규칙」 제38조가 출생증명서의 기재사항으로 '모의 성명 및 출생연월일' 을, 「가족관계의 등록 등에 관한 법률」 제55조가 인지신고서의 기재사항으로 '부가 인지할 때에는 모의 성명·등록기준지 및 주민등록번호' 를 각각 기재하도록 규정하고 있으므로, '모' 는 출생사실의 유무 뿐 아니라 부자관계를 형성하는 인지라는 신분행위의 적부 판단에서도 필요불가결한 사항이라 할 것이어서,

부가 혼인 외의 자에 대하여 모를 불상으로 출생신고하는 것은 「가족관계의 등록 등에 관한 법률」 제29조 단서의 '법률상 기재하여야 할 사항으로서 특히 중요하다고 인정되는 사항을 기재하지 아니한 경우'에 해당하므로 수리하여서는 아니된다.

(2011. 6. 30. 가족관계등록과-1892 질의회답)

호적선례5-59

사망일과 호적관서의 혼인신고서 접수일이 같은 날짜인 상태에서 호적공무원이 혼인신고서에 임의로 기재한 시각이 사망시각보다 늦은 경우 그 혼인의 효력유무 및 호적법 제46조의 규정이 사자(사자)의 경우에도 유추적용될 수 있는지 여부

호적신고서를 접수할 때 접수시각은 특별히 규정된 경우 이외에는 기재할 필요가 없으며, 혼인신고서의 접수에는 시각의 기재에 대한 특별한 규정을 두고 있지 않다. 따라서 호적공무원이 혼인신고서를 접수할 때 그 신고서에 임의로 기재한 시각은 호적법규에 의한 기재사항이 아니어서 호적법규상 특별한 효력이 있는 것은 아니며, 사망일자와 혼인신고서 접수일자가 같은 날인 경우 그 혼인의 무효여부를 다투고자 할 때에는 소송절차에 의하여야 할 것이다.

한편, 호적법 제46조의 규정은 명문의 규정상 우송에 의한 호적신고만을 뜻한다고 할 것이므로 사자(사자)에 의한 신고의 경우에는 유추적용되지 않는다.

(2004. 7. 29. 호적 3202-328 대한법무사협회 대 법원행정처장 질의

호적선례2-472

호적정정허가결정에 의한 호적정정신청의 기산일

호적정정허가결정 은 비송사건절차법 제18조 제1항에 의하여 그 재판을 받은 자에게 고지함으로써 효력이 발생하므로 허가결정의 고지를 송달 또는 교부의 방법에 의하여 받았다면 그 기산일은 호적법 제122조의 규정에 의한 허가결정을 송달 또는 교부받은 그 날부터 1개월이다. 91.3.22. 법정 제536호

호적선례3-47

혼인신고서에 흠결이 있어 접수를 보류하고 있는 중 당사자 일방의 반려요청이 있을 경우 반려할 수 있는지 여부

1. 호적법규상의 '접수'란 우편 또는 직접제출된 신고서류를 호적공무원이 수령하는 것을 의미하고 그 후 신고서에 접수인을 날인하고 접수장에 기재하는 등의 절차는 내부적인 사무처리절차에 불과하므로, 제출된 혼인신고서를 호적공무원이 수령하였다면 접수인을 날인하는 등의 내부적인 절차를 밟지 않았다 하더라도 접수의 효과는 발생하였다 할 것이므로 어떠한 사유로도 이를 신고인 등에게 환부할 수는 없고, 지체없이 신고서에 접수인을 날인하는 등의 절차를 취한 후 그 수리여부를 결정하여야 할 것이다.

2. 혼인신고를 포함한 창설적 신고의 경우에는 신분행위의사의 합치와 신고의사가 신고서를 작성할 때에는 물론이고 제출, 접수, 수리할 때까지 계속되어야 하는 것이므로, 혼인신고서를 제출한 후 그 수리여부가 결정되기 전에 혼인당사자의 일방이 제출된 신고서류의 반려를 요청한다면, 반려를 구하는 자의 진정한 의사가 무엇인지를 확인

하여 '혼인의사를 철회하였으므로 혼인신고를 수리하지 말아 달라'는 것으로 확인이 되거나 또는 '혼인신고의사를 철회'하는 것으로 확인이 된다면 그러한 혼인은 무효가 될 것이므로 불수리함이 상당할 것인바, 이 때에는 당사자의 진의를 확인하고 업무처리의 정확을 기하기 위하여 별도로 혼인신고 철회의 의사 등을 서면으로 제출토록 하여야 할 것이고, 제출된 신고서류는 불수리신고서류편철장에 편철하여야 할 것이다.(1996. 4. 16. 법정 3202-111)

호적선례3-47

혼인신고서에 흠결이 있어 접수를 보류하고 있는 중 당사자 일방의 반려요청이 있을 경우 반려할 수 있는지 여부

1. 호적법규상의 '접수'란 우편 또는 직접제출된 신고서류를 호적공무원이 수령하는 것을 의미하고 그 후 신고서에 접수인을 날인하고 접수장에 기재하는 등의 절차는 내부적인 사무처리절차에 불과하므로, 제출된 혼인신고서를 호적공무원이 수령하였다면 접수인을 날인하는 등의 내부적인 절차를 밟지 않았다 하더라도 접수의 효과는 발생하였다 할 것이므로 어떠한 사유로도 이를 신고인 등에게 환부할 수는 없고, 지체없이 신고서에 접수인을 날인하는 등의 절차를 취한 후 그 수리여부를 결정하여야 할 것이다.
2. 혼인신고를 포함한 창설적 신고의 경우에는 신분행위의사의 합치와 신고의사가 신고서를 작성할 때에는 물론이고 제출, 접수, 수리할 때까지 계속되어야 하는 것이므로, 혼인신고서를 제출한 후 그 수리여부가 결정되기 전에 혼인당사자의 일방이 제출된 신고서류의 반려를 요청한다면, 반려를 구하는 자의 진정한 의사가 무엇인지를 확인

하여 '혼인의사를 철회하였으므로 혼인신고를 수리하지 말아 달라'는 것으로 확인이 되거나 또는 '혼인신고의사를 철회'하는 것으로 확인이 된다면 그러한 혼인은 무효가 될 것이므로 불수리함이 상당할 것인바, 이 때에는 당사자의 진의를 확인하고 업무처리의 정확을 기하기 위하여 별도로 혼인신고 철회의 의사 등을 서면으로 제출토록 하여야 할 것이고, 제출된 신고서류는 불수리신고서류편철장에 편철하여야 할 것이다.(1996. 4. 16. 법정 3202-111)

제4편 가족관계등록부 및 제적부

호적선례4-13

성(성)은 한자, 이름은 한글인 경우 및 출생자의 이름을 '나나(나나)' 로 기재하여 출생신고한 경우 호적의 성명란 기재방법

가. 성명란은 한자로 표기할 수 없는 경우를 제외하고는 한글과 한자를 병기하도록 규정하고 있는바, 여기서 성(성)은 혈통을 나타내는 선천적이고 일정불변의 성질을 가지는 반면 이름은 특정 개인에게 부여되는 고유명사로서 성(성)과 이름은 각 별개의 의미를 지니고 있는 것이므로 성(성)과 이름을 각각 한글과 한자로 병기함이 원칙일 것이나 성과 이름이 모두 한자인 경우에는 호적예규 제499호에 의하여 '김철수(김철수)' 와 같이 성(성)과 이름을 병기하도록 하고 있으므로 성명 중 성(성)은 한자, 이름은 한글인 때에는 '김(김)철수' 와 같이 기재함이 타당할 것이다.

나. 우리 호적법규에 의하면 인명용 한자에 대한 한글음을 호적에 기

재함에 있어서는 『인명용 한자의 첫소리(초성)가 "ㄴ" 또는 "ㄹ"인 한자는 각각 소리나는 바에 따라 "ㅇ" 또는 "ㄴ"으로 사용할 수 있다』고 명시함으로써(호적법시행규칙 제37조 제1항 제2호의 별표 1. 주), 인명용 한자의 첫소리가 "ㄴ" 또는 "ㄹ"인 한자는 이름자의 첫 음으로 사용된 경우이든 나중 음으로 사용된 경우이든 불문하고 출생신고인 스스로의 희망에 따라 "ㄴ" 또는 "ㄹ"음이나 "ㅇ" 또는 "ㄴ"음으로 사용할 수 있도록 하고 있다.

따라서 출생자의 이름 나나를 "나나(나나)"나 "나라(나나)" 또는 "라라(나나)"로 기재하여 출생신고를 하였다면 그 신고서에 기재된 대로 호적부에 기재하여야 할 것이다.(1999. 8. 9. 법정 3202-259 광주지방법원장 대 법원행정처장 질의회답)

호적선례4-9

조선족 중국여자가 한국남자와의 혼인으로 입적할 때 본(본)을 기재할 수 있는지 여부

외국인으로서 귀화 또는 혼인으로 인하여 대한민국의 국적을 취득한 자는 가정법원의 창성(본)허가를 받아 신고하는 경우 외에는 호적상 본을 기재할 수 없을 것이다. 그러나 외국인이 조선족 중국인일 경우에는 혼인신고서에 첨부된 공적인 자료에 의하여 본(본)을 알 수 있는 때에 한하여 별도의 창성(본)허가를 받지 아니하더라도 그 본을 기재할 수 있을 것이며, 기왕에 정리된 호적에 본란이 공란으로 되어 있다면 추완신고에 의하여 이를 기재할 수도 있을 것이다.

단, 조선족 중국인일 경우에도 공적인 자료에 의하여 본(본)을 소명할 수 없다면 반드시 창성(본)허가를 받아야 한다.(1996. 10. 10.

법정 3202-274)

호적선례1-88

병원에서 출생한 경우에도 출생장소로 병원명까지 기재할 필요는 없다.

병원에서 출생한 자의 출생신고를 함에 있어서도 그 신고서중 출생장소란에는 실제 출생한 장소의 주소를 기재하면 되고 병원 명까지 기재할 필요는 없다.

86. 2.28 법정 제299호

호적선례4-8

제적원본이 멸실된 경우 멸실제적의 재제절차

가. 시(구) · 읍 · 면에 비치된 제적의 원본이 멸실된 때에는 감독법원에서 보관하고 있는 부본 또는 신고서류에 의하여 재제할 수 있으나, 법원에 비치하고 있는 제적부본 및 신고서류가 모두 멸실된 때에는 다른 공적으로 증명하는 자료가 있을 때에만 재제할 수 있다.

나. 재제신청에 관한 절차

① 멸실제적 본적지 관할 감독법원에 제적부본이 보존되어 있지 아니한 경우

멸실제적의 이해관계인은 멸실제적회복신고서에 재제할 제적에 관한 사항을 기재하고 소명자료를 첨부하여 멸실제적의 호적관서에 멸실제적회복신고를 하면, 그 호적관장자는 소정의 절차{시(구) · 읍 · 면장의 감독법원에 대한 재제에 관한 품신과 가정법원장(지방법원장)의 감독법원에 대한 제재 승인 절차}를 거쳐 제적의 재제를 할 수 있을

것이고, 그 소명자료로는 제적등본 등 재제에 관한 사항을 공적으로 증명하는 자료이어야 한다.

② 멸실제적 본적지 관할 감독법원에 제적부본이 보존되어 있는 경우

멸실제적의 이해관계인은 멸실제적회복신고서에 재제할 제적에 관한 사항을 기재하고 멸실제적의 호적관서에 멸실제적회복신고를 하면, 그 호적관장자는 소정의 절차를 거쳐 제적의 재제를 할 수 있을 것이나, 그 신고는 재제에 대한 직권발동 촉구의 의미일 것이다.(1998. 12. 24. 법정 3202-471)

호적선례2-40

호적재제시의 서미인 날인방법

전호적에 기재한 사항을 전적 등의 이유로 신호적에 이기할 경우에는 이기한 각 사항의 말미에 이기한 시(구)・읍・면의 장이 서미인을 날인하도록 되어 있고, 호적을 재제 또는 보완한 경우에는 각 이기사항 말미에 서미인을 날인하는 외에 호적사항란에 재제 또는 보완사유를 기재하고 그 말미에도 서미인을 날인하도록 되어 있으므로, 호적사항란의 재제사유 말미에만 시(구)・읍・면장의 서미인을 날인하는 것은 타당하지 못하며 호적법시행규칙의 개정전・후를 불문하고 이기한 각 사항(호적사항란과 신분사항란)의 말미마다 이기한 시(구)・읍・면의 장의 서미인을 날인하여야 한다. 91.9.17. 법정 제1428호

호적선례4-11

호적의 본적란에 지번을 기재하는 근거와 본적란에 지번 외에 건물

명칭 및 건물번호도 같이 기재하는 방법은 없는지 여부

호적에 기재하는 본적은 가(가)의 소재지를 말하는 것으로서 주민등록법상의 주소와 다른 개념이며, 가(가)의 소재장소인 토지는 행정구역의 명칭과 지번의 설정구역 및 지번으로 특정이 되므로 이를 기재하여야 한다. 따라서 아파트와 같은 집합건물의 경우 당해 아파트의 명칭 및 동·호수 표시는 구분건물의 특정을 위한 표시사항에 불과하므로 본적에는 이를 기재할 수가 없는 것이다. 또한 호적은 본적과 호주의 성명에 의하여 특정되고, 호적부의 편철도 본적의 지번순으로, 본적의 지번이 같은 경우에는 호주 성명의 한글 자모 순서에 따라 편철하므로 아파트의 명칭이나 동·호수를 기재하지 않아도 호적사무처리 등에 별다른 어려움이 없으며, 이를 기재할 경우 호적공무원의 업무가 가중되는 측면도 무시할 수 없다.

(1997. 5. 16. 법정 3202-153)

호적선례3-31

호적부의 본적란 기재방법(아파트, 환지예정지, 블럭번지, 하천번지 등)

호적부에 기재하는 본적은 가(가)의 소재지를 말하는 것으로서 행정구역의 명칭과 토지의 지번으로 표기하되 도(도) 또는 시(시)명으로부터 시작하여 지번(지번)에 이르기까지 기재하도록 되어 있으므로, 아파트 등 공동주택명인 건물의 명칭은 호적부의 본적란에 기재할 수는 없으며, 또한 환지예정지 등으로 인한 임시번지라든가 블럭번지, 하천번지(지번의 표시가 없는 경우) 및 정식지번이 아닌 12-1-1번지(지적법상 근거가 없음) 등은 주민등록표에 표기되어 있다 하더라도

가(가)의 소재장소를 특정할 수 없는 것으로 보아 호적부상의 본적으로 기재할 수는 없다. 그러나 그러한 토지가 행정구역은 특정되고 단지 지번만이 지정되지 않은 경우라면 무번지에 본적이 있는 것으로 보아 본적란에 행정구역의 명칭까지는 기재하고 지번만을 "무번지"로 기재할 수 있을 것이며, 그 후에 그 토지에 대하여 새로운 지번의 설정고시가 있게 될 때에 호적부의 본적기재를 경정하여야 한다.

(1993. 6. 17. 법정 제1149호 내무부장관 대 법원행정처장 질의회답)

호적선례4-34

이름이 수연인 경우 음을 “연” 또는 “련” 중 어느 음으로 표시하여야 하는지

호적법시행규칙 제37조에 규정한 인명용 한자 중 첫소리(초성)가 "ㄴ" 또는 "ㄹ" 인 한자는 각각 소리나는 바에 따라 "ㄴ" 또는 "ㅇ"으로 할 수 있으므로, 이름이 수연인 경우 "연"의 한글음을 "연" 또는 "련" 중 어느 한 가지를 임의적으로 선택하여 사용할 수 있다. (1998. 4. 29. 법정 3202-142)

호적선례4-9

조선족 중국여자가 한국남자와의 혼인으로 입적할 때 본(본)을 기재할 수 있는지 여부

외국인으로서 귀화 또는 혼인으로 인하여 대한민국의 국적을 취득한 자는 가정법원의 창성(본)허가를 받아 신고하는 경우 외에는 호적상 본을 기재할 수 없을 것이다. 그러나 외국인이 조선족 중국인일 경

우에는 혼인신고서에 첨부된 공적인 자료에 의하여 본(본)을 알 수 있는 때에 한하여 별도의 창성(본)허가를 받지 아니하더라도 그 본을 기재할 수 있을 것이며, 기왕에 정리된 호적에 본란이 공란으로 되어 있다면 추완신고에 의하여 이를 기재할 수도 있을 것이다.

단, 조선족 중국인일 경우에도 공적인 자료에 의하여 본(본)을 소명할 수 없다면 반드시 창성(본)허가를 받아야 한다.(1996. 10. 10. 법정 3202-274)

호적선례6-33

태음력에 의하여 호적부 출생란의 출생연월일을 기재할 수 있는지 여부(소극)

「연호에 관한 법률」은 "대한민국의 공용연호는 서력기원(서력기원)으로 한다" 고 규정하고 있고 서력(서력)은 태양력을 채용하고 있으므로, 호적부에 기재하는 출생연월일도 이 법에 따라서 태양력에 의하여 기재하여야 한다.

(2006. 4. 7. 호적과-1288 질의회답)

가족관계등록선례 200906-2

2008. 1. 1. 전에 주민등록표상 출생등록(1991. 1. 22.자)은 되어 있으나 제적부에 기재되지 않아 가족관계등록부가 존재하지 않는 경우의 업무처리방법 및 절차

가. 주민등록표상 출생등록이 되어 있다는 사실만으로 그 등록된 자에 대한 출생신고가 되었다고 볼 수는 없지만, 출생 당시 거주지 동사무소나 본적지 관할법원에 위 출생신고서가 보존되어 있거나 그때

출생신고를 하였음을 소명할 수 있는 근거자료가 남아 있고 불수리 사유가 없었음에도 당시 호적부에 출생신고에 따른 기재가 전혀 이루어지지 않았다면 이는 호적공무원의 과오에 의하여 그 기재가 유루된 것이라 할 것이다.

나. 이러한 경우에 기재절차의 문제로 볼 것인지 정정절차의 문제로 볼 것인지 견해가 나뉘나, 그 당부를 떠나 구 「호적법」이 폐지되고 「가족관계의 등록 등에 관한 법률」이 시행되면서 구 호적이 제적되고 국민의 신분사항을 기록하여 공증하는 현재의 공부는 가족관계등록부라는 점에서 구 「호적법」 시행 당시 그 기재를 누락하였던 신고사항을 현재의 제적부에 바로 신고사건으로 기재할 수는 없으므로 기재절차의 문제로 볼 수는 없다.

다. 한편, 「가족관계의 등록 등에 관한 법률」 부칙 제3조 제5, 6항이 규정하는 절차는 2008. 1. 1.을 기하여 새로운 가족관계등록제도가 시행되면서 그 직전에 접수된 호적신고에 대하여 미처 호적기재를 마치지 못한 채 그 호적이 제적된 경우를 예정하여 예외적으로 새로 작성된 가족관계등록부를 폐쇄하고 제적을 부활하여 구 「호적법」 상의 호적신고를 수리한 경우와 동일하게 부활한 호적에 신고사건 내용의 기재를 마친 후 이를 기초로 다시 가족관계등록부를 작성하도록 한 취지로 이해되므로 사안과 같은 경우에는 위 부칙규정의 적용대상이 아니다.

라. 결국, 호적공무원의 과오에 의하여 제적부의 기재가 유루된 것으로서 직권에 의하여 제적부를 정정하여야 할 것인바, 제적부에 구 「호적법」 상의 출생신고에 따른 출생사유의 기재가 유루된 경우에 제적부를 부활한다면 당해 제적부를 기초로 작성되었던 가족관계등

록부를 모두 폐쇄하고 새로이 호적부를 부활편제하여 유루된 출생사유를 기재한 후 이를 기초로 가족관계등록부를 다시 작성하여야 하기 때문에 현재로서 단지 출생자의 가족관계등록부만 필요함에 비추어 정정내용과 무관한 다른 가족의 가족관계등록부도 폐쇄하고 재작성하는 불편과 비효율이 초래될 수밖에 없으므로 제적부를 부활함이 없이 정정함이 타당하다고 할 것이고, 그 구체적인 절차는 다음과 같이 하면 될 것이다.

가) 출생 당시 거주지 동사무소나 본적지 관할법원에 출생신고서가 보존되어 있는 경우에는 출생신고인 기타 이해관계인으로 하여금 출생신고서 사본을 첨부하여 제적부의 본적지 관할 등록관서에 직권정정을 촉구하는 의미의 제적부정정신청을 하도록 하여 구「호적법시행규칙」제67조 제8호에 준하여 제적부를 간이직권정정하되, 직권정정신청을 받은 등록관서에서는 당해 출생신고서상 불수리사유(전에 호적관서에서 불비 등을 사유로 동사무소로 반송하였던 신고서류였는지 여부) 유무를 심사하여 불수리사유가 없는 경우에 한하여 출생자가 원래 입적기재되었어야 할 제적부를 부활함이 없이 사건본인인 출생자를 입적기재하고(별지 기재례 참조), 「가족관계의 등록 등에 관한 법률」부칙 제3조 제1항에 의하여 출생자의 가족관계등록부를 작성함과 동시에 제적부의 자를 제적처리하는 한편, 부모의 가족관계등록부 역시 정정된 제적부를 기초로 「가족관계의 등록 등에 관한 법률」부칙 제3조 제1항에 따라 작성된 것과 같이 특정등록사항란에 그 출생한 자녀의 성명 등을 기록하여 자녀의 가족관계등록부와 연결함으로써 정리한다.

나) 출생 당시 거주지 동사무소나 본적지 관할법원에 출생신고서가 보

존되어 있지 아니한 경우로서 ① 전에 출생신고를 한 사실을 소명할 수 있는 근거자료(호적선례4-39 참조)가 남아 있는 경우에는 출생신고인 기타 이해관계인으로 하여금 전에 출생신고를 한 사실을 소명할 수 있는 근거자료 및 출생신고에 필요한 기재사항을 기재한 참고서면(현재의 출생신고서에 전에 신고한 내용대로 기재하여 제출하여도 무방할 것임)을 첨부하여 제적부의 본적지 관할 등록관서에 직권정정을 촉구하는 의미의 제적부정정신청을 하도록 하고, 정정신청을 받은 등록관서에서는 소명자료상 불수리사유 유무를 심사하여 불수리사유가 없는 경우에 한하여 감독법원의 허가를 받아 제적부를 정정하되, 위 가)항의 절차에 따라 정리한다. ② 전에 출생신고를 한 사실을 소명할 수 있는 근거자료가 없는 경우에는 출생신고가 되지 아니한 것으로 보아 새로이 출생신고를 하여야 할 것이고, 출생신고시를 기준으로 가족관계등록부를 작성하므로 제적부에 기재함이 없이 바로 자녀의 가족관계등록부를 작성하여야 한다.

(2009. 6. 1. 가족관계등록과-1874 질의회답)

가족관계등록선례 200906-4

취적허가에 의한 단신 여호주인 갑녀가 혼인으로 인하여 혼가에 입적하여 친가가 무후가로 말소된 후 협의이혼으로 인하여 혼가에서 제적되었으나 혼가의 호적에 갑녀에 대한 친가부흥 또는 일가창립 취지의 기재가 없어 새로운 호적이 편제되지 않아 무적인 상태에서 갑녀에 대한 사망신고서(2009. 1. 4. 사망)가 접수된 경우의 업무처리방법 및 절차

가. 갑녀가 협의이혼한 당시(1983. 4. 12.)에 시행 중이던 「민법」에 의하면, 갑녀는 이혼으로 인하여 혼가에서 제적되고 원칙적으로 친가에 복적하게 되고, 그 친가가 폐가 또는 무후되었거나 기타 사유로 인하여 복적할 수 없는 때에는 친가를 부흥하거나 일가를 창립하게 되므로 만일 정상적인 절차에 따라 협의이혼신고가 수리되었다면 갑녀의 친가가 무후가로 말소되었으므로 협의이혼신고서에 친가부흥의 취지를 기재하였거나 일가창립의 취지를 기재하였을 것이고, 갑녀가 혼가호적에서 이혼으로 제적되면서 당연히 혼가호적에 친가부흥 또는 일가창립의 취지가 기재되었을 것이다.

나. 사안과 같은 경우에 비록 당시의 협의이혼신고서가 폐기되어 존재하지 않는다 하더라도 협의이혼신고가 수리되어 혼가호적에서 갑녀가 제적처리되었음에 비추어 볼 때 혼가호적에 이혼으로 제적된 갑녀의 친가부흥 또는 일가창립 취지의 기재를 누락하고 갑녀의 친가를 부흥하거나 일가창립의 신호적 편제를 누락한 것은 당시 호적공무원의 과오에 의하여 호적부 기재가 유루된 것으로 추정된다고 할 것인바, 당시의 협의이혼신고서가 보존되어 있지 아니하므로 감독법원의 허가에 의하여 제적부를 직권으로 정정하여야 할 것이다.

다. 정정에 관하여, 먼저 무후가의 부흥은 창설적 신고로서 반드시 신고인의 의사가 확인되어야 할 것인바, 현재 협의이혼신고서가 폐기되었고 갑녀가 사망하여 그 의사를 확인할 방법이 없으므로 무후가부흥의 제적부정정은 불가능하다고 할 것이다. 한편, 일가창립은 법률의 규정에 의하여 당연히 신호적을 편제하는 것으로서 비록 갑녀가 협의이혼할 당시에는 재판상 이혼의 신고서 기재사항에 관한 구 「호적법」(1990. 12. 31. 법률 제4298호로 일부개정되어 1991.

1. 1.부터 시행된 것) 제79조 제2항 단서와 같이 당사자의 의사를 보충하여 일가창립을 간주하는 규정이 없었으나, 사안의 경우도 갑녀의 의사를 확인할 수 없는 상태이고 일가창립의 경우는 당사자의 의사 보충이 가능하다는 점에서 위 규정을 유추하여 이혼 당시 본적지에 일가창립의 신호적을 편제하는 방법으로 제적부를 정정함이 적절할 것이다. 그리고 갑녀가 협의이혼할 당시의 혼가호적을 부활함이 없이 이혼으로 제적된 갑녀에 대하여 일가창립의 취지를 정정기재하며, 갑녀에 대하여 일가창립으로 편제된 신호적에서 「가족관계의 등록 등에 관한 법률」 부칙 제3조 제1항에 의하여 가족관계등록부를 작성함과 동시에 일가창립의 신호적을 제적처리하는 한편, 특종신고서류편철장에 편철된 사망신고서에 의하여 사망기록을 한 후 가족관계등록부를 폐쇄하면 될 것이다.

(2009. 6. 19. 가족관계등록과-2140 질의회답)

가족관계등록선례 200907-4

2008. 1. 1. 전에 국적상실로 제적된 갑녀가 국적상실 전에 외국에서 외국법이 정하는 방식에 따라 외국인과 혼인을 하고 을남을 출산(출생 당시 「국적법」에 따라 한국국적 취득)하였으나 제적 전에 신고를 하지 아니한 상태에서 2008. 1. 1. 후에 혼인신고 및 출생신고를 한 경우의 업무처리방법 및 절차

가. 갑녀가 국적상실 전에 외국법의 방식에 따라 혼인함으로써 그 혼인은 유효하게 성립하였는바, 2008. 1. 1. 전에 국적상실로 제적되어 가족관계등록부가 존재하지 아니하는 경우로서 제적 전에 유효하게 성립한 혼인의 보고적 신고를 2008. 1. 1. 후에 하는 경우에는

동 신고서를 첨부한 직권정정 촉구 의미의 제적부정정신청을 받아 「가족관계등록예규」 제297호에 따라 제적부 정정의 관할 등록관서에서 제적부를 부활함이 없이 정정하되, 혼인당사자의 신고라면 신고적격자에 준하여 간이직권정정절차에 의하여, 기타 이해관계인의 신고라면 감독법원의 허가를 받아 제적부에 혼인사유를 정정기재한다(이 경우 구 「호적예규」 제674호에 따라 갑녀를 호주로 하는 신호적을 편제할 필요 없이 갑녀의 친가제적부에 혼인사유를 정정기재함에 그침).

나. 한편, 혼인중의 출생자로서 출생과 동시에 한국국적을 취득한 을남에 대해서는 출생신고의무자(국내에 거주하는 외국인 부모 포함)로부터 출생증명서나 외국법의 방식에 의해 출생신고한 사실을 증명하는 서면 등을 첨부한 출생신고가 있다면 출생신고시를 기준으로 가족관계등록부를 작성하므로 제적부에 기재함이 없이 바로 을남의 가족관계등록부를 작성하고 특정등록사항란에 부모를 기록한다.

(2009. 7. 23. 가족관계등록과-2551 질의회답)

제5편 가족관계등록신고 각론

호적선례3-153

부모를 알 수 없는 2세 된 아이를 국민학교 취학연령에 달할 때까지 양육한 후 호적을 가지게 하는 방법

보호하고 있는 어린이가 비록 국민학교 취학연령에 달한 자라 하더라도 최초로 발견할 당시 그 연령이 2세에 불과하였다면 그 어린이는

성 · 본을 알 수 없는 기아라고 할 것이므로, 호적법 제57조에 따라 기아발견보고를 받은 시(구) · 읍 · 면의 장이 법원의 허가를 얻어 성과 본을 창설한 후 이름과 본적을 정하여 이를 호적에 기재함으로써 호적을 가질 수 있을 것이다. (1995. 9. 23. 법정 3202-434)

호적선례4-24

1월 31일에 출생한 자에 대한 출생신고기간

호적법 제49조 제1항의 규정에 의하면 출생신고는 1월 이내에 하도록 되어 있는바, 이와 같이 기간을 월(월)로 정한 때에는 민법 제160조 제1항의 규정에 따라 역(역)에 의하여 계산하여야 하며, 호적법 제42조에서 호적신고기간은 신고사건 발생일로부터 기산하도록 규정하고 있으므로 그 기간 계산시 초일(초일)을 산입하여야 한다. 따라서 출생일이 1월 31일이라면 그 신고기간의 만료일은 2001년 1월 31일로부터 기산하여 1월이 되는 2월 30일이나, 2월에는 30일이 없으므로 민법 제160조 제3항의 규정에 의하여 그 말일인 2월 28일이 된다.

호적선례3-143

출생신고기간 등

호적법상 출생신고는 출생한 사실이 발생한 날로부터 1월 이내에 이를 하여야 하나 그 만료일이 공휴일인 경우에는 그 다음날이 기간만료일이 되는 것이며, 따라서 1991. 4. 19.에 출생하였다면 그 출생신고기간의 만료일은 1991. 5. 18.이 되며 만일 1991. 5. 18.이 공휴일이면 그 다음날인 1991. 5. 19.이 만료일이 되는 것이다. 호적신고의 기간해태에 따른 과태료부과처분에 대하여 불복이 있는 자는 과태료처분이 있는 날로부터 30일 이내에 당해 시(구)·읍·면의 장에게 이의를 제기하여야 하며 그러한 이의를 제기하지 아니하면 과태료처분은 그대로 확정된다.

(1993. 1. 12. 법정 제53호)

호적선례4-146

부의 성과 본을 알 수 없는 혼인외의 자를 모가 임의로 성과 본을 정해 출생신고를 하여 그대로 호적에 기재된 경우 그 혼인외의 자의 성과 본을 모의 성과 본을 따라 정정할 수 있는지 여부

혼인외의 자는 모의 성과 본을 따르는 것이 원칙이나 부의 성과 본을 알 수 있는 경우에는 부의 성과 본을 따를 수 있는 것이므로, 부의 성과 본을 알 수 없는 혼인외의 자를 모가 임의로 성과 본을 정해 출생신고를 하여 그대로 호적에 기재되었다면 이해관계인은 그 호적이 있는 지(지)를 관할하는 가정법원(지방법원 또는 지원 포함)에 호적의 기재가 잘못되었음을 증명하는 서면을 소명자료로 제출하여 호적정정허가를 받아 호적정정신청을 함으로써 모의 성과 본을 따라 호적을 정정할 수 있을 것이나, 어떠한 서면이 그러한 사실을 증명함에 족한 서면인지 여부에 대하여는 당해 재판절차에서 판단할 사항이다.

(1997. 6. 26. 법정 3202-191)

가족관계등록선례 201106-2

부가 혼인 외의 자에 대한 출생신고 시 모를 불상으로 신고할 경우 이를 수리하여야 하는지

「가족관계의 등록 등에 관한 법률」 제46조는 '혼인 외 출생자의

신고는 모가 하여야 한다'고 규정하고 있는바, 혼인 외의 자에 대한 출생신고는 모가 하고 부는 인지신고를 하는 것이 원칙이다. 「가족관계의 등록 등에 관한 법률」 제44조가 출생신고서의 기재사항으로 '부모의 성명·본·등록기준지 및 주민등록번호'를, 「가족관계의 등록 등에 관한 규칙」 제38조가 출생증명서의 기재사항으로 '모의 성명 및 출생연월일'을, 「가족관계의 등록 등에 관한 법률」 제55조가 인지신고서의 기재사항으로 '부가 인지할 때에는 모의 성명·등록기준지 및 주민등록번호'를 각각 기재하도록 규정하고 있으므로, '모'는 출생사실의 유무 뿐 아니라 부자관계를 형성하는 인지라는 신분행위의 적부 판단에서도 필요불가결한 사항이라 할 것이어서, 부가 혼인 외의 자에 대하여 모를 불상으로 출생신고하는 것은 「가족관계의 등록 등에 관한 법률」 제29조 단서의 '법률상 기재하여야 할 사항으로서 특히 중요하다고 인정되는 사항을 기재하지 아니한 경우'에 해당하므로 수리하여서는 아니된다.

(2011. 6. 30. 가족관계등록과-1892 질의회답)

가족관계등록선례 200803-2

남편인 정남을 북한에 두고 단신 탈북한 갑녀가 중국인 을남과의 사이에서 병을 출생한 후, 한국에서 취적한 다음 부를 정남으로 모를 갑녀로 하여 병에 대한 출생신고를 하면서 중국위생부가 발행한 출생증명서를 첨부하였으나 가족관계등록관서의 장이 그 출생증명서상 병의 부모가 출생신고서상 부모가 서로 다르다는 이유로 그 출생신고서의 수리를 거부한 경우, 병에 대한 출생신고서에 첨부하여야 할 서면

출생신고서에는 부득이한 사유가 있는 경우를 제외하고 의사나 조

산사가 작성한 출생증명서를 첨부하여야 하며 그 출생증명서에는 모의 성명이 기재되어야 하므로, 병에 대한 출생신고서와 출생증명서상 모의 성명이 각각 갑녀와 무녀로 상이한 때에는 그 출생증명서를 첨부할 수 없다. 또한 의사나 조산사 이외에 갑녀의 분만에 관여하거나 갑녀가 병을 출생하였다는 사실을 아는 사람이 작성한 가족관계등록예규 97호 별지 서식의 출생증명서를 첨부할 수도 있으나 그것이 사실상 불가능한 경우에는 의사가 작성한 유전자감정서 등 갑녀와 병 사이에 모자관계에 있다는 객관적 자료를 출생신고서에 첨부하여야 한다.

(2008. 3. 4. 가족관계등록과-772 질의회답)

가족관계등록선례 200910-1

구 「국적법」(1997. 12. 13. 법률 제5431호로 전문개정되어 1998. 6. 14.부터 시행되기 전의 것) 시행 당시 중화인민공화국 국적의 갑녀가 한국인 을남과 혼인(1998. 4. 22.)함으로써 대한민국의 국적을 취득하여 을남의 호적에 입적되었고, 그 후 중화인민공화국 국적의 병녀가 일반귀화절차를 통해 대한민국의 국적을 취득하여(2005. 6. 21.) 귀화신고로 병녀를 호주로 한 신호적이 편제되면서 모란에 갑녀의 성명만 기재되어 있는 상태에서 2008. 1. 1.부로 가족관계등록부가 작성되어 가족관계등록부상 갑녀와 병녀가 모와 자로 연결되지 아니한 경우, 가족관계등록부 연결을 위한 가족관계등록부 존재신고시 모자관계를 소명하는 자료로 국내의 사설기관에서 발행한 유전자검사서를 첨부할 수 있는지 여부

가. 비록 모와 자의 관계는 포태와 분만이라는 자연적 사실로써 당연

히 성립하는 것이지만 갑녀와 병녀의 가족관계등록부상 갑녀와 병녀를 모자관계로 기록하기 위해서는 모자관계를 소명하는 자료를 첨부하여 가족관계등록부 존재신고를 하여야 하는바, 그 신고서에 첨부할 소명자료는 출생증명서나 중화인민공화국의 공적인 문서(친족관계공증서, 호구부 등) 또는 법원의 친생자관계존재확인의 확정판결과 같이 모자관계를 소명하는 객관적인 자료이어야 하며, 이때의 가족관계등록부 존재신고는 특종사건 종결이 아닌 가족관계등록부 연결을 위한 것이므로 연결대상자들의 등록기준지 중 어느 한 곳에 신고를 하더라도 무방하다고 할 것이다.

나. 한편, 국내의 사설기관에서 발행한 유전자검사서나 법원의 감정절차 또는 감정촉탁절차에 의한 유전자감정서는 그 유전자검사가 전제로 하는 사실이 모두 진실임이 증명되고 그 추론의 방법이 과학적으로 정당하여 오류의 가능성이 전무하거나 무시할 정도로 극소한 것으로 인정되는 경우에 한하여 혈연상의 친자관계와 같이 특정인과 다른 특정인과의 관계를 입증할 유력한 간접증명의 방법이 될 뿐 그 자체로 특정인과 다른 특정인과의 관계를 단정할 수 있는 것은 아니므로 가족관계등록부 존재신고시 첨부할 모자관계를 소명하는 자료가 될 수 없다고 할 것이다.

(2009. 10. 6. 가족관계등록과-3432 질의회답)

가족관계등록선례 200807-3

북한을 이탈하여 각자 취적한 모와 자의 가족관계등록부상 모자관계를 기록할 수 있는 방법

2008. 1. 1. 이전에 시기를 달리하여 북한을 이탈하여 각자 취적한

갑녀와 을남의 가족관계등록부상 갑녀와 을남을 모와 자로 기록하기 위해서는 갑녀가 먼저 취적한 을남의 등록기준지 시(구) · 읍 · 면의 장에게 가족관계등록부존재신고를 하여야 하는바, 그 신고서에는 취적 당시에 통일부가 작성한 신분관계확인조사서(또는 모자관계의 존재를 확인한 통일부의 공문서)나 법원의 친생자관계존재확인판결문 등 모자관계를 소명하는 객관적 자료를 첨부하여야 한다.

(2008. 7. 4. 가족관계등록과-2082 질의회답)

호적선례1-96

갑 · 을 사이의 혼인외의 자 병이 정 · 무사이의 자인 것처럼 출생신고되어 있는 상태에서 병의 갑을 상대로 한 인지심판이 확정된 경우의 호적정리절차

갑 · 을 사이의 혼인외의 자 병이 정 · 무 사이의 자인 것처럼 호적부에 출생신고되어 있는 상태에서 병이 생부인 갑을 상대로 인지청구의 소를 제기하여 그 심판이 확정되었을 경우에는 병은 위 심판에 기한 호적정정에 의하여 정 · 무의 가에서 자신을 제적 말소하고, 모 을의 출생신고에 의하여 모의 가에 입적하거나 일가창립을 한 다음, 인지신고에 의하여 생부 갑의 가에 입적될 수 있다.

82.12.10 법정 제415호 부산지방법원장 대 법원행정처장 질의회답

참조조문 : 민법 제781조, 제782조 , 법 제49조, 제63조, 제123조

호적선례3-559

타인의 혼인중의 출생자로 출생신고된 자를 그의 생부가 인지하는 절차

호적상 타인의 혼인중의 출생자로 출생신고되어 있는 자(처와 직계비속이 있고 혼인으로 법정분가되어 있음)에 대하여 그와 그의 호적상 부(부)와의 사이에 친생자관계가 없다는 확인판결과 검사를 상대로 망생부의 친생자임을 인지한다는 인지판결이 확정된 경우 그의 호적을 정리하는 절차는, 우선 친생자관계부존재확인판결과 그 확정증명서를 첨부하여 호적정정신청을 함으로써 그 자를 호적(현 법정분가호적 및 본가호적)에서 말소한 다음 출생신고의무자인 생모가 출생신고를 하여 혼인외의 자를 생모의 가에 입적시키거나 일가창립으로 신호적을 편제한 후에 인지판결에 따른 인지신고를 하게 되면 생부의 가(생부의 가를 호주승계한 가 포함)에 입적됨과 동시에 종전의 호적(모의 가 또는 일가창립한 가)에서 제적되게 되며, 그런 다음에 생부의 가의 호적중 피인지자의 신분사항란에 혼인(제적)사유를 이기함과 동시에 법정분가를 원인으로 한 신호적을 편제하고 아울러 그의 처와 직계비속을 종전의 잘못된 호적에서 말소하고 그 말소된 호적에 기하여 새로이 편제된 호적에 이기입적하라는 호적정정허가를 받아 그에 따른 호적정정신청을 함으로써 호적을 올바르게 정리할 수 있는 것이다. 다만 위의 같은 사례에 있어서 친생자관계부존재확인판결에 따른 호적정정신청을 하지 아니하고 인지판결에 따른 인지신고를 하기 위하여서는, 우선 호적상 타인의 혼인중의 출생자로 출생신고되어 있는 자라 하더라도 그는 인지판결에 의하여 호적상 부(부)의 친생자가 아님이 확정되었으므로 그 인지판결을 첨부하여 호적정정신청을 함으로써 그 자를 호적(현 법정분가호적 및 본가)에서 말소시킨 후 출생신고의무자인 생모의 출생신고에 의하여 생모의 가에 입적시키거나 일가창립한 다음, 다시 위 인지판결에 따른 인지신고를 하게 되면 생부의 가에 입적하게 될 것이며, 그러한 경우에 있어서도 그의 처와 직계비속을 새로운 피인지자의 호적에 이기입적하는 절차는 위와 같은 절차(호적비송)에 의하여 정리할 수 있는 것이다. (1993. 3. 11. 법정 제484호)

호적선례5-64

을남과 병녀 사이의 혼인외 자 갑남이 정남과 무녀 사이의 혼인중 자인 것처럼 출생신고가 되어있는 상태에서 생부 을남을 상대로 인지판결을 받은 경우, 갑남의 호적을 정리하는 방법

가. 타인의 혼인외 자 갑남이 호적상 부모인 정남과 무녀를 상대로 친생자관계부존재확인판결을 받지 아니하고 바로 생부인 을남을 상대로 인지판결을 받은 경우에는, 먼저 관할 법원으로부터 인지판결을 증거방법으로 정남의 호적에서 갑남을 말소하라는 호적정정허가를 얻어 관할 호적관서에 호적정정신청을 함으로써 갑남을 정남의 호적에서 말소하여야 한다. 그런 다음 출생신고의무자인 생모 병녀의 출생신고에 의하여 갑남을 병녀의 호적에 입적케 하고(만일 갑남이 병녀의 호적에 입적할 수 없는 경우에는 출생신고시 신고서의 기타사항란에 일가창립의 취지를 기재하여 갑남을 호주로 하는 일가창립의 신호적을 편제하여야 할 것임), 다시 위 인지판결에 따른 인지신고를 하여 갑남을 생부인 을남의 호적(생부 을남을 호주승계한 호적도 포함됨)에 입적시킬 수 있다.

나. 한편 갑남이 혼인을 하여 처와 자(자)가 있는 경우에 갑남이 선순위호주승계권자가 아니라면 법정분가를 원인으로 한 신호적을 편제하여야 하므로 관할법원으로부터, 생부 을남의 호적에 입적된 갑남의 신분사항란에 혼인사유를 이기함과 동시에 법정분가 신호적을 편

제하고, 또한 정남의 가에 입적되어 있는 갑남의 처와 자(자)를 말소함과 동시에 법정분가로 편제된 갑남의 호적에 이들을 이기입적하며, 아울러 처의 친가호적상 입적또는신호적란의 기재를 갑남의 법정분가지로 정정하는 내용의 호적정정허가를 얻어, 그에 따른 호적정정신청을 함으로써 호적을 정리할 수 있을 것이다. (2002. 9. 16. 법정 3202 – 315)

가족관계등록선례 201005-1

한국인 갑남과 혼인관계에 있던 외국인 을녀는 갑남과의 혼인관계가 해소되지 아니한 상태에서 갑남과 별거하던 중 한국인 병남과의 사이에서 정녀를 출산하고 그 후 갑남과의 혼인관계가 재판상 이혼으로 해소되자 병남과 재혼을 한 다음 정녀가 병남을 상대로 인지청구의 소를 제기하여 인지의 재판이 확정된 경우에 정녀가 가족관계등록부를 가질 수 있는 방법

가. 국제혼인 중에 출생한 자녀에 대한 혼인중의 친자관계의 성립에 관한 준거법은 자녀의 출생 당시 부부 일방의 본국법인바, 정녀의 출생 당시 을녀의 법률상 남편인 한국인 갑남의 본국법인 우리나라의 「민법」에 따라 정녀는 갑남과 을녀의 혼인중의 출생자이므로 부모인 갑남 또는 을녀가 출생신고의무자로서 정녀를 갑남과 을녀의 혼인중의 출생자로 출생신고를 하여야 함이 원칙이나 비록 형식적으로 정녀가 갑남의 친생추정을 받더라도 을녀가 정녀를 포태한 기간 중 갑남과의 동서가 결여되어 갑남의 자를 포태할 수 없는 것이 외관상 명백한 사정이 있는 경우에는 실질적으로 갑남의 친생추정이 미치지 않으므로 이 경우에는 정녀가 생부인 병남을 상대로 한 인지

청구의 소를 통해 갑남과 정녀 사이의 친자관계를 배제할 수 있는 바, 정녀가 생부인 병남을 상대로 한 인지의 재판이 확정됨으로써 정녀는 출생 당시로 소급하여 법률상 부인 갑남과의 친자관계가 부정되어 을녀의 혼인외의 출생자가 되었다.

나. 정녀는 을녀의 혼인외의 출생자로서 생모가 외국인이므로 출생에 의하여 바로 대한민국 국적을 취득하지 못한 외국인이나 생모인 을녀가 우리나라에서 정녀를 출산하였고 현재 을녀와 정녀가 우리나라에 거주하고 있는 이상 법령의 장소적 적용범위에 관한 속지주의의 법리에 따라 출생신고의무자인 생모 을녀는 정녀의 국적에 관계없이 우리나라의 등록관서에 정녀에 대한 출생신고를 하여야 하는바, 정녀가 병남을 상대로 한 인지청구의 확정재판에 의하여 정녀의 출생 당시로 소급하여 갑남이 정녀의 친생부가 아니라는 것이 확정되었으므로 위 판결등본 및 확정증명서를 출생신고서에 첨부하고, 출생신고서에 정녀의 성과 본을 병남의 성과 본으로 기재하여 정녀를 을녀의 혼인외의 출생자로 출생신고를 하여야 한다. 그리고 출생신고와 동시에 또는 출생신고 후에 인지청구의 소 제기자인 정녀가 인지재판의 판결등본 및 확정증명서를 첨부하여 인지신고를 하여야 하며, 또한 그 소의 상대방인 병남도 위 서면을 첨부하여 인지신고를 할 수 있다.

다. 한편, 을녀의 출생신고가 있더라도 정녀가 출생에 의하여 대한민국 국적을 취득하지 못하였으므로 정녀의 가족관계등록부를 바로 작성할 수는 없고 시(구) · 읍 · 면의 장이 출생신고서를 특종신고서류 편철장에 편철하여 보존하게 되며, 정녀 또는 병남의 인지신고에 따라 병남의 가족관계등록부에 인지사유가 기록되면서 정녀가 병남의 자녀로 기록될 것이고, 그 후 피인지자인 정녀가 「국적법」 제3조에 의한 국적취득신고 또는 「국적법」 제7조에 의한 귀화허가에 의하여 대한민국의 국적을 취득하면 법무부장관의 국적취득통보에 의하여 비로소 정녀의 가족관계등록부가 작성되면서 특종신고서류편철장에 편철된 출생신고서 및 병남의 가족관계등록부에 기록된 인지사유에 기하여 특정등록사항란에 병남과 을녀가 각 부모로 기록되고 일반등록사항란에 출생사유, 인지사유 및 혼인중의 자 신분취득사유(병남과 을녀의 혼인 후에 인지의 재판이 확정됨으로써 정녀는 병남과 을녀의 혼인시부터 병남과 을녀의 혼인중의 자의 신분을 취득하였음), 국적취득사유가 순차로 각 기록될 것이다.

(2010. 5. 24. 가족관계등록과-1594 질의회답)

호적선례 200306-5

갑남은 을남과 병녀 사이의 혼인외 자인데 정남과 병녀 사이의 혼인중 자로 출생신고가 된 후 정남이 사망하자 호주승계신고를 받아 갑남을 호주로 하는 호적이 편제된 상태에서 생부인 을남을 상대로 인지판결(또는 조정조서)를 받은 경우 갑남의 호적을 정리하는 방법

1. 타인의 혼인외 자 갑남이 호적상 부를 상대로 친생자관계부존재확인판결을 받지 아니하고 바로 생부인 을남을 상대로 인지판결(또는 조정조서)을 받은 경우에는, 먼저 관할법원으로부터 인지판결(또는 조정조서)을 증거방법으로 정남의 호적에서 갑남을 말소하라는 호적정정허가를 얻어 관할 호적관서에 호적정정신청을 함으로써 갑남을 정남의 호적에서 말소하고, 모의 출생신고[이때 출생신고시 인지판결(또는 조정조서) 및 확정증명서(또는 송달증명서)를 첨부하여야

함]에 의하여 생모인 병녀의 호적에 혼인외 자로 입적(만일 갑남이 병녀의 호적에 입적할 수 없는 경우에는 출생신고시 신고서의 기타 사항란에 일가창립의 취지를 기재하여 갑남을 호주로 하는 일가창립의 신호적을 편제하여야 할 것임.)시키고 인지판결(또는 조정조서)에 의한 인지신고를 하여 갑남을 을남의 호적에 입적시키는 것이 통상의 절차이다.

2. 그러나 정남의 호적에 출생신고에 의하여 입적된 갑남의 호적이 잘못된 호적이라 하더라도 민법 제784조 제1항의 규정에 비추어 모인 병녀가 갑남을 부(부)인 정남의 동의하에 정남의 호적에 입적한 것으로 보아, 먼저 관할가정법원으로부터 인지판결(또는 조정조서)을 증거방법으로 갑남의 부(부)를 을남으로 하며, 갑남의 성과 본을 을남의 성과 본으로 정정하는 호적정정허가결정을 얻어 호적관서에 호적정정신청을 한 다음 인지판결(또는 조정조서)에 의한 인지신고에 의하여 현재 호적에서 갑남을 제적시키고 을남의 호적에 입적시켜 호적을 정리할 수 있을 것이다.

(2003. 6. 19. 호적 3202-234)

호적선례1-333

혼인외의 자를 혼인중의 자로 출생신고한 후 모가 다시 자기의 호적에 혼인외의 자로 출생신고 하여 2중호적이 되고 그 후 부가 인지신고를 하여 부의 호적에 2중으로 입적된 경우의 호적정정절차

가. 혼인외의 자에 대하여 부가 혼인중의 자로서 출생신고를 한 경우에는 인지의 효력이 발생하는 것이므로 그 후 다시 출생신고를 하거나 인지할 수는 없다. 따라서 혼인외의 자를 부가 혼인중의 자로 출

생신고한 후 모가 다시 자기의 호적에 혼인외의 자로 출생신고하여 2중호적이 되고 그 후 부가 인지신고를 하여 부의 호적에 이중으로 입적된 경우에 혼인외의 자의 모가 한 출생신고나 부의 인지신고는 모두 적법한 호적신고라 할 수 없으므로, 호적법 제120조에 정한 절차에 따라 관할법원의 허가를 얻어서 인지신고에 의하여 부의 호적에 2중으로 입적된 혼인외의 자의 기재를 말소할 수 있을 것이다.

나. 부의 출생신고에 있어서 혼인외 출생자를 혼인중 출생자로 잘못 신고한 것을 바로 잡기 위하여는 민법 및 가사심판법의 정한 절차에 따라 혼인외의 자 의 모나 혼인외의 자 등이 관할법원에서 호적상 모와의 친자관계부존재확인심판을 받아야 할 것이다. 82.12.21 법정 제422호

호적선례2-419

혼인외의 자가 모의 출생신고에 의하여 모가 호적에 입적된 다음 다시 부의 출생신고에 의하여 부가 호적에 입적됨으로써 이중호적자로 된 경우의 호적정리절차

혼인외의 자가 모의 출생신고에 의하여 모가 호적에 입적된 다음 다시 부의 출생신고에 의하여 부가호적에 입적됨으로써 이중호적자로 된 경우에는, 모의 출생신고가 부의 출생신고 보다 먼저 수리된 이상 모가입적의 호적기재는 정당한 것이므로 말소할 수 없고, 부가입적의 호적기재는 중복된 출생신고에 기하여 이루어진 이중호적으로서 위법한 것이므로 전부 말소되어야 하지만, 혼인외의 자에 대한 부의 출생신고는 인지의 효력을 가지는 것이고 그것이 중복된 출생신고라 하더라도 그에 따른 출생사유의 기재만을 할 수 없을 뿐이지 인지의 효력

발생까지 부정할 수는 없는 것이므로, 인지의 효력발생에 따른 부가입적 및 모가제적의 기재를 하여야 할 것이고(유루된 기재의 정정기입), 위 호적정정은 호적이 있는 곳을 관할하는 가정법원(지방법원 또는 지원포함)의 허가(비송 또는 직권)를 얻어, 부가에 입적된 자의 호적기재를 이중호적기재로서 전부 말소하고 (○년 ○월 ○일 ○○법원의 허가에 의하여 이중호적 말소(인)), 모가호적중 자의 신분사항란에 부 ○○○의 ○년 ○월 ○일자 인지의 효력있는 출생신고에 의하여 부가에 입적함에 따라 제적되는 사유를 기재함과 동시에 신호적란에 부가호적을 기재하고(○년 ○월 ○일 부 ○○○인지의 효력있는 출생신고로 제적, ○년 ○월 ○일 ○○법원의 허가에 의하여 기재(인), 부가호적중 부 ○○○의 신분사항란에 자에 대하여 인지의 효력있는 출생신고를 한 사유(○년 ○월 ○일 ○○○에 대한 인지의 효력있는 출생신고, ○년 ○월 ○일 ○○법원의 허가에 의하여 기재(인))를 기재하는 한편, 자의 호적을 모가호적으로부터 이기함과 동시에 부란 및 전호적란을 기재하고 그 신분사항란의 출생사유 다음에 부의 인지의 효력있는 출생신고에 의하여 입적되는 사유(○년 월 ○일 부 인지의 효력있는 출생신고, 성을 ○로, 본을 ○○으로 정정, ○년 ○월 ○일 ○○법원의 허가에 의하여 기재(인))를 기재하는 호적정정절차를 밟아야 할 것이다.

(89.9.7. 법정 제1369호 청주지방법원장 대 법원행정처장 질의회답)

호적선례4-50

혼인외의 자(자)인 피인지자가 생부인 인지자와 호적상 성(성)과

본이 다른 경우 그 생부의 대리인에 의한 인지신고 가능 여부

가. 혼인외 자의 모가 그 생부의 성과 본을 알고 있었음에도 생부 또는 모의 성과 본이 아닌 다른 성과 본을 기재하여 그 자에 대한 출생신고를 함으로써 생모의 호적에 그대로 입적된 상태에서 생부가 그 혼인외의 자를 인지하고자 하는 경우에는 인지신고서에 호적법 제29조, 동법 제60조 제1항의 사항 및 기타사항란에 그 자의 성과 본이 변경되는 사유를 기재하여 인지신고를 하게 되면, 그 자는 생부의 성과 본을 따라 생부의 호적에 입적될 수 있을 것이고, 첨부서류로는 인지신고시 친권을 행사할 자가 정하여 진 때(친권자 지정신고를 동시에 하는 때)에는 그 내용을 증명하는 서면(친권행사자 지정 심판서등본 및 확정증명서 또는 협의서 등)과 혼인외의 자가 타인의 출생자로 추정을 받는 자가 아닌 사실을 증명하는 서면{피인지자 출생 당시 모의 호(제)적 등(초)본, 공증서면 또는 2인 이상의 인우보증서 등}등을 첨부하여야 할 것이다.

나. 호적법상 창설적 신고는 대리에 의한 신고가 허용되지 아니함이 원칙이다. 특히 인지신고는 본인의 의사가 절대적 존중되어야 할 창설적 신고이므로 대리인으로 하여금 신고토록 할 수 없다.(1998. 8. 17. 법정 3202-291)

가족관계등록선례 200803-4

1991. 7. 9. 이전에 이루어진 부부공동입양에 있어서 양모와 양자의 가족관계등록부에 입양사유를 기재할 수 있는지 여부와 그 기재의 절차

가. 양부모공동입양임에도 불구하고 호적상 입양사유가 양부와 양자의

신분사항란에만 기재되고, 양자의 부모란에는 양부만 기재된 경우, 그 호적을 기초로 작성된 양부의 가족관계등록부상 가족관계증명서와 입양관계증명서에는 양자의 인적사항과 입양사유가, 양자의 가족관계등록부상 가족관계증명서와 입양관계증명서에는 양부의 인적사항과 입양사유가 기록되나 양모의 가족관계증명서와 입양관계증명서에는 양자의 인적사항과 입양사유가 기록되지 아니하게 되는바, 당사자를 비롯한 이해관계인은 등록기준지를 관할하는 시(구) · 읍 · 면의 장에게 제적부(호적용지로 작성된 제적부를 포함)를 첨부하여 양모와 양자의 가족관계등록부에 대한 직권정정을 신청할 수 있고, 그 신청을 받은 시(구) · 읍 · 면의 장은 가족관계의 등록 등에 관한 규칙 제60조 제2항 제1호를 준용하여 양모와 양자의 가족관계등록부에 입양사유를 직권으로 기록하고 이를 감독법원에 보고하여야 한다.

나. 한편, 1991년 민법개정(1990. 1. 13. 법률 제4199호) 이전에 이루어진 사후입양의 경우에도 양자는 사망한 전호주뿐만 아니라 그 유처(유처)와의 사이에서도 양친자관계가 창설되는 것은 양부모공동입양과 동일하므로, 당사자를 비롯한 이해관계인은 시(구) · 읍 · 면의 장에게 사후입양사유가 기재된 제적부(호적용지로 작성된 제적부를 포함)를 첨부하여 "양자와 양모의 가족관계등록부에 각각 양모와 양자를 기록하라"는 취지의 직권정정신청을 할 수 있다.(2008. 3. 17. 가족관계등록과-878 질의회답)

호적선례2-157

양부모가 모두 사망한 경우의 파양 가부

백부의 양자로 입양하여 호주상속을 한 자라 할지라도 파양할 수는 있으나, 양부모가 모두 사망하고 없으면 파양이 불가능하다. 91.5.29. 법정 제921호

호적선례3-240

양부가 사망한 경우 양모와 호주된 양자의 파양 가부 및 파양시 사망한 양부와의 양친자관계 소멸 여부

승계호주가 된 자라도 민법개정(민법 제898조 제2항 삭제, 1990. 1. 13. 법률 제4199호)으로 인하여 파양할 수 있고, 양친의 일방이 사망한 경우에는 생존한 양친 중 일방과 양자간의 협의로 파양할 수 있는 것이다. 그리고 양자가 파양한 때에는 양친자관계가 전부 소멸하는 것이므로 양자는 양친가에서 제적됨과 동시에 생가에 복적하여야 하나 파양한 양자가 배우자나 직계비속이 있는 경우에는 생가를 호주승계할 자가 아니면 신호적 을 편제하여야 한다. (1993. 3. 11. 법정 제483호)

호적선례3-47

혼인신고서에 흠결이 있어 접수를 보류하고 있는 중 당사자 일방의 반려요청이 있을 경우 반려할 수 있는지 여부

1. 호적법규상의 '접수'란 우편 또는 직접제출된 신고서류를 호적공무원이 수령하는 것을 의미하고 그 후 신고서에 접수인을 날인하고 접수장에 기재하는 등의 절차는 내부적인 사무처리절차에 불과하므로, 제출된 혼인신고서를 호적공무원이 수령하였다면 접수인을 날인하는 등의 내부적인 절차를 밟지 않았다 하더라도 접수의 효과는 발생하였

다 할 것이므로 어떠한 사유로도 이를 신고인 등에게 환부할 수는 없고, 지체없이 신고서에 접수인을 날인하는 등의 절차를 취한 후 그 수리여부를 결정하여야 할 것이다.

2. 혼인신고를 포함한 창설적 신고의 경우에는 신분행위의사의 합치와 신고의사가 신고서를 작성할 때에는 물론이고 제출, 접수, 수리할 때까지 계속되어야 하는 것이므로, 혼인신고서를 제출한 후 그 수리여부가 결정되기 전에 혼인당사자의 일방이 제출된 신고서류의 반려를 요청한다면, 반려를 구하는 자의 진정한 의사가 무엇인지를 확인하여 '혼인의사를 철회하였으므로 혼인신고를 수리하지 말아 달라'는 것으로 확인이 되거나 또는 '혼인신고의사를 철회'하는 것으로 확인이 된다면 그러한 혼인은 무효가 될 것이므로 불수리함이 상당할 것인바, 이 때에는 당사자의 진의를 확인하고 업무처리의 정확을 기하기 위하여 별도로 혼인신고 철회의 의사 등을 서면으로 제출토록 하여야 할 것이고, 제출된 신고서류는 불수리신고서류편철장에 편철하여야 할 것이다.(1996. 4. 16. 법정 3202-111)

가족관계등록선례 200906-3

혼인의 일방 당사자가 상대방 명의의 혼인신고서를 위조하여 일방적으로 혼인신고를 함으로써 공정증서원본등불실기재죄의 형사판결(약식명령)이 확정된 경우에 「가족관계의 등록 등에 관한 법률」 제105조에 의한 가족관계등록부 정정이 가능한지 여부

가. 가족관계등록부의 정정사항이 혼인의 무효와 같이 친족법상 또는 상속법상 중대한 영향을 미치는 사항이라면 「가족관계의 등록 등에 관한 법률」 제107조의 확정판결에 의하여 정정할 수 있음이 원칙이

고, 다만, 혼인 등 신고로 인하여 효력이 발생하는 행위에 관하여 가족관계등록부에 기록하였으나 그 행위가 무효임이 명백한 때에는 동법 제105조에 의하여 가족관계등록부를 정정할 수 있다.

나. 혼인이 유효하기 위해서는 당사자 사이에 혼인의사의 합치가 있어야 하므로 당사자 사이에 혼인의사의 합치가 없는 혼인은 무효인바, 여기서 혼인의사라 함은 사회관념상 부부라고 인정될 만한 정신적·육체적 결합을 생기게 할 의사를 말하므로 사안과 같이 혼인의 일방 당사자가 상대방 명의의 혼인신고서를 위조하여 일방적으로 혼인신고를 하여 이루어진 혼인은 상대방에게 혼인의사가 결여되었다고 인정되는 한 무효라 할 것이다.

다. 한편, 공정증서원본등불실기재죄는 공무원에 대하여 허위신고를 하여 공정증서원본 또는 이와 동일한 전자기록등 특수매체기록에 불실의 사실을 기재 또는 기록하게 함으로써 성립하는 범죄로서 사안과 같이 혼인의 일방 당사자가 상대방 명의의 혼인신고서를 위조하여 일방적으로 혼인신고한 경우에 위 죄의 성부와 관련하여 혼인신고를 할 당시에 당사자에게 실제로 혼인할 의사가 있었는지 여부가 당연히 심리되어야 할 사항이라 할 것인바, 공정증서원본등불실기재죄의 형사판결(약식명령)이 확정되었다면 결국 당사자 사이에 혼인의사의 합치가 없다는 점이 확인되었다고 할 것이다.

라. 따라서 혼인신고를 하여 가족관계등록부에 혼인사유를 기록하였으나 그 혼인의 일방 당사자가 상대방 명의의 혼인신고서를 위조하여 일방적으로 혼인신고를 함으로써 공정증서원본등불실기재죄의 형사판결(약식명령)이 확정되었다면 그 혼인은 혼인의사의 합치가 결여되어 무효라 할 것인바, 이와 같이 혼인의 무효임이 확정된 형사판

결(약식명령)에 의하여 명백한 때에는 굳이 혼인무효판결을 받을 필요 없이 형사판결 등 공증력 있는 자료를 소명자료로 하여 「가족관계의 등록 등에 관한 법률」 제105조에 의한 등록부정정이 가능하다고 할 것이다.(2009. 6. 15. 가족관계등록과-2108 질의회답)

호적선례1-147

혼인신고서에 날인된 혼인당사자 일방의 인장이 진정한 것이 아님이 확인되는 경우 그 혼인신고는 수리할 수 없다.

혼인당사자인 남자가 그 청원서에 날인한 인장이 날인되지 않은 혼인신고서가 제출되거나 본인이 직접 출석하여 신고하지 않을 때는 동인에 대한 혼인신고를 수리하지 말라는 내용의 청원서를 제출한 경우에, 혼인당사자인 여자가 위 청원서의 인장과 다른 남자의 인장이 날인된 혼인신고서를 제출하였다면 그 혼인신고서에 결혼사진이 첨부되어 있다하더라도, 혼인당사자 일방의 인장이 진정한 것이 아님이 인정된다 할 것이므로 그 혼인신고는 이를 수리할 수 없을 것이다.

81. 7.20 호적 제75호 종로구청장 대 서울가정법원장 질의회답

호적선례3-248

이미 사망한 사람들 사이에 영혼결혼식을 올려 준 후 제3자가 그들의 혼인신고서를 작성하여 제출한 경우 이를 수리할 수 있는지 여부

사람은 생존한 동안 권리와 의무의 주체가 되는 것이므로, 동일한 위난으로 사망한 남녀 사이에 친족들이 넋을 위로하기 위하여 영혼결혼식을 거행하여 주었다 하더라도 사망한 사람들 사이에는 법률상 혼인은 성립될 수 없는 것이며, 설사 그 사망한 자들에 대한 혼인신고를

제3자가 신고한 경우라 하더라도 그러한 혼인신고는 무효이므로 어떠한 사유로도 수리될 수 없는 것이다.(1993. 4. 27. 법정 제821호)

호적선례2-172

혼인신고를 하지 않은 남편과의 사이에 자를 출산하였으나 그 남편은 6·25 사변중 전사한 경우의 혼인신고 방법 등

6·25 사변중 사망한 남편과의 혼인신고는 혼인신고특례법이 정하는 바에 따라 그 남편의 최후 주소지를 관할하는 가정법원의 확인을 받아 혼인신고할 수 있고, 남편의 사망후에 태어난 자는 남편과 혼인신고가 이루어지더라도 혼인중의 자로 되지 못하므로 사망한 남편(검사를 피고로 함)을 상대로 인지심판을 받아야 그 남편의 자로 될 수 있다. 87.3.7. 법정 제227호 및 90.11.27. 법정 제1860호

호적선례2-171

사실혼관계에 있던 당사자 일방이 6·25사변 때 전사하고 다른 일방도 사망한 경우의 혼인신고 가부

사실상 혼인한 남편이 6·25 사변 때 전사한 경우 처가 생존해 있다면 전사한 남편의 최후 주소지를 관할하는 가정법원(지방법원 또는 지원)의 확인을 받아 혼인신고를 할 수 있으나 처도 이미 사망한 경우에는 법률상 혼인으로 인정받을 방법이 없다.(87.2.25. 법정 제235호)

가족관계등록선례 200906-5

갑남과 혼인중에 있는 을녀가 갑남의 호적에 입적기재되어 있으나 친가호적에 갑남과의 혼인사유의 기재가 누락되어 제적되지 아니한

것을 이용하여 병남과 다시 혼인신고를 함으로써 친가호적에서 병남과의 혼인사유로 제적되고 병남의 호적에 입적기재되어 중혼관계에 있다가, 갑남이 사망하고 병남과 이혼하여 중혼관계는 해소되었으나 병남과의 이혼 시 일가창립을 하여 이중호적 상태에서 2008. 1. 1.자로 이중등록부가 작성된 경우의 업무처리방법 및 절차

가. 혼인중에 있는 여자가 중혼을 한 경우에 관하여 구「호적예규」제478호는 중혼한 여자가 전혼가에서 중혼을 한 것으로 하고 후혼가에는 입적기재를 하지 않는 것으로 입장을 정리하여 구「호적예규」제374항을 폐지하고 중혼에 관한 호적사무를 위 예규에 따라 처리하도록 하였는바(동 예규는 중혼에 관한 호적기재가 위 예규와 다를 경우 직권정정절차에 의하여 정정하도록 규정하고 있음), 중혼으로서 후혼이 취소되기 전에는 전혼과 후혼 모두 유효하고, 전혼의 일방 당사자가 사망하여 전혼관계가 해소되더라도 혼인으로 인하여 형성된 신분관계가 소멸하는 것은 아니므로 사안의 경우도 구「호적예규」제478호의 취지를 참작하여 을녀가 친가가 아닌 갑남과의 전혼가에서 중혼을 하고 병남과의 후혼가에는 입적기재를 하지 않는 것으로, 병남과의 후혼 및 이혼 시점을 기준으로 하여 을녀의 친가 제적부, 전혼가 제적부, 후혼가 제적부 및 가족관계등록부 모두 감독법원의 허가를 받아 직권으로 정정함으로써 이중호적(제적) 및 이중등록부를 정리함이 적절할 것이다.

나. 다만, 가족관계등록제도가 시행되면서 국민의 신분사항을 기록하여 공증하는 현재의 공부는 가족관계등록부라는 점, 만일 제적부 정정 시 제적부를 부활한다면 당해 제적부를 기초로 작성되었던 가족관계등록부를 모두 폐쇄하고 새로이 호적부를 부활편제하여 정정사

유를 기재한 후 이를 기초로 가족관계등록부를 다시 작성하여야 하므로 정정이 필요한 사건본인 외에 정정내용과 무관한 다른 가족의 가족관계등록부도 폐쇄하고 재작성하는 불편과 비효율이 초래될 수밖에 없다는 점 등에 비추어 제적부를 부활함이 없이 정정함이 타당하다고 할 것인바, 구체적인 절차는 다음과 같이 하면 될 것이다. ① 친가의 제적부 정정과 관련하여 친가 제적부의 을녀의 신분사항란에 기재된 병남과의 혼인·제적사유를 말소하고, 갑남의 본적지(을녀가 입적할 본적지)를 특정하여 갑남과의 혼인·제적사유를 정정기재하며, ② 전혼가의 제적부 정정과 관련하여 전혼가 제적부의 을녀의 신분사항란에 병남과의 혼인사유 또는 혼인 및 이혼사유를 각 정정기재하고, ③ 후혼가의 제적부 정정과 관련하여 후혼가 제적부의 병남의 신분사항란에 기재된 을녀와의 혼인사유를 을녀의 호적(제적)이 전혼가에 있다는 취지로 정정기재하고, 을녀의 입적기재를 전부 말소하며, ④ 후혼가에서 병남과 이혼하면서 일가창립한 신호적(제적) 및 그에 기하여 작성된 가족관계등록부는 호적(제적)기재 및 등록부기록 자체로 보아 명백한 이중호적(제적) 및 이중등록부로서 이를 말소 및 폐쇄하고, ⑤ 전혼가의 호적(제적)에서 작성된 을녀의 가족관계등록부에 병남과의 혼인 및 이혼사유를 정정기록하고 특정등록사항란의 배우자란에 갑남의 성명을 그 옆에 '사망' 표시를 하여 정정기록한다.

(2009. 6. 25. 가족관계등록과-2206 질의회답)

가족관계등록선례 200911-1

배우자가 있는 갑남이 원래의 호적 외에 북한에 원적이 있는 것으로 하여 역시 북한에 원적이 있는 을녀와 이미 혼인신고를 마친 법률상 부부로 을녀와 함께 법원의 취적허가를 받아 이중호적을 편제하여 중혼관계에 있다가 을녀와 협의이혼 후 병녀와 혼인하고 다시 병녀와 협의이혼한 상태에서 2008. 1. 1.부로 이중가족관계등록부가 작성되고 그 후 사망하여 취적한 본적지에서 작성된 가족관계등록부에 사망기록이 된 경우, 이중호적(제적) 및 이중가족관계등록부를 정리하는 방법

가. 위법한 이중호적(제적)을 말소하거나 이중가족관계등록부를 폐쇄하여 본래의 호적(제적)이나 가족관계등록부로 단일화하기 위한 경우에 그 정정으로 인하여 신분관계에 중대한 영향을 미치는 사항이 정정되는 경우에는 법원의 허가에 의한 간이한 정정절차에 의할 수 없고 확정판결에 의하여서만 정정할 수 있다.

나. 사안에서 이중호적(제적) 및 이중가족관계등록부상의 갑남이 동일인으로서 갑남과 을녀 및 병녀(특히 을녀)가 실제로 혼인신고를 하여 혼인이 성립하였던 경우라면 비록 중혼이라 하더라도 혼인취소판결에 의하여 취소되지 아니한 이상 유효한 혼인이고 이미 이중호적(제적) 및 이중가족관계등록부를 통하여 중혼관계에 있기 때문에 위법한 이중호적(제적) 및 이중가족관계등록부를 말소 및 폐쇄하고 말소 및 폐쇄할 호적(제적) 및 가족관계등록부의 혼인기재 · 기록을 존치할 호적(제적) 및 가족관계등록부에 이기하여 중혼의 기재 · 기록이 된다 하더라도 신분관계에 중대한 영향을 미친다고 할 수 없으므로 이해관계인이 이중호적(제적) 및 이중가족관계등록부상의 갑남이 동일인임을 소명하여 관할 가정법원의 제적부정정허가 및 가족관계등록부정정허가를 받아 정정신청을 함으로써 이중호적(제적) 및 이중가족관계등록부를 말

소 및 폐쇄하고, 말소 및 폐쇄할 호적(제적) 및 가족관계등록부 중 을녀와의 혼인 · 이혼과 그 사이에서 출생한 자녀에 대한 기재 · 기록, 병녀와의 혼인 · 이혼과 그 사이에서 출생한 자녀에 대한 기재 · 기록 및 갑남의 사망기록을 각 존치할 호적(제적) 및 가족관계등록부에 이기함으로써 이중호적(제적) 및 이중가족관계등록부를 정리하면 될 것이다. 이때 병녀의 친가 호적(제적)에서 혼인으로 제적된 기재 중 '입적 또는 신호적' 란, 갑남과의 이혼으로 일가창립한 을녀 및 병녀의 호적(제적) 기재 중 '전호적' 란, 혼인으로 제적된 자녀의 분가 또는 혼가 호적(제적) 기재 중 '전호적' 란을 각 존치할 호적(제적)의 본적지로 정정하라는 취지의 제적부정정허가 및 말소할 호적(제적)을 기초로 그 본적지를 등록기준지로 하여 가족관계등록부가 작성된 자녀의 최초 등록기준지를 존치할 호적(제적)의 본적지로 정정하라는 취지의 가족관계등록부정정허가를 함께 받아 정정하는 한편, 이미 사망신고로 폐쇄된 갑남의 이중가족관계등록부는 그 폐쇄사유를 정정하고 사망기록을 존치하는 가족관계등록부에 이기함에 따라 사망을 사유로 존치 가족관계등록부를 폐쇄하면 될 것이다.

다. 다만, 갑남과 을녀가 이미 혼인신고를 마친 법률상 부부인 것으로 취적허가를 받아 갑남의 이중호적이 편제되었는바, 실제로는 적법한 혼인신고가 없었음에도 이미 혼인신고를 마친 법률상 부부인 양 가장하여 취적허가를 받아 이중호적(제적)이 편제되고 이를 기초로 이중가족관계등록부가 작성된 경우라면 그 이중호적(제적) 및 이중가족관계등록부상 기재 · 기록되어 있는 혼인은 무효이고, 이와 같이 적법한 혼인신고 없이 호적(제적) 및 가족관계등록부에만 기재 · 기록된 무효인 혼인은 존치할 호적(제적) 및 가족관계등록부에 이기할 수 없기 때문에 법원의 허가에 의한 간이한 정정절차에 의하여 이중호적(제적) 및 이중가족관계등록부를 말소 및 폐쇄한다면 이중호적(제적) 및 이중가족관계등록부상의 혼인기재가 말소된 당사자의 신분관계에 중대한 영향을 미치게 되므로 법원의 확정판결에 의해서만 이중호적(제적) 및 이중가족관계등록부를 정리할 수 있다. 따라서 이러한 경우에는 먼저 갑남과 을녀의 혼인 및 이혼에 대하여 혼인무효 및 이혼무효의 각 확정판결을 받아 정정신청을 함으로써 양 당사자의 호적(제적) 및 가족관계등록부의 혼인 및 이혼에 관한 기재 · 기록을 모두 말소하고, 갑남과 을녀 사이에서 출생한 자녀를 갑남이 출생신고하여 인지의 효력이 있는 경우에는 그 자녀를 혼인외의 출생자로 정정하며, 갑남과의 이혼으로 일가창립한 을녀의 호적(제적)을 말소하고 최초 취적허가를 받은 본적지에 신호적을 편제함과 동시에 법률 제8435호로 제적하는 한편 현재 을녀의 가족관계등록부의 최초 등록기준지를 위 본적지로 정정한 다음 이해관계인이 이중호적(제적) 및 이중가족관계등록부상의 갑남이 동일인임을 소명하여 관할 가정법원의 제적부정정허가 및 가족관계등록부정정허가를 받아 정정신청을 함으로써 위 정정된 이중호적(제적) 및 이중가족관계등록부를 말소 및 폐쇄하고 말소 및 폐쇄할 호적(제적) 및 가족관계등록부 중 갑남과 을녀 사이에서 출생하고 갑남이 출생신고한 자녀에 대한 기재 · 기록을 각 존치할 호적(제적) 및 가족관계등록부에 이기함으로써 이중호적(제적) 및 이중가족관계등록부를 정리하면 될 것이다(기타 정정사항은 위 나.항 참조).(2009. 11. 2. 가족관계등록과-3814 질의회답)

호적선례3-636

혼인중에 있는 여자가 사실혼관계에 있는 다른 남자와 혼인을 한 것처럼 가장하여 취적을 한 경우 호적정리절차

혼인중에 있는 여자가 혼가에서 가출하여 무적자인 양 가장하여 북한에 호적을 가졌던 사실혼관계에 있는 부(부)와 동시에 취적을 하면서 혼인신고를 한 사실이 없음에도 불구하고 부모의 성명 등을 허위로 하여 이미 혼인한 것처럼 부(부)의 호적에 취적입적됨으로써 그 여자가 이중호적으로 되어 있는 경우라면, 혼인신고 없이 호적에만 기재된 혼인은 무효이므로 일단은 관할법원에서 혼인무효판결을 받아 그에 기한 호적정정신청을 하여 잘못 기입된 혼인사유를 말소하여야 하고, 아울러 새로 취적한 그 여자의 호적은 착오로 잘못된 이중호적이므로 이중호적을 말소하라는 법원의 호적정정허가를 받아 호적정정신청을 함으로써 이중호적을 말소할 수 있을 것이다.(1992. 8. 19. 법정 제1398호)

가족관계등록실무 II권

호적선례3-297

협의이혼신고의 신고기간의 기산일과 만료일 등(일부변경)

시 · 구 · 읍 · 면의 장 등이 신고서류를 접수할 때에는 지체없이 그 수리여부를 결정하여야 하며, 신고서류를 심사하기 위하여 필요한 때에는 호적의 등 · 초본이나 기타서류를 제출하게 할 수 있고, 신고를 수리 또는 불수리한 경우에 접수장의 수리사항란에 그 취지와 일자를 기재해야 하는바, 위에서 신고서류를 "접수할 때"란 관련신고서류를 위 시 · 구 · 읍 · 면의 장이 직접 교부받은 날을 의미하므로, 1994. 8. 1. 서울가정법원으로부터 협의이혼의사확인을 받은 사람은{그 확인을 받은 날(초일산입)인 94. 8. 1.부터 3월 이내에 협의이혼신고를 하여야 하므로} 1994. 10. 31.까지 위 신고서류가 시 · 구 · 읍 · 면의 장에게 접수되어야 한다.(1995. 3. 13. 법정 3202-113)

호적선례3-326

친권행사자가 친권을 행사할 수 없는 경우의 후견인의 순위

친권행사자로 지정된 부(부)가 사망하여 친권을 행사할 수 없는 경우에도 모(모)가 있을 때에는 후견이 개시되지 않는다. 다만, 모(모)가 행방불명 등으로 친권을 행사할 수 없는 경우에는 후견인이 될 사람이 친권자의 행방불명을 증명하는 서면(예컨대, 직권말소된 주민등록표등본 및 통반장 작성의 확인서 등)을 첨부하여 후견개시신고를 하여야 할 것이며, 그때 후견인이 될 사람은 미성년자의 직계혈족, 3촌 이

내의 방계혈족 순이 되고(민법 제932조), 동순위의 직계혈족이 수인인 경우에는 그들 중 연장자가 선순위로 후견인이 되며(민법 제935조 제1항), 이때 직계혈족이라 함은 부(부)계이거나 모(모)계이거나 관계 없을 것이다. (1995. 5. 12. 법정 3202-235)

호적선례3-324

미성년자의 후견인의 순위

미성년자에 대한 후견인은 친권을 행사하는 부모가 유언으로 지정하지 아니하였다면, 미성년자의 직계혈족, 3촌 이내의 방계혈족 순위로 후견인이 되는 것이며, 미성년자의 외조모와 삼촌만이 있는 경우에는 모의 직계혈족인 외조모가 방계혈족인 삼촌보다 우선하여 후견인 자격이 있다. (1993. 10. 12. 법정 제1997호)

호적선례4-87

인정사망처리 관련 절차

가. 시신을 못 찾았을 경우 민법 제27조의 처리대상인지 아니면 호적법 제90조의 적용대상인지 여부

_ 민법 제27조의 실종선고는 사망의 개연성이 상당히 높다고 할 수 있는 경우에 생사불명인 채로 제도적으로 사망을 의제하는 것인데 대하여, 호적법 제90조의 인정사망은 사망의 확증은 없으나 주위의 상황으로부터 사망이 확실하다고 할 수 있는 경우에 호적상 사망의 기재를 하기 위한 절차적인 특례로서 사망추정적 효과를 인정하는 것인바, 인정사망이라는 제도를 두고 있는 취지는 사변으로 인하여 사체의 발견 등 사망의 확증은 없으나 주위의 상황으로부터 사망이

확실하다고 할 수 있는 경우에는 통상의 사망신고가 곤란하기 때문에 이를 조사한 관공서의 사망보고에 의하여 호적상 사망의 기재를 하기 위한 것이므로, 조사한 관공서가 이에 해당한다고 판단한 때에는 사망의 보고를 하여야 할 것이다. 다만 인정사망 후에도 사망으로 간주되는 효과를 인정받기 위하여 다시 실종선고의 절차를 밟을 수 있을 것으로 사료되나, 그 인정 여부는 당해 사건을 심리하는 법원에서 판단할 사항이다.

나. 호적법 제90조의 적용대상이라고 할 때, 유족의 의사에 반하여 직권처리하여야 하는 것이 옳은지 아니면 유족의 의사를 존중하여 직권처리를 보류 또는 중지해야 하는지 여부

_ 호적법 제90조에는 "사변으로 인하여 사망한 자가 있는 경우에는 그를 조사한 관공서가 사망의 보고를 하여야 한다." 라고 규정하고 있으므로, 조사한 관공서가 사망의 확증은 없으나 주위의 상황으로부터 사망이 확실하다고 판단한 때에는 유족의 의사에 관계없이 사망의 보고를 하여야 할 것이다.

다. 개별적으로 사망신고를 완료한 유족들이 호적부에 사망원인을 추가로 기재하는 호적정정을 요구하고 있는바, 이에 관한 절차

_ 통상의 사망신고에 있어서 사망원인은 신고서의 기재사항이 아니고(호적법 제87조 제2항), 호적기재사항도 아니므로, 사망원인을 추가로 기재하는 호적정정은 할 수 없다.(1997. 9. 11. 법정 3202-287 내무부장관 대 법원행정처장 질의회답)

호적선례4-88

항공기 사고에 따른 호적관련 처리절차

가. 호적법 제90조에 의해 조사 관공서가 사망자의 본적지 시(구)·읍·면의 장에게 보고하여야 할 대상자는 「시신 미확인 사망자」만 한정하는 것인지 아니면 「시신 확인 사망자」도 포함되는지 여부

_ 호적법 제90조는 수난, 화재, 기타 사변으로 인하여 사망한 자가 있는 경우에는 통상의 사망신고를 기대하기 곤란하고, 또한 신고보다는 이를 조사한 관공서의 자료에 의하는 것이 정확하다는 취지에서 조사 관공서에게 사망의 보고의무를 지우고 있는 것으로, 사체가 발견된 경우에는 물론이고 사변으로 인하여 사체의 발견 등 사망의 확증은 없으나 사망이 확실하다고 인정되는 자에 대하여도 호적상 사망의 기재를 하기 위하여 조사 관공서가 사망을 인정하여 보고할 수 있도록 한 것이므로, 사변으로 인하여 사망한 자로서 사체가 발견된 자는 물론이고 사체의 발견 등 사망의 확증은 없으나 조사한 관공서가 사망이 확실하다고 판단한 자에 대하여도 호적법 제90조에 의하여 조사 관공서가 사망의 보고를 하여야 하는 것이다.

나. 「신원 확인 사망자」에 대하여도 조사 관공서가 사망자의 본적지로 사망의 보고를 한다면 「 호적법 제90조의 기재례」에 따라 호적정정이 가능한지 여부

_ 신원 확인 사망자에 대하여 신고의무자가 개별적으로 사망신고를 하여 이미 수리되었다면 조사 관공서는 호적법 제90조의 규정에 의한 사망보고를 할 필요가 없으며(대법원 호적예규 제74호), 사망보고를 하여도 호적법 제90조의 기재례에 따라 호적정정이 되는 것은 아니다.

다. 「시신 미확인 사망자」의 경우 호적법 제90조에 의한 조사 관공

서의 보고에 의하지 않고 유족이 개별적으로 사망신고를 하였다면 그것이 적법한 신고가 될 수 있는지 여부

_ 시신 미확인 사망자에 대하여 조사 관공서가 사망보고를 하지 않고 유족이 개별적으로 사망신고를 하였더라도 사망신고서에 사망의 사실을 증명하는 서면(진단서, 검안서, 관공서가 작성한 사망증명서, 인우인 2인 이상이 작성한 사망증명서 등)을 첨부한 때에는 호적공무원은 이를 적법한 신고로 보고 수리하여야 한다.

라. 「시신 확인 사망자」의 유족이 우리 나라 영사관(주 아가나 총영사관)이 발행한 사망확인서가 아니고 외국정부(괌정부)가 발행한 사망확인서를 첨부하여 신고하였다면 적법한 것인지 여부

_ 사망신고를 할 때에는 진단서 또는 검안서를 사망신고서에 첨부하여야 하나, 부득이한 사정으로 인하여 그러한 진단서나 검안서를 얻을 수 없는 때에는 사망의 사실을 증명하는 서면의 하나로 외국의 관공서에서 발급하는 사망사실의 증명서면을 사망신고서에 첨부하여 사망신고를 할 수 있다. _ (1997. 10. 17. 법정 3201-333 내무부장관 대 법원행정처장 질의회답)

호적선례3-183

우리나라 국민이 외국에서 출생한 경우 출생신고서 및 호적부에 출생의 연월일시를 현지시각으로 기재하여야 하는지 아니면 한국시각으로 환산하여 기재하여야 하는지 여부

_ 우리나라 국민이 외국에서 출생한 경우 호적부상의 출생란에는 현지시각을 한국시각으로 환산하여 정하여지는 일자를 기재하여야 하고, 신분사항란에 현지시각을 별지 기재례와 같이 기재하여야 할 것이

다.따라서 출생신고서에는 현지시각 및 현지시각을 한국시각으로 환산하여 정하여지는 출생일을 함께 기재하도록 함이 원칙이나, 출생신고서에 현지시각만이 기재된 경우에도 출생신고서를 수리한 호적관서에서 세계 각 지역의 시차대조표(별표 세계 각지역의 표준시 참조)에 의하여 현지시각을 한국시각으로 환산하여 출생일을 정할 수 있으므로 현지시각만을 기재하여도 무방하다 할 것이다.그러나 출생을 제외한 사망 등 나머지 호적신고사건이 외국에서 발생한 경우 호적부상에는 신고사건 발생시각을 현지시각으로 기재하여야 할 것이며, 이 경우 호적신고서에는 현지시각을 기재하도록 하여야 할 것이다. _ (1995. 10. 21. 법정 3202-469 서울지방법원 북부지원장 대 법원행정처장 질의회답)

가족관계등록선례 200801-1

외국에서의 출생(사망)연월일은 기재되어 있으나 그 현지시각이 기재되어 있지 아니한 외국 발행의 출생(사망)증명서를 첨부한 출생 또는 사망신고서의 수리여부

가. 우리나라 국민이 외국에서 출생한 경우에는 가족관계등록부상 특정등록사항란의 출생연월일란에는 현지시각을 한국시각으로 환산하여 정하여진 일자를 기록하여야 하고, 일반등록사항란의 출생사유에는 현지시각을 기록하여야 한다. 그러나 출생을 제외한 사망 등 나머지 신고사건이 외국에서 발생한 경우에는 현지시각을 신고사건의 발생시각으로 기록하여야 한다.

나. 시(구) · 읍 · 면의 장이 외국에서 출생한 우리나라 국민에 대한 출생신고서나 사망신고서를 접수할 때에는 그 신고서 및 증명서상에

현지시각의 기록여부를 조사하여야 하고 조사결과 이에 관한 기록이 누락되어 있는 경우에는 이를 추완하도록 신고인에게 최고(권고)한다.

다. 출생신고서에는 현지시각이 기재되어 있으나 첨부한 출생증명서에는 현지시각이 기재되어 있지 아니한 경우에 시(구) · 읍 · 면의 장이 그 추완을 최고(권고)할 수 없거나 최고(권고)하여도 신고인이 첨부한 증명서상 현지시각을 보완할 수 없는 때에는 그 신고대로 수리하여 신고서에 기재된 현지시각에 따라 기록할 수밖에 없으나, 출생증명서뿐만 아니라 출생신고서에도 현지시각이 기재되어 있지 않은 때에는 이를 수리할 수 없다.

라. 한편, 사망신고서와 사망증명서에 사망한 현지시각이 모두 기재되어 있지 아니한 경우, 시(구) · 읍 · 면의 장이 그 추완을 최고(권고)할 수 없거나 최고(권고)하여도 신고인이 첨부한 증명서상 현재시각을 보완할 수 없는 때에는 이를 그대로 수리하여도 무방하다. _ (2008. 1. 15. 가족관계등록과-171 질의회답)

호적선례5-132

사망한 자의 채권자도 사망신고를 할 수 있는지 여부 및 사체검안서의 복사본도 사망을 증명하는 서면으로 볼 수 있는지 여부

가. 사망신고인이 호적법 제88조에 규정된 신고의무자 또는 신고적격자에 해당되지 않는 경우의 사망신고는 수리할 수 없으나, 대법원 호적예규 제319호의 규정에 의하여 사망한 자의 채권자 등 이해관계인도 사망진단서 기타 사망의 사실을 증명하는 서면을 첨부한다면 사망신고를 할 수 있을 것이다.

다만, 그 경우의 사망신고는 호적신고로 수리되는 것은 아니므로, 시(구) · 읍 · 면장이 그 첨부서면을 자료로 하여 호적법 제43조, 동법 제22조 제2항에서 규정한 절차에 따라 사건본인의 호적을 정리할 것이다.

나. 호적신고서에 첨부하는 모든 서류는 원본이어야 함이 원칙이므로 사망신고서에 첨부하는 사체검안서도 원본이어야 할 것이나 부득이 한 사정으로 인하여 그 원본을 얻을 수 없다면, 호적관서에 제출하는 사본의 여백에 그 사본이 원본의 내용과 틀림이 없다는 원본작성자의 인증(그 직명과 성명을 기재하고 날인하여야 함)을 받아 사망을 증명하는 서면으로 제출할 수 있을 것이며, 이때 그 사망신고서에는 검안서의 원본을 얻지 못한 사유를 기재하여야 한다.

하지만 원본작성자의 인증이 없는 단순한 사체검안서의 복사본은 사망을 증명하는 서면으로 볼 수 없을 것이다. (2001. 10. 10. 법정 3202 - 407)

가족관계등록선례 200811-3

의사 명의의 사망진단서나 사체검안서를 첨부할 수 없는 부득이한 경우에 사망신고서에 첨부하여야 하는 사망증명서를 작성할 수 있는 증명인(인우보증인)의 요건

_ 사망증명서를 작성할 수 있는 증명인은 사망자의 사망사실을 알고 있는 사람으로서 사망한 사실을 직접 목격하거나 사망자의 시신을 확인한 사람이어야 하므로 사망자의 사망 당시에 11세 내지 12세였고 사망자의 사망사실을 직접 목격하거나 시신을 확인한 바 없이 남에게 들어서 즉, 전문(전문)으로 알고 있는 사람은 사망증명서를 작성할 수

없다. (2008. 11. 24. 가족관계등록과-3799 질의회답)

호적선례2-239

알지 못하는 인우보증인의 보증서를 첨부하여 사망신고를 한 경우의 효력

호적법상 사망신고를 함에 있어서는 사망의 사실이 확인된 경우 진단서, 사체검안서 등 사망사실을 소명하는 증명서를 첨부하거나 사망사실을 아는 인우보증인(2인)의 보증서를 첨부하도록 되어 있으며, 사망사실이 확인되지 않는 경우에는 관할 가정법원으로부터 실종선고를 받아 그 신고를 함으로써 사망에 준하는 법률효과가 발생한다. 만약 사망사실이 확인되지 않은 상태에서 사망신고를 하였다면 비록 사망신고서에 사망사실을 알지 못하는 인우보증인의 보증서를 형식적으로 첨부한 경우라고 할지라도 그 사망신고는 무효라 할 것이다. (92.1.14. 법정 제64호)

호적선례4-92

사망신고의 신고인이 사망한 사실을 증명하는 서면의 인우보증인이 될 수 있는지 여부

_ 사망신고시 진단서나 검안서를 첨부하여야 하나 부득이한 사정으로 인하여 이를 얻을 수 없을 때에는 사망한 사실을 증명할 만한 서면으로 이에 갈음할 수 있으며, 그 서면의 하나로 2인 이상의 인우보증서를 들 수가 있는데, 이 서면의 인우보증인은 사망신고인 이외의 사람을 뜻하는 것이라고 보아야 하므로 신고인은 인우보증인이 될 수 없다. (1998. 9. 19. 법정 3202-337)

가족관계등록선례 201010-2

「진실· 화해를 위한 과거사정리 기본법」에 근거하여 설치된 '진실· 화해를 위한 과거사정리위원회' (이하 '진실화해위원회' 라 함)가 위 법률 제2조 소정의 진실규명 범위에 해당하는 사건을 조사한 결과 진실규명사건 피해자의 사망사실을 확인한 내용의 진실규명결정을 한 경우, 위 결정문을 "사망의 사실을 증명할 만한 서면" 으로 첨부하여 진실규명사건 피해자에 대한 사망신고를 할 수 있는지 여부

가. 「진실·화해를 위한 과거사정리 기본법」에 의하면 진실화해위원회는 조사대상사건의 진실규명을 위한 조사업무를 독립하여 수행하고 진실규명을 위한 조사방법으로 다양한 조치를 취할 수 있으며, 국가 및 정부는 이러한 조사결과 규명된 진실에 따라 피해자 등의 피해 및 명예의 회복을 위한 노력과 적절한 조치를 취할 의무가 있는바, 진실화해위원회의 설치근거와 그 목적, 역할, 조사방법 및 국가와 정부의 규명된 진실에 대한 의무 등에 비추어 볼 때 진실화해위원회가 적법하게 조사하고 수집한 관련 자료를 바탕으로 진실규명사건 피해자의 사망사실을 확인한 진실규명결정을 하였다면 동 결정에 의하여 진실규명사건 피해자의 사망사실이 증명되었다고 할 것이다.

나. 따라서 진실규명사건 피해자의 진단서나 검안서를 얻을 수 없는 부득이한 사정이 있는 경우는 사망신고의무자 또는 사망신고적격자가 진실규명사건 피해자의 사망사실을 확인한 진실화해위원회의 진실규명결정문을 "사망의 사실을 증명할 만한 서면" 으로 첨부하여 사망신고를 할 수 있다고 할 것이다. (2010. 10. 11. 가족관계등록

과-2977 질의회답)

호적선례4-95

육군참모총장 명의의 전사확인서를 "사망의 사실을 증명할 만한 서면"으로 첨부하여 사망신고할 수 있는지 여부

_ 군인이 전투, 기타 사변으로 사망하여 각군 참모총장 기타 부대장 명의로 작성한 전사확인서는 호적법 제87조 제3항의 "사망의 사실을 증명할 만한 서면"에 해당한다고 볼 수 있다. 따라서 부득이한 사유로 진단서 또는 검안서를 얻을 수 없는 경우에는 육군참모총장 명의의 전사확인서를 첨부하여 사망신고를 할 수 있을 것이다. _ (2001. 1. 15. 법정 3202-5)

호적선례4-97

일본 후생성 사회·원호국에서 발행한 사망사실의 증명서면을 "사망사실을 증명할 만한 서면"으로 첨부하여 사망신고할 수 있는지 여부

사망신고서에는 진단서 또는 검안서를 첨부하여 하여야 하나, 부득이한 사정으로 인하여 진단서나 검안서를 얻을 수 없는 때에는 호적법 제87조 제3항에 의하여 사망의 사실을 증명할 만한 서면으로써 갈음할 수 있는데, 일제치하에서 징용되어 사망한 경우에 일본국 정부에서 발행한 사망사실의 증명서면은 유력한 "사망의 사실을 증명할 만한 서면"에 해당한다고 할 수 있으므로 일본국 후생성 사회·원호국에서 발행한 사망사실의 증명서면을 첨부하여 사망신고할 수 있을 것이다. (2001. 3. 7. 법정 3202-96)

호적선례5-136

정부기록보관소에 보관중인 재무부에서 작성된 피수용자사망자연명부 및 일본 군부대가 작성한 부대원명부에 사망으로 기재된 자를 사망처리하여 호적에 기재할 수 있는지 여부

정부기록보존소에 보관중인 재무부에서 작성된 피수용자사망자연명부 및 일본군부대가 작성한 조선인 명부에 사망자의 이름, 출생연월일, 사망장소, 본적지, 부(부)의 성명, 사망일시 등이 특정되어 있고 이 서류는 일본군부대 및 재무부에서 작성된 공적인 서류라 할 수 있을 것이므로, 호적법 제87조 제3항의 "사망의 사실을 증명할 만한 서면"에 해당한다고 볼 수 있을 것이다. 따라서 부득이한 사유로 진단서 또는 검안서를 얻을 수 없는 경우에는 위와 같은 서류를 첨부하여 사망신고를 할 수 있을 것이다. (2003. 4. 7. 호적 3202 - 124)

호적선례6-93

중국에서 사망한 한국인에 대해서 중국의 공안당국이 발급하고 중국주재 한국영사관이 공증한 '외국인시신이동증(한국어 번역문 포함)'을 부득이한 경우에 사망진단서나 사체검안서에 갈음할 수 있는 '사망의 사실을 증명할 만한 서면'으로 인정할 수 있는지 여부(적극)

비록 위 '외국인시신이동증'의 비고란에 "본 증명은 외국인 시신 이동 및 장례부분에 적용되며, 별도 시신처리의 경우에는 외국인사망증이 필요함"이라는 취지의 기재가 있다고 하여도 사망자의 인적사항, 사망원인, 사망장소 및 사망시간 등이 상세히 기재되어 있을 뿐만 아니라 중국의 공안당국이 발행하고 한국영사관이 공증함으로써

문서의 형식적 진정성립 및 그 내용의 진정성이 강하게 추정되므로 외국인사망증과 마찬가지로 호적법 제87조 제3항에서 규정하는 "사망의 사실을 증명할만한 서면"으로 인정할 수 있다. (2007. 8. 28. 호적과-3009 질의회답)

가족관계등록선례 200808-8

2008. 1. 1. 이전에 육군규정 142-1호에 따라 군 복무 중 행방불명된 자에 대하여 육군참모총장이 발행한 사망확인증을 첨부한 사망신고의 효력과 군 복무 중 행방불명된 자를 가족관계등록부상 사망한 것으로 처리하기 위한 방법

가. 군인이 전투, 기타 사변으로 사망하여 각군 참모총장이나 부대장 명의로 작성한 전사확인서는 구 「호적법」(2008. 1. 1. 법률 제8435호로 폐지되기 이전의 것, 다음부터 같음) 제87조제3항의 "사망의 사실을 증명할 만한 서면"에 해당하나, 육군참모총장이 육군규정 142-1호 제20조제1항다목에 따라 군 복무 중 1년 이상 행방불명된 자에 대하여 그 사망사실을 확인함이 없이 전사망자에 대한 처리에 준하여 발행한 사망확인증은 사망의 사실을 증명할 만한 서면에 해당한다고 볼 수 없다. 따라서 군 복무 중 행방불명자가 그와 같은 사망확인증을 첨부한 사망신고로 호적에서 제적된 경우에는 사건본인을 비롯한 이해관계인이 그 호적이 있는 곳을 관할하는 가정법원에 "사건본인의 제적을 부활하여 사망으로 제적된 사건본인의 사망사유를 말소하고 이를 기초로 사건본인의 가족관계등록부를 작성한 다음, 부활한 호적을 제적(말소)하라"는 취지의 허가신청을 하여 허가결정의 등본을 받은 날부터 1개월 이내에 그 등본을 첨부하여 호적의 정정을

신청하여야 한다.

나. 한편, 군 복무 중 행방불명되어 5년 이상 생사가 불명인 부재자에 대해서는 이해관계인 또는 검사가 부재자의 최후주소지를 관할하는 가정법원에 실종선고의 심판을 청구하고 부재자에 대한 실종선고를 받아 재판이 확정된 날로부터 1개월 이내에 재판서등본 및 확정증명서를 첨부하여 실종선고의 신고를 하여야 부재자가 그 가족관계등록부상 사망한 것으로 처리할 수 있다. _ (2008. 8. 26. 가족관계등록과-2654 질의회답)

호적선례6-87

신고의무자 또는 신고적격자가 사망자에 대한 사망신고를 하지 아니하는 경우, 시(구)·읍·면의 장이 사망자의 '사망사실이 기재된 주민등록 말소자등본'을 근거로 직권으로 사망자의 호적에 사망기재를 할 수 있는지 여부(소극)

가. 사망신고는 사망당시에 사망자와 동거하던 친족이 사망의 사실을 안 날로부터 1월 이내에 사망진단서 또는 사체검안서를 첨부하여 이를 하여야 하나, 사망자의 호주·친족·동거자 또는 사망장소를 관리하는 사람도 할 수 있다. 이 때, 부득이한 사정으로 신고인이 사망진단서나 사체검안서를 얻을 수 없는 경우에는 사망신고서에 그 사유를 기재하고 사망의 사실을 증명하는 서면으로써 이에 갈음할 수 있다(호적법 제87조, 제88조 참조).

나. 그러나 사망신고인이 호적법 제88조에서 규정하는 사람이 아닌 경우에는 시(구)·읍·면의 장이 그 사망신고를 수리할 수 없지만, 사망신고서에 사망진단서 사체검안서 기타 사망의 사실을 증명하는

서면이 첨부되어 있는 때에는 이를 문서건명부에 접수한 후, 호적법 제88조 제1항에서 규정하는 사람(사망당시에 사망자와 동거하던 친족)에게 상당한 기간을 정하여 사망신고를 할 것을 최고(최고)하여야 하고, 최고를 할 수 없거나 최고를 하여도 사망신고를 하지 아니하는 때에는 감독법원의 허가를 얻어 직권으로 호적에 사망의 기재를 하여야 한다(호적법 제43조, 제22조 제2항, 호적예규 제467호).

다. 위의 경우에 사망진단서나 사체검안서에 갈음하여 사망신고서에 첨부할 수 있는 '기타 사망의 사실을 증명하는 서면' 으로는 '동(리)장, 통장 또는 2명 이상의 인우인(인우인)이 호적예규 제652호 별지 서식에 따라 작성한 사망증명서' 등이 해당되는바, 위 사망증명서를 작성하는 동(리)장, 통장 또는 2명 이상의 인우인은 사망자의 사망사실을 알고 있는 사람이어야 하고 사망신고인 자신은 인우인이 될 수 없다.

라. 우선 사망증명인이 인우인인 경우에는 증명인의 인감증명서, 주민등록증사본, 운전면허증사본, 여권사본이나 공무원증사본 중 1부를 사망증명서에 첨부하여야 하는데, 증명인의 인감증명서를 첨부하는 경우에는 증명인이 직접 호적관서에 출석할 필요는 없지만 증명서에 인감도장을 날인하여야 하고, 증명인의 인감증명서를 첨부하지 아니하는 기타의 경우에는 증명인이 주민등록증 등 신분증원본을 가지고 직접 호적관서에 출석하여 시(구)·읍·면의 장 또는 동장으로부터 증명인 본인임을 확인받아야 한다.

마. 사망증명인이 동(리)장, 통장일 때에는 1인의 증명으로 족하고 동(리)장, 통장임을 증명하는 서면을 첨부하여야 하나, 사망신고 당시

동(리)장, 통장이 사망자의 본적지관할 호적관서 지역에 재직하고 있어 접수담당 공무원이 동(리)장, 통장의 신분을 확인할 수 있는 때에는 접수담당 공무원이 사망증명서의 여백에 "동(리)장, 통장으로 재직하고 있음을 확인함"이라고 기재하고 그 실인을 날인하여 동(리)장, 통장임을 증명하는 서면의 첨부에 갈음할 수 있다(호적예규 제652호 참조).

바. 그러나 사망자의 사망당시 주소지를 관할하는 행정관서의 장이 사망여부에 관한 사실조사를 토대로 작성하여 발급한 '주민등록말소자등본'은 호적예규 제652호의 동(리)장, 통장 또는 2명 이상의 인우인(인우인)이 작성하는 사망증명서에는 해당되지 아니하므로, 사망신고의무자 또는 사망신고적격자가 아닌 사람이 이를 첨부하여 사망신고를 하더라도, 시(구)·읍·면의 장은 이를 접수하여 호적법 제43조와 제22조 제2항에서 규정하는 절차에 따라 직권으로 사망자의 호적에 사망의 기재를 할 수는 없다. (2006. 4. 7. 호적과-2933 질의회답)

호적선례5-132

사망한 자의 채권자도 사망신고를 할 수 있는지 여부 및 사체검안서의 복사본도 사망을 증명하는 서면으로 볼 수 있는지 여부

가. 사망신고인이 호적법 제88조에 규정된 신고의무자 또는 신고적격자에 해당되지 않는 경우의 사망신고는 수리할 수 없으나, 대법원 호적예규 제319호의 규정에 의하여 사망한 자의 채권자 등 이해관계인도 사망진단서 기타 사망의 사실을 증명하는 서면을 첨부한다면 사망신고를 할 수 있을 것이다.

다만, 그 경우의 사망신고는 호적신고로 수리되는 것은 아니므로, 시(구) · 읍 · 면장이 그 첨부서면을 자료로 하여 호적법 제43조, 동법 제22조 제2항에서 규정한 절차에 따라 사건본인의 호적을 정리할 것이다.

나. 호적신고서에 첨부하는 모든 서류는 원본이어야 함이 원칙이므로 사망신고서에 첨부하는 사체검안서도 원본이어야 할 것이나 부득이한 사정으로 인하여 그 원본을 얻을 수 없다면, 호적관서에 제출하는 사본의 여백에 그 사본이 원본의 내용과 틀림이 없다는 원본작성자의 인증(그 직명과 성명을 기재하고 날인하여야 함)을 받아 사망을 증명하는 서면으로 제출할 수 있을 것이며, 이때 그 사망신고서에는 검안서의 원본을 얻지 못한 사유를 기재하여야 한다.

하지만 원본작성자의 인증이 없는 단순한 사체검안서의 복사본은 사망을 증명하는 서면으로 볼 수 없을 것이다. (2001. 10. 10. 법정 3202 - 407)

호적선례4-91

1950년과 1977년에 각 사망한 갑 및 을에 관하여 사망신고를 함에 있어 인우 2인의 인감증명서가 첨부된 증명서를 첨부하여 사망신고서를 관할 호적관서에 제출하였으나 수리되지 아니한 경우 호적정리방법

1950년과 1977년에 각 사망한 갑 및 을에 관하여 호적법상 사망신고를 함에 있어서는 사망을 증명할 서면으로 사망진단서 또는 검안서를 첨부하여야 하나, 부득이한 사정으로 인하여 사망진단서나 검안서를 얻을 수 없는 때에는 사망의 사실을 증명할 만한 서면으로써 이

에 갈음할 수 있으며, 이 갈음하는 서면의 하나로 동·리장 또는 인우 2인 이상의 증명서를 들 수 있다.

위 증명서의 증명인이 될 수 있는 자는 사망자의 사망사실을 확실히 보증할 만한 사람 즉 사망을 직접 목격 또는 확인한 사람을 가리키므로, 갑 및 을이 1950년과 1977년에 사망했다는 사실이 명백하고 사망의 사실을 증명할 만한 서면으로 인우 2인의 인감증명서가 첨부된 증명서를 첨부하였다 하더라도 위 증명서가 위에서 언급한 증명서의 요건을 갖추지 못하였다면, 형식적 심사권밖에 없는 호적공무원으로서는 사망신고서를 수리할 수 없을 것이며, 만약 위에서 언급한 증명서의 요건이 갖추어져 있고 사망신고의무자의 사망신고임에도 불구하고 호적공무원이 위 사망신고서를 불수리하였다면 호적법 제125조 제1항에 의하여 이해관계인은 관할 가정법원에 불복의 신청을 할 수 있다.

한편, 사망신고서에 사망사실을 증명할 만한 서면을 첨부할 수 없어 사망신고를 할 수 없는 경우에는 사건본인의 주소지를 관할하는 가정법원으로부터 실종선고의 심판을 받아 그 심판확정일로부터 1월 이내에 관할 호적관서에 실종선고신고를 함으로써 호적을 정리할 수 있을 것이다. (1998. 6. 25. 법정 3202-225)

가족관계등록선례 201112-1

외국에 거주하는 한국인이 외국에서 사망하여 그 거주지 나라의 방식에 의해 신고한 사실을 증명하는 서면을 첨부하여 사망신고를 할 수 있는바, 신고인이 그 사망신고한 사실을 증명하는 서면의 원본을 대신하여 가족관계등록공무원의 원본대조필 사본을 신고서에 첨부하

여 사망신고한 경우 그 사망신고를 수리할 수 있는지(소극)

「가족관계의 등록 등에 관한 법률」과 「가족관계의 등록 등에 관한 규칙」은 사본 첨부를 허용하는 명시적인 규정을 두고 있지 않으므로, 신고인이 그 사망신고한 사실을 증명하는 서면의 원본을 대신하여 가족관계등록공무원의 원본대조필 사본을 신고서에 첨부하여 사망신고한 경우 이를 수리할 수 없다. (2011. 12. 8. 가족관계등록과 -3646 질의회답)

가족관계등록선례 200806-1

군인 또는 군속이 군복무 중 전사 또는 순직한 경우에 전사 또는 순직으로 기재하도록 한 구 호적예규 제484항 및 제485항이 군인 이외의 일반 공무원이 순직한 경우에도 적용되는지 여부

가. 대법원 구 호적예규 제484항(구 750-3항) 및 제485항(구 723항)에 의하면 군인 또는 군속이 군복무중 전사 또는 순직한 경우에는 호적에 사망으로 기재하지 아니하고 "전사 또는 순직" 으로 기재하도록 규정되어 있었는바, 이는 군인 또는 군속이 군복무 중 전사 또는 순직한 경우에만 적용되는 특례로서 군인이나 군속이 아닌 일반 공무원은 적용대상이 아니었고 위 호적예규 역시 1993. 4. 14. 법정 제710호로 폐지됨에 따라 현재는 모두 사망으로 통일하여 기재하고 있다.

나. 폐지된 대법원 호적예규 제484항은 군사원호보상법에 따른 군인 및 군속의 같은 법 적용대상자 여부의 확정에 필요하다는 원호처장(현 국가보훈처장)의 협조요청에 따라 제정되었던 것으로서 법률상 아무런 근거가 없을 뿐만 아니라 군사원호보상법(국가유공자 등 예

우 및 지원에 관한 법률 부칙 제2조에 의해 폐지됨)이 폐지됨에 따라 군인 · 군속에 대해 사망사유의 기재를 달리할 근거가 소멸되었고 국가유공자 등 예우 및 지원에 관한 법률의 적용대상자를 호적부의 기재로 구별하지도 아니하며 호적부에 모든 사망사유를 구분하여 기재하여야 할 현실적 필요 역시 없다. _ (2008. 6. 11. 가족관계등록과-1778 질의회답)

호적선례2-243

호적에 미수복지구 거주로 기재된 자로서 사망사실이 확인 목격된 경우의 호적정리방법

미수복지구 잔류자임이 명백한 때에는 법원은 호주 또는 가족이나 검사의 청구에 의하여 부재선고를 하여야 할 것이나, 사망 사실이 확인 목격된 경우에는 이를 부재선고나 실종으로 처리할 수는 없고, 사망신고의무자가 사망진단서 또는 검안서를 첨부하여 사망신고를 하여야 하나, 부득이한 사정으로 진단서나 검안서를 얻을 수 없는 때에는 사망의 사실을 증명할 만한 서면(보증서 등)을 첨부하여 사망신고를 하여야 할 것이다. (89.11.15.법정 제1799호)

호적선례2-245

미수복지구 잔류자가 아닌 자가 호적에 [미수복지구 거주자]로 등재되어 있는 경우의 사망신고절차

호적에 호주가[미수복지구 거주자]로 등재되어 있으나 실제로는 미수복지구 잔류자가 아니고 6.25 당시 월남 중 수복지구에서 포격으로 사망한 것이 사실이라면 부재선고나 실종선고로 처리할 수는 없고

사망신고로 호적을 정리하여야 할 것인 바, 그 사망신고를 하기 위해서는 먼저 호적에 기재된 [미수복지구 거주자] 기재를 말소하는 호적정정허가를 관할 가정법원으로부터 받아 그를 말소하여야 할 것이다.

(91.12.17. 법정 제1805호)

가족관계등록선례 200802-1

중화인민공화국(다음부터 '중국' 이라고 함)에 북한의 해외공민으로 등록된 사람이 대한민국의 국적을 취득하는 방법

가. 중국에 북한의 해외공민으로 등록되어 있는 사람은 법무부장관에게 한국국적 보유여부에 대한 판정(국적판정)을 신청을 할 수 있고, 법무부장관이 한국국적자로 판정하면 가족관계등록부창설절차를 거쳐 가족관계등록부를 가질 수 있다.

나. 다만, 2008. 9. 1. 이후에 북한의 해외공민이 한국인으로 판정받는 경우에는 법무부장관이 그 사람의 등록기준지 시(구)·읍·면의 장에게 대법원규칙으로 정하는 사항을 통보하여야 하며, 그 사람에 대한 가족관계등록부가 작성되어 있지 아니한 때에는 그 통보를 받은 시(구)·읍·면의 장이 이를 작성하여야 한다. _ (2008. 2. 4. 가족관계등록과-490 질의회답)

가족관계등록선례 200807-4

① 1949. 10. 1. 이전에 한반도 및 그 부속 도서에서 중국으로 이주한 중국국적 동포가 사망한 경우에 그 국적상실연월일과 국적상실신고서에 첨부할 중국국적취득증명서나 영사확인서를 중국 당국이 발급하지 아니할 때 이를 대체할 수 있는 서면 ② 위 사망한 중국국적

동포의 자녀가 국적회복이나 귀화를 할 경우에 법무부장관이 그 사망한 동포의 한국국적 상실여부를 시(구) · 읍 · 면의 장에게 통보하여 줄 수 있는지 여부

가. 중국국적동포 중 1949. 10. 1. 이전에 한반도 및 그 부속도서에서 중국으로 이주하였거나 중국에서 출생한 사람으로서 1949. 10. 1. 이후까지 중국에서 생존한 사람은 1949. 10. 1.자로 중국국적을 취득함과 동시에 한국국적을 상실하므로, 그 중국국적동포에 대한 국적상실신고서에는 1949. 10. 1.을 국적상실연월일로 기재하여야 한다.

나. 또한, 법무부에 따르면(국적난민팀-750), 중국 당국이 사망한 중국국적동포에 대한 중국국적취득증명서나 영사확인서를 발급하지 아니하여, 이를 국적상실신고서에 첨부할 수 없는 때에는 신고 대상자인 사망자와 그 직계혈족이 포함된 중국의 친족관계공증서(중국 공증처의 공증 및 외교부 인증)와 신고 대상자에 대한 사망증명서 및 각 서면의 한국어 번역문을 국적상실신고서에 첨부하여야 한다.

다. 한편, 국적상실신고는 국적상실자 본인이나 배우자 또는 4촌 이내의 친족이 그 사실을 안 날로부터 1개월 이내에 시(구) · 읍 · 면의 장에게 하여야 하고, 시(구) · 읍 · 면의 장이 이를 수리한 때에는 지체없이 기본증명서를 첨부하여 법무부장관에게 통보하여야 한다. _ (2008. 7. 4. 가족관계등록과-2094 질의회답)

제6편 가족관계등록부 정정

가족관계등록선례 200904-1

국가 공무원이 '1995년에 중국인으로서 중국 국적의 허무인(허무인)을 모용하여 한국인과 혼인신고를 함으로써 한국인 혼인당사자의 호적(제적)에 입적되고, 2008. 1. 1. 가족관계등록부가 작성된 자'를 발견하고 「가족관계의 등록 등에 관한 법률」 제18조 제3항에 따라 신고사건 본인의 등록기준지 등록관서에 통지를 한 경우에, 위 통지에 의하여 등록관서에서 동법 제18조 제1항 및 제2항의 절차에 따라 직권정정을 할 수 있는지 여부

가. 「가족관계의 등록 등에 관한 법률」 제18조와 동법 제104조의 정정사유는 그 절차가 간이함에 비추어 정정할 사항이 경미한 경우에 한하는 것이고, 정정할 사항이 친족법상 또는 상속법상 중대한 영향을 미치는 사항이라면 동법 제107조의 확정판결에 의해서만 정정할 수 있으며, 혼인 등 신고로 인하여 효력이 발생하는 행위는 가족관계등록부에 기록한 후에 실체상의 흠결이 있음을 발견하여도 동법 제18조 제1항 및 제2항의 절차에 따라 이를 직권으로 정정할 수 없음이 원칙이다.

나. 다만, 혼인 등 신고로 인하여 효력이 발생하는 행위에 관하여 등록부에 기록하였으나 그 행위가 무효임이 명백한 때에는 동법 제105조에 의한 등록부 정정이 가능한바, 만일 혼인신고를 하여 등록부에 기록한 후 가장혼인으로 인한 공정증서원본불실기재죄의 형사판결이 확정되어 국가 공무원이 등록관서로 동법 제18조 제3항에 따른 통지를 한 경우라면 등록부 기록 후 혼인이 무효임이 확정된

형사판결에 의하여 명백해졌으므로 이러한 경우에는 굳이 혼인무효 판결을 받을 필요 없이 형사판결 등 공증력 있는 자료를 소명자료로 하여 동법 제105조에 의한 등록부정정이 가능하다고 할 것이고, 이 때 신고인 또는 신고사건의 본인이 등록부정정신청을 하지 않는다면 공익적 견지에서 「가족관계등록예규」제57호의 예외를 인정하여 등록관서는 동법 제18조 제1항 및 제2항의 절차에 따라 감독법원의 허가를 받아 직권으로 정정할 수 있을 것이다.

다. 그러나 이 사안에서의 국가 공무원의 통지사항은 단순히 허무인 모용의 허위의 신고 사실을 인지하였음에 불과한 것으로서, 위 혼인의 실체가 가장혼인인지 아니면 단지 허무인의 명의만 모용하였을 뿐 당사자 사이에 혼인의사의 합치가 있고 혼인의 실체관계가 계속 유지되었는지의 여부가 불명확하므로 이러한 통지사항만으로는 혼인이 무효임이 명백한 때에 해당한다고 할 수 없고, 따라서 등록관서에서 동법 제18조 제1항 및 제2항의 절차에 따라 직권정정을 할 수 없다. (2009. 4. 6. 가족관계등록과-1188 질의회답)

호적선례5-203

중국인(조선족)이 취업을 목적으로 한국인 남자와 위장혼인을 하여 남자의 호적 신분사항란에 혼인사실이 기재되었으나, 위장혼인임이 공정증서원본불실기재죄 형사판결(약식명령)의 확정으로 명백하게 된 경우, 이를 정정하는 방법

가. 정정하고자 하는 호적의 기재가 친족법상 또는 상속법상 중대한 영향을 미치는 사항은 호적법 제123조의 확정판결에 의해서만 정정할 수 있다.

나. 그러나 중국인(조선족)이 취업을 목적으로 한국인 남자와 위장혼인을 하여 남자의 호적 신분사항란에 혼인사실이 기재되었으나 위장혼인으로 인한 공정증서원본불실기재죄의 형사판결(약식명령)이 확정되어 법무부에서 호적관서로 호적법 제22조 제3항에 따른 통지를 한 경우에는 호적기재 후 그 행위가 형사판결에 의하여 무효임이 명백해졌고, 위 무효인 호적을 그대로 방치하면 호적기재의 정확성을 확보할 수 없을 뿐만 아니라 당사자에게 부당한 이득을 주게 될 것이므로 공익적 견지에서 형사판결을 소명자료로 동법 제121조에 의한 호적정정이 가능하다고 할 것이며, 만일 호적정정신청을 하지 않는다면 법무부의 위 통보에 의하여 호적관서는 동법 제22조 제1항 및 제2항에 규정된 절차에 따라 감독법원의 허가를 얻어 직권으로 혼인사실의 기재를 말소할 수 있을 것이다. (2002. 8. 28. 법정 3202 - 296 서울가정법원장 대 법원행정처장 질의회답)

가족관계등록선례 200808-7

1996년에 일본인 여자와 혼인한 한국인 남자의 혼인관계증명서상 처의 성명을 한국식 발음의 한글표기에서 원지음대로 한글로 표기할 수 있는 방법과 한국인 남자의 가족관계증명서에 그 일본인 여자를 처로 기록할 수 있는 방법

가. 종전 호적예규 제405호에 따라 한국인 남자의 처인 일본인 여자의 성명이 호적상 한자로 기재되었고 후에 한국식 발음의 한글표기가 병기되었다고 하더라도 가족관계등록부에 기록하는 외국의 인명은 원칙적으로 해당 외국의 원지음을 한글로 표기하되 문화관광부가 고시하는 외래어 표기법에 의하여야 하는바, 등록기준지 시(구)

·읍·면의 장은 이해관계인의 신청에 따른 간이직권정정절차로 한국인 남자의 혼인관계증명서상 일본인 처의 성명을 한국식 발음의 한글표기에서 일본식 발음의 한글표기로 정정하여야 한다.

나. 한편, 가족관계증명서에는 본인뿐만 아니라 본인의 부모·양부모, 배우자 및 자녀의 성명과 기타 인적사항이 기록되어야 하므로 비록 배우자가 외국인이라고 하여도 본인의 가족관계등록부에 누락되어 있다면, 이해관계인의 신청을 받은 시(구)·읍·면의 장은 간이직권절차로 본인의 가족관계등록부상 배우자를 추가로 기록하여야 한다. (2008. 8. 18. 가족관계등록과-2601 질의회답)

가족관계등록선례 200802-2

① 일제강점하강제동원피해자진상규명위원회(다음부터는 '진상규명위원회' 라고 함)가 사망년도의 추정은 가능하나 사망일시가 불분명한 사망자에 대하여 사망결정을 한 경우에도 이를 근거로 사망자의 가족관계등록부에 사망의 기재를 할 수 있는지 여부, ② 위 진상규명위원회가 사망연월일과 사망지 국가와 지역은 확인되나 구체적인 사망장소를 알 수 없는 사망자에 대하여 사망결정을 한 경우에도 이를 근거로 사망자의 가족관계등록부에 사망의 기재를 할 수 있는지 여부 및 ③ 위 진상규명위원회가 피해자의 사망사실을 목격한 제3자의 보증서, 진술서 또는 '사망추정' 으로 기록된 문서 등을 근거로 피해자를 사망자로 판정한 경우에도 이에 따라 피해자의 가족관계등록부에 사망의 기재를 할 수 있는지 여부

가. 진상규명위원회가 일제강점하 강제동원 피해자에 대하여 사망추정년도만 확인하고 사망월일을 미상으로 하는 사망결정을 한 경우에

피해자의 유족은 그 결정문을 첨부한 가족관계등록부의 작성(정정) 신청서를 시(구 · 읍 · 면의 장에게 제출할 수 있고, 이를 접수한 시(구) · 읍 · 면의 장은 피해자에 대한 가족관계등록부가 작성되어 있지 아니한 때에는 이를 새로 작성하여 그 사망사유를 기록한 다음 그 가족관계등록부를 폐쇄하고 가족관계등록부가 작성되어 있는 때에는 사망사실을 기록하고 이를 폐쇄하여야 한다. 이 경우에 피해자의 사망사유상 사망일시는 "○○○○년 월일미상"으로 기록한다.

나. 사망연월일과 사망지 국가와 지역은 확인되나 구체적인 사망장소를 알 수 없는 피해자의 유족이 진상규명위원회의 결정문을 첨부하여 가족관계등록부 작성(정정)을 신청하면, 피해자의 가족관계등록부상 사망장소는 "○○국○○지역(지구)"로 기록할 수 있다.

다. 한편, 진상규명위원회가 제3자의 보증서, 진술서 또는 '사망추정'으로 기록된 문서 등을 근거로 피해자에 대한 사망결정을 한 경우에도 시(구) · 읍 · 면의 장은 진상규명위원회의 결정문을 첨부한 유족의 신청에 따라 피해자의 사망사실을 그 가족관계등록부에 기록하여야 한다.

라. 또한, 진상규명위원회가 2008. 1. 1. 이전의 사망신고(실종신고 포함)로 제적되어 현재 가족관계등록부가 작성되어 있지 아니한 사람을 피해자로 결정하면서 그 결정문상 사망일자나 사망장소 등이 피해자의 제적에 기재된 사망일자나 사망장소가 상이하게 된 경우에는 피해자의 유족이 진상규명위원회의 결정문을 소명자료로 하여 피해자의 제적지를 관할하는 가정법원에 제적정정허가신청을 하는 것은 별론으로 하고 진상규명위원회의 결정문을 첨부하여 가족관계등록부의 작성신청을 하여도 시(구) · 읍 · 면의 장이 바로 피해자의 제

적을 정정할 수는 없고, 피해자의 제적부에 기재되어 있는 사항을 이기하여 새로 가족관계등록부를 작성한 다음 진상규명위원회의 결정문을 근거로 피해자의 사망사유를 정정함과 동시에 그 가족관계등록부를 폐쇄하여야 한다. _ (2008. 2. 13. 가족관계등록과-381 질의회답)

가족관계등록선례 200905-1

당사자가 양친자관계를 창설할 의사로 허위로 친생자 출생신고를 한 경우에 있어 입양의 실질적 요건이 모두 구비되어 있다면 그 형식에 다소 잘못이 있더라도 입양의 효력이 인정되는바, 허위의 출생신고로 인하여 부모와 가족관계등록부상 친생자관계에 있다가 부모가 이혼을 한 후 모와 자녀 사이에 재판상 파양판결을 받은 경우 가족관계등록부 정리절차 및 방법

가. 정정하고자 하는 등록부 기록사항이 친족법상 또는 상속법상 중대한 영향을 미치는 경우, 구체적으로 문제되는 신분관계의 존부에 관하여 직접적인 쟁송방법이 「가사소송법」 제2조에 규정되어 있는 경우에는 소송절차를 거친 확정판결에 의해서만 등록부정정이 가능하며, 그 확정판결은 등록부정정의 기초인 실체적 신분관계를 주문에 의하여 확인하거나 형성하는 판결을 말한다.

나. 허위의 출생신고로 인하여 부모와 가족관계등록부상 친생자관계에 있다가 부모가 이혼을 한 후 모와 자녀 사이에 재판상 파양판결을 받은 경우 파양은 장래효만 있는 신고사건이고, 등록부정정의 기초인 실체적 신분관계의 존부, 즉 양친자관계의 존부가 주문에 나타나지 않고 선결문제로서 판결이유에 나타날 뿐이므로 파양판결 자체만

으로는 등록부정정신청을 할 수 없고 다시 친생자관계를 양친자관계로 정정하기 위한 절차가 필요한바, 양친자관계의 존부는 친족법상 또는 상속법상 중대한 영향을 미치는 사항으로서 등록부정정을 위해서는 확정판결이 필요하다고 할 것이고, 양친자관계의 존부를 직접 주문에서 확인하는 판결은 양친자관계존부확인판결이라 할 것인데, 「가사소송규칙」 제2조 제1항 제3호에 의하여 양친자관계존부확인의 소가 가사소송사건으로 신설되어(대법원규칙 제1574호, 1998. 12. 4. 일부개정) 양친자관계의 존부에 관하여 직접적인 쟁송방법이 「가사소송법」 제2조에 규정됨에 따라 가사소송사건으로 판결을 받아야 하는 사항이 되었으므로 친생자관계를 양친자관계로 정정하기 위해서는 양친자관계존재확인판결이 필요하다고 할 것이다. 또한, 판결에 의해서만 정정할 수 있는 가족관계등록부 기록을 법원의 가족관계등록부의 정정허가만으로 정정한 경우에는 위법한 것으로서 그 정정의 효력이 발생하지 않으므로 파양판결을 증거방법으로 하여 법원의 허가에 의하여 친생자관계를 양친자관계로 정정하는 것은 위법하다.

다. 따라서 이러한 경우의 가족관계등록부정정은 먼저 파양판결의 선결문제에 대한 기판력 있는 판결, 즉 부모와 자녀 사이에 양친자관계존재확인의 확정판결을 받아 등록부정정신청을 해야 하며, 가족관계등록부의 정정은, 부모의 가족관계등록부에 허위의 출생신고에 의하여 기록된 자녀의 특정등록사항을 말소하고 일반등록사항란에 그 사유를 기록하며, 입양사유를 기록한 다음(입양신고일은 허위의 친생자 출생신고일로 기록함) 양자의 특정등록사항을 기록하고(종래의 특정등록사항 그대로 기록함), 허위의 출생신고에 의한 자녀의 가족관계등록부에 기록된 부모의 특정등록사항을 말소하고 일반등록사항란에 그 사유를 기록한 다음 자녀의 가족관계등록부는 폐쇄한다. 그런 다음 ① 출생신고의무자가 있으면 출생신고에 의하여 새로이 가족관계등록부를 작성하되, 출생신고시 출생신고서에 폐쇄등록부상의 성명, 주민등록번호, 등록기준지를 반드시 기재하여 신고하도록 하고 동시에 양친자관계존재확인의 판결등본 및 확정증명서를 첨부하여 직권정정을 촉구하는 의미의 등록부정정신청을 하도록 하여 새로이 작성된 가족관계등록부의 일반등록사항란에 입양사유를 기록하고 (폐쇄등록부상의 출생신고일을 입양신고일로 기록함) 특정등록사항란에 양부모의 특정등록사항을 기록하여 양부모의 가족관계등록부와 연결하면서 양부모의 가족관계등록부에 양자의 변동된 특정등록사항(성명과 본의 변경 등)을 간이직권정정한다. ② 출생신고의무자가 없는 경우에는 가족관계등록창설절차에 의하되(부모를 알 수 없는 고아인 경우에는 먼저 성 · 본을 창설하여야 함), 폐쇄등록부의 등록사항별 증명서 및 양친자관계존재확인의 확정판결 등을 소명자료로 하여 확정판결에 의하여 인정된 양친자관계를 신분표에 기재한 가족관계등록창설허가결정을 받아 가족관계등록창설신고를 하면 등록관서에서 새로이 가족관계등록부를 작성하고 양부모의 가족관계등록부와 연결하면서 양부모의 가족관계등록부에 양자의 변동된 특정등록사항(창설한 성과 본 등)을 간이직권정정한다.

라. 그런 다음 재판상 파양의 신고에 따라 파양사유를 기록하여 가족관계등록부를 정리하면 될 것이다. (2009. 5. 8. 가족관계등록과-1659 질의회답)

제7편 가족관계등록비송

호적선례3-508

가정법원의 호적정정허가에 의해 당해 호적이 정정된 후, 이해관계인이 항고를 제기하여 '원결정(호적정정허가)을 취소하고 신청인의 호적정정허가신청을 기각'하는 항고법원의 결정을 얻어 호적을 재정정(원상회복)하고자 하였으나 신청인이 항고법원의 결정에 대하여 불복하고 재항고한 경우 재항고 결정이 있기 전에도 당해 호적을 재정정할 수 있는지 여부

호적정정허가신청사건에 있어서 '호적정정을 허가한 원심결정을 취소하고 신청인의 호적정정허가신청을 기각한 항고법원의 결정에 대한 재항고'는 성질상 보통항고로 보아야 할 것이므로 즉시항고에만 부여되는 집행정지의 효력이 발생하지 아니하고, 따라서 재항고법원의 결정이 있기 전이라도 당해 호적을 원상대로 재정정할 수 있을 것이다. (1996. 8. 7. 법정 3202-216 춘천지방법원장 대 법원행정처장 질의회답)

호적선례3-503

사건본인 1인의 호적정정과 개명을 하나의 서면으로 신청한 경우 사건번호 부여 및 첩부할 인지액

호적정정허가신청과 개명허가신청은 호적법규에 구분하여 규정한 별개의 사건이므로 비록 하나의 신청으로 사건본인 1인의 호적정정과 개명을 함께 구하고 있을지라도 2개의 사건번호를 부여하고 인지도 2

건분을 첩부하도록 하여야 할 것이며, 또한 각종의 호적비송사건 건수를 정확히 파악하여 법원 운영의 자료로 활용할 필요성도 있으므로 호적비송사건부에도 각 별개의 사건번호 및 사건명을 기재하여야 할 것이다. _ (1996. 6. 29. 법정 3202-176 서울가정법원장 대 법원행정처장 질의회답)

호적선례2-472

호적정정허가결정에 의한 호적정정신청의 기산일

호적정정허가결정 은 비송사건절차법 제18조 제1항에 의하여 그 재판을 받은 자에게 고지함으로써 효력이 발생하므로 허가결정의 고지를 송달 또는 교부의 방법에 의하여 받았다면 그 기산일은 호적법 제122조의 규정에 의한 허가결정을 송달 또는 교부받은 그 날부터 1개월이다. (91.3.22. 법정 제536호)

호적선례3-297

협의이혼신고의 신고기간의 기산일과 만료일 등(일부변경)

시 · 구 · 읍 · 면의 장 등이 신고서류를 접수할 때에는 지체없이 그 수리여부를 결정하여야 하며, 신고서류를 심사하기 위하여 필요한 때에는 호적의 등 · 초본이나 기타서류를 제출하게 할 수 있고, 신고를 수리 또는 불수리한 경우에 접수장의 수리사항란에 그 취지와 일자를 기재해야 하는바, 위에서 신고서류를 "접수할 때"란 관련신고서류를 위 시 · 구 · 읍 · 면의 장이 직접 교부받은 날을 의미하므로, 1994. 8. 1. 서울가정법원으로부터 협의이혼의사확인을 받은 사람은{그 확인을 받은 날(초일산입)인 94. 8. 1.부터 3월 이내에 협의이혼신고를 하여야 하므로} 1994. 10. 31.까지 위 신고서류가 시 · 구 · 읍 · 면의 장에게 접수되어야 한다. (1995. 3. 13. 법정 3202-113)

호적선례3-463

한글 병기 후 동일음의 이름의 착오로 한자표기를 잘못하여 출생신고한 경우 한자이름 고치는 절차

호적부에 기재되어 있는 자의 성명 "정종훈(정종훈)"을 "정종훈(정종훈)"으로 고치고자 하는 경우에도 호적법이 정한 개명신고절차에 따라야 하며, 그 절차는 먼저 개명하고자 하는 자(자)가 본적지 또는 주소지를 관할하는 가정법원(지방법원 및 지원)에 개명허가신청을 하여 허가를 받은 경우에 한하여 1월 내에 호적관서에 그 허가서등본을 첨부하여 개명신고를 하여야 한다. (1994. 10. 17. 법정 3202-397)

호적선례2-337

호적상 한자로 등재된 이름을 한글 이름으로 바꾸려면 법원에 개명허가를 받아야 하는지 여부

호적상 한자로 등재된 이름을 한글 이름으로 바꾸려면 본적지 또는 주소지를 관할하는 가정법원 (지방법원 또는 지원)에 개명허가 신청을 하여 그 허가를 받아야만 가능하며 개명신청에 대한 허가 여부는 신청이유와 소명자료를 참작하여 당해 법원의 법관이 판단할 재판사항이다. (89.3.7. 법정 제353호)

호적선례2-338

호주상속 등으로 신호적 편제시 호적공무원의 착오로 이름을 잘못

기재하였으나 직권으로 호적을 정정해 주지 않아 사건 본인이 법원의 허가를 얻어 다른 이름으로 개명한 경우 이를 다시 구명으로 바로 잡을 수 있는지 여부

호주상속 등으로 신호적 편제시 호적공무원의 착오로 이름을 잘못 기재한 것을 해당 시(구)·읍·면에서 직권으로 호적을 정정해 주지 않아 사건본인이 법원의 허가를 얻어 이미 다른 이름으로

개명을 하였다면 현재의 이름을 구명으로 고치기 위해서는 다시 법원의 개명허가를 받아야만 가능할 것이고 정정의 방법으로는 할 수 없을 것이다. (89.6.9. 법정 제841호)

호적선례3-465

개명허가를 얻어 이름을 바꾼 후 다시 개명할 수 있는지 여부

개명의 횟수를 제한하는 법적 근거가 없으므로 개명하고자 하는 자의 본적지 또는 주소지를 관할하는 가정법원(지방법원 또는 동 지원 포함)에 충분한 소명자료를 첨부하여 다시 개명허가 신청을 할 수 있으나 개명허가신청에 대한 허가 여부는 당해 사건을 심리하는 법원에서 판단할 사항이다. (1995. 11. 18. 법정 3202-490)

호적선례3-468

친생자관계부존재확인판결에 의하여 말소된 호적상의 성명과 새로운 출생신고에 의해 생부의 호적에 입적되는 성명이 서로 다른 경우 개명절차가 필요한지와 동일인 여부를 입증하는 서류

친생자관계부존재확인판결에 의하여 호적에서 말소된 자는 그에 대한 출생신고의무자가 있을 때에는 그의 출생신고로 부(부)의 호적에

입적되므로 사건본인의 호적이 친생자관계부존재확인판결의 확정으로 말소되어 호적이 없는 상태에서 생부의 출생신고로 부(부)의 가에 입적하는 경우 말소된 호적상의 성명과 생부의 호적에 입적되는 성명이 서로 다르다 해도 개명절차는 필요하지 않으며 동일인인지 여부를 입증하는 자료로는 위 말소된 호적등본과 판결 및 출생신고서 등이 될 수 있다. (1995. 4. 14. 법정 3202-201 병무청장 대 법원행정처장 질의회답)

호적선례4-128

우리 나라 국민이 외국법원의 판결(결정)을 얻어 호적상 이름을 개명할 수 있는지 여부

호적상 이름을 개명하고자 하는 자는 본적지 또는 주소지를 관할하는 가정법원의 허가를 얻은 경우에만 할 수 있으므로, 외국법원의 판결(결정)에 의한 개명은 할 수 없다. (1999. 4. 20. 법정 3202-147호)

호적선례3-376

호주승계권 침해로 인한 호주승계회복의 소 등

호주의 장남이 무후로 사망하고 그 후 호주가 사망한 경우 2남이 호주승계를 하여야 할 것이며, 호주승계권이 3남에 의해 침해된 때에는 제척기간 내에 호주승계회복의 소를 제기하여 이를 바로 잡을 수 있으나, 이미 제척기간이 도과되었다면 호주승계의 기재를 바로 잡을 방법은 없다. 또한 호적부상의 성명과 족보상의 성명이 상이한 경우 호적부상의 성명을 족보상의 성명으로 고치려면 호적법상 개명허가절차를 밟아야 하며, 호적법상 개명은 개명을 하고자 하는 자가 가정법

원의 허가를 받아 신고를 하여야 하는 것으로 이해관계인인 제3자가 사망한 자에 대한 개명신청을 할 수는 없는 것이다. (1992. 7. 21. 법정 제1223호, 1994. 3. 10. 법정 3202-114)

호적선례5-228

자신에 대한 출생신고가 되지 아니한 갑녀가 이미 사망하였으나 사망신고가 되지 아니한 을녀 명의의 호적을 사용한 경우 자신의 호적을 찾는 방법

자신에 대한 출생신고가 되어 있지 아니한 갑녀가 이미 사망하였으나 사망신고가 되지 아니한 을녀 명의의 호적을 사용한 경우에는, 먼저 을녀에 대한 사망신고의무자 또는 적격자로 하여금 을녀에 대한 사망신고를 하게 하여 호적에서 을녀를 사망으로 제적시키고, 갑녀에 대한 출생신고의무자가 갑녀에 대한 출생신고를 하게 되면 갑녀는 자신의 호적을 가질 수 있을 것이다. 만일 갑녀에 대하여 출생신고의무자가 없어 출생신고를 기대할 수 없는 경우라면 갑녀는 부의 본적지를 관할하는 가정법원에 가족으로 입적하는 취적허가결정을 얻어 호적관서에 취적신고를 하면 될 것이다. (2004. 2. 6. 호적 3202 - 54)

호적선례3-562

호적상의 부모와의 사이에 친생자관계부존재확인판결이 확정되어 호적이 말소되었으나 생부는 6·25사변 당시 행방불명되었고 성명부지의 생모 및 가족들의 생사를 전혀 알 수 없어 출생신고를 기대할 수도 없는 경우의 호적정리방법

호적상의 부모와의 사이에 친생자관계부존재확인판결이 확정되어

호적이 말소되었으나, 생부는 6·25사변 당시 행방불명되었고, 성명부지의 생모 및 가족들의 생사를 전혀 알 수 없어 사건본인에 대한 출생신고를 기대할 수도 없는 경우의 호적정리는, 호주와 가족 전원에 대하여 주민등록번호의 기재가 없고 30년이상 호적기재의 변동이 없어 무연고 처리를 하여야 할 호적(사건본인의 생부의 형이 호주로 된 호적)에 동생으로 등재된 행방불명의 생부에 대해 사건본인 등 이해관계인은 생부의 최후 주소지를 관할하는 가정법원(지방법원 및 지원)에 실종선고의 심판을 청구하여 동재판서의 등본 및 확정증명서를 첨부하여 실종선고신고로 생부의 호적을 제적하고, 검사를 상대로 인지청구의 소를 제기하여 동 판결을 받아 인지신고를 하여 그 가(가)에 입적한 다음, 호적정정허가신청으로 사건본인의 처자들을 이기입적하여 호적을 정리할 수 있을 것이다. (1995. 7. 12. 법정 3202-338)

호적선례2-356

사망한 무적자에 대하여 취적할 수 있는지 여부

무적자(본적을 가지지 아니한 자)는 취적절차를 거쳐 호적을 가질 수 있으나 무적자라 하더라도 이미 사망한 자는 취적할 수 없다. (88.6.14. 법정 제649호 및 89.9.26.법정 제1484호)

가족관계등록선례 201004-1

1945. 8. 15. 당시 북위 38도 이북에 본적을 가진 갑남이 월남하여 1955년에 호적임시조치에관한군정법령 제179호(이하 법령 제179호라 함)에 의한 가호적 취적신고를 하면서 1954년에 혼인한 자녀 을녀의 등재를 누락하였으나 을녀가 6.25사변으로 인하여 멸실되어

1956년에 재제된 혼가호적(제적)에 갑남이 취적한 가본적지에서 입적한 것으로 혼인입적기재되어 있는바, 친가호적(제적)에 을녀를 등재할 수 있는 방법이 있는지 여부

가. 법령 제179호에 의한 가호적 취적제도는 1945. 8. 15.을 기준으로 하여 미수복지구(군사분계선 이북지역)에 있는 호적을 "그대로" 1호 1건으로 하여 취적하는 것인바, 비록 을녀가 1954년에 혼인하여 친가호적에서 제적되었다 하더라도 위 기준일 당시의 호적 그대로 취적의 대상이 되므로 을녀는 갑남의 취적신고 당시에 당연히 함께 가호적에 등재된 후 혼인을 사유로 제적되었어야 할 자라 할 것이다.

나. 1960. 1. 1.부로 「호적법」이 제정·시행되면서 법령 제179호가 폐지되고(동법 부칙 제142조 참조) 위 「호적법」의 규정에 따라 가호적의 취적을 할 수 있도록 하였으며(동법 부칙 제136조, 제138조, 제139조, 제141조 각 참조), 1962. 12. 29.자로 「호적법」이 개정되면서 가호적제도가 폐지됨과 동시에 가호적을 본호적으로 전환하고 그때까지 아직 가호적의 취적을 하지 못한 자는 「호적법」상 일반 무적자로 보아 일반 취적절차(동법 제116조 참조)에 따라 취적하도록 하였는바(동법 부칙 제2항 내지 제4항 참조), 법령 제179호에 의한 가호적 신고 당시에 누락된 미수복지구(군사분계선 이북지역) 거주자에 대하여는 그 사실을 소명할 수 있는 호적(제적) 등·초본, 이북5도지사 발행의 미수복지구재적확인증명서 등의 자료를 첨부하여 그 누락된 자를 호적에 추가로 입적하는 법원의 취적허가결정을 받아 호적관서에 신고함으로써 추가로 등재할 수 있었으므로 사안의 경우 을녀는 갑남의 가호적 신고 당시 등재가 누락된 자

로서 구 「호적법」상 일반 무적자로 간주되어 구 「호적법」상의 취적절차를 통해 호적을 가질 수 있었으나, 2008. 1. 1.부로 「가족관계의 등록 등에 관한 법률」이 시행되면서 구 「호적법」이 폐지되었으므로 종래의 취적제도에 의하여 호적을 가질 수 있는 방법은 더 이상 없다고 할 것이다.

다. 한편, 6.25사변으로 인하여 멸실되어 1956년에 재제된 혼가호적(제적)에 입적된 을녀의 신분사항란에는 갑남이 호주로 있는 호적의 본적지에서 입적한 것으로 기재되어 있고 그 본적지가 북위 38도 이북의 원적지가 아니라 갑남이 법령 제179호에 의한 가호적 신고 당시에 정한 가본적지와 일치하는바, 을녀의 혼인 당시에는 아직 갑남이 가호적 신고를 하기 전이므로 을녀는 1945. 8. 15. 당시 북위 38도 이북에 본적을 가진 자로서 법령 제179호에 의한 가호적 취적 대상자임에도 불구하고 아직 가호적 취적신고가 되지 아니한 무적자라 할 것인데도 마치 호적이 있는 자로 하여 혼가에 입적된 것은 위법한 호적기재라 할 것이다.

라. 따라서 관할 가정법원의 정정허가결정을 받아 혼가호적(제적)에 입적된 을녀를 말소하고 남편의 신분사항란에 기재된 혼인사유를 무적자인 을녀와 혼인한 것으로, 남편의 가족관계등록부에 기록된 혼인사유도 무적자인 을녀와 혼인한 것으로 각 정정할 사안이라 할 것인바, 만일 2008. 1. 1. 전이라면 구 「호적법」에 따라 을녀가 취적을 한 후 본적신고에 의하여 남편의 가에 입적기재한 다음 을녀를 친가호적에서 제적처리하면 될 것이나, 현재로서는 구 「호적법」상의 취적절차에 따라 호적을 가질 수 있는 방법은 없고 관할 가정법원의 정정허가결정을 받아 혼가호적(제적)에서 작성된 을녀의 가족

관계등록부를 폐쇄한 후 가족관계등록창설을 한 다음 가족관계등록부 존재신고에 의하여 가족관계등록부 존재신고 당사자의 가족관계등록부에 혼인사유와 존재신고사유를 기록하고 남편 등의 가족관계등록부에 그 추가사유를 기록하여 서로 연결해야 할 것이다. (2010. 4. 9. 가족관계등록과-1144 질의회답)

가족관계등록선례 200910-1

구 「국적법」(1997. 12. 13. 법률 제5431호로 전문개정되어 1998. 6. 14.부터 시행되기 전의 것) 시행 당시 중화인민공화국 국적의 갑녀가 한국인 을남과 혼인(1998. 4. 22.)함으로써 대한민국의 국적을 취득하여 을남의 호적에 입적되었고, 그 후 중화인민공화국 국적의 병녀가 일반귀화절차를 통해 대한민국의 국적을 취득하여(2005. 6. 21.) 귀화신고로 병녀를 호주로 한 신호적이 편제되면서 모란에 갑녀의 성명만 기재되어 있는 상태에서 2008. 1. 1.부로 가족관계등록부가 작성되어 가족관계등록부상 갑녀와 병녀가 모와 자로 연결되지 아니한 경우, 가족관계등록부 연결을 위한 가족관계등록부 존재신고시 모자관계를 소명하는 자료로 국내의 사설기관에서 발행한 유전자검사서를 첨부할 수 있는지 여부

가. 비록 모와 자의 관계는 포태와 분만이라는 자연적 사실로써 당연히 성립하는 것이지만 갑녀와 병녀의 가족관계등록부상 갑녀와 병녀를 모자관계로 기록하기 위해서는 모자관계를 소명하는 자료를 첨부하여 가족관계등록부 존재신고를 하여야 하는바, 그 신고서에 첨부할 소명자료는 출생증명서나 중화인민공화국의 공적인 문서(친족관계공증서, 호구부 등) 또는 법원의 친생자관계존재확인의 확정판결

과 같이 모자관계를 소명하는 객관적인 자료이어야 하며, 이때의 가족관계등록부 존재신고는 특종사건 종결이 아닌 가족관계등록부 연결을 위한 것이므로 연결대상자들의 등록기준지 중 어느 한 곳에 신고를 하더라도 무방하다고 할 것이다.

나. 한편, 국내의 사설기관에서 발행한 유전자검사서나 법원의 감정절차 또는 감정촉탁절차에 의한 유전자감정서는 그 유전자검사가 전제로 하는 사실이 모두 진실임이 증명되고 그 추론의 방법이 과학적으로 정당하여 오류의 가능성이 전무하거나 무시할 정도로 극소한 것으로 인정되는 경우에 한하여 혈연상의 친자관계와 같이 특정인과 다른 특정인과의 관계를 입증할 유력한 간접증명의 방법이 될 뿐 그 자체로 특정인과 다른 특정인과의 관계를 단정할 수 있는 것은 아니므로 가족관계등록부 존재신고시 첨부할 모자관계를 소명하는 자료가 될 수 없다고 할 것이다. (2009. 10. 6. 가족관계등록과-3432 질의회답)

호적선례6-158

북한이탈주민인 갑녀가 중국 국적의 정녀로 서류를 위조하여 한국인 을남과 혼인을 하고 법무부장관의 귀화허가를 받아 을남의 호적에 입적되어 있는 상태에서, 북한이탈주민임을 밝혀 「북한이탈주민의 보호 및 정착지원에 관한 법률」에 따른 보호대상자로 지정되고 같은 법 제19조에 따라 취적한 경우에 그 호적을 정리하는 방법

가. 먼저 이해관계인은 「북한이탈주민의 보호 및 정착지원에 관할 법률」 제19조에 따라 취적한 갑녀와 한국인 을남의 호적에 귀화를 원인으로 입적된 정녀가 서로 동일인임을 소명하여, 을남의 본적지 관

할 가정법원에 “귀화를 원인으로 을남의 호적에 입적된 정녀의 호적을 말소하고 을남의 신분사항란에 기재된 정녀의 이름을 갑녀로, 외국인과의 혼인을 내국인과의 혼인으로 각 정정하는 것을 허가한다”는 취지의 호적정정허가신청을 하여 그 허가를 받아 시(구)·읍·면의 장에게 호적정정신청을 하는 방법으로 호적을 정정하여야 한다.

나. 그런 다음, 을남의 본적지 시(구)·읍·면의 장에게 갑녀의 취적한 호적등본을 첨부, 본적신고를 하여 갑녀를 을남의 호적에 입적하면, 을남의 본적지 시(구)·읍·면의 장이 갑녀의 취적지 시(구)·읍·면의 장에게 갑녀가 입적된 을남의 호적등본과 갑녀의 본적신고서를 송부하여야 하고, 갑녀의 취적지 시(구)·읍·면의 장은 이를 수리하여 을남과의 혼인을 원인으로 갑녀를 제적하여야 한다. (2007. 9. 7. 호적과-3093 질의회답)

가족관계등록선례 200911-3

「독립유공자예우에 관한 법률」에 의하여 구 호적 없이 사망한 독립유공자의 가족관계등록창설이 가능하고(동법 제4조의2 제1항), 창설한 가족관계등록부에는 독립유공자 본인 및 그 부모만 기록함을 원칙으로 하며(「독립유공자예우에 관한 법률에 의한 가족관계등록 사무처리규칙」 제3조) 독립유공자의 자는 혼인외의 출생자임을 전제로 독립유공자의 자와 그 직계비속(또는 그 법정대리인)이 검사를 상대로 한 인지판결에 의한 인지신고로 독립유공자의 가족관계등록부에 자로 기록할 수 있으나(동법 제4조의2 제2항) 독립유공자의 배우자를 기록할 수 있도록 한 근거가 없는바, 독립유공자의 창설한 가족관계등록부에

배우자를 기록할 수 있는 방법

가. 조선호적령(1922. 12. 18. 총독부령 제154호)이 시행된 1923. 7. 5. 이전에 우리의 관습상 혼인을 하였다면 관습상 혼인성립에는 당사자의 의사 또는 이에 대신한 주혼자의 의사의 합치가 있으면 되고 혼인신고는 그 요건이 아니었으나, 형식혼주의(법률혼주의)를 채택한 조선호적령이 시행된 후에는 혼인신고가 혼인성립의 요건이었다.

나. 독립유공자가 조선호적령 시행 전에 우리의 관습상 혼인을 하였다면 구 「민법」(1958. 2. 22. 법률 제471호로 제정되고, 1960. 1. 1.부터 시행된 것) 부칙 제2조에 의하여 현행 법률혼으로서의 효력이 인정되는바, 만일 관할 가정법원에서 위 혼인에 대하여 혼인관계존재확인의 확정판결을 받을 수 있다면 가족관계등록부 정정신청을 함으로써 창설 후 폐쇄된 독립유공자의 가족관계등록부에 배우자 및 혼인사유를 각 기록할 수 있을 것이나, 이때 혼인당사자가 이미 사망한 경우에 제3자가 혼인관계존재확인의 소를 제기할 수 있는지, 소의 이익이 인정되는지 여부는 재판에 관한 사항으로서 구체적인 사건에서 관할 재판부가 판단할 사항이다. (2009. 11. 25. 가족관계등록과-4030 질의회답)

가족관계등록선례 200905-3

전호주(갑남)가 사망(1953. 4. 11.)하자 당시 구관습상 호주상속순위에 따라 유가족(당시 유가족은 모, 처, 딸 5명임) 중 1순위인 전호주의 모(을녀)를 호주로 하여 신호적이 편제되었다가 그 후 을녀에 대하여 실종선고심판이 2006. 11. 25. 확정되어(실종기간만료일 1933. 12. 31.) 실종선고신고(2007. 8. 17.)에 따라 실종선고의 기재 후 을녀의 호적을 제적하고 당시의 호주승계순위에 따라 을녀의 장손녀(병녀)를 호주로 한 신호적이 편제되었다가 이 상태에서 가족관계등록부가 작성된 경우 을녀 및 병녀의 호주상속 및 호주승계가 무효라는 사유로 가족관계등록부 및 제적부의 정정이 가능한지 여부

가. 국민 개개인의 신분관계를 빠짐없이 진정한 신분관계에 부합하도록 기록하여 이를 공시 · 공증하여야 하는 가족관계등록제도(호적제도)의 이념에 비추어 등록부(제적)의 기록이 진정한 신분관계와 불일치하는 경우, 즉 등록부(제적)의 기록이 법률상 허가될 수 없는 것(법률상 무효)이거나 그 기록에 착오 또는 누락이 있는 경우에는 진정한 신분관계와 일치되도록 정정절차를 통해 이를 바로잡아야 할 것이다. 다만, 2007. 5. 17. 법률 제8435호로 「민법」이 개정되고 2008. 1. 1.부터 「가족관계의 등록 등에 관한 법률」이 시행되면서 호주승계(상속)제도가 폐지됨에 따라 비록 제적부의 호주승계(상속) 기재에 관하여 무효 사유가 있어 이를 정정하는 경우라 하더라도 구「호적법」상의 호주승계신고 등에 의한 신호적 편제를 전제로 한 정정은 할 수 없다.

나. 사안의 경우, 을녀를 호주로 하여 편제되었던 호적(제적) 기재상 을녀에 대한 실종선고심판의 확정에 의하여 사망간주되는 시점이 전 호주 갑남의 사망시점보다 선행하므로 갑남의 사망에 따라 을녀를 호주로 하여 신호적을 편제한 것은 호적기재 자체로 보아 무효임이 명백한 경우라 할 것이고, 을녀를 호주승계한 병녀를 호주로 하여 편제되었던 호적(제적) 역시 호주승계의 원인이 없어 무효라 할 것이다. 이 경우에 이해관계인은 관할 가정법원의 허가를 받아 등록부(제적)정정신청을 할 수 있다고 할 것이므로, 이해관계인은 을녀의

호주상속 및 병녀의 호주승계가 각 무효임을 소명하여 관할 가정법원에 "병녀의 호적(제적)을 근거로 하여 작성된 가족관계등록부를 폐쇄하고, 가족관계등록부 작성의 근거가 된 병녀의 호적(제적) 및 병녀의 호주승계로 제적된 을녀의 호적(제적)을 각 말소하고, 을녀의 호주상속이 이루어지기 전의 호적(갑남의 호적)을 부활편제한 뒤, 말소된 을녀 및 병녀의 호적(제적)에 각 기재되었던 유효한 신분사항을 부활편제한 호적에 각 이기한 후 이를 근거로 가족관계등록부를 작성하는 것을 허가한다"는 취지의 정정허가결정을 받아 정정신청을 하는 것으로 정리할 수 있을 것이다. 다만, 정정사유를 명확히 하기 위하여 허가결정의 주문에 을녀의 호주상속 및 병녀의 호주승계가 각 무효라는 취지를 명시하거나, 이를 생략하는 경우 결정이유에 그러한 취지가 기재되어야 할 것이다. (2009. 5. 13. 가족관계등록과-1694 질의회답)

가족관계등록선례 201010-1

① 무효인 호주상속기재사실을 말소할 수 있는지 여부, ② 호주상속이 무효인 경우에 정당한 호주상속인을 호주로 하는 신호적 편제가 가능한지 여부, ③ 호주상속이 무효인 경우 제적부 및 가족관계등록부의 정정방법은 무엇인지에 대한 질의

가. 2005. 3. 31. 법률 제7427호로 「민법」이 일부 개정되어 2008. 1. 1.부터 호주승계(상속)제도가 폐지되고, 「가사소송법」도 일부 개정되어 "호주승계의 무효 또는 회복의 소"가 가사소송사건에서 삭제되었으며, 2007. 5. 17. 법률 제8435호로 「가족관계의 등록 등에 관한 법률」이 2008. 1. 1.부터 시행됨에 따라 제정된 "제적부

기재의 정정방법 예규"는 호주승계(상속)와 관련하여 제적부 기재에 무효 사유가 있는 경우에는 「가족관계의 등록 등에 관한 법률」 제104조에 따라 관할 가정법원의 허가를 받아 가족관계등록부나 제적부를 정정할 수 있는 것으로 하되, 가족관계등록제도의 시행으로 폐지된 호적신고를 2008. 1. 1. 이후에 수리하는 것을 전제로 한 제적부 정정은 허용되지 않는 것으로 하였다.

나. 따라서 관할 가정법원에서 호주승계(상속) 무효를 이유로 가족관계등록부나 제적부의 정정허가를 하더라도 폐지된 호주승계(상속)신고를 2008. 1. 1. 이후 수리하는 것을 전제로 한 정정결정{예컨대, 적법한 호주승계(상속)인을 호주로 한 신호적의 편제를 허가하는 결정}은 할 수 없다고 할 것이다. (2010. 10. 11. 가족관계등록과-2847 질의회답)

호적선례3-506

정정하고자 하는 각 호적이 서로 관련성이 있는 경우 호적정정허가 신청의 관할 법원

정정하고자 하는 각 호적이 서로 관련성이 있는 경우에 그 각각의 호적이 있는 곳(호적관서)을 관할하는 법원이 서로 다를 때에는, 그 법원 중 1개의 법원에 각 호적의 관련사항 일체를 정정하는 호적정정 허가신청을 할 수 있을 것이다. (1995. 9. 23. 법정 3202-435)

가족관계등록선례 200809-1

우리나라의 국적을 소지하지 아니한 사람도 가족관계등록부(제적부)의 정정을 신청할 수 있는지 여부

가. 우리나라의 국적을 소지하지 아니한 사람도 사건본인 또는 재산상·신분상 이해관계가 있는 사람으로서 등록기준지를 관할하는 가정법원에 가족관계등록부의 정정을 신청할 수 있다.

나. 국적상실로 제적된 사람의 제적부상 국적상실일이 실제와 다른 경우에는 사건본인 또는 이해관계인은 법무부장관의 공문서 등 국적상실에 관한 소명자료를 첨부하여 그 제적이 있는 곳을 관할하는 가정법원에 제적정정허가신청을 하고 그 허가를 얻어 결정등본을 받은 날부터 1개월 이내에 제적정정신청을 하여야 한다.

(2008. 9. 17. 가족관계등록과-3019 질의회답)

호적선례3-503

사건본인 1인의 호적정정과 개명을 하나의 서면으로 신청한 경우 사건번호 부여 및 첩부할 인지액

호적정정허가신청과 개명허가신청은 호적법규에 구분하여 규정한 별개의 사건이므로 비록 하나의 신청으로 사건본인 1인의 호적정정과 개명을 함께 구하고 있을지라도 2개의 사건번호를 부여하고 인지도 2건분을 첩부하도록 하여야 할 것이며, 또한 각종의 호적비송사건 건수를 정확히 파악하여 법원 운영의 자료로 활용할 필요성도 있으므로 호적비송사건부에도 각 별개의 사건번호 및 사건명을 기재하여야 할 것이다. _ (1996. 6. 29. 법정 3202-176 서울가정법원장 대 법원행정처장 질의회답)

호적선례3-508

가정법원의 호적정정허가에 의해 당해 호적이 정정된 후, 이해관계

인이 항고를 제기하여 '원결정(호적정정허가)을 취소하고 신청인의 호적정정허가신청을 기각'하는 항고법원의 결정을 얻어 호적을 재정정(원상회복)하고자 하였으나 신청인이 항고법원의 결정에 대하여 불복하고 재항고한 경우 재항고 결정이 있기 전에도 당해 호적을 재정정할 수 있는지 여부

호적정정허가신청사건에 있어서 '호적정정을 허가한 원심결정을 취소하고 신청인의 호적정정허가신청을 기각한 항고법원의 결정에 대한 재항고'는 성질상 보통항고로 보아야 할 것이므로 즉시항고에만 부여되는 집행정지의 효력이 발생하지 아니하고, 따라서 재항고법원의 결정이 있기 전이라도 당해 호적을 원상대로 재정정할 수 있을 것이다. (1996. 8. 7. 법정 3202-216 춘천지방법원장 대 법원행정처장 질)

가족관계등록선례 201002-3

부(부)의 출생신고로 부의 호적(제적)에 입적된 갑녀와 을녀가 부모, 출생연월일, 출생장소의 기재가 동일하고 단지 출생신고일자가 4년여 정도 차이가 있는 상태에서 후에 입적된 을녀의 이름으로 실제생활을 하고 혼인까지 하여 혼인제적됨으로써 혼가에서 을녀의 이름으로 가족관계등록부가 작성되고 친가에서는 갑녀의 이름으로 가족관계등록부가 작성되었는바, 갑녀와 을녀가 동일인임을 주장하는 경우에 호적(제적) 및 가족관계등록부를 정리하는 방법

가. 갑녀와 을녀가 쌍태아가 아닌 동일인이라면 동일인에 대한 이중의 출생신고에 의하여 동일한 본적 내에 이중으로 입적기재됨으로써 이중호적(제적)을 갖게 된 경우라 할 것인바, 동일인에 대한 중복

된 출생신고는 무효라 할 것이므로 후에 입적된 을녀의 호적(제적)은 위법하게 편제된 이중호적(제적)이라 할 것이다.

나. 이중호적(제적) 또는 이중가족관계등록부는 1인 1호적 편제원칙 또는 1인 1가족관계등록 편제원칙에 반하여 법률상 허용될 수 없으므로 이를 단일화하기 위한 정정이 필요한바, 비록 위법하게 편제된 호적(제적)이나 가족관계등록부가 이중호적(제적) 또는 이중가족관계등록부라는 이유로 말소 또는 폐쇄되더라도 그 호적(제적) 또는 가족관계등록부에 기재된 혼인의 효력에는 아무런 영향이 없고, 이중호적(제적)상의 부모의 기재도 동일하므로 사안과 같이 신분관계에 어떠한 영향을 미치지 않는 한 이를 단일화하기 위하여 「가족관계의 등록 등에 관한 법률」 제104조(구 「호적법」 제120조)에 의한 정정이 가능하다.

다. 따라서 사건본인을 비롯한 이해관계인이 갑녀와 을녀가 동일인으로서 이중의 출생신고에 의하여 중복 입적된 사실을 충분히 소명하여 관할 가정법원의 정정허가결정을 받아 정정신청을 함으로써 ① 위법하게 편제된 을녀의 친가호적(제적)을 말소하고, 말소할 호적(제적)에 기재된 혼인사유를 존치할 갑녀의 호적(제적)에 이기하여 혼인제적하는 한편, ② 혼인제적에 따라 친가호적에서 작성된 갑녀의 가족관계등록부를 폐쇄하며, ③ 혼가호적(제적) 중 남편의 신분사항란에 기재된 처의 성명, 사건본인의 성명란, 출생란 등의 특정신분사항란과 협의의 신분사항란의 기재 중 불일치하는 위법한 기재사항, 혼인중에 출생한 자녀의 모란의 성명기재를 각 존치할 정당한 호적(제적)의 기재사항과 같이 정정하고, ④ 혼가호적(제적)에서 작성된 사건본인의 가족관계등록부 특정등록사항란 및 일반등록사항란의 기록 중 불일치하는 위법한 기록사항을 각 정정된 호적(제적) 기재에 맞추어 정정하고, 사건본인의 남편의 가족관계등록부 일반등록사항란에 기록된 처의 성명을 정정된 호적(제적) 기재에 맞추어 정정하며, ⑤ 사건본인의 부모의 가족관계등록부 특정등록사항란의 기록 중 불일치하는 위법한 기록사항을 각 정정된 호적(제적) 기재에 맞추어 정정하면 될 것이다. (2010. 2. 10. 가족관계등록과-407 질의회답)

가족관계등록선례 200907-2

갑남이 을녀와의 혼인중의 출생자로 출생신고를 하여 갑남의 호적에 입적되어 있는 무녀를 병남이 정녀와의 혼인중의 출생자인 기녀로 허위의 출생신고를 하여 병남의 호적에 입적하고 병남은 사망한 경우, 이중호적(제적) 및 이중가족관계등록부를 정리하는 방법

가. 이중호적(제적) 및 이중가족관계등록부는 1인 1호적 편제원칙 및 1인 1가족관계등록 편제원칙에 반하여 법률상 허용될 수 없으므로 이를 단일화하기 위한 정정이 필요하다. 이 경우 법원의 허가에 의한 호적(제적)정정 및 가족관계등록부정정은 그 정정할 사항이 경미한 경우에 한하고 그 정정할 사항이 친족법상 또는 상속법상 중대한 영향을 미치는 것일 경우에는 법원의 허가에 의한 간이한 정정절차에 의할 수 없고 반드시 확정판결에 의하여서만 정정할 수 있는 것인바, 위법한 이중호적(제적)을 말소하거나 이중가족관계등록부를 폐쇄하여 본래의 호적(제적)이나 가족관계등록부로 단일화하기 위한 경우에도 그 정정으로 인하여 신분관계에 중대한 영향을 미치는 사항이 정정되는 경우에는 역시 확정판결에 의하여서만 정정할 수 있다.

나. 사안과 같이 무녀와 기녀가 동일인으로서 허위의 출생신고에

의하여 이중호적(제적) 및 이중가족관계등록부상 사건본인의 부모가 각각 다르게 기재 및 기록된 경우에 법원의 허가에 의한 간이한 정정절차에 의하여 위법한 이중호적(제적) 및 이중가족관계등록부를 말소 및 폐쇄한다면 말소된 호적(제적) 및 폐쇄된 가족관계등록부상의 친자관계를 사실상 부정하는 결과가 되어 신분관계에 중대한 영향을 미치게 되므로 친자관계에 관한 확정판결에 의하여 이중호적(제적) 및 이중가족관계등록부를 정리하여야 할 것인바, 갑남을 비롯한 이해관계인이 관할 가정법원에 기녀와 정녀 및 망 병남 사이에 친생자관계가 존재하지 아니한다는 취지의 친생자관계부존재확인의 소를 제기하여 동 판결이 확정되면 소를 제기한 사람이 판결확정일부터 1개월 이내에 판결등본 및 확정증명서를 첨부하여 사건본인의 등록기준지 또는 정정신청인의 주소지나 현재지의 시(구)·읍·면의 장에게 가족관계등록부정정신청 및 제적부정정신청을 하여야 한다.

다. 한편, 이중호적(제적) 및 이중가족관계등록부의 사건본인은 현재 출생 외에 다른 신분변동사항이 없는 상태이므로 존치할 호적(제적) 및 가족관계등록부에 신분변동사항을 이기하기 위한 별도의 절차 없이, 위 판결에 따른 가족관계등록부 및 제적부 정정의 관할 시(구)·읍·면의 장이 친생자관계가 없는 기녀의 가족관계등록부를 폐쇄하고, 망 병남의 폐쇄등록부 및 정녀의 가족관계등록부에도 기녀의 특정등록사항을 말소하고 그 사유를 기록함으로써 이중가족관계등록부를 정리하게 되며, 허위의 출생신고에 의해 망 병남의 호적(제적)에 입적된 기녀를 말소함으로써 이중호적(제적)을 정리하게 된다. (2009. 7. 17. 가족관계등록과-2492 질의회답)

가족관계등록선례 200911-1

배우자가 있는 갑남이 원래의 호적 외에 북한에 원적이 있는 것으로 하여 역시 북한에 원적이 있는 을녀와 이미 혼인신고를 마친 법률상 부부로 을녀와 함께 법원의 취적허가를 받아 이중호적을 편제하여 중혼관계에 있다가 을녀와 협의이혼 후 병녀와 혼인하고 다시 병녀와 협의이혼한 상태에서 2008. 1. 1.부로 이중가족관계등록부가 작성되고 그 후 사망하여 취적한 본적지에서 작성된 가족관계등록부에 사망기록이 된 경우, 이중호적(제적) 및 이중가족관계등록부를 정리하는 방법

가. 위법한 이중호적(제적)을 말소하거나 이중가족관계등록부를 폐쇄하여 본래의 호적(제적)이나 가족관계등록부로 단일화하기 위한 경우에 그 정정으로 인하여 신분관계에 중대한 영향을 미치는 사항이 정정되는 경우에는 법원의 허가에 의한 간이한 정정절차에 의할 수 없고 확정판결에 의하여서만 정정할 수 있다.

나. 사안에서 이중호적(제적) 및 이중가족관계등록부상의 갑남이 동일인으로서 갑남과 을녀 및 병녀(특히 을녀)가 실제로 혼인신고를 하여 혼인이 성립하였던 경우라면 비록 중혼이라 하더라도 혼인취소판결에 의하여 취소되지 아니한 이상 유효한 혼인이고 이미 이중호적(제적) 및 이중가족관계등록부를 통하여 중혼관계에 있기 때문에 위법한 이중호적(제적) 및 이중가족관계등록부를 말소 및 폐쇄하고 말소 및 폐쇄할 호적(제적) 및 가족관계등록부의 혼인기재 · 기록을 존치할 호적(제적) 및 가족관계등록부에 이기하여 중혼의 기재 · 기록이 된다 하더라도 신분관계에 중대한 영향을 미친다고 할 수 없으므로 이해관계인이 이중호적(제적) 및 이중가족관계등록부상의 갑

남이 동일인임을 소명하여 관할 가정법원의 제적부정정허가 및 가족관계등록부정정허가를 받아 정정신청을 함으로써 이중호적(제적) 및 이중가족관계등록부를 말소 및 폐쇄하고, 말소 및 폐쇄할 호적(제적) 및 가족관계등록부 중 을녀와의 혼인 · 이혼과 그 사이에서 출생한 자녀에 대한 기재 · 기록, 병녀와의 혼인 · 이혼과 그 사이에서 출생한 자녀에 대한 기재 · 기록 및 갑남의 사망기록을 각 존치할 호적(제적) 및 가족관계등록부에 이기함으로써 이중호적(제적) 및 이중가족관계등록부를 정리하면 될 것이다. 이때 병녀의 친가 호적(제적)에서 혼인으로 제적된 기재 중 '입적 또는 신호적' 란, 갑남과의 이혼으로 일가창립한 을녀 및 병녀의 호적(제적) 기재 중 '전호적' 란, 혼인으로 제적된 자녀의 분가 또는 혼가 호적(제적) 기재 중 '전호적' 란을 각 존치할 호적(제적)의 본적지로 정정하라는 취지의 제적부정정허가 및 말소할 호적(제적)을 기초로 그 본적지를 등록기준지로 하여 가족관계등록부가 작성된 자녀의 최초 등록기준지를 존치할 호적(제적)의 본적지로 정정하라는 취지의 가족관계등록부정정허가를 함께 받아 정정하는 한편, 이미 사망신고로 폐쇄된 갑남의 이중가족관계등록부는 그 폐쇄사유를 정정하고 사망기록을 존치하는 가족관계등록부에 이기함에 따라 사망을 사유로 존치 가족관계등록부를 폐쇄하면 될 것이다.

다. 다만, 갑남과 을녀가 이미 혼인신고를 마친 법률상 부부인 것으로 취적허가를 받아 갑남의 이중호적이 편제되었는바, 실제로는 적법한 혼인신고가 없었음에도 이미 혼인신고를 마친 법률상 부부인 양 가장하여 취적허가를 받아 이중호적(제적)이 편제되고 이를 기초로 이중가족관계등록부가 작성된 경우라면 그 이중호적(제적) 및 이중가족관계등록부상 기재 · 기록되어 있는 혼인은 무효이고, 이와 같이 적법한 혼인신고 없이 호적(제적) 및 가족관계등록부에만 기재 · 기록된 무효인 혼인은 존치할 호적(제적) 및 가족관계등록부에 이기할 수 없기 때문에 법원의 허가에 의한 간이한 정정절차에 의하여 이중호적(제적) 및 이중가족관계등록부를 말소 및 폐쇄한다면 이중호적(제적) 및 이중가족관계등록부상의 혼인기재가 말소된 당사자의 신분관계에 중대한 영향을 미치게 되므로 법원의 확정판결에 의해서만 이중호적(제적) 및 이중가족관계등록부를 정리할 수 있다. 따라서 이러한 경우에는 먼저 갑남과 을녀의 혼인 및 이혼에 대하여 혼인무효 및 이혼무효의 각 확정판결을 받아 정정신청을 함으로써 양 당사자의 호적(제적) 및 가족관계등록부의 혼인 및 이혼에 관한 기재 · 기록을 모두 말소하고, 갑남과 을녀 사이에서 출생한 자녀를 갑남이 출생신고하여 인지의 효력이 있는 경우에는 그 자녀를 혼인외의 출생자로 정정하며, 갑남과의 이혼으로 일가창립한 을녀의 호적(제적)을 말소하고 최초 취적허가를 받은 본적지에 신호적을 편제함과 동시에 법률 제8435호로 제적하는 한편 현재 을녀의 가족관계등록부의 최초 등록기준지를 위 본적지로 정정한 다음 이해관계인이 이중호적(제적) 및 이중가족관계등록부상의 갑남이 동일인임을 소명하여 관할 가정법원의 제적부정정허가 및 가족관계등록부정정허가를 받아 정정신청을 함으로써 위 정정된 이중호적(제적) 및 이중가족관계등록부를 말소 및 폐쇄하고 말소 및 폐쇄할 호적(제적) 및 가족관계등록부 중 갑남과 을녀 사이에서 출생하고 갑남이 출생신고한 자녀에 대한 기재 기록을 각 존치할 호적(제적) 및 가족관계등록부에 이기함으로써 이중호적(제적) 및 이중가족관계등록부를 정리하면 될

것이다(기타 정정사항은 위 나.항 참조). (2009. 11. 2. 가족관계등록과-3814 질의회답)

호적선례3-615

미수복지구에 본적을 가졌던 자가 월남하여 취적을 함에 있어 허무인을 부모로 정한 경우의 호적정정절차

미수복지구에 본적을 가지고 있던 자가 월남하여 취적을 함에 있어 원래 호적의 내용대로 하지 아니하고 임의로 허무인을 부모로 정하여 취적허가를 얻어 신호적을 편제함에 따라 성과 본도 사실과 다르게 호적에 기재되어 있는 경우에는, 호적상의 부모가 허무인이라는 사실과 실제의 부모는 누구라는 사실을 소명하는 서면을 첨부하여 호적정정허가를 얻어 그에 따른 호적정정신청을 하면 올바르게 바로 잡을 수 있을 것이다. 다만 그 정정허가신청서에 첨부된 서면이 그러한 사실을 증명함에 족한 서면인지 아닌지에 관하여는 당해 재판절차에서 판단할 사항인 것이다. (1992. 12. 1. 법정 제2082호)

호적선례3-617

취적한 호적의 부모란의 정정 또는 추완절차

호적이 멸실된 자가 취적허가신청서를 작성할 때에 부(부)의 성은 주(이해관계인의 주장은 사실상 "주"가 맞는 것이나 취적자의 무지로 취적신청시에 "주"로 하여 취적허가를 받았다고 함)로 하고 부의 이름과 모의 성 및 이름을 몰라 불상으로 기재하여 신청서의 기재대로 취적허가를 받음으로써 그대로 호적에 기재된 상태로 사회생활을 하여 오다가 그 취적자가 직계비속 없이 사망한 경우, 이해관계인 등이 취

적자의 부모 성명을 알게 되어 이를 올바르게 잡기 위하여서는 취적자의 친생부 · 모의 성명을 입증할 수 있는 서면을 첨부하여 호적정정허가를 받아 호적정정신청을 하거나(부 및 취적자의 성) 추완신고(부의 이름과 모의 성명)를 하여 부 · 모의 성명 및 취적자의 성을 정정 또는 추완할 수 있을 것이다. (1993. 11. 29. 법정 제2345호)

호적선례4-144

착오에 의한 출생신고로 호적부상 모의 성명이 잘못 기재된 경우 이를 정정하는 절차

착오로 출생신고서에 모의 성명을 (송희구)로 기재할 것을 송희적(송희적)으로 기재함으로써 호적부상에 모의 성명이 송희적(송희적)으로 기재되어 있다면, 이해관계인은 그 호적이 있는 지(지)를 관할하는 가정법원(지방법원 또는 동 지원 포함)에 그와 같은 사실을 소명하는 자료를 첨부하여 호적정정허가신청을 하여 정정허가를 얻은 다음 호적정정신청을 함으로써 모의 성명을 올바르게 고칠 수 있다. (1997. 2. 22. 법정 3202-58)

호적선례2-392

혼인외의 자에 대하여 부가 출생신고하면서 모의 이름을 잘못 기재하여 모의 이름이 호적부에 잘못 기재된 경우의 호적정리절차 등

혼인외의 자에 대하여 부가 출생신고하면서 모의 이름을 잘못 기재하여 모의 이름이 호적부에 잘못 기재된 경우에는 이해관계인은 호적이 있는 곳을 관할하는 가정법원(지방법원 또는 지원 포함)의 허가를 얻어 호적정정신청을 할 수 있다. 위 호적정정의 허가여부는 신청

을 받은 당해법원에서 신청서와 소명자료를 참조하여 판단할 사항이며, 호적정정신청이 기각된 경우에는 법령에 위배된 재판임을 이유로 하는 경우에 항고할 수 있고, 항고기간의 제한은 없으며, 항고장은 원심법원에 제출하여야 한다. (89.10.26. 법정 제1688호)

호적선례2-377

혼인외의 자의 호적중 부란에 그 성명을 기재한 경우의 호적정정

혼인외의 자로서 부로부터 인지되지 아니한 자에 대하여는 그 부란은 기재할 수 없다. 만약 인지되지 아니한 혼인 외의 자에 대하여 호적상의 부란에 허무인이 기재되었다면 그 부란의 기재는 법률상 허용될 수 없는 위법한 것이므로 관할가정법원(지방법원 또는 지원 포함)으로부터 부란의 기재를 말소하라는 호적정정허가를 받아 이를 말소하여야 할 것이며, 이를 말소한 후 사실상의 부가 인지하든지 사건본인이 그 부를 상대로 인지청구의 소를 제기하여 인지심판이 확정되면 그에 따라 부란이 올바로 기재될 수 있을 것이다. (88.11.11. 법정 제1421호)

호적선례2-414

출생신고시 모의 성명은 가명으로, 모의 본적은 불명으로 신고한 경우의 정정절차

출생신고시 모의 성명을 가명으로, 모의 본적을 불명으로 신고하여 호적에 그대로 기재된 후 모의 성명과 본적지를 알게 된 때에는, 관할법원의 허가를 얻어 호적상 모의 성명과 본적표시 등을 실제와 같이 정정하여야 할 것이다. (90.8.27. 법정 제1329호)

가족관계등록선례 201003-1

갑남이 실재하지 아니한 허무인 을녀에 대하여 병녀를 모로 하여 허위의 출생신고를 함으로써 을녀가 갑남의 호적에 입적기재되었다가 2008. 1. 1.부로 가족관계등록부가 작성되고 그 후 갑남이 사망한 경우에 가족관계등록부 및 제적부를 정정하는 방법

가. 가족관계등록부 및 제적부의 기록이 법률상 허가될 수 없는 것이거나 그 기록에 착오 또는 누락이 있는 경우에는 진정한 신분관계와 일치하도록 정정절차를 통해 이를 바로잡을 수 있는바, 법원의 허가에 의한 가족관계등록부 및 제적부 정정은 그 정정할 사항이 경미한 경우에 한하고 그 정정할 사항이 친족법상 또는 상속법상 중대한 영향을 미치는 것일 경우, 구체적으로 문제되는 신분관계의 존부에 관하여 직접적인 쟁송방법이 「가사소송법」 제2조에 규정되어 있는 경우에는 법원의 허가에 의한 간이한 정정절차에 의할 수 없고 반드시 확정판결에 의하여서만 정정할 수 있다.

나. 그러나 사안의 경우처럼 실재하지 아니한 허무인 을녀에 대한 출생신고에 의하여 을녀가 갑남의 호적에 입적기재되고 2008. 1. 1부로 가족관계등록부가 작성된 경우 그 호적의 기재 및 가족관계등록부의 기록은 법률상 허가될 수 없는 것에 해당하는바, 이러한 경우에 가족관계등록부 및 제적부를 정정하는 것에 관하여는 직접적인 쟁송방법이 「가사소송법」은 물론 다른 법률이나 대법원규칙에도 정하여진 바가 없을 뿐만 아니라 허무인을 상대로 소를 제기하거나 허무인이 소를 제기할 수도 없으므로 이와 같은 사항에 관한 정정은 「가족관

계의 등록 등에 관한 법률」 제104조에 따라서 처리할 수밖에 없다. 여기서 「가족관계의 등록 등에 관한 법률」 제104조의 위법한 가족관계 등록 기록(위법한 제적부 기재)의 정정허가를 구할 수 있는 이해관계인이라 함은 당해 제적부 기재 및 가족관계등록부 기록의 사건본인이나 신고인은 물론 제적부 정정 및 가족관계등록부 정정과 관련하여 자신의 신분상 또는 재산상의 권리의무관계에 이해를 가진 모든 사람을 말한다.

다. 따라서 사안의 경우 이해관계인이 사건본인의 등록기준지(제적부 정정은 제적부의 본적지)를 관할하는 가정법원에 정정신청인의 이해관계 및 을녀가 실재하지 아니한 허무인이라는 충분한 소명자료를 첨부하여 을녀의 가족관계등록부를 폐쇄하고, 갑남의 폐쇄등록부 및 병녀의 가족관계등록부에 각 기록된 자녀 을녀의 특정등록사항을 말소하며, 갑남의 제적부에 입적기재된 을녀를 말소하라는 취지의 가족관계등록부 및 제적부 정정허가신청을 하고 그 허가결정을 받아 관할 시(구) · 읍 · 면의 장에게 가족관계등록부 및 제적부 정정신청을 함으로써 이를 바로잡을 수 있을 것이다. (2010. 3. 11. 가족관계등록과-772 질의회답)

호적선례4-146

부의 성과 본을 알 수 없는 혼인외의 자를 모가 임의로 성과 본을 정해 출생신고를 하여 그대로 호적에 기재된 경우 그 혼인외의 자의 성과 본을 모의 성과 본을 따라 정정할 수 있는지 여부

혼인외의 자는 모의 성과 본을 따르는 것이 원칙이나 부의 성과 본을 알 수 있는 경우에는 부의 성과 본을 따를 수 있는 것이므로, 부

의 성과 본을 알 수 없는 혼인외의 자를 모가 임의로 성과 본을 정해 출생신고를 하여 그대로 호적에 기재되었다면 이해관계인은 그 호적이 있는 지(지)를 관할하는 가정법원(지방법원 또는 지원 포함)에 호적의 기재가 잘못되었음을 증명하는 서면을 소명자료로 제출하여 호적정정허가를 받아 호적정정신청을 함으로써 모의 성과 본을 따라 호적을 정정할 수 있을 것이나, 어떠한 서면이 그러한 사실을 증명함에 족한 서면인지 여부에 대하여는 당해 재판절차에서 판단할 사항이다. (1997. 6. 26. 법정 3202-191)

호적선례3-623

혼인외 출생자의 본(본)의 정정가부

생모(생모)가 부(부)가 인지하지 아니한 혼인외 자를 생모의 호적에 출생신고로 입적함에 있어 그 자(자)의 성(성)과 본(본)을 부(부)라고 인정할 자의 성과 본을 따라 일단 호적에 기재하게 하였다면, 현재 기재되어 있는 호적에서는 그 자(자)의 성과 본이 실제의 부(부)의 성·본이 다르다는 이유만으로는 다시 사실상 부(부)의 성과 본으로 정정할 수는 없을 것이나(생모의 성과 본으로 정정하는 것은 별론으로 함), 다만 그 자(자)는 인지(임의 또는 강제)절차에 의하여 부(부)의 성과 본을 따라 부(부)호적에 입적될 수는 있을 것이다. (1992. 8. 25. 법정 제1451호 서울가정법원장 대 법원행정처장 질의회답)

호적선례3-624

혼인외의 자(자)의 성(성)과 본(본)의 정정

모(모)의 성과 본을 따라 모가(모가)에 입적된 혼인외의 자는 인지(임의 또는 강제)절차에 의하지 않는 한 그의 성과 본을 생부의 성과 본으로 정정할 수 없다. 종전에는 생모의 성과 본을 따라 모가에 입적된 혼인외의 자의 성과 본을 추완신고에 의하여 생부의 성과 본으로 정정하는 제도가 인정되고 있었으나, 현재는 그러한 제도가 현행 법규에 부합하지 않는 것으로 보아 삭제(1989. 12.부터)되었으므로 추완신고에 의한 성과 본의 정정은 불가능 하며, 생부의 성과 본을 따르고자 한다면 생부로부터 인지를 받든가 또는 생부를 상대로 인지청구의 소를 제기하여 판결을 받아 인지신고를 하여야 할 것이다. (1993. 12. 10. 법정 제2402호)

호적선례3-622

본가호주의 본(본)이 정정된 경우, 이미 분가 및 혼인으로 제적된 숙부, 제, 누이 등의 호적에의 본(본)의 정정이 간이직권정정으로 가능한지 여부

호적법규상 일정한 경우에 시(구) · 읍 · 면의 장이 법원의 허가 없이 직권으로 호적을 정정 · 기재할 수 있는 사항을 규정하고 있는데, 그 중 자(자)는 원칙적으로 부(부)의 성(성)과 본(본)을 따르도록 규정되어 있는 것과 관련하여 "부 또는 모의 본이 정정되거나 변경되었음이 호적(제적)이나 그 등본에 의하여 명백함에도 그 자의 본란이 정정되지 아니한 때"를 규정하고 있는바, 이 규정은 부 · 모의 본이 정정되었을 경우 그 직계비속에 대한 본의 정정방법만을 의미하는 것이지 본가호주의 본이 정정되었다 하여 (법정)분가한 그의 형제자매와 방계혈족 사이에 까지 모두 적용되는 것은 아니다. (1992. 10. 5. 법정 제1712호)

호적선례3-629

호주가 법원의 허가를 받아 본(본)을 정정한 경우 말소제적된 부(부)의 본(본)을 정정하는 절차

법원의 호적정정허가에 의하여 호적부에 호주의 본이 정정기재되었다면 그 호주의 직계비속에 대하여는 간이직권정정으로 곧바로 본을 정정할 수 있지만, 제적된 전호주인 부(부)에 대하여는 별도로 관할법원에 호적정정허가를 받아야 잘못된 본을 정정할 수 있다. _(1993. 5. 31. 법정 제1022호)

호적선례3-626

취적으로 편제된 호적에 기재되어 있는 본(본)의 정정가부

취적절차에 의하여 편제된 호적에 대하여도 호적기재사항에 대하여 오류가 있다면 호적정정허가(친족법상 중대한 사항인 경우에는 판결절차에 의하여야 함)를 얻어 그 호적기재를 정정할 수 있는 것이므로, 취적당시 본의 기재를 착오로 "전의(전의)"를 "전주(전주)"로 잘못 신청하여 호적에 그대로 기재되어 있다면 그러한 사실을 증명하는 서면을 첨부하여 당해 호적의 본적지 관할법원의 허가를 얻어 본의 정정을 할 수 있는 것이나, 어떠한 서면이 그러한 사실을 증명함에 족한 서면인지의 여부에 대하여는 당해 재판절차에서 판단하여야 할 사항이다. (1992. 11. 13. 법정 제1967호)

가족관계등록선례 200903-1

외국인 배우자가 외국에서 외국인 양모와 파양하여 성(성)이 변경된 경우에, 한국인 배우자의 가족관계등록부에 변경된 외국인 배우자

의 성(성)을 기록할 수 있는지 여부

가. 「가족관계의 등록 등에 관한 규칙」 제54조는 일방 배우자에 대하여 가족관계등록사항 등의 변동사유에 관한 신고가 있을 경우 다른 배우자의 등록부에도 그 취지를 직권으로 기록하도록 규정하고 있는바, 일방 배우자에 대하여 성 변경을 가져온 신분변동의 신고가 있는 경우에도 이를 준용 내지 유추적용하여 다른 배우자의 등록부에도 성 변경의 취지를 기록할 수 있을 것이나, 외국인 배우자가 외국에서 외국인 양모와 파양한 것은 「가족관계의 등록 등에 관한 법률」이 적용될 외국적 요소가 있는 신분행위가 아니므로 외국인 배우자가 동법에 따라 우리나라의 등록관서에 파양신고를 할 수 없고, 한국인 배우자의 가족관계등록부에 변경된 외국인 배우자의 성을 직권으로 기록할 수도 없다.

나. 한편, 「가족관계의 등록 등에 관한 법률」 제18조 및 제104조가 규정하는 등록부정정절차는 등록부에 기록될 당시부터 존재하는 잘못을 시정하기 위한 절차이므로 외국인 배우자가 외국에서 외국인 양모와 파양하여 성(성)이 변경된 것과 같이 한국인 배우자의 등록부에 기록된 외국인 배우자의 신분사항이 후발적으로 불일치하게 된 경우는 등록부 정정사유가 될 수 없음이 원칙이나, 국민 개개인의 신분관계를 빠짐없이, 진정한 신분관계에 부합하도록 등록부에 기록하여 이를 공시 · 공증하여야 한다는 가족관계등록제도의 이념에 비추어 볼 때, 등록부에 기록된 신분사항의 후발적 불일치가 있으나 통상의 신고에 의한 기록절차에 의하여 이를 등록부에 반영할 수 없는 예외적인 경우에는 등록부 정정사유 중 “등록부의 기록이 법률상 허가될 수 없는 것”에 등록부 기록 후 사정변경에 의하여 법률

상 허가될 수 없음이 명백하게 된 경우도 포함되는 것으로 보아 「가족관계의 등록 등에 관한 법률」 제104조의 절차에 따라 변경된 내용을 등록부에 반영하는 것이 가능할 것이다. 다만, 이러한 등록부정정허가 여부는 재판에 관한 사항으로 구체적인 사건에서 관할 재판부가 신청서와 소명자료를 바탕으로 판단할 사항이다. (2009. 3. 26. 가족관계등록과-1093 질의회답)

가족관계등록선례 200804-1

어려서 사망한 자매의 호적(또는 가족관계등록부)으로 출생 후 현재까지 사회생활을 영위해 온 사람이 자신의 가족관계등록부를 가질 수 있는 방법

출생 후 현재까지 자신(갑)의 가족관계등록부(호적) 없이 과거에 사망한 자매(을)의 가족관계등록부(호적)를 사용한 것은 잘못된 것이므로 사망한 자매(을)에 대한 사망신고를 하여 그 가족관계등록부를 폐쇄하고 부모의 출생신고로 갑의 가족관계등록부를 새로이 작성하여야 하나 출생신고 의무자인 부모가 모두 사망하거나 출생신고를 할 수 없다면 등록하려는 곳을 관할하는 가정법원에 가족관계등록부창설허가신청을 하여 그 허가를 받은 날로부터 1개월 이내에 시(구)·읍·면의 장에게 등록창설의 신고를 하여야 한다. (2008. 4. 18. 가족관계등록과-1233 질의회답)

가족관계등록선례 200803-5

남편이 사망하여 재혼한 여자가 자에 대하여 허위 사망신고를 한 다음에 재혼중의 자로 출생신고를 하였으나 재혼한 남편과 자 사이에

서 친생자관계부존재확인판결이 확정된 경우에 자의 가족관계등록부를 정리하는 방법

가. 갑은 을남과 병녀 사이의 혼인중의 자로 출생하였고 을남이 사망하자 그 호주를 상속하였으나 정남과 재혼한 병녀는 갑에 대하여 허위로 사망신고를 하고 갑을 자신과 정남 사이의 혼인중 자인 무로 출생신고를 하여 정남의 호적에 입적하였으나 후에 정남과 무 사이에 친생자관계부존재확인판결이 확정된 경우, 갑은 먼저 정남과 무 사이의 확정된 친생자관계부존재확인판결의 등본 및 확정증명서를 첨부, 시(구) · 읍 · 면의 장에게 가족관계등록부 정정신청을 하여 무의 가족관계등록부를 말소하여야 한다.

나. 그런 다음 갑이 현재 생존해 있다는 충분한 소명자료와 갑과 무가 동일인이라는 소명자료를 첨부하여, 갑의 제적지를 관할하는 가정법원에 "허위의 사망신고로 제적된 갑의 호적을 부활하여 그 사망사유를 말소한 다음 이를 기초로 새로이 가족관계등록부를 작성하라" 하는 취지의 허가를 얻어 정정신청을 함으로써, 갑의 제적 및 가족관계등록부를 정리하여야 한다. (2008. 3. 17. 가족관계등록과-879 질의회답)

제8편 국제가족관계등록

호적선례3-2

대한민국 재외공관의 장이 호적관장자인지 여부

대한민국 재외공관의 장(외국주재의 대사, 공사, 영사 등)은 호적법, 재외국민취적·호적정정및호적정리에관한임시특례법, 외무부와그 소속기관직제 등에 의하여 외국에 있는 대한민국 국민의 호적신고, 신청 및 증서의 제출시에 이를 수리하여 외무부장관을 경유하여 본적지 호적관서로 송부하는 등 호적사무의 일부를 처리하고 있는 호적관장자이다. (1996. 2. 27. 법정 3101-61)

호적선례3-55

대한민국 국민이 행위지법인 외국법에 의하여 입양 등의 섭외신분행위를 하고 그 증서의 등본을 첨부하여 호적정리신청을 한 경우 호적공무원이 당해 신분행위의 요건구비 여부를 심사하여야 하는지 여부

대한민국 국민이 행위지법인 외국법에 의하여 혼인, 입양 등의 섭외신분행위를 하고 그 외국관공서 발행의 증서를 첨부하여 재외국민취적·호적정정및호적정리에관한임시특례법에 따른 호적정리신청을 하였다면, 이는 이미 유효하게 성립한 신분행위에 대하여 국내의 호적정리를 위한 보고적 신고에 불과하므로, 그 신분행위에 명백한 무효사유가 있음이 발견된 경우를 제외하고는 당해 증서가 외국의 권한있는 기관에서 적법한 절차를 거쳐 진정으로 작성되었는지의 여부만을 심사한 후 그 수리 및 호적의 기재를 하여야 할 것이다. (1996. 6. 21.

법정 3202-170 서울가정법원장 대 법원행정처장 질의회답)

호적선례3-317

외국법원의 이혼판결에 기한 이혼신고서의 처리

1. 외국법원의 이혼판결에 기하여 본적지 호적관서에 이혼신고를 하는 경우라 하여 그 이혼신고서에 첨부된 판결문의 번역문에 주재국 대사나 영사의 확인을 받아야 하는 것은 아니다.
2. 외국법원의 이혼판결에 기한 이혼신고의 경우에는 그 외국판결이 민사소송법 제203조 소정의 조건을 구비하는 한 우리나라에서도 효력이 있으므로 국내법원에서 집행판결을 받을 필요는 없으나, 만약 민사소송법 제203조의 조건을 구비하지 못한 외국법원의 이혼판결에 기한 이혼신고서에 의하여 이미 그 사유가 호적에 기재된 경우에는 판결에 의한 호적정정절차에 따라 잘못 기재된 호적의 기재를 정정하여야 할 것이다. (1993. 6. 1. 호적 제1254호 용산구청장 대 서울가정법원장 질의회답)

호적선례1-200

외국법원의 혼인무효 또는 취소판결에 기한 호적신고절차 등

"외국법원의 이혼판결에 기한 이혼신고 처리지침"(예규 679-8항)은 외국법원의 이혼판결에만 적용되는 처리지침 이므로, 외국법원에서 민사소송법 제203조의 요건을 갖춘 혼인무효나 취소판결을 받은 경우에는 국내에서 집행판결을 받아야만 그 호적신고를 할 수 있다. 그런데 국내법원에서 집행판결을 받은 바 없이 외국법원의 혼인무효 판결에 기한 호적신고가 수리되었다면, 이는 신분관계에 중대한 영향

을 미치는 사항이므로, 일반 민사소송법에 의한 혼인관계존재확인판결을 받아 호적을 정정할 수 있을 것이다. (83. 3.30 법정 제105호)

호적선례1-200

외국법원의 혼인무효 또는 취소판결에 기한 호적신고절차 등

_ "외국법원의 이혼판결에 기한 이혼신고 처리지침"(예규 679-8항)은 외국법원의 이혼판결에만 적용되는 처리지침 이므로, 외국법원에서 민사소송법 제203조의 요건을 갖춘 혼인무효나 취소판결을 받은 경우에는 국내에서 집행판결을 받아야만 그 호적신고를 할 수 있다. 그런데 국내법원에서 집행판결을 받은 바 없이 외국법원의 혼인무효판결에 기한 호적신고가 수리되었다면, 이는 신분관계에 중대한 영향을 미치는 사항이므로, 일반 민사소송법에 의한 혼인관계존재확인판결을 받아 호적을 정정할 수 있을 것이다. (83. 3.30 법정 제105호)

호적선례2-220

혼인무효판결에 의한 호적정정절차

미국시민권을 가진 재미동포 여자와 혼인신고를 한 후 미국법원에서 그 여자와의 혼인에 대한 무효판결(항소심에서 승소)을 받은 경우에 그 호적을 정리하기 위해서는 위 혼인무효판결(민사소송법 제203조의 요건을 갖춘 것일 것) 정본 또는 등본과 그 확정증명을 첨부하여 우리나라 관할법원에서 집행판결을 받은 후에 혼인무효판결로 인한 호적정정신청을 하면 혼인으로 인하여 법정분가된 호적이 말소되고 본가의 제적이 부활된다. (90.7.10.법정 제 1052호 및91.11.14.법정 제 1656호)

호적선례 200109-4

일본국 법원에서 받은 이혼무효심판에 대하여 우리 나라에서 호적신고를 하기 위하여 다시 국내 법원의 집행판결을 받아야 하는지 여부

1. 우리 나라에서 집행판결이 면제되는 외국법원의 판결은 대법원 호적예규 제371호의 규정에 의하여 민사소송법 제203조의 요건을 구비하고 있는 이혼판결에 한정되므로, 외국법원에서 이혼무효판결을 받은 경우에는 다시 국내 법원의 집행판결을 받아야만 호적신고를 할 수 있다.
2. 집행판결소송에 있어서 원고는 외국판결에서 청구권이 있는 당사자로 표시된 자 또는 그 승계인이고 피고는 그 상대방인 집행채무자 또는 그 승계인이므로, 이혼무효심판서에 신청인으로 기재된 자가 원고로서 상대방으로 기재된 자를 피고로 소송을 제기하여야 할 것이다. (2001. 9. 24. 법정 3202 - 388)

호적선례3-535

당사자가 일본법원에서 친생자관계부존재확인판결을 받아 판결정본과 확정증명을 첨부하여 호적정정신청을 한 경우 국내법원의 집행판결이 필요한지 여부

외국법원에서 친생자관계부존재확인판결을 받은 경우에, 당해 외국판결이 민사소송법 제203조 소정의 요건을 구비하고 있다고 하더라도 국내에서 집행판결을 받아야만 그 호적신고를 할 수 있을 것이다. (1995. 8. 25. 법정 3201-401 대구광역시 중구청장 대 대구지방법원장 질의회답)

호적선례5-69

한국인 갑녀가 일본인 을남과 1989. 11. 8. 혼인 후 자인 병녀를 출산(1991. 4. 27.)하여 일본인 을남의 호적에 혼인중 자(자)로 등재된 상태에서, 일본에서 병녀가 을남을 상대로 친생자관계부존재확인판결을 받은 다음 친생부를 상대로 인지판결을 받은 경우, 갑녀가 병녀를 우리 나라 호적에 출생신고를 하기 위해서는 일본에서 받은 친생자관계부존재확인판결과 인지판결에 대하여 국내에서 별도의 집행판결을 받아야 하는지 여부

한국인 갑녀와 일본인 을남 사이에서 혼인중 자(자)로 일본인 을남의 호적에 입적된 병녀(1991. 4. 27. 출생)는 구 국적법(1997. 12. 13. 법률 제5431호 이전의 것)에 의하면 당연히 일본국적을 취득한다 할 것이나 을남을 상대로 친생자관계부존재확인판결을 받아 호적에서 말소된 경우에는 원시적으로 일본국적을 상실하게 되고 갑녀의 혼인외 자가 됨으로써 우리 나라 국적을 취득한다 할 것이므로, 한국인 갑녀가 혼인외 자인 병녀를 우리 나라 호적에 출생신고 할 수 있을 것이다. 이때 출생신고서에는 일본에서 받은 친생자관계부존재확인판결을 소명자료로 첨부할 수 있을 것이나 이 사안은 그 판결의 내용에 따라 우리 나라 호적을 정정하거나 그 판결내용을 호적에 기재해야 되는 것은 아니므로 (일본인 을남의 호적에서 병녀가 말소됨에 그침) 국내의 집행판결을 받을 필요는 없을 것이다.

한편 한국인 갑녀가 병녀를 혼인외 자로 출생신고한 후 일본에서 받은 인지판결에 의하여 인지신고를 하기 위해서는 별도로 국내의 집행판결을 받아 일본에서 받은 인지판결등본과 확정증명서, 국내의 집행판결등본과 확정증명서를 첨부하여 인지신고를 하여야 할 것이다.

(2003. 10. 16. 호적 3202 - 452)

호적선례4-25

외국(미국)법원의 입양판결에 대하여 집행판결을 받아야만 입양신고를 할 수 있는지 여부 등

가. 민사소송법 제476조, 제477조의 집행판결의 대상이 되는 외국판결이란 사법상의 법률관계에 관한 소송에 대하여 재판권을 행사할 권한을 가지는 외국의 사법기관이 행한 종국적 재판을 말하는 것이고, 한편, 영ㆍ미법국가에서는 법원 등의 국가기관이 당사자간의 입양절차에 개입하여 입양결정(판결)을 하여야만 입양이 성립되도록 하고 있는바, 이러한 법제하에서의 입양결정(판결)은 국가가 후견적 사무로서 행하는 행정작용에 불과한 것이어서 당사자간의 분쟁을 전제로 하는 소송에 대한 종국적 재판과는 그 성질이 다른 것이므로 집행판결의 대상이 되지 않는다 할 것이므로, 미국법원의 입양결정(판결)을 첨부하여 입양신고를 함에 있어서는 집행판결을 받을 필요가 없다고 할 것이다.

나. 다만, 호적공무원이 섭외입양 등을 심사함에 있어 그 방식에 관한 준거법으로서 적용하여야 할 외국의 법규를 다 알 수는 없는 것이므로, 미국법원의 입양결정(판결)이 호적법 제40조에 의한 입양성립증서에 해당하는지 여부에 대하여 의문이 있을 경우에는 호적법시행규칙 제46조에 따라 그 나라의 법규 기타 서류를 소명자료로 제출하게 하여 그 수리 여부를 결정하여야 할 것이다. (1996. 10. 24. 법정 3202-288)

가족관계등록선례 200907-7

한국인 갑남과 베트남인 을녀가 베트남에서 베트남법이 정하는 방식에 따른 혼인절차를 마친 후 자녀를 출산하여 베트남에서 혼인중의 자로 출생신고를 하였으나 현재까지 「가족관계의 등록 등에 관한 법률」에 따른 혼인신고가 없는 상태에서 갑남으로부터 자녀에 대한 출생신고를 수리하여 가족관계등록부를 작성하여야 하는지, 만약 출생신고가 불가능하다면 갑남의 인지신고는 가능한지 여부

가. 국제혼인의 방식, 즉 혼인의 형식적 성립요건은 혼인거행지법 또는 당사자 일방의 본국법에 의하는바, 혼인거행지인 베트남의 법이 정하는 방식에 따른 혼인절차를 마친 경우에는 그 혼인은 유효하게 성립하는 것이고 별도로 「가족관계의 등록 등에 관한 법률」에 따른 혼인신고를 하지 않더라도 혼인의 성립에 아무런 영향이 없다. 따라서 사안의 경우 갑남과 을녀 사이에서 출생한 자녀는 혼인중의 자로서 출생과 동시에 한국국적을 취득하였으므로 비록 갑남과 을녀에 대한 혼인신고(「가족관계의 등록 등에 관한 법률」 제35조 제1항에 의한 보고적 신고)가 없더라도 출생신고의무자(국내에 거주하는 베트남인 모 포함)로부터 혼인증서등본 및 출생증명서나 베트남법의 방식에 의해 출생신고한 사실을 증명하는 서면 등을 첨부한 출생신고가 있다면 이를 수리하여 자녀의 가족관계등록부를 작성하고 특정등록사항란에 부모를 기록하며 갑남의 가족관계등록부의 특정등록사항란에도 출생자를 기록하여 서로 연결해야 할 것이다. 한편, 생부의 임의인지는 혼인외의 출생자에 대하여 부자관계를 창설하는 것이므로 사안과 같이 혼인중의 출생자는 피인지자가 될 수 없다.

나. 아울러 출생신고를 수리한 시(구)·읍·면의 장은 혼인신고의 신

고기간이 경과하도록 혼인신고가 없는 경우라면 신고의무자에 대하여 혼인신고할 것을 최고하여야 하고 최고를 하여도 신고를 하지 아니한 때에는 위 혼인증서등본에 기하여 감독법원의 허가를 받아 직권으로 혼인사유를 기록할 수도 있을 것이다. (2009. 7. 23. 가족관계등록과-2554 질의회답)

가족관계등록선례 201110-1

국제가족관계등록사건의 신고를 수리하는데 있어서 외국증서와 가족관계등록부에 각 기재된 당사자의 성명이 불일치하는 경우 그 동일성을 증명하는 서면의 첨부에 대한 구체적인 기준

_ 국제가족관계등록사건에서 외국증서와 가족관계등록부에 각 기재된 당사자의 성명이 불일치하는 경우, 신고인은 원칙적으로 우리나라 또는 외국 관공서가 발행한 동일성을 증명하는 서면을 신고서류와 함께 제출하여야 한다. 다만, 신고서류만으로 동일인임이 명백하거나 (예: 미국 시민권증서 뒷면에 'name change' 확인내용이 기재되는 경우, 혼인으로 성이 변경된 때 가족관계증명서나 혼인관계증명서 등에 의하여 배우자의 성이 확인되는 경우 등) 사소한 착오나 유루가 있는 것에 불과한 때에는 동일성을 증명하는 서면 없이 신고서류를 수리할 수 있다. 동일성을 증명하는 서면의 예로는 우리나라 재외공관이 발행하는 동일인증명서, 한국주재 캐나다 재외공관이 발행하는 법정확인서(또는 캐나다 통계국이 발행하는 성명변경증명서), 한국주재 미국 재외공관이 공증한 사건본인의 선서서 등이 있다. (2011. 10. 25. 가족관계등록과-3061 질의회답)

가족관계등록선례 201012-1

대한민국 국민과 대한민국에 거주하는 프랑스-이탈리아 복수 국적의 외국인이 혼인거행지인 대한민국의 법률이 정한 방식이 아니라 주한 이탈리아대사관에서 이탈리아 법률이 정한 방식에 따라 혼인한 후 주한 프랑스대사관에 그 혼인의 등록을 요청하고 있는바, 위와 같은 방식의 혼인이 대한민국의 법률에 따라 유효하게 성립한 것으로 인정되는지 여부

가. 대한민국의 「국제사법」이 혼인의 방식은 혼인거행지법 또는 당사자 일방의 본국법에 의하도록 하면서도, 대한민국에서 혼인을 거행하는 경우에 혼인당사자 중 일방이 대한민국 국민인 때에는 반드시 대한민국의 법률이 정한 방식에 따라야 하는 특례를 규정하고 있는 이유는 위와 같은 경우에 만일 대한민국의 법률이 아닌 외국인 혼인당사자의 본국법이 정하는 방식만으로 혼인이 성립되는 것을 인정한다면 그 혼인관계가 대한민국의 가족관계등록부에 전혀 기록되지 않게 되어 한국인 혼인당사자의 혼인 여부가 불분명하여지고 그 혼인관계에서 출생한 자녀의 국적이나 지위에 불안정을초래하므로 가족관계등록부에 그 혼인관계를 공시할 필요성을 감안한 것이다.

나. 사안의 경우와 같이 대한민국 국민과 외국인이 대한민국에서 혼인을 거행하는 경우 혼인의 방식을 대한민국의 법률이 정한 방식이 아니라 주한 이탈리아대사관에서 이탈리아 법률이 정한 방식을 따랐다면 대한민국에서 유효하게 성립한 혼인으로 인정되지 아니한다. (2010. 12. 15. 가족관계등록과-3453 질의회답)

호적선례3-273

외국인이 한국인과 혼인을 하고 한국방식에 의한 신고를 할 경우 혼인신고의 장소

혼인신고는 신고사건본인의 본적지 또는 신고인의 주소지나 현주지에 하거나 당사자가 대한민국의 국적이 없는 경우 그 외국인의 거주지 또는 신고인의 주소지나 현주지에서 하여야 하는 것이므로, 외국인이 혼인을 하고 한국방식에 의한 혼인신고를 할 경우에는 일방이 한국인인 경우에는 그 본적지와 신고인인 혼인 당사자 쌍방의 주소지 또는 현주지 및 외국인의 거주지 중 한 곳을 택하여 그 신고를 할 수 있을 것이며 외국공관의 주소지는 외국인의 거주지 또는 현주지에 포함되지 않는 것이다. (1994. 2. 16. 법정 3202-79)

호적선례4-79

구 국적법 당시 중국인 여자가 한국인 남자와 혼인하여 한국 국적을 취득하였으나 중국 국적을 포기하지 않아 한국 국적이 상실되었고, 한국 국적을 회복하기 위하여 중국 국적을 포기하고 국적회복허가신청을 하였으나 허가를 얻지 못하여 무국적자가된 상태에서 남편이 사망한 후 다른 한국인 남자와 혼인하고자 하는 경우의 혼인신고 방법(변경)

무국적자가 한국인과 한국에서 혼인하는 경우에는 그 무국적자는 섭외사법 제2조 제2항의 규정에 의하여 주소지법 또는 거소지법에 의한 혼인성립요건구비증명서를 혼인신고서에 첨부하여야 하며, 만약 그러한 증명서를 첨부할 수 없는 경우에는 " 호적예규 제472호 2.의 다 "의 규정에 준하여 혼인성립요건구비증명서를 얻을 수 없다는 뜻과 주소지법 또는 거소지법에 의한 혼인의 실질적 성립요건을 구비하고 있

다는 뜻을 기재한 서면을 공증받아 제출함과 동시에 주소지국 또는 거소지국의 권한있는 기관으로부터 발급받은 외국인등록증명서(외국인등록부에 기재되어 있는 가족관계사항을 병기한 것)등 신분관계를 증명하는 서면을 첨부하여 혼인신고할 수 있을 것이다. (2000. 10. 18. 법정 3202-415)

가족관계등록선례 201007-1

대한민국 국민과 대한민국에 거주하는 아일랜드인이 대한민국의 법령이 정한 방식에 따라 국제혼인을 하는 경우에는 그 혼인사항이 등록되는 반면, 대한민국에 거주하는 아일랜드 국적의 남녀가 대한민국의 법령이 정한 방식에 따라 국제혼인을 하는 경우에는 혼인사항이 등록되지 않는 이유

가. 법령의 장소적 적용범위에 관한 속지주의의 법리에 따라 대한민국에 거주하는 외국인에게도 대한민국의 법령이 적용되므로 대한민국에 거주하는 아일랜드 국적의 남녀가 대한민국의 법령이 정하는 방식에 따라 국제혼인을 할 수 있는바, 그 혼인의 실질적 성립요건 구비 여부는 각 당사자의 본국법에 의하므로 각 당사자는 국적을 증명하는 서면 및 그 본국법 소속국의 권한 있는 기관(해당 국가의 관공서나 재외공관)이 발급한 혼인의 실질적 성립요건을 구비하고 있다는 취지의 증명서를 첨부하여 대한민국 내의 거주지 또는 주소지나 현재지의 가족관계등록공무원에게 「가족관계의 등록 등에 관한 법률」에 따른 혼인신고를 할 수 있고, 그 혼인신고가 수리되면 혼인사항의 등록(기록) 여부와 관계없이 혼인은 유효하게 성립한다.

나. 한편, 대한민국에서는 출생 · 혼인 · 사망 등 신분관계의 발생 및

변동사항을 「가족관계의 등록 등에 관한 법률」이 정한 절차에 따라 국민 개인별로 작성되는 가족관계등록부에 등록하여 이를 공시 · 공증하고 있는바, 가족관계등록부가 작성되어 신분관계의 발생 및 변동사항이 등록될 수 있는 법률상의 자격(등록능력)은 대한민국의 국민에게만 인정될 뿐 외국인에게는 인정되지 않는다.

다. 따라서 대한민국의 국민과 대한민국에 거주하는 아일랜드인이 대한민국의 법령이 정하는 방식에 따라 국제혼인을 하는 경우라면 혼인당사자로서 등록능력이 있는 대한민국 국민의 가족관계등록부에 그 혼인사항이 등록(기록)됨은 당연하나, 혼인신고의 당사자가 모두 아일랜드인이라면 외국인으로서 등록능력이 없으므로 비록 혼인신고가 수리되더라도 혼인등록(기록)을 할 수 없는 것이고, 다만, 이때에는 혼인신고를 수리한 시(구) · 읍 · 면의 장이 해당 혼인신고서류를 접수순서에 따라 특종신고서류편철장에 편철하여 보존하되 당사자가 대한민국의 국적을 취득하는 등의 사유로 가족관계등록(기록)을 할 수 있을 때까지 영구보존하게 되며 특종신고서류편철장에 편철된 혼인신고서류 자체가 가족관계등록부 역할을 하면서 당해 신분사항을 공시 · 공증하게 되는바, 구체적으로 신고인의 청구에 의한 수리증명서의 교부나 이해관계인의 청구에 의한 신고서류의 열람 또는 그 서류에 기재한 사항에 관한 증명서의 교부에 의하여 외국인 당사자들의 혼인사항을 공시?공증하게 된다. (2010. 7. 20. 가족관계등록과 −2085 질의회답)

호적선례3-11

섭외혼인의 당사자가 혼인신고를 하고 혼인성립증서의 발급을 요구

한 경우 호적관서의 장이 발급하여야 할 서면 등

일본인 남자와 한국에서 한국방식에 따라 혼인신고를 한 한국인 여자가 본적지 호적관서에다 일본호적관서에 제출하기 위하여 혼인성립증서의 발급을 요구한 경우, 호적관서의 장은 혼인신고 수리의 증명서나 그 신고에 따른 혼인사유가 기재된 호적등(초)본을 발급해 주어야 하고 혼인신고접수증명서를 발급해 주어서는 안 될 것이다. 혼인신고접수증명서는 혼인신고가 수리되어 그 효력이 발생된 사실을 증명하여 주는 서면이 아니라 단지 그러한 신고서가 호적관서에 접수된 사실만을 증명하여 주는 "접수증"에 해당하는 것으로 밖에 볼 수 없는 것이며, 현재 서울특별시 각 구청에서 사용하고 있는 "국제혼인신고접수증명서" 발급방식은 호적법시행규칙 제42조에서 규정하고 있는 "접수증" 교부방식으로 대체하여 사용되어야 할 것이다. (1996. 7. 15. 법정 제1386호)

호적선례3-566

호적상 외국인과 혼인중에 있는 한국 여자가 그 외국인과 외국에서 이미 이혼판결을 받았으나 아직 이혼신고가 되지 않은 상태에서 외국인과 다시 혼인을 하여 혼인증서를 제출한 경우의 처리절차

중혼은 혼인의 무효사유가 아니라 취소사유에 불과하므로, 부득이한 사유로 중혼신고가 본적지외(재외공관 포함)에서 수리됨으로써 중혼관계가 성립되었다면 그 중혼은 취소되지 않는 한 유효한 것이므로 호적공무원은 그 중혼신고에 따른 호적기재를 하여야 할 것이다. 따라서, 호적상 외국인과 혼인중에 있는 한국 여자(이 경우 여자는 일가창립 호주로 되어 있을 것임)가 다시 외국에서 외국 남자와 외국방식에

따른 혼인을 하고 혼인이 성립되었다는 혼인증서를 발급받아 재외공관의 장에게 제출하여 그 혼인증서가 수리된 뒤 본적지 호적관서로 송부되어 온 경우에는 그 여자의 신분사항란에 후혼사유를 바로 기재하여야 할 것이나, 호적상 외국인과 혼인중에 있는 여자가 외국(미국)에서 이미 이혼판결을 받았지만 아직 그에 따른 이혼신고가 되지 아니한 상태에서 다시 외국에서 외국방식에 따라 외국인과 혼인하고 그 혼인증서를 발급받아 재외공관의 장에게 제출하여 그 혼인증서가 수리된 뒤 호적관서로 송부되어 온 경우에는, 일응 호적상으로는 중혼관계가 성립된 것처럼 보이지만 이는 이혼신고의무자의 이혼신고의 해태에 따른 외형상의 결과일 뿐이지(판결에 따른 이혼신고는 보고적 신고임) 중혼관계가 성립되는 것도 아니므로, 그러한 경우에는 본적지 호적관서에서는 일단 그 혼인신고서류를 접수한 후 특종신고서류편철장에 편철하여 놓은 다음, 먼저 이혼신고의무자에게 판결에 따른 이혼신고를 할 것을 최고하여 신고인의 이혼신고에 따른 호적기재를 하거나 그 기간내에 신고하지 않을 때에는 직권기재절차에 의하여 이혼사유를 직권으로 기재(국내에서 효력 있는 이혼판결이 첨부되어 있는 경우에 한함)한 후에, 위 후혼신고에 따른 호적기재를 하여야 할 것이다. (1992. 12. 23. 법정 제2193호 서울지방법원 북부지원장 대 법원행정처장 질의회답)

호적선례3-320

중국인 여자와 혼인한 한국인 남자가 중국에서 협의이혼할 수 있는지 여부

부(부)의 본국법인 우리나라법 및 중국법이 협의이혼제도를 각 인

정하고 있으므로 중국에서 중국방식에 의한 협의이혼이 가능하며 이 경우 협의이혼신고를 중국당국에 하고 그 수리증명서 등을 받아(작성) 본적지 호적관서에 제출하여 협의이혼신고를 할 수 있을 것이다. (1995. 4. 18. 법정 3202-203)

가족관계등록선례 200912-2

일본국에 거주하며 일본국 외국인등록부의 '국적등'란에 '조선'으로 기재되어 있는 무등록자 갑남과 일본국에 거주하며 재외국민등록을 한 을녀가 일본국에서 일본국의 법이 정하는 방식에 따라 혼인을 한 경우에 이를 가족관계등록부에 정리하는 방법 및 위 갑남과 을녀가 일본국에서 일본국의 법이 정하는 방식에 따라 협의이혼을 한 경우에 일본국 호적관서에서 발행한 이혼증서등본을 첨부하여 가족관계등록부정리신청을 할 수 있는지 여부

가. 무등록자인 갑남은 비록 일본국 외국인등록부의 '국적등'란에 '조선'으로 기재되어 있다 하더라도 대한민국의 국적을 가진 재외국민이라 할 것이므로 갑남과 을녀의 혼인은 일본국에 있는 대한민국 국민 사이에 이루어진 국제혼인이라 할 것인바, 이 경우 국제혼인의 방식 즉, 혼인의 형식적 성립요건은 혼인거행지법 또는 당사자 일방의 본국법에 의하므로 혼인거행지인 일본국의 법이 정하는 방식에 따른 혼인절차를 마친 경우에는 그 혼인은 유효하게 성립한 것이다. 이 경우 갑남 또는 을녀는 일본국 호적관서에서 발행한 혼인증서등본을 그 지역을 관할하는 재외공관의 장이나 을녀의 등록기준지 시(구) · 읍 · 면의 장에게 제출하는 방법으로 보고적 혼인신고를 하거나 재외국민등록을 한 을녀가 일본국 관공서에서 발행한 혼인증

서등본을 첨부하여 주소지를 관할하는 재외공관의 장이나 가족관계등록부를 정리할 을녀의 등록기준지의 시(구) · 읍 · 면의 장에게 「재외국민의 가족관계등록창설, 가족관계등록부정정 및 가족관계등록부정리에 관한 특례법」에 의한 가족관계등록부정리신청서를 제출하는 방법에 의하여 을녀의 가족관계등록부에 갑남과의 혼인사유를 기록할 수 있을 것이고, 이때 무등록자인 갑남에 대한 혼인신고 부분은 특종신고가 될 것이므로 을녀의 등록기준지의 시(구) · 읍 · 면의 장은 그 등본을 작성하여 원본을 감독법원에 송부하고 그 등본을 특종신고서류편철장에 편철하여 보존하여야 할 것이다.

나. 한편, 갑남과 을녀가 일본국에서 국제이혼을 함에 있어 특히 협의이혼의 경우 가정법원의 협의이혼의사 확인의 법적 성격에 관하여 종래 이혼의 형식적 성립요건으로 취급하던 입장(2004. 9. 22. 제681호로 개정되기 전의 구 「협의이혼의 의사확인사무 및 호적사무의 처리요령」 예규)에서 한국인 부부가 일본국에서 일본방식에 의한 협의이혼신고를 하여 수리된 협의이혼에 관하여는 일본국 호적관서에서 2004. 9. 19.까지 수리된 경우에 한하여 그 이혼증서등본을 수리해야 하는 것으로 개정하여 이혼의 실질적 성립요건의 문제로 취급하고 있는바, 2004. 9. 19. 후에 갑남과 을녀가 일본국에서 국제이혼을 하는 경우라면 실질적 성립요건에 관한 준거법으로 부부의 동일한 본국법인 대한민국 민법이 적용되어야 하므로 가정법원의 협의이혼의사 확인이 없는 협의이혼은 무효로서 일본국의 법이 정하는 방식에 따라 협의이혼을 하고 일본국 호적관서에서 발행한 이혼증서등본을 제출하여 보고적 이혼신고를 하거나 이를 첨부하여 가족관계등록부정리신청을 하더라도 이를 수리할 수 없다.

다. 아울러 재외국민은 그 거주지를 관할하는 재외공관의 장(그 지역을 관할하는 재외공관이 없는 때에는 인접하는 지역을 관할하는 재외공관의 장, 이하 같음)에게 이혼의사확인신청을 할 수 있는바, 재외국민의 이혼의사 확인신청의 특례는 「재외국민등록법」 제3조에 따라 재외국민으로 등록한 경우에 한하여 적용되므로 사안에서 일본국에 거주하는 재외국민인 갑남과 을녀 모두 「재외국민등록법」 제3조에 따라 재외국민으로 등록한 경우가 아닌 한 거주지를 관할하는 재외공관의 장에게 이혼의사확인신청을 할 수 없다. _ (2009. 12. 15. 가족관계등록과-4241 질의회답)

호적선례5-22

우리 나라 남자와 중국인 여자가 중국에서 중국방식에 의하여 협의이혼을 하고 그 증서의 등본을 제출하여 호적관서에 이혼신고를 함에 있어 이혼증서에 중국 외교부 또는 각 성, 자치구 및 직할시의 외사판공실의 인증을 받지 않은 경우 그 이혼신고를 수리할 수 있는지 여부

우리 나라 남자와 중국인 여자가 중국에서 중국방식에 의하여 협의이혼을 하고 그 증서의 등본을 제출하여 호적관서에 이혼신고를 함에 있어 이혼증서에 중국 외교부 또는 각 성, 자치구 및 직할시의 외사판공실의 인증을 받지 않은 경우 그 이혼신고를 수리할 수 있는지에 대하여, 중국의 공증임시조례는 외국에서 사용되는 모든 중국의 공증문서는 중국 외교부 또는 각 성, 자치구 및 직할시의 외사판공실의 인증을 받도록 규정되어 있고, 대법원 호적예규도 중국에서 중국방식에 의한 혼인을 하고 그 증서를 제출할 경우 그 증서에 중국 외교부 또는 각 성, 자치구 및 직할시의 외사판공실의 인증을 받아 혼인신고를 하

도록 되어 있으므로, 이혼의 경우에도 이를 준용하여 처리하여야 할 것이다. (2004. 4. 20. 호적 3202-154 서울남부지방법원장 대 법원행정처장 질의회답)

호적선례3-64

우리나라 국민이 외국법원의 이혼판결에 따른 이혼증명서를 발급받아 재외공관의 장에게 이혼신고서를 제출하여 본적지 호적관서에 송부되어 온 경우 그 처리방법

우리나라 국민이 캐나다국 법원에서 이혼판결을 받고 이혼증명서(Certificate of Divorce)를 발급받아 그 사본을 첨부하여 캐나다 주재 우리나라 공관에 이혼신고서를 제출한 경우, 재외공관의 장은 그 판결의 정본 또는 등본과 판결확정증명서 및 그 번역문을 제출하도록 하여 수리한 후 사건본인의 본적지 호적관서로 송부하여야 할 것이며 따라서 재외공관의 장이 그러한 수리절차를 거치지 아니한 채 위 이혼증명서에 확인만을 하여 본적지 호적관서로 송부하였다면, 이를 송부받은 본적지 호적관서의 장은 그 신고서류가 민사소송법 제203조 소정의 각 조건을 구비하고 있는지의 여부를 알 수 없어 그에 따라 호적의 기재를 할 수는 없을 것이므로, 신고서류의 불비사유를 부전지 등에 구체적으로 명시하여 그러한 서류를 송부한 재외공관의 장에게 신고서류와 함께 반송하여야 할 것이다. (1993. 8. 14. 법정 제1595호 서울가정법원장 대 법원행정처장 질의회답)

호적선례3-317

외국법원의 이혼판결에 기한 이혼신고서의 처리

1. 외국법원의 이혼판결에 기하여 본적지 호적관서에 이혼신고를 하는 경우라 하여 그 이혼신고서에 첨부된 판결문의 번역문에 주재국 대사나 영사의 확인을 받아야 하는 것은 아니다.
2. 외국법원의 이혼판결에 기한 이혼신고의 경우에는 그 외국판결이 민사소송법 제203조 소정의 조건을 구비하는 한 우리나라에서도 효력이 있으므로 국내법원에서 집행판결을 받을 필요는 없으나, 만약 민사소송법 제203조의 조건을 구비하지 못한 외국법원의 이혼판결에 기한 이혼신고서에 의하여 이미 그 사유가 호적에 기재된 경우에는 판결에 의한 호적정정절차에 따라 잘못 기재된 호적의 기재를 정정하여야 할 것이다. (1993. 6. 1. 호적 제1254호 용산구청장 대 서울가정법원장 질의회답)

호적선례1-208

외국법원의 이혼판결에 기한 이혼신고에 있어서 판결확정증명서를 첨부할 필요가 없는 경우

외국법원의 이혼판결의 내용중에 신청인과 피 신청인이 모두 출석하여 적법한 절차를 거쳐 성립, 확정되었음이 나타나는 경우에는 이혼신고서에 판결확정증명서를 첨부할 필요가 없다. (84. 7.25 법정 제229호 청주지방법원장 대 법원행정처장 질의회답)

가족관계등록선례 201202-2

한국인 부와 중국인 모 사이에 출생한 혼인 외의 친자관계의 성립에 대하여 모의 본국법(또는 자의 상거소지법)인 중국법을 준거법으로 하는 경우, 「가족관계의 등록 등에 관한 법률」 제57조의 친생자출

생신고시 첨부하여야 할 서면

중국은 혼인 외의 친자관계에서 인지주의(의사주의)가 아닌 혈통주의(사실주의)를 채택하고 있는 동시에 법률상 친생추정규정은 없으나 혼인 중에 있는 여자가 출산한 자녀는 법률상 남편의 자로 사실상 추정되고 그 추정을 배제해서 법률상 남편 이외의 남자를 부(부)로 등기하기 위해서는 원칙적으로 인민법원의 부자관계존부확인재판을 필요로 하고 있다. 따라서 한국인 부와 중국인 모 사이에 출생한 혼인 외의 친자관계의 성립에 대하여 모의 본국법(또는 자의 상거소지법)인 중국법을 준거법으로 하여 한국인 부가 중국인 모 사이에 출생한 혼인 외의 자를 한국에서 「가족관계의 등록 등에 관한 법률」 제57조의 출생신고하려면, ①준거법과의 관련을 증명하는 서면으로 출생 당시 모의 국적증명서면 또는 인지 당시 자의 상거소지증명서면, ②출생사실을 증명하는 서면(예: 출생공증서), ③중국의 권한있는 기관이 발행한 인지의 성립요건구비증명서{그 내용으로 모의 미(재)혼여부 또는 모가 유부녀인 경우 법률상 남편과 자 사이에 친생자관계가 없다는 친자관계에 관한 판결 등 혼인 외의 자의 인지에 아무런 법률적 장애가 없음이 구체적으로 기재되어 있어야 함}, ④위 서면들의 각 번역문을 출생신고서에 첨부하여야 한다. 다만, 한국인 부가 중국의 권한있는 기관이 발행한 인지의 성립요건구비증명서를 제출할 수 없는 경우에는, 가족관계등록공무원은 준거법상 당해 신분행위의 성립요건구비여부를 심사한 후 그 수리여부를 결정하여야 하므로, 모가 유부녀가 아님을 소명하는 서면{예: 미(재)혼공증서} 또는 모가 유부녀라면 법률상 남편과 자 사이에 친생자관계가 없음을 소명하는 서면{예: 친자관계에 관한 판결(외국판결 포함)} 등 인지에 아무런 법률적 장애가

없음을 소명하는 서면을 제출하여야 한다. (2012. 2. 15. 가족관계등록과-698 질의회답)

호적선례5-69

한국인 갑녀가 일본인 을남과 1989. 11. 8. 혼인 후 자인 병녀를 출산(1991. 4. 27.)하여 일본인 을남의 호적에 혼인중 자(자)로 등재된 상태에서, 일본에서 병녀가 을남을 상대로 친생자관계부존재확인판결을 받은 다음 친생부를 상대로 인지판결을 받은 경우, 갑녀가 병녀를 우리 나라 호적에 출생신고를 하기 위해서는 일본에서 받은 친생자관계부존재확인판결과 인지판결에 대하여 국내에서 별도의 집행판결을 받아야 하는지 여부

한국인 갑녀와 일본인 을남 사이에서 혼인중 자(자)로 일본인 을남의 호적에 입적된 병녀(1991. 4. 27. 출생)는 구 국적법(1997. 12. 13. 법률 제5431호 이전의 것)에 의하면 당연히 일본국적을 취득한다 할 것이나 을남을 상대로 친생자관계부존재확인판결을 받아 호적에서 말소된 경우에는 원시적으로 일본국적을 상실하게 되고 갑녀의 혼인외 자가 됨으로써 우리 나라 국적을 취득한다 할 것이므로, 한국인 갑녀가 혼인외 자인 병녀를 우리 나라 호적에 출생신고 할 수 있을 것이다. 이때 출생신고서에는 일본에서 받은 친생자관계부존재확인판결을 소명자료로 첨부할 수 있을 것이나 이 사안은 그 판결의 내용에 따라 우리 나라 호적을 정정하거나 그 판결내용을 호적에 기재해야 되는 것은 아니므로 (일본인 을남의 호적에서 병녀가 말소됨에 그침) 국내의 집행판결을 받을 필요는 없을 것이다.

한편 한국인 갑녀가 병녀를 혼인외 자로 출생신고한 후 일본에서

받은 인지판결에 의하여 인지신고를 하기 위해서는 별도로 국내의 집행판결을 받아 일본에서 받은 인지판결등본과 확정증명서, 국내의 집행판결등본과 확정증명서를 첨부하여 인지신고를 하여야 할 것이다.
(2003. 10. 16. 호적 3202 - 452)

가족관계등록선례 200803-1

한국인 남편과 일본인 처가 한국인 미성년자를 입양하기 위하여 한국에서 입양신고를 할 경우에 일본인 처가 입양신고서에 첨부하여야 할 입양요건구비증명서면

가. 국제입양에 있어서 양친의 국적이 서로 다른 경우에는 각각의 양친에 대해서 그의 본국법이 적용되는바, 한국민법과 일본민법은 모두 부부공동입양을 원칙으로 하므로(한국민법 제874조 제1항, 일본민법 제795조) 한국인을 남편으로 하고 일본인을 처로 하는 부부가 한국인을 입양할 경우에는 한국인 양부와 양자 사이에는 한국민법을, 일본인 양모와 양자 사이에는 일본민법을 적용하며, 양친과 양자별로 각각의 본국법에 따라 입양의 실질적 요건을 심사하여야 한다.

나. 따라서 한국인 남편이 일본인 처와 공동으로 한국인을 입양하고자 할 경우에는 그 입양신고서에 일본의 관공서나 재외공관 등 권한 있는 기관이 발급한 일본인 처에 대한 입양요건구비증명서와 그 국적을 증명하는 서면을 첨부하여야 한다.

다. 그러나 일본의 관공서나 재외공관 등 권한 있는 기관이 입양요건구비증명서를 발급하지 아니하여 이를 입양신고서에 첨부할 수 없는 경우에는 일본인 처가 한국에 주재하는 일본의 재외공관의 장 등의

앞에서 “한국인을 양자로 하는 입양을 함에 있어 일본 민법상 어떠한 법률적 장애도 없다”는 뜻을 구체적으로 명시하여 선서하고 재외공관의 영사 등이 그것을 증명 또는 서명한 선서서를 입양신고서에 첨부함으로써 입양요건구비증명서를 갈음할 수 있다. (2008. 3. 4. 가족관계등록과-769 질의회답)

호적선례4-25

외국(미국)법원의 입양판결에 대하여 집행판결을 받아야만 입양신고를 할 수 있는지 여부 등

가. 민사소송법 제476조, 제477조의 집행판결의 대상이 되는 외국판결이란 사법상의 법률관계에 관한 소송에 대하여 재판권을 행사할 권한을 가지는 외국의 사법기관이 행한 종국적 재판을 말하는 것이고, 한편, 영·미법국가에서는 법원 등의 국가기관이 당사자간의 입양절차에 개입하여 입양결정(판결)을 하여야만 입양이 성립되도록 하고 있는바, 이러한 법제하에서의 입양결정(판결)은 국가가 후견적 사무로서 행하는 행정작용에 불과한 것이어서 당사자간의 분쟁을 전제로 하는 소송에 대한 종국적 재판과는 그 성질이 다른 것이므로 집행판결의 대상이 되지 않는다 할 것이므로, 미국법원의 입양결정(판결)을 첨부하여 입양신고를 함에 있어서는 집행판결을 받을 필요가 없다고 할 것이다.

나. 다만, 호적공무원이 섭외입양 등을 심사함에 있어 그 방식에 관한 준거법으로서 적용하여야 할 외국의 법규를 다 알 수는 없는 것이므로, 미국법원의 입양결정(판결)이 호적법 제40조에 의한 입양성립증서에 해당하는지 여부에 대하여 의문이 있을 경우에는 호적법시행규

칙 제46조에 따라 그 나라의 법규 기타 서류를 소명자료로 제출하게 하여 그 수리 여부를 결정하여야 할 것이다. (1996. 10. 24. 법정 3202-288)

호적선례3-360

외국에 거주하다가 사망한 재외국민에 대한 사망신고서에 첨부할 서면

사망신고를 할 때에는 진단서 또는 검안서를 사망신고서에 첨부하여야 하나, 외국(구 소련)에 거주하다가 외국에서 사망한 재외국민에 대한 사망신고를 함에 있어서 부득이한 사정으로 인하여 그러한 진단서나 검안서를 얻을 수 없는 때에는 사망의 사실을 증명하는 서면의 하나로 그 외국의 관공서에서 발급하는 사망사실의 증명서면(현재 러시아에는 그러한 증명제도가 있다고 함)을 그러한 서면에 갈음하여 사망신고서에 첨부함으로써 사망신고를 할 수 있을 것이다. _(1992. 8. 19. 법정 제1397호)

호적선례 200708-4

중국에서 사망한 한국인에 대해서 중국의 공안당국이 발급하고 중국주재 한국영사관이 공증한 '외국인시신이동증(한국어 번역문 포함)' 을 부득이한 경우에 사망진단서나 사체검안서에 갈음할 수 있는 '사망의 사실을 증명할 만한 서면' 으로 인정할 수 있는지 여부(적극)

비록 위 '외국인시신이동증' 의 비고란에 "본 증명은 외국인 시신 이동 및 장례부분에 적용되며, 별도 시신처리의 경우에는 외국인사

망증이 필요함" 이라는 취지의 기재가 있다고 하여도 사망자의 인적 사항, 사망원인, 사망장소 및 사망시간 등이 상세히 기재되어 있을 뿐만 아니라 중국의 공안당국이 발행하고 한국영사관이 공증함으로써 문서의 형식적 진정성립 및 그 내용의 진정성이 강하게 추정되므로 외국인사망증과 마찬가지로 호적법 제87조 제3항에서 규정하는 "사망의 사실을 증명할만한 서면" 으로 인정할 수 있다. (2007. 8. 28. 호적과-3009 질의회답)

호적선례2-67

재외국민의 출생신고방법

재일동포가 1948년생인 딸의 출생신고를 지금에 와서 하고자 하는 경우에는 재외국민취적 · 호적정정 및 호적정리에 관한 임시특례법의 규정에 의한 호적정리신청을 하거나 아니면 호적법의 규정에 의한 출생신고방법을 임의로 선택하여 신고할 수 있다. 재외국민취적 · 호적정정 및 호적정리에 관한 임시특례법의 규정에 의한 호적정리신청을 하는 경우에는 호적정리신청서에 재외국민등록부등본 · 거류국의 외국인등록부등본 또는 영주권자는 영주권사본을 첨부하여야 하나, 당사자가 동 특례법에 의한 신청을 하지 아니하고 호적법의 규정에 의한 출생신고를 하는 경우에는 위 특례법에서 요구하는 재외국민등록부등본 등을 첨부할 필요는 없는 것이다. 다만 재외국민이 재외국민취적 · 호적정정 및 호적정리에 관한 임시특례법의 규정에 의한 출생신고를 하지 않고 호적법의 규정에 의한 출생신고를 하는 경우에 그 신고기간을 도과한 때에는 과태료의 처분을 받을 수 있으며, 출생신고서의 제출에 있어서는 재외공관에 제출하거나 본적지 시(구) • 읍 • 면에 직접

제출하여도 무방하다. (91.6.24. 법정 제1016호)

호적선례2-352

취적할 수 있는지 여부

취적은 무적자 즉 한국내에 본적이 없는 자가 본적을 가지려는 행위이므로 무적자에 대하여만이 이를 할 수 있고, 본적불명자는 호적의 유무가 판명될 때까지 취적을 할 수 없을 것이다. (88.4.6. 법정 제390호)

호적선례2-360

거주하며 일본국 외국인등록부에 국적이 조선으로 되어있는 자가 대한민국에서 취적하는 절차

일본국에 거주하며 일본국 외국인등록부에 국적이 조선으로 되어 있는 자가 대한민국에서 취적하려는 경우에, 그 자가 재외국민등록부에 등록된 대한민국 국민으로서 본적을 가지지 아니하거나 분명하지 아니한 때에는 재외국민취적 · 호적정정 및 호적정리에 관한 임시특례법 제3조 및 제4조에 정한 절차에 따라 취적할 수 있지만, 그 자가 대한민국 국민이지만 일본국 외국인등록부에 국적이 조선으로 기재되어 있으나 재외국민등록부에 등록되어 있지도 않은 때에는 먼저 재외국민등록절차를 마친 후에 위와같은 절차에 따라 취적할 수 있으며, 그밖에 그 자가 무적자인 때에는 호적법 제116조에 따라 관할 가정법원의 취적허가결정을 받는 방법에 의하여서도 취적할 수 있을 것이다. (87.1.20. 법정 제76호)

제9편 불복절차

제10편 벌칙

호적선례3-652

한국인이 외국에서 외국방식에 의하여 혼인신고를 하고 그 증서를 작성한 경우 그 증서를 재외공관의 장이나 본적지 호적관서에 제출하여야 할 기간의 기산일과 과태료 부과

외국에 있는 대한민국 국민이 외국의 방식에 의하여 외국인과 혼인신고를 하고 혼인증서를 작성한 경우에는 1월 이내에 그 지역을 관할하는 재외공관의 장이나 본적지 시(구) · 읍 · 면의 장에게 그 증서의 등본을 제출하여야 하므로(원래 혼인신고는 창설적 신고이나 외국방식에 의하여 혼인증서가 작성된 경우 그 증서의 제출은 보고적 신고임), 외국방식에 의하여 혼인을 하고 혼인증서를 작성한 자가 혼인증서의 작성일 즉 혼인증서상 혼인성립연월일로부터 1월 이내에 호적기재를 하기 위한 그 증서제출을 하지 아니한 때에는 신고의 해태에 따른 과태료의 부과대상이 되는 것이다. (1992. 12. 30. 법정 제2228호)

호적선례2-67

재외국민의 출생신고방법

재일동포가 1948년생인 딸의 출생신고를 지금에 와서 하고자 하는 경우에는 재외국민취적 · 호적정정 및 호적정리에 관한 임시특례법

의 규정에 의한 호적정리신청을 하거나 아니면 호적법의 규정에 의한 출생신고방법을 임의로 선택하여 신고할 수 있다. 재외국민취적 · 호적정정 및 호적정리에 관한 임시특례법의 규정에 의한 호적정리신청을 하는 경우에는 호적정리신청서에 재외국민등록부등본 · 거류국의 외국인등록부등본 또는 영주권자는 영주권사본을 첨부하여야 하나, 당사자가 동 특례법에 의한 신청을 하지 아니하고 호적법의 규정에 의한 출생신고를 하는 경우에는 위 특례법에서 요구하는 재외국민등록부등본 등을 첨부할 필요는 없는 것이다. 다만 재외국민이 재외국민취적 · 호적정정 및 호적정리에 관한 임시특례법의 규정에 의한 출생신고를 하지 않고 호적법의 규정에 의한 출생신고를 하는 경우에 그 신고기간을 도과한 때에는 과태료의 처분을 받을 수 있으며, 출생신고서의 제출에 있어서는 재외공관에 제출하거나 본적지 시(구)・읍・면에 직접 제출하여도 무방하다. (91.6.24. 법정 제1016호)

호적선례6-166

호적법 제130조에 의한 과태료부과와 관련하여 ‘정당한 이유’가 있는 경우에 해당하여 과태료부과처분이 면제되는 경우

가. 호적법이 보고적 신고에 있어서 신고기간이 도과한 신고에 대하여 원칙적으로 과태료를 부과하도록 하면서도 신고기간 도과의 ‘정당한 이유’가 있다고 판단될 경우에 이를 면할 수 있도록 규정하고(호적법 제130조), 시(구)・읍・면의 장의 과태료부과 처분에 대하여 신고인 등이 이에 불복할 수 있는 절차(호적법 제132조의2, 제133조)를 마련하고 있는바,

나. 재판상이혼사건에서 ①피고가 외국에 주소를 두고 있어 판결정

본을 외국송달(외국송달)하였으나 송달보고서의 도착지연으로 판결확정증명을 발급할 때에는 이미 이혼신고기간이 도과한 경우와 ②원심의 이혼을 인용하는 판결에 대하여 상소(상소)를 제기하였다가 상소를 취하(취하)하여 상소기간 만료시에 소급하여 이혼판결이 확정되거나 이혼사건에 대한 조정(조정)이나 화해권고결정(화해권고결정)에 대한 이의신청(이의신청) 후, 그 이의신청을 취하하여 이의기간 만료시에 소급하여 조정이나 화해권고결정이 확정된 경우에는, 주관적으로 신고의무자에게 고의·과실과 같은 귀책사유가 전혀 없고, 객관적으로 신고의무자가 신고기간을 준수하여 신고하는 것이 물리적으로 불가능하므로, 신고기간 도과에 호적법 제130조의 '정당한 이유'가 있다고 보아 과태료부과처분을 할 수 없다.

(2005. 10. 28 호적과 – 2143 서울가정법원장 대 법원행정처장 질의회답)

▌저자 임 신 영

사법시험 49회, 사법연수원 제40기

[저 서]

- 변호사 모의시험 해설집 /(주) 논리와 비판
- (설명 중심) 가족관계등록선례요지 총모음 /주식회사 마즈다홀딩

현) 변호사(법률사무소 낮은마음)

(사례로 보는) 변호사를 위한 가족관계등록실무 개설서

2013년 7월29일 1 쇄 인쇄

2013년 8월12일 1 쇄 발행

저 자 : 임 신 영

발행인 : 양 갑 수

발행처 : 법률&출판

주소 : 서울 서초구 서초동 1712-2 동용빌딩 104호

전화 : 02-521-8199 팩스 : 02-598-0332

등록번호:25100-2005-0001100

ISBN 978-89-97476-22-0 93360 값 55,000원